作者简介

侯　猛

中国人民大学法学院教授、法律与社会跨学科研究中心主任、博士生导师，《法律和社会科学》主编、教育部青年长江学者、教育部哲学社会科学重大课题攻关项目首席专家。法学博士、社会学博士后，曾在中国社会科学院、对外经济贸易大学和北京大学工作，曾在纽约大学访学和最高人民法院研修、挂职各一年。

主要研究领域为社科法学、司法研究、政法研究、马克思主义法理学。出版专著《中国最高人民法院研究》《司法的运作过程》，主编《法律与人类学：中国读本》《法学研究的格局流变》《法学的11种可能：中国法学名家对话录》等，合译《域外法院组织和法官管理法律译编》《碰撞：法律如何影响人的行为》《法律与人类学手册》。

Law and Social Science
Research Tradition and Knowledge System

法社会科学
研究传统与知识体系

侯 猛/著

北京大学出版社
PEKING UNIVERSITY PRESS

序言　法学与社会科学关系的体系化

由学生为老师的书作序，可能是相当少见的做法。他序往往是对作者学术成果的评价，代表着学术共同体对作者本人及其学术思想的认可和接受。那么，学生作序，就必然是与此迥异的另一种意涵，即代表着作者想将其所承继的研究传统再传给下一代的愿望。对作为学生的我来说，只能诚惶诚恐地写下这段文字。但好处可能在于，我见证了侯猛老师在该书中的问题意识与答案的形成过程，因此或许可以提供稍微不同于他本人对该书的理解的理解。

该书的核心是"法社会科学"。在法学讨论中，"社会科学"的概念始终稍显怪异。一方面，在现有学科体制中，法学毫无疑问属于社会科学，以结合法学与社会科学为目的的研究，似乎是一种概念上的冗余。另一方面，在学科方法上，"社会科学"的概念又显得不够——社会科学的经验主义方法无法满足法学对客观性、普遍性的追求。因而，法社会科学总是受到来自法学内部对其学科身份的质疑，学科问题始终是法社会科学与法理论、法教义学论辩的关键理论点位。虽然解决身份焦虑、谋得身份认同，无论如何也不是法社会科学的中心工作，但却是法社会科学研究必须加以解决和回应的问题。该书正是回答这一问题的成果之一。

该书的工作是将法社会学迭代到法社会科学，并建构起法社会科学的知识体系。该书的篇章结构呈现了四部分内容：第一编呈现了为何迭代、如何迭代；第二编到第四编则具体呈现了法社会科学的知识体系——法社会科学的研究范式、法律中的社会科学运用、法学的社会科学反思，它们即该书搭建的法社会科学的知识体系的三个部分。

第二编"法社会科学的研究范式",将目光聚焦单纯的学术活动或者说认识活动,分析、研究某一特定法律现象。具体而言,该编分别讨论了如何将定性和定量方法用于讨论立法、司法领域中的规范性问题。不过,相比于以往,该编的一个主线是"规范性"。在这个领域,社会科学与法学的方法存在重大差异。在通常观念中,社会科学的方法,是描述性的、经验性的、实证性的方法。法学的方法,则是所谓"规范性"的方法。法社会科学的方法更多来自社会科学,而非法学。也因此,产生了各种各样的"规范性问题"。例如,法律本身是一种规范性事物而非自然事物,那么描述性的方法能够用于研究规范性事物吗?作者试图在法社会科学的立场上,吸收社会科学解决事实问题的优势和法学在规范性问题上的长处,实现描述性与规范性的融合。

法律中的社会科学运用,是指法社会科学在具体规范性议题上的意见。例如,就社科法学与法教义学的早期交锋集中的司法领域而言,朱苏力老师对热点个案的分析经常能够引起广泛的争议。但如我们所看到的,这类研究既需要天赋,也需要机遇。在法教义学发达的今天,从学者视角出发,直接对法律个案进行社会科学的分析,甚至所谓"基于社会科学"对法律案件和立法作出规范性评价和规范性判断,都显得相当困难。今天的情况更多是法教义学与法社会科学的合作。因此,第三编并不直接分析个案,而是分析法官对社会科学的使用。该编考察了社会科学、人类学、经济学、广义上的科学技术等非法学知识,在司法裁判的事实认定、法律适用、后果考量等环节的作用与功能。其结论是,在司法实践中存在的不是社科法学与法教义学的二元关系,而是社科法学、法教义学与法官知识的三元关系。因此,虽然在某一类型的案件中,社科法学学者、法教义学学者不可避免存在知识竞争问题,但就司法领域的整体而言,并不存在社会科学取代法学或法学取代社会科学的问题,社科法学学者、法教义学学者与法官终究是一种合作关系。

以上每一部分的具体内容都较以往观念有突破。例如,强调各法社会科学研究范式中的规范性观照,与近来政策研究领域对规范性的关注、社会学领域对公共社会学的关注有契合之处。法律中的社会科学运用,将以往作为知识接受者的法官纳入考虑,也突破了仅基于知识生产者视角而得到的社科法学—法教义学的二元框架。不过,在我看来,将法学的社会科学明确为法社科体系的一部分,是最为意义重大的。法学的社会科学反思,是将法学学术本身当作对象加以研究,即所谓"法学学",它是法学针对自身的学术反思。具体而言,该书讨论的学术史、学术引证等问题,似乎仅是经验的,乃至"俗气"的描述。这在其他法学流派尤其是法理论看来,显然称不上"反思",因为学术反思应该采取概念反思、理论反思等思辨形式。下文就将阐释该书这种经验的、社会学的反思形式的理论基础。

如前所述,该书的篇章架构实际上从两个角度解决了法社会科学的身份焦虑。一是就法社会科学自身而言,它的内部体系有哪些部分,应当如何加以改造;二是就法社会科学外部而言,它在法学体系中的位置是什么,对于法学的其他研究范式有何作用。毫无疑问,将法学的社会科学纳入体系对这两个部分都有重要意义。

主流法学向来称道自身知识的体系性和融贯性,而法社会科学却一直面临体系化的困境。不同研究进路所追求的体系化并不一样。部门法学对体系化的追求主要来自它们的对象——体系化的规范体系。正如凯尔森所揭示的那样,在制定法传统中,法律规范的体系化无可置疑。而对法学理论学者来说,如德沃金所言,"法理学是司法裁判的总则,是任何法律判决的无声序言"。体系化是指法律理论与法律实践的一体性和关联性。

该书所追求的体系性和法学中的其他体系有什么区别?区别正在于法学的社会科学,将研究者本身纳入了讨论范围,即我们不仅要关注各种实质的法律问题,也要关心研究者本身如何进行研究的问题。在我看来,建构法社会科学的知识体系,凸显了该书试图将法社会科学研究从"无形学院"提升到"有形学科"的雄心壮志。这种雄心壮志,既来自作者自身作为社科法学重要学者的职责,也是由于法社会科学在学科化上的不足——例如该书所说的知识体系、课程体系、人才培养体系上的不足。换句话说，法社会科学追求体系化，并不是因为法社会科学的对象——法律经验——本身是体系化的，也不是为了能够直接提出服务于法律实践的理论命题和价值判断，而是通过对学术研究本身乃至学术人的分析，探讨这样一个问题——我们应当做什么样的法社会科学研究？在这个意义上，对于法社会科学的发展而言，该书最为重要的贡献就是对体系化的追求及其提出的具体框架。

明确法社会科学内部的诸组成部分的同时，该书没有丢掉法学的学科本位。因此，法社会科学的三个部分，在不同场景下呈现为与其他法学研究范式的不同关系：社会科学与法学的对话、社会科学与法学的合作、社会科学对法学的反思。在这个意义上，我反而更愿意将法社会科学的三个部分称为法律的社会科学、法律中的社会科学和法学的社会科学，这更明确地体现了法学运用社会科学的方式，及其在法学研究中的不同对手。这么说可能仍然令人困惑。实际上，法律的社会科学是指对法律这一现象的研究，其对位概念为法理论、法哲学。不同于法理论、法哲学主要以概念分析的方式研究法律这一现象，法律的社会科学坚持以自然主义、经验研究的方式分析法律这一现象，阐明真实世界中的法律实践。法律中的社会科学是法社会科学的实践组件，它负责提出能够在法律实践中运用的法律对策。它的对位概念则是法教义学的解释论和立法论。法学的社会科学是对包括法社会科学在内的法学研究进行反身性思考，考察为何法学研究呈现出今天这种样态。这种经验性的反身性思考必然导向方法论反思。例如，一个显而易见的结论是：法学研究的问题意识、研究方法并非天然的、无来由的、客观的，而是受到各类因素的影响才形成的。那么，如何能够确保法学研究是无偏见且大致可靠的呢？这种工作，对法教义学、法理论而言，是由后设理论提供的。对法社会科学而言，部分是由社会科学哲学提供，但更多是由该书涉及的知识社会学提供。

稍作总结,如果说任何法学研究都无外乎是对法律现象的观察并提出实践方案,那么任何一个法律研究都需要具备方法论(观察事物的方法)、事实研究(观察事物)、规范研究(实践方案)这三个层次。该书的三个分编(第二、第三、第四编)就对应着这样的体系:法社会科学的自反视角是法社会科学的方法论部分,负责衡量法社会科学研究所处的场域对我们研究方法、研究态度的影响;外部视角的法律的社会科学研究,旨在描述、揭示真实世界中的法律;内部视角的法律中的社会科学研究,旨在基于对法律的实然理解,就具体法律问题提出立法论和解释论上的规范性主张。由此,通过该书的体系化工作,无论是就法社会科学自身发展而言,还是就法社会科学与其他法学研究范式的对话而言,该书就建构起反身性思考——法律经验研究——法律实践方案的完整体系,完成了法社会科学知识的体系化工作。这三个层次构成了递进关系,法社会科学的规范性主张,必须要基于经过反思的可靠方法论和完整丰富的事实研究才能做出。这也是法教义学错误地理解了法社会科学的地方——法社会科学并非忽略规范性,而是对法教义学而言这一能够轻而易举触摸到的目标,法社会科学必须经历更为漫长的思索和盘桓才能艰难抵达。

在这里,我还想进一步阐述反身性思考对法学研究的意义。反思一直是法社会科学对法学研究的独特贡献,但其形象多过于负面。它往往被扭曲为法社会科学对法律人思维、法学教育、法治理念的反对。毫无疑问,法学研究需要反思,这并非说今天的法学研究出现了错误,而是说任何学术研究都内在地要求反思。

一般认为,反思就是纠正研究过程中的偏见和谬误,完善自身的研究方法,使学术能够更加地接近真理。在这个意义上,似乎反思是一件相当常见的事情。在任何学术研究中,学者都会仔细地斟酌、琢磨论证过程是否合理、是否可信。那么,对法学的反思似乎也是一件相当寻常的事情。例如,法学界中的诸多论战似乎就可以被认为是法学反思的一种形式。

但这里的反思并非通常意义上的反思。事实上,"反思"之所以在当代社会科学中变得异常重要,源于真理观上的改变。在更早的认识论和知识论中,所谓真理和知识,就是符合客观事物的陈述。但是,建构主义、规范主义的一系列发展表明,真理和知识并不能通过符合客观事物而得到保证,真理和知识的作用和功能也并非符合客观事物。例如,根据戴维森的融贯论或库恩的范式理论,真理和知识的性质在于与其他知识命题整体的融贯性。换言之,知识的性质不依赖外在,而是求诸内在。也因此,反思性是晚近以来社会科学中的重要概念。无论是布迪厄的反思社会学,还是卢曼的自我指涉都指向"反思"这一概念。

具体而言,这里的反思首先表现为对学术研究的诸前提进行思考。一个突出的例子,就是法理论所进行的概念分析工作。例如,权利这一概念有它不言自明的自然含义,似乎也没有值得深思之处,但只有通过霍菲尔德的工作,才能发现权利的具体要素如此丰富。那么,法学研究中还有多少这样的自然观念没有得到反思和厘清呢?只有从事这样的反思工作,才能够确保学术研究建立在牢固的概念基础之上,完善知识内在体系的融贯性。

但知识内在体系的融贯性,也无法为知识找到确定的根基。内在主义始终面临曼海姆悖论:如何将自身提出的理论用于解释自身。这种向内求索导致了知识本身不再具有之前那种绝对确定性,反而陷入了不确定性、相对性或者"偶联性"的境地。正是在这里,"反思社会学"这一概念登场了。所谓内在,并非天然就在那儿的事物,它是被建构起来的,它是一种自我预言的实现。例如,在法社会科学与法教义学这一对立场中,它们都不会认为对方在自身内部,相反,它们是自身的外部。通过明确意识到对方属于外部,反过来加强了对自身内部的确认。可以认为,这是法学领域中最早进行的反思,通过这种反思,法社会科学和法教义学各自的"内在统一"被生产出来了。从而,双方各自获得了自身的内在。在今天,评价法教义学的主要标准在于解释学工作的好坏。而该书的工作,就在于通过体系化确证法社会科学的内在标准,完成法社会科学自身的反思工作。因此也可以说,该书是法社会科学研究的自我意识。

"内在"本身可以被生产出来。这意味着,法社会科学不认为自身外在于法学研究。法社会科学的反思可以更进一步,作为法学研究的反思性功能而存在。这种反思,既可以表现为理论分析,例如法哲学的元理论分析,或者类似卢曼针对法律理论所进行的,在现象学意义上对认识、理论的前提条件的反思。这种反思,本身属于认识论、社会科学哲学的部分。但反思也可以表现为布迪厄意义上的反思社会学,即在该书中,作者对现实的学术活动的经验描述和分析。相比于理论反思,这种经验分析的优点在于,提醒我们法学的学术活动是由具体的研究者所承担的。法学研究工作并非只是一种理论思辨,也是一种社会实践活动。

因此,尤其需要强调的是研究者本身的能动性和姿态。研究者当然可以认为,自己仅仅是在阐述一个客观事物,那保证了自身讨论的客观性。但如卢曼所揭示的绝望境地那样,在这种观念下,任何法律理论的言说者并非研究者,而是法律系统,法律理论是法律系统的自我反思和再生产工具。这样的话,研究者本人难道不就沦为某种号称客观中立的符号再生产的道具了吗?研究者的存在有何意义?在这个意义上,不能以实证主义、客观主义的立场来遮蔽法学学者的伦理立场与道德责任。显然,这需要法哲学所提供的元理论、法社会科学所提供的反思社会学工作来加以揭示,将学术、学者本身当作一个问题加以考虑。也只有在尊重并接纳法社会科学作为法学一分子的情况下,法学研究才是具有反思性的学术活动,而不仅仅是操弄法律的技术。也因此,于我而言,该书最令人动容的,正在于学者对学术活动本身的观照。

代 伟[*]
2024 年 4 月 1 日

---

[*] 中国人民大学法学院博士生。

目 录

引 言 ……………………………………………………………… 001
 亲历社科法学的发生史 ………………………………………… 001
 建构社科法学的知识体系 ……………………………………… 006
 从法社会学到法社会科学 ……………………………………… 011

第一编 法社会科学的格局流变

第一章 社科法学在中国：是不是正在发生 …………………… 019
 一、不同的学科制度环境 ……………………………………… 019
 二、社科法学的研究进展 ……………………………………… 022
 三、多边跨界的对话格局 ……………………………………… 023
 四、实证不足的研究现状 ……………………………………… 025
 五、建设社科法学的流派 ……………………………………… 027

第二章 社科法学的传统与挑战 ………………………………… 034
 一、为什么简称"社科法学" …………………………………… 035
 二、从法社会学到社科法学 …………………………………… 036
 三、有没有统一的社科法学 …………………………………… 039
 四、社科法学的功用 …………………………………………… 043

第三章 社科法学的研究进路与整体论解释 …………………… 052
 一、研究进路及其知识递进的关系 …………………………… 053
 二、视角转换与范围想象的方法论 …………………………… 056
 三、有机整合运用不同的具体方法 …………………………… 060

第四章　法社会科学在中国：一个学术史考察 …… 068
一、什么是法的社会科学研究 …… 068
二、从法社会学到法社会科学 …… 071
三、法社科研究的分化与交锋 …… 076
四、反思性小结 …… 083

第二编　法社会科学的研究范式

第五章　法律的实证研究：是不是"包装"法学 …… 097
一、"实证"的语词边界 …… 098
二、法社科研究是实证研究吗？ …… 100
三、个案能做实证研究吗？ …… 102
四、有数据就是实证研究吗？ …… 103
五、实证研究如何理论化 …… 105
六、建立法律的实证研究传统 …… 107

第六章　法律的经验研究：以规范研究为参照 …… 117
一、经验研究的类型化 …… 117
二、解释问题与解决问题 …… 120
三、规范面向的经验研究 …… 124

第七章　立法的社会科学：规范性的追问 …… 131
一、立法研究的现状 …… 132
二、立法的经验研究：从规范出发 …… 136
三、立法的社会科学：规范性的追问 …… 140
四、制度—组织视角的引入 …… 145

第八章　司法的社会科学：从《送法下乡》说起 …… 155
一、《送法下乡》的学术贡献 …… 155
二、《送法下乡》对我的学术影响 …… 158
三、司法的经验研究的未来 …… 162

第三编　法律中的社会科学运用

第九章　司法中的社会科学判断 173
- 一、以事实为中心 174
- 二、社会科学与裁判事实 178
- 三、社会科学与法官心证 182
- 四、社会科学与立法事实 187
- 五、社会科学与后果判断 189
- 六、社会科学与形式法治 195

第十章　司法中的人类学思维 203
- 一、法律纠纷背后的文化冲突 203
- 二、法律思维与人类学思维 205
- 三、事实认定的人类学思维 207
- 四、后果考量的人类学思维 211
- 五、法律人如何理解文化冲突 214

第十一章　司法中的经济分析 219
- 一、问题与方法 219
- 二、法官如何运用经济分析说理 222
- 三、法官运用经济分析说理的激励约束 235
- 四、法官运用经济分析说理的未来 238

第十二章　司法中的科学运用 246
- 一、传统科学在司法中的运用 247
- 二、新兴技术对司法的巨大影响 252
- 三、法学学者的"科学"认知偏差 256
- 四、共同应对科学挑战 260

第四编　法学的社会科学反思

第十三章　法学理论学科的知识变迁 …… 273
　一、法学者在概念使用上的混乱 …… 274
　二、教科书中的知识更替 …… 275
　三、课程的存废问题 …… 277
　四、法学研究中的知识竞争 …… 280
　五、法学者如何建设学科 …… 284

第十四章　法学核心期刊：谁更有知识影响力 …… 291
　一、期刊之间相互影响力的宏观评价 …… 292
　二、期刊之间相互影响力的微观分析 …… 300
　三、期刊的个案考察：以《法学研究》为例 …… 304
　四、期刊如何影响知识生产 …… 307

第十五章　法学实力格局：以学者引证为样本 …… 314
　一、问题与方法 …… 314
　二、从引证看"十大杰出青年法学家" …… 317
　三、从引证看法学各学科的实力分布 …… 321
　四、进一步地分析 …… 329

第十六章　精英法学院向何处去 …… 340
　一、因何知名 …… 341
　二、传统的利弊 …… 343
　三、挑战与转型 …… 345

第十七章　法理学：局内人的知识社会学观察 …… 352
　一、学习的体会 …… 353
　二、教学的感受 …… 355
　三、研究的心得 …… 358
　四、知识的反思 …… 361

代结语　塑造法社会科学的研究传统 ················· 365
　一、法社会科学的课程设计 ····················· 365
　二、法社会科学的专业训练 ····················· 369
　三、一代人的学术使命 ······················· 373

附录　法社会科学的记忆碎片

法学圈到底有多"卷" ························· 379
建立"无形的学院" ·························· 383
从费孝通到摩尔：在魁阁遇见《法律与人类学手册》 ·········· 385
云南是法律人类学的最佳研究地 ···················· 388
这就是法律人类学！ ························· 390
建立学术对话的传统 ························· 393
共同面对新科技 ··························· 396
读书也是一群人的事 ························· 402
用文字打败时间 ··························· 405

引 言

> 当我沉默着的时候,我觉得充实;我将开口,同时感到空虚。
> ——鲁迅·《野草》题辞

什么是社科法学?[1]这是本书所要集中回答的问题。本书展示了在过去二十年的时间里,特别是到中国人民大学工作以后,我对社科法学从追随到反思再到自觉的过程,由此形成了对社科法学的系统性思考。

亲历社科法学的发生史

在我读博士时,也就是21世纪头十年,法律社会学是北京大学法学理论专业目录的四个研究方向之一(其他三个分别是法理学、立法学和科技法学)。当时我报考的导师是苏力(朱苏力)老师,于是就把法律社会学作为研究方向。但此前我对法律社会学的了解并不多,对社会学的了解更少之又少。因此,博士第一年,我旁听了不少北大社会学系以及其他文科院系开设的课程,例如杨善华的"社会学理论"、林彬的"社会学方法论"、张静的"政治社会学"、高丙中的"人类学"等。在老师的指导下,我对费孝通、波斯纳、科斯、张五常的书读得比较用心。苏力的《送法下乡:中国基层司法制度研究》(以下简称《送法下乡》),我读得最细。这本书基于实地调查写成,被王铭铭称为"是典型的法律人类学"[2],并且我也将这本书作为研究典范加以模仿。

正是由于这本书广泛的学术影响力,在那一时期,中国的司法研究与法律社会学、法律人类学挂上了钩。我的博士学位论文选题也定在司法领域,题目为《中国最高法院规制经济的功能》。不久之后,我进入北大社会学博士后流动站。该站是在费孝通先生倡议下建立的第一个文科博士后流动站。由于费孝通先生是公认的社会学家和人类学家,在他的影响下,中国社会学与人类学的研究边界并不像欧美国家那样泾渭分明。人类学家朱晓阳成为我的合作老师,在他的引导下,我读了不少人类学著述,参加了田野调查,因而对人类学、法律人类学有了更多的了解。

博士毕业以后,我进入中国社会科学院所属的中国社会科学杂志社,在综合室做编辑。综合室主要负责法学、社会学、人类学、政治学、国际关系等学科的稿件编发。法学稿件通常会在室里讨论,其比较注重跨学科研究视角,至少得能获得其他学科的理解与认同。在这期间,苏力提议举办跨学科法律研究的会议和发行相应的刊物。在我的具体协调和杂志社同事的共同努力下,2005年5月,北大法学院与中国社会科学杂志社联合召开了"法律的社会科学研究"研讨会。[3] 2006年5月,由苏力主编、我任执行编辑的《法律和社会科学》正式创刊。会议和刊物在学科制度上把大家拢在一起,为不同进路的学者展开对话提供了可能。

2005年的"法律的社会科学研究"研讨会只是开了个头,象征意义大于实质。当时既有法理学的舒国滢、郑永流、吴玉章、苏力等学者参加,又有经济学的张维迎和姚洋,社会学的张静和应星,政治学的王绍光,人类学的高丙中等学者参加。但那更像是多学科学者的对话,而不是跨学科学者的讨论。2006年5月,"法律和社会科学"研讨会召开,此次研讨会聚焦法学与人类学的对话。这是一对一的学科对话会,比第一届有了更多的讨论张力。年轻一代的法学学者除贺欣、成凡继续参加以外,王启梁、陈柏峰、尤陈俊第一次在这样的会议上发言。更年轻的胡凌、李晟和戴昕也旁听了会议。更具有里程碑意义的会议,是2009年6月召开的"法律的中国经验:法律、文化与社会"研讨会。这次会议由林端和梁治平两位老师牵头,尤陈俊和我协调,邀请十来位青年学者,召开了两天的闭门会议。除贺欣、成凡、王启梁、陈柏峰、尤陈俊和我以外,还有桑本谦、李学尧等人提交论文报告并相互评议。我们那时在30岁上下,有了一定的学术积累、更多的学术共识和共同做事的冲动。"无形学院"初步形成,也真正开启了中国的社科法学运动。[4]

有了更为紧密的研究群体,而不再是过去各自零散的研究个体,这让我重新审视苏力在2001年发表的《也许正在发生:中国当代法学发展的一个概览》的意义。他在文中指出,作为三大法学研究范式之一,社科法学"必定会在中国占有相当重要的一席之地"[5]。在相当长的一段时间里,我曾觉得这只不过是一个概括的词而已。因为与苏力同时代的那批在20世纪90年代从事社科法学的学者,不少已经转向法学方法论或彻底专注于规范研究。社科法学似乎后继乏人。甚至苏力在写完《送法下乡》之后,研究兴趣也转向了《法律与文学》和《大国宪制》,而这会被认为是人文与历史研究,似乎不那么"社会科学"。以至于,成凡发文质疑"是不是正在发生?"[6],但现在有这样一批青年学者在,也就有了中国的社科法学。

我们就是在塑造当代社科法学的学术史。

2010年,我在对外经济贸易大学法学院任教时申请开设法律经济学课程。当时除主持现在仍在举办的"经贸法学工作坊"以外,还组织过为期一年的"法律经济学'席明纳'"系列。这样做是为了强化贸大法学的办学特色,也让自己补了法律经济学的知识短板。2012年7月,我还参加了由陈若英具体协调的在芝加哥大学举办的首届"法律经济学暑期学校"。科斯和波斯纳亲临授课。这让我对推动法律经济学与法律社会学之间的互动融合有了更多信心。2015年10月,法律和社会科学年会在中国海洋大学法学院召开。我与桑本谦商议,年会主题就定为"法律经济学与法律社会学的对话"。2018年7月,法律和社会科学年会在北大法学院召开。期间我也组织了贺欣与张永健的对话会,主题仍是"法律经济学与法律社会学的对话"。

2012年,这一年我在纽约大学亚美法研究所访学。除参加"法律经济学暑期学校"以外,在刘思达的引荐下,我还参加了在哈佛大学法学院举办的"全球法律职业"研讨会、在夏威夷大学举办的法律与社会年会。同年11月,还专程回国参加了在上海大学法学院举办的法律和社会科学年会。年会主题是"法律实证研究的进展及法学研究方法的反思"。会后,在王申老师的支持下,我策划了一组法律实证研究的文章,发表在《法学》2013年第4期。其中,就有我写的《社科法学的跨界格局与实证前景》(本书第一章),这是国内论文标题中第一次出现"社科法学"关键词。文中明确指出,在中国有这样的社科法学研究群体,并提出了举办社科法学研习班的设想。

2013年11月,在王启梁的主持下,法律和社会科学年会在云南大学召开。与以往年会不同,这次还举办了法律的经验研究高级研修班。研修班讲稿在2014年以《法律的经验研究:方法与应用》为名出版,成为一本社科法学入门读物。之后,我们把这次研修班重新命名为"第一届社科法学研习营"。并且在西南政法大学、北京大学和中国人民大学,又相继举办了四届社科法学研习营。2013年年底,《法律和社会科学》第一次入选CSSCI法学类来源集刊,大家深受鼓舞。正好那时,王启梁、陈柏峰、尤陈俊、张芝梅、周尚君与我,相聚于西政。晚上聊天时,我提出成立"社科法学连线"的设想,得到大家的一致同意。"社科法学连线"就是无形学院。这样,以"社科法学连线"为名,整合年会、刊物、研习营、工作坊等活动,联结更多同人做事,共同推动社科法学的发展。

2014年,除例行活动以外,我们还做了两件有意义的事情。一是举办了与社科法学知名学者对话的系列活动。这主要是由陈柏峰牵头,在中南财经政法大学举行,先后对话了苏力、冯象、梁治平、季卫东、朱景文、王亚新、陈瑞华、张志铭、吴汉东、刘思达等学者。我在北京组织了与朱晓阳、白建军两位学者的非公开对话。每次活动还都会请相关领域的年轻学者参与对话,这使对话更有深度,也体现了薪火相传的精神。对话系列前后持续了4年之久,最后以《法学的

11 种可能：中国法学名家对话录》为名结集出版。这本书讲述了法社科大家的学术成长史，读起来比较有趣，是社科法学的一个周边读本。

二是与《法学研究》编辑部共同举办了第一届"社科法学与法教义学的对话"学术研讨会（以下简称"对话会"）。这届对话会仍在中南财经政法大学举行。[7] 对话会的缘起，是我读到《中外法学》2013年第5期的一组法教义学论文——陈兴良、许德风、张翔分别阐释了刑法教义学、民法教义学和宪法教义学的相关理论。这可以说是法教义学在中国的集体展示。这对我触动很大，于是有了办对话会的想法。在与张翔商定后，得到了不少学者，尤其是年轻一代学者的积极响应。这次对话会在法学界产生了非常广泛的影响。会后，《光明日报》和《法商研究》先后发表了一组文章。那两年，社科法学与法教义学的争论持续不断，有时甚至弥漫着敌意的情绪。我提议开会的本意是对话，会后似乎变成了对立。2016年7月，我就在第一届中国法社会学年会上，以"社科法学 VS. 法教义学：一场误会"为题加以澄清：法教义学与社科法学来自两个不同的知识传统，对话空间比较有限。但对话的意义就在于通过了解法教义学，反思社科法学的问题，深化对社科法学的整体认识。

事实也的确如此。最近几年，法教义学与社科法学在明面上的争议少了不少，均有了更强的研究自觉，对彼此的包容度也更大。2023年6月，筹划已久的第二届"法教义学与社科法学的对话"学术讨论会在中国海洋大学举办。我们敲定将"共同面对新科技"作为本届对话会主题。因为不论是法教义学，还是社科法学，都要面对新科技给法学带来的挑战。不是单独面对，而是要共同面对、携手面对。当然，从研究者的主体性来说，法教义学学者从教义立场上吸纳社科，社科法学学者则从社科立场上迭代教义。这是在知识竞争意义上的共同面对，但殊途同归，共同目标都是建构中国自主的法学知识体系。

2014年以后，除社科法学与法教义学的对话会成为里程碑事件以外，法律的实证（量化）研究、法律的社会理论研究也初具规模。并且,出现了法律认知科学等新兴研究领域。我曾反复解释,之所以把社科法学这个词用起来,是为了与法教义学形成呼应。但这也给人留下刻板印象——社科法学就是以法律社会学、法律经济学为主的定性研究领域,甚至就是苏力式的社科法学。为了因应最新变化,也为了形成更多共识,推动学术共同体的形成,我们将社科法学再还原称为"法律的社会科学研究"(简称法社会科学、法社科)——这是一个描述性概念,可能更容易被学者普遍接受。

实际上,我们的刊物——《法律和社会科学》——一直在推动不同领域的跨学科法律研究。从第4卷开始,基本上都以专号形式出版。最近10年,专题特色更加鲜明。例如,出版了"执法的社会科学""法律与认知科学""法律和社会研究的历史进路""刑事法的社会科学""家事法的社会科学""法律、城市与地理""司法的社会科学""法律与科幻""法律人类学在中国(学说)""法律人类学在中国(田野)"专号。最近,还在组织"法律与数据科学""法律与科技"专号。因此,不夸张地说,数量和质量日益增加的这些学术积累为建构社科法学的知识体系提供了更多可能。

建构社科法学的知识体系

有必要建构社科法学的知识体系吗?很多人难免有这样的疑问。

社科法学是跨学科领域(field),不是学科(discipline)概念。目前,也就没有必要刻意建构社科法学的学科体系。但不追求建构社科法学的学科体系,不等于社科法学其他性质的体系也不需要建构。例如,社科法学的知识成果要有效传播给学生,就得开设相关课程,构建社科法学的课程体系。开设一门社科法学课程,需要建构这门课的教学体系。目前,越来越多的学校开设了社科法学总论(初阶)或专题课程,以及某一跨学科法律课程。最近,我们以第五届"社科法学研习营"讲稿为基础拟出版《法社会科学研究方法指南》,将初步呈现社科法学的课程体系。研习营主讲人都是相关领域的杰出学者。该书分为进路、方法、技艺三编。进路编主要讲授法社科的不同研究进路,包括如何做法律人类学、法律认知科学、法律与人文研究。方法编主要讲授法律经验研究、法律定量研究的过程,以及如何进行法律的社会理论分析、法律的经济分析与演化分析。技艺编主要讲授在做法社科研究时如何观察、如何叙事和如何写作。各章多是学者研究领域的浓缩,大部分都可以单独作为课程开设。

课程体系与知识体系既有联系又有区别。构建课程体系主要是为了便于知识传授,构建知识体系则主要是为了便于知识交流:一个面向学生,一个面向学术。前些年,社科法学还经常被批评知识杂糅。不少学者认为,社科法学不过是各个研究进路的简单加总。[8]即便是苏力,他在提出社科法学这一研究范式时,也指出过当时归属社科法学派的学者,"其中的一些人实际上更侧重人文,有些人更侧重社会科学,还有一部分人的研究甚至很容易与诠释法学派相混淆"[9]。

当然,也有不少学者认可社会科学在法律适用和法律研究中的运用。例如,社会学解释是法律解释的方法之一,尽管是比较不重要的法律解释方法;对法律规范也可以进行经济分析。但只强调社会科学在法律中的运用,还不足以支撑社科法学成为一个学术流派或研究范式。苏永钦老师提出"法学为体,社科为用"[10]的主张,可能就是从这个意义上理解社科法学的作用,但我并不认可。

问题在于自己,而不在于别人的批评。社科法学学者总体上缺少知识体系化以及方法论的自觉。以我为例,在过去相当长的时期,我更注重政法、司法专题的研究,对域外经典研究和前沿研究缺乏系统性阅读,更谈不上创造性转化。我对美国法律现实主义、法与社会运动的了解,最早来自《外国法译评》(后改名《环球法律评论》)的零散介绍,例如,其刊载的楚贝克、麦考利的相关文章。时至今日,这两位大家的著作仍没有中文译本。相较过去,英语世界的法社科著作已经被翻译不少,但仍远远不够。虽然获取英文文献的渠道相较过去更为便利,但国内并未形成阅读英文文献的整体氛围。

也是因为有了这样的自我反思意识,在北大法学院任教期间,我从2015年起开设了法律和社会科学课程。2019年到人大法学院任教后,继续开设法律和社会科学初阶课程。这是我在教学上做的社科法学知识体系化尝试,先行构建社科法学课程的教学体系。同时,我还带着研究生阅读英文文献,做一些翻译工作。2016年开始,我牵头翻译摩尔编的《法律与人类学手册》。该书选编了百年来法律人类学的经典研究和前沿研究,是一本非常好的教学参考书。2017年,我与邱遥堃合译了弗里德曼的《碰撞:法律如何影响人的行为》。这是一本"法律影响"研究的述评,称得上是法社科研究的小百科。2020年以后,我有意识地带着学生跟进前沿研究,例如,组织研读 Annual Review of Law and Social Science 等域外期刊上的论文。同时,建议博士生每人对标找准一个学者的研究进行系统阅读并尝试翻译。上述这些努力,让域外的法社科研究为更多人所熟知。

就美国的法社科研究来说,历经数十年的变化,至少形成了两种类型研究:一类是法律与社会(law and society)研究。这是对法与社会的相互关系进行社会科学研究,既关注法律对社会的影响,也关注社会对法律的影响,可以说是外在视角的研究。法律与社会研究实际上就是对"行动中的法"进行社会科学研究,因此,也可以称为法律的社会科学研究(social scientific research of law)。而国内对于法律与社会研究的引介,中国人民大学是做得最好的,以朱景文、范愉、郭星华等学者为代表。

另一类是法律中的社会科学(social science in law)研究。这一领域关注法律实务主要是司法裁判过程中社会科学的运用,是内在视角的研究。我在读博士时,就在学校图书馆发现过一本名为 Social Science in Law: Cases and Materials 的教科书,印象深刻。这本书的核心部分有四章,分别为:社会科学用于决定事实(social science used to determine facts);社会科学用于制定法律(social science used to make law);社会科学用于提供背景(social science used to provide context);社会科学与诉讼策略(social science and litigation strategy)。该书第六版在2007年被翻译成中文,主译者是清华大学的何美欢教授。很不幸,她在2010年去世。这本书英文版目前出到了第十版,但中文版一直停在第六版。因为法律中的社会科学研究区别于法律与社会的研究,我对这一领域抱有很强的好奇心,对这本书也就爱不释手。我不仅把这本书列为法律和社会科学课程的必读书目,而且先后联系了北大图书馆和人大图书馆,购买了该书的最新英文版。

法律中的社会科学并不为国内法学界所了解。由于个案的法律适用即解释论向来属于法学方法论和法教义学的禁脔,同属内在视角的法律中的社会科学就对其构成直接挑战。在美国判例法传统中,法律中的社会科学已经随处可见——社会科学直接连结事实与法律、逻辑与证据。其分析案例的方式与德国成文法传统的教义分析方式完全不同。在中国,社科法学在司法裁判中有没有运用前景呢?答案是肯定的。作为一个大国,中国有很多判决不仅要考虑法律效果,也要考虑社会效果。社科法学主张的是运用社会科学意义上的后果考量来实现效果统一。因此,法律中的社会科学研究在中国十分必要。

国内关于司法个案的法律中的社会科学研究,目前主要集中在法律的经济分析。法经济学学者虽然能够游刃有余地运用经济分析司法个案,但这套技艺难以传授给法律实务人员。相比之下,法教义学学者所倡导的分析司法个案的技艺,例如请求权基础,比较容易传授给法律实务人员。这主要是因为法律经济分析的学习成本高得多。因此,法律中的社会科学在中国的运用前景,在很大程度上取决于学习成本,取决于法学学者与法律实务者共同努力的程度。特别是,学者要能够提供一套成形的运用社会科学解决司法个案的思路方案。

除法律的社会科学、法律中的社会科学构成社科法学的两类研究领域以外,还有一类研究也属于社科法学,那就是对法学学科自身进行反思,即知识的自反或反身性的问题。对研究本身进行反思,意味着要建立"科学之科学",这往往被认为是哲学工作。例如,大家比较熟悉的库恩的《科学革命的结构》[11],它讨论了自然科学中存在不可通约的范式。这就是科学哲学对自然科学方法和真理性质的反思。在社会科学领域,则有借鉴自科学哲学的社会科学哲学。在法学领域,这往往表现为对法学研究本体论和方法论的反思。英美法哲学近来关于还原论、表达主义、准表达主义和自然主义的争论,集中体现了这一点。在传统上,"法学是一门科学吗?"这类问题也属于这一领域。

这种反思虽然往往表现为纯粹理论思辨的方法论工作,但社会科学对自身的反思不可能是纯理论的,它也必须是社会科学式的。这就意味着需要结合知识社会学、教育社会学,对社会科学的学科建制、学术生态等现象进行分析,讨论社会基础对社会科学研究本身所造成的影响。从苏力、成凡等人所进行的引证研究开始,社科法学在这一领域已有积累。这一领域的议题包括但不限于:中国法学的现状如何?为何如此?受到哪些因素的影响?在学科制度上还存在什么问题?法学内部各学科之间的关系如何?法学研究、法学教育与法律职业的关系如何?中国社科法学的研究优势在于:它从来都处于法学学科建制之内,对法学学科有着更切身的经验感受,但它又不同于所谓的主流法学。因而,它能够对法学自身进行参与式观察,这也必然是一种内在的反身性观察。这种社会科学式的反身性观察,就是法学的知识社会学。

以上三类研究——法律的社会科学、法律中的社会科学、法学的知识社会学,共同构成了社科法学的知识体系。法律的社会科学是对"行动中的法",也就是法律与社会的关系进行社会科学研究,是外部视角研究;法律中的社会科学侧重法律实务,是内部视角研究。这两类研究构成了法学研究理论与实务的两个基本面向。而对这两个基本面向的法学研究进行社会科学的反身性思考,就是法学的知识社会学研究。当然,这三个部分并非等量齐观。法律的社会科学即法律与社会的研究,是知识体系中最硬核,也是最具规模的部分,足以构成并称得上是法社会科学的研究范式。

从法社会学到法社会科学

本书的所有努力就是为了构建社科法学的知识体系。这经历了认识不断深化的过程。如前所述,我在很长一段时间内专注法社会学的研习。为学好法社会学,我比较系统地学习了社会学。随着时间推移,我越来越意识到系统学习英语世界主要是美国的法律与社会研究,以及法律经济学、司法政治学、法律认知科学、法律与人文等跨学科研究的重要性。中国的社会学、英语世界的跨学科法律研究实际上构成了中国法社会学的两大知识来源。在这个意义上,在法学院做法社会学研究,也就呈现了走向法社会科学的趋势。即使在法律与科技这样的新兴领域,也需要进行社会科学研究。[12]

我在这里偏好使用的语词表述是"法社会科学",而不是"社科法学"。社科法学的表述有些拗口,不太容易被别的学科直接理解。而且,前面也说了这主要是针对法教义学而使用的简称。此外,这个词还容易引起歧义。例如,有学者批评其构词有问题:如果法学是社会科学,社会科学就不应该放在法学这两个字前面加以修饰。我之所以偏好使用法社会科学,主要是基于以下理由:大家看到法社会学的表述时,容易明白这是指运用社会学研究法律。当我表述"从法社会学到法社会科学",大家也就能够明白法社会科学的含义——运用社会科学研究法律。最重要的是,在方法论上,社科法学主要是社会科学方法论,而不是或主要不是法学(法教义学)方法论。因此,称为法社会科学(法社科)更名正言顺。不过,虽然我并不那么喜欢"社科法学"的表述,但语词的意义在于使用,而不是描述。"社科法学"的用法已经约定俗成,被更多人接受,词与物就可以分离了。因此,我们可以介意,但也不必特别介意语词表达的准确程度,应聚焦对事——社科法学的三种知识类型的研究。

也因此,本书不是对社科法学或法社会科学的词的研究,而是对其所指向的事的研究。这里就要对本书的编排加以具体说明。除引言和结语以外,本书采取总分模式,共分为四编:第一编"法社会科学的格局流变"是总论,第二编"法社会科学的研究范式"、第三编"法律中的社会科学运用"、第四编"法学的社会科学反思",这三编是分论。最后还有附录,附录收入了与本书主题相关的九篇小文。

第一编"法社会科学的格局流变"。这一编是对社科法学即法社会科学在中国的演化过程和整体格局进行叙事。第一章是2012年提交法律和社会科学年会的论文。这篇论文通过与美国进行比较,提出了社科法学在中国未来发展的设想,甚至也可以说是个宣言。现在回过头再看,很多事情我们的确也做到了。第二章是2014年提交"社科法学与法教义学的对话"研讨会的论文。这篇论文通过与法教义学进行比较,归纳了社科法学的基本特点和比较优势,对社科法学所可能发挥的功用加以评价。第三章的写作背景是,2016年我参加第一届中国法社会学年会,在季卫东和程金华老师的安排下,作的回应社科法学与法教义学争论的主题发言。这篇论文从整体论视角归纳了社科法学的不同研究进路以及相互关系,以回应社科法学碎片化的批评。第四章是2023年应《社会科学》之邀所写的文章。他们开设了一个新栏目"方法、体系与历史:中国特色哲学社会科学构建"。我也以此为契机,对法社会科学在中国过去20年甚至40年的研究进行了系统梳理和反思,从而基本完成了对法律的社会科学研究范式的整全性工作。需要说明的是,这一编的四章是按照时间先后顺序来写的。这反映了自己认识不断深化的过程。因此,前三章仍使用"社科法学"的表述,第四章才使用"法社会科学"的表述。

第二编"法社会科学的研究范式"。按照不同标准,法社会科学的研究范式还可以细分为更具体的研究类型。这一编就分别讨论了侧重定量的法律实证研究、侧重定性的法律经验研究,以及立法的社会科学和司法的社会科学四种具体的研究类型。第五章是2019年受于明老师邀请,我在华东政法大学举办一场讲座后写成的论文。

这篇论文澄清了法律的实证研究(empirical legal research)与其他研究的关系,讨论了如何做好的实证研究。第六章是受《学术月刊》之邀,我组的三篇"规范面向的法律经验研究"专题文章中的一篇。我想要批评的是,做法律的经验研究不能变成纯粹的社会学意义上的经验研究,而应以法律规范为研究起点,并且与规范研究进行对话。既要解释问题,也要能够解决实务问题。第七章是《中国法律评论》所组的"法教义学与社科法学"八篇论文之一。原本是为 2021 年召开的第二届"法教义学与社科法学的对话会"准备的。为了突出对话特点,张翔老师说他写立法的宪法教义学。于是,我就动笔写了这篇立法的社会科学的研究述评,同时,也贯穿了对立法的规范性问题的追问。第八章是 2021 年提交法律和社会科学年会的论文。这次年会也是《送法下乡》初版发行 20 周年学术研讨会。这篇论文从《送法下乡》的学术意义和影响切入,展望了司法的经验研究即司法的经验研究的未来。

第三编"法律中的社会科学运用"。这一编主要讨论法律实务中如何运用社会科学。国内社科法学学者往往比较关注如何运用社会科学进行法律研究,但并不关心如何运用社会科学进行法律实务。不仅法社会学学者不关心,即使法经济学学者也只是关心自己如何分析司法个案。学者并不关心法律实务工作者如何运用法经济学分析司法个案。因此,包括法经济学在内的社科法学学者,还未能像法教义学学者那样,能够给法律实务工作者提供一套分析司法个案的思路方案。这需要社科法学学者与法律实务工作者的共同努力。但起手式的工作,是及时归纳法律实务中运用社会科学的经验。基于这样的考虑,从 2015 年起,我就开始注意法律实务中的社会科学运用。这一编的第九章到第十二章,分别讨论了在中国的司法实践中社会科学、人类学、经济学和科学的运用。社会科学(科学)不仅运用于宏观层面的司法体制机制改革,而且在微观的司法裁判过程中,不论是事实认定还是法律适用,也越来越多地发挥着不可替代的作用。其中,第十一章"司法中的经济分析"是高凯铭同学与我合作完成的。

尽管这样的讨论还比较粗糙，但至少面向法律实务迈出了重要一步，有助于形成一套运用社会科学分析法律实务的思路方案。

第二编、第三编关注法律研究与运用的社会科学讨论，第四编则聚焦法学知识的社会科学讨论。这是对法学知识自身的问题，即自反或反身性问题进行知识社会学讨论。第十三章对法学理论学科知识变迁的讨论，虽然最早写于 2006 年，但里面存在的问题仍然存在，讨论也没有过时。第十四章讨论法学核心期刊的引证。一个有意思的看法是，比较法学期刊之间哪一个更有知识影响力，就是看你引用我发表的论文次数多，还是我引用你发表的论文次数多。这是2008 年应时任《北大法律评论》主编尤陈俊老师的邀请，为了纪念《北大法律评论》创刊 10 周年而写的。第十五章以 2017 年法学各二级学科的青年学者引证情况为样本，展示了法学研究的实力格局。通过对法学各二级学科的比较，可以看出不同学科之间的知识影响的差异。甚至，从引证周期变化，也可以展示一个学者的学术生命历程。

除上述引证研究以外，与引证相关的统计研究我还做过不少。例如，我在 2006 年就做过法律引证，统计裁判文书对司法解释的引证次数。2006 年，还通过谷歌搜索次数分析中国大法官的声誉（知名度）。多年来，我还断断续续做过中国一流法学院的师资构成的研究，发现哪一个才是超级法学院——能为一流法学院提供师资的法学院。当然，做得更多的是定性研究。例如，第十六章是我在 2015 年对一个法学院进行的个案研究。此外，我还做了对全国法学院的整体研究，但终究没有成稿。第四编的最后一章即第十七章，写于 2019 年，是我在法学院近三十年经历的知识社会学自白。其中包括我做学生时的学习体会、当老师时的教学心得和作为学者的研究偏好三方面，是对中国法理学，也是对中国法学进行的整体反思。

总的来说，"法社会科学的研究范式""法律中的社会科学运用""法学的社会科学反思"三编是本书的核心。这三部分也构成了法社会科学的知识体系。这样的知识化努力只是开始。还需要归纳提炼更多的法社会科学关键概念，在本体论、认识论和方法论上进行更为细致的讨论。在这里,我把已有的思考和盘托出,也不怕被批评是在玩弄语词游戏,借此希望能引起更多关注和讨论,真正做到抛砖引玉。

我最期望本书的潜在读者其实是"后浪"——同学们。我的很多文字是在与同学们的交互影响下写成的。本书结语,特别是附录中的九篇小文是专门写给同学们看的,也都是在这一两年写就的。结语谈的是进行法社会科学训练的基本设想。收入附录的第一篇"卷"文,批评了法学界阻碍博士生成长的影响因素。第二篇到第七篇小文,则是在不同场合浅谈做法社科的体会,对同行的批评和对后学的期许。我对做好法社科的基本主张可简化为九个字:学理论、试翻译、做"田野"。第八篇小文针对法学本科生和硕士生如何读书提出了建议。最后一篇小文是最新加进去的,也是感慨时间转瞬即逝,与同行和后学共勉,要用文字打败时间。

收入本书的各章大多在刊物上发表过。包括各有三篇文章发表在《法学》《中国法律评论》,两篇文章发表在《北大法律评论》《法商研究》,其他文章分别发表在《中国法学》《学术月刊》《社会科学》《思想战线》《学习与探索》《北京航空航天大学学报》《高等教育评论》。在写作过程中,得到了很多师友的帮助。本书最后能够形成这样的篇章结构,得益于张剑源、贺欣、肖炜霖等师友的批评建议。同时,还请认识六个年头的代伟同学作序。我自 2019 年初来人大法学院任教就在琢磨这本书,书中一多半内容是在人大完成的。五年了,感谢这个"大家庭"。在此期间,我还获得了学校学术著作后期资助项目来完成书稿。杨玉洁编辑有心留出"人大红"作为本书封面底色,对我来说也就具有了象征意义。谢谢大家,也谢谢我的小家和"土豆"曾经的陪伴。

注释

〔1〕"社科法学"是目前法学界约定俗成的名称,是"法律和社会科学""法律的社会科学研究"的简称。但本书偏好将"法律的社会科学研究"简称为"法

社会科学"。后文将给予理由论证。

〔2〕王铭铭:《没有后门的教室》,中国人民大学出版社2006年版,第214页。

〔3〕会后,《北大法律评论》还专门组织了一辑"法律的社会科学研究"主题研讨(第7卷第1辑,北京大学出版社2006年版)。由王绍光撰写导言,分别发表了贺欣、成凡和我三人的论文,翻译了伊恩·艾尔斯与罗伯特·格特纳合作的论文和斯图尔特·马考利的论文。

〔4〕当然,还有当时没能参会的《法律和社会科学》其他编委或经常参加法律和社会科学年会的同代学者,包括张芝梅、唐应茂、程金华、陈若英、周尚君、于晓虹、侯学宾、方乐、缪因知、于明、胡凌、岳林、戴昕、陈颀、彭小龙、杨帆、张剑源、韩宝、王伟臣、刘思达、刘庄,以及海外的张巍、张永健等。现在还有更年轻一代学者。

〔5〕苏力:《也许正在发生:中国当代法学发展的一个概览》,载《比较法研究》2001年第3期。

〔6〕参见成凡:《是不是正在发生?:外部学科知识对当代中国法学的影响,一个经验调查》,载《中外法学》2004年第5期。

〔7〕参见龚春霞:《竞争与合作:超载学科内部的藩篱——"社科法学与法教义学的对话"研讨会综述》,载《光明日报》2014年6月18日,第16版。

〔8〕代表性批评参见张文显、郑成良、徐显明:《中国法理学:从何处来?到何处去?》,载《清华法学》2017年第3期。

〔9〕同前注5。

〔10〕苏永钦:《法学为体,社科为用:大陆法系国家需要的社科法学》,载《中国法律评论》2021年第4期。

〔11〕参见〔美〕托马斯·库恩:《科学革命的结构》,张卜天译,北京大学出版社2022年版。

〔12〕参见代伟:《法律与科技的社会科学研究何以可能:一个方法论的追问》,载《中国法律评论》2024年第2期。

第一编
法社会科学的格局流变

Law and Social Science
Research Tradition and Knowledge System

第一章 社科法学在中国：是不是正在发生

中国法学自恢复重建以来，一个重要的变化是跨学科法律研究的兴起。2001年，苏力在一篇文章中，将当代中国法学的基本格局划分为：政法法学、诠释法学和社科法学三个法学学派。而社科法学的独特之处，就在于其跨学科法律研究特征，并强调实证的研究方法。在对三个学派进行比较之后，苏力认为，"在未来中国法学中起主导作用的更可能是诠释法学和社科法学"。而且，社科法学"会在中国占有一席之地，甚至有可能比欧美国家的类似学科状况更为重要一些"[1]。十多年过去（注：本章初稿写于2012年），当代中国的社科法学的发展，是否如他所预言的那样发展乐观？

一、不同的学科制度环境

至少就目前的状况来看，也许还不那么乐观。虽然社会科学对美国法学和法律界的影响很大[2]，但中国短期内还很难学习和模仿。两国学科制度的环境差异巨大，中国必须在现有的制度环境下寻求突破，才能形成自己的研究传统。这种制度环境的差异主要表现在不同的学科格局和师资状况。

从学科格局来看，美国法学可以划分为判例法学和社科法学。其中，判例法学与中国的诠释法学功能相当，本质上都是以文本为中心来解释法律问题。而且，判例法学与社科法学在知识谱系上同源。社科法学的先驱主要有霍姆斯、布兰代斯和卡多佐，他们同时也是美国联邦最高法院大法官。当代最有影响力的法律经济学者——波斯纳,曾担任美国联邦上诉法院法官。他们不仅有所著述,而且在判决中也常常运用社会科学的分析。一项调查也显示,自20世纪50年代以来,美国司法判决中引证非法律材料的总量和比重都在增加[3],这表明社会科学对判例法的影响越来越大。此外,在美国各大法学院的法律评论中,已经较少见到纯粹的判例法学论文,而更多的是强调社会科学方法的运用,或注重对判例的社会情境的考察。

美国的判例法学和社科法学,都是在英美法系的传统下逐渐发展而来的。相比之下,中国法学的基本格局则有很大不同:中国法学先后受到苏联法、大陆法系和英美法系的影响,这也奠定了当代中国的政法法学、诠释法学和社科法学的三分格局。由于这三个学派在知识谱系上的根本差异,学派之间的知识偏见和对立可能更为严重。特别是,中国法学恢复重建不过30年,诠释法学刚刚主导了法学的话语权,特别看重法学的自主性和法律解释学方法的根本性。对于社会科学的态度,最多不过是将其纳入法律解释学的知识体系之中。社会科学特别是社会学,只能成为法律解释方法中并不重要的一种,而且较少适用。[4]成凡的引证调查也发现,中国法学具有更多的封闭性,特别是对于民法学和国际法学而言,其对外部知识的引证率相当低。[5]上述情形表明,社科法学要想在法学基本格局中占据一席之地,就必须应对来自诠释法学的挑战。

从师资来看,作为主要的法学研究者的美国法学院教师,本科都是非法学专业,对包括社会科学在内的跨学科法律研究的包容度和接受度更高。而且,法学之外专业毕业的博士在法学院任教的人数,已经呈现日益增长的趋势。目前在全美排名前13的一流法学院中,有1/3教员(排名前14到26的法学院有1/5教员)具有法学以外的博士学位。[6]相比之下,已经设立100年的法律科学博士(S.J.D或J.S.D),在精英法学院中任教的人数屈指可数,并未在美国本土的法学研究中发挥重要作用。[7]此外,法学院的不少教师,不仅可以同时讲授部门法和跨学科法律课程,而且可以在讲授部门法的课程中,灵活运用法律经济学在内的社会科学知识。

中国法学院的大部分中青年教师,是法学专业本科毕业并获得法学博士学位的,因此,知识结构相对单一。而法学以外专业毕业的博士,在法学院任教的人数非常少。即使是能在法学院开设跨学科法律课程的教师,很多也只是在获得法学博士学位以后,再去做法学以外专业的博士后研究。但总体来看,中国法学师资的知识结构中,占据垄断地位的是逻辑上自洽的法学知识体系,这样也就容易形成排斥社会科学的巨大惯性。

尽管社科法学的发展并不乐观,但这并不是说,十多年来社科法学的进展缓慢。与20世纪80年代、90年代相比,社科法学的研究规模和研究领域都有很大变化。20世纪80年代,当法律经济学开始全面渗透到美国的法学教育时,中国才开始介绍法律经济学的概念。20世纪80年代后期到整个90年代,社科法学研究开始起步,研究者人数很少。例如,主要有梁治平做的法律文化研究[8]、郑永流牵头做的农村法律问题研究[9]、夏勇组织做的公民权利调查研究[10]。他们似乎是各自研究领域的开拓者,然而这些研究却后继无人。即使是这些研究者,后来也大多回到了诠释法学的研究正统。但自2000年以来,社科法学学者的人数明显增多,而且产出质量更高。

社科法学学者人数的增多,得益于20世纪90年代末期开始的大规模扩招法科学生的国家教育政策。法科学生数量的激增,使学校对师资的需求变大。根据教育部公布的官方数据,1998年,全国普通高校法学专任教师是10702人,而到了2009年,这一数字是56939。[11]当然,与诠释法学学者相比,社科法学学者在整个法学师资中的比例非常小。但由于法学师资的总基数变大,这仍然能够让社科法学学者的数量翻数倍。在这样的大背景下,那些原本有社会科学研究偏好的博士生在毕业时,能够有更多机会在法学院找到稳定教职。而找到教职,是一个学者得以继续从事社科法学研究的前提。这让社科法学学者有更多的可能与诠释法学者进行"PK"(对决)。

二、社科法学的研究进展

尽管社科法学学者人数不占优势,也常常感受到身处法学院的边缘,但跨学科法律研究和法律实证研究却受到学术界和学术期刊界的欢迎。不仅美国呈现这一趋势,当地一流法学院投资支持这样的研究[12],中国现在也不例外。尽管很多诠释法学学者也注意到这一趋势,但他们体系化的知识结构已经形成,并不会轻易转向,也不容易转向。而且,"欢迎"并不仅仅是一种姿态,中国的学术刊物和读者喜欢这样的研究,这也让社科法学的论文更容易发表。这意味着,社科法学学者将会有更大的学术发挥空间。

从研究领域来看,社科法学的研究无论是从广度,还是深度,都有很大拓展。社科法学仍集中于司法研究,包括诉讼法研究,而且产出很多系列专题。这包括苏力的纠纷个案系列研究、王亚新牵头的民事审判程序的运作系列研究、左卫民牵头的刑事诉讼的运作系列研究、贺欣的基层法院的运作系列研究、侯猛的最高法院的运作系列研究、唐应茂的法院执行系列研究等。但也正是由于社科法学的产出集中于司法研究,其常常受到研究面过窄的批评。不过持平而论,司法过程作为法律运作的具体表现,社科法学研究最先集中于司法,这不过是社科法学在发展初期阶段出现的正常现象。而且,在司法领域中持续进行研究,特别是针对某一个问题进行系列深入研究的做法,不仅仅是良好学风的反映,也为铸就中国社科法学的传统奠定了更扎实的知识基础。

实际上,十多年来的社科法学研究,已经涵盖法律社会学、法律经济学、法律人类学、法律与文学等跨学科领域。社科法学所研究的问题,不仅包括司法,还越来越多地涉及立法和行政,以及日常生活实践。在法律经济学方面,民商经济法学者运用法律经济学来解释中国问题,已经相当具体和细致。[13]而苏力关于"海瑞定理"的研究及其批评、戴昕运用行为法律经济学来分析刑罚威慑,则展现出法律经济学与法律社会学、心理学研究的多学科整合的解释力。人类学的研究方法在法学中也得到更多的运用。例如,陈柏峰、汪庆华的基层治理和纠纷解决的研究,王启梁的民族习惯的研究。这些研究者都注重田野调查,有的还与人类学学者合作进行研究。

法律与文学的研究有进展,但似乎后继无人。除了冯象、刘星的一些著述和苏力的传统戏剧研究,并未见有新的成果出现。或许,这正印证了波斯纳对法律与文学的一些致命的批评。[14]法律与文学固然可以提供别样视角,但很难有力地解释法律现实,因而,似乎也只能停留于"多数人的欣赏"和成为"少数人的事业"。但即使提供了别样的视角,仍需要多学科的整合,才能复兴或提升法律与文学的声誉。例如,波斯纳实际上将法律经济学运用于法律与文学,而苏力则更多地借助了法律社会学。

相比之下,某些领域的研究群体已经初具规模。例如,在法律职业领域,包括冉井富、刘思达、李学尧、程金华、吴洪淇等在内的一群年轻学者,已经形成新兴的实证研究力量队伍。关于引证(citation)知识的法律社会学研究,涉及对学科影响力和学者研究能力的评价,也形成固定的作者群,并且不少部门法学者也运用其中。此外,法律与神经科学结合的领域,也引起一部分学者的兴趣,并开始被集中讨论。[15]这说明,国内现有的跨学科法律研究已经超出社会科学的边界,延伸至自然科学领域。

三、多边跨界的对话格局

中国社科法学的变化,不仅体现在知识增量,还体现在法学与其他学科知识交流的制度化。一方面,法学院的社科学者有了更多的机会,与非法学院的同行进行双边跨界对话,而不仅仅限于比较私人化的读书小组或小圈子。例如,由法学者和经济学者组成的制度经济学或法律经济学年会已经召开数届,初具规模。另一方面,当代中国的社科学者,而不仅仅是西方社科学者,已经对法学者产生比较明显的学术影响。例如,社会学学者费孝通对苏力的影响。[16]在更年轻的一代中,经济学学者张维迎对邓峰和艾佳慧的影响[17],人类学学者朱晓阳的研究对法学者的启发[18],都比较直接。但这种学术影响力更多是单向的。社会学、经济学以及人类学对法学的影响,似乎比法学对它们的影响更直接。这多少有些"社会学帝国主义"或"经济学帝国主义"的意味。但这也说明,这些学科要比法学更有学术规范,更有知识传统。"法学帝国主义"还远未形成。

最值得一提的是,多边跨界对话的社科法学格局的逐渐建立。除上述双边跨界对话以外,在中国的法学院,法律经济学学者、法律社会学学者、法律人类学学者,尽管学科和价值取向不同,却可以进行多边跨界对话。这种多边跨界对话,是以研讨会和"席明纳"(seminar)的形式持续进行的,新一代青年学者已经成为对话的主力。相比之下,在美国学术界,形成气候的只有双边跨界对话,例如,法学的法律经济学学者与经济学的法律经济学学者之间的双边跨界对话。而法律经济学学者和法律社会学学者、法律人类学学者之间的多边跨界对话,不仅很少,而且有时甚至势不两立。[19]

这样一种多边跨界对话的格局,恰恰可以成为中国社科法学的比较优势。在美国,法律经济学一支独大,在研究实力上远远超过其他社科法学分支,几乎形成了知识垄断的格局。但在中国,法律经济学和其他社科法学都在发展初期。甚至在法学界,苏力所引领的法律社会学研究,在风头上还盖过了法律经济学。这种势力均衡的局面,反而能够让多边跨界对话成为可能。

多边跨界对话成为可能的另一现实基础,是"中国问题"的特殊性。没有哪一套西方理论能够有效解释作为发展模式的"例外"(exotica)的中国转型过程。[20]因此,中国所有的法律经济学学者、法律社会学学者和法律人类学学者,必须直面现实,必须在实践中检验理论和方法的有效性。中国转型过程中出现的新问题,让各种社科法学理论和方法有了更多的解释机会、学术竞争与合作机会。

也正是在中国转型和知识竞争的大背景下，作为同人刊物的《法律和社会科学》得以创办。刊物的创办以及年会的举办，是中国社科法学在学科制度上逐渐走向成熟的标志。[21] 从美国的情况来看，最知名的跨学科法律杂志——《法律经济学杂志》(Journal of Law and Economics)，特别是在科斯担任编辑的19年间，对法律经济学的推动巨大。中国社科法学的发展，需要像《法律和社会科学》这样的学术交流平台。

四、实证不足的研究现状

社科法学的多边跨界对话的格局，显然做得还不够好。尽管集合了法律经济学、法律社会学和法律人类学等多学科的社科法学学者，开始形成学术共同体意义上的"无形学院"[22]，但"无形学院的有形化"工作还远未展开。社科法学内部似乎还是各自为战，并没有形成基本共识。而实证研究是可能的基本共识，是社科法学寻求更大突破的基本方向。

实证研究，也是社科法学相较于诠释法学的比较优势。中国的社科法学研究，虽然以经验见长，但常常是以批判法律的姿态出现的。然而，如果只是批评法律的问题，缺少对现实中因果关系的考察，中国的社科法学很可能就会像美国的批判法学一样，从一度成为学术热潮而最终走向式微。[23] 也正是由于中国的社科法学尚未建立实证研究的传统，才让有些诠释法学学者将社科法学理解为区别于法律理论的另一套形而上学理论，从而进行"理论的批判"[24]。这种见解加深了诠释法学对社科法学的偏见。

现有的社科法学学者，在实证研究上的确做得还很不够。在法学院，大部分社科法学学者没有经过社会科学的专业训练，很难有运用实证方法上的自觉。例如，田野调查的时间比较短，而且不可持续。即使经过较长时段的调查,不少社科法学学者仍按照"先见"去裁剪经验,而不是从经验中发现新问题。这使他们的研究,虽然看起来有社会科学的味道,但不接"地气",或者只是堆砌了一堆经验的碎片,而没有加以问题化和必要的理论化。

如果以实证为标准衡量苏力的研究,可以认为苏力最好的实证研究,就是他在2000年出版的《送法下乡》。但从那以后,苏力已经很少做田野调查意义上的实证研究了。他的替代方案是,以超常的想象力来弥补实证经验的不足。这种想象力通过修辞、文字的张力和感染力,来打动和说服读者。从这个意义上来说,我们似乎可以说,苏力的社科法学研究,不论是法律社会学还是法律经济学,也是,或者其实是"法律与文学"。苏力深深影响了下一代的社科法学学者。他更强调问题的重要性,因为选择什么样的方法,取决于研究什么样的问题。这也让下一代原本就缺乏社会科学专业训练的社科法学学者,不太重视实证方法的学习和运用,或执着于文字修辞,或对各种方法都只是浅尝辄止。苏力的研究远远超出了法理学的边界,对部门法学,例如刑法学[25],甚至对法学之外的学科,例如文学都产生了广泛影响[26]。这也为一些后学所模仿,学风稍显急躁,研究四面出击。然而,他们对部门法的影响相当有限,也反衬出这些社科法学学者部门法知识的不足。

实证研究的一个基本趋势是做量化。目前在部门法,特别是在刑事法领域,出现了一些定量研究。有的还做得颇具规模,例如,白建军牵头建立了法律数据库,并发表了刑罚和量刑的量化系列研究。[27]不过,在一些学校,虽然也形成了一定规模的法律实证研究团队,但采取的是以做课题为中心的工作模式。他们对量化方法的运用比较简单,甚至不适当,做出来的研究解释力和说服力并不足。就目前的状况来说,法学学者要想做出好的定量研究,可能还是得采取与经济学学者、社会学学者合作的方式。而且,这样还可以发挥法学者长于逻辑分析和对事实敏感的比较优势。

但实证研究并不等于定量研究,基于调查基础的定性研究同样不能轻视。甚至对于法学学者而言,做个案研究可能更容易凸显其比较优势。对法律个案进行社会科学研究,不仅需要对法律文本的理解,而且更需要了解个案背后的因果关系、将个案放在具体的和整体的社会情境中加以考察。这集中体现为延伸个案的研究方法。[28]延伸个案相当于一种以整体性或情境性原则,来发现"事实"、确定"性质"和作出相应判断的研究方法。其所搜寻的"事实"必须放在社会—文化情境的整体中才能定性;必须与纠纷的"前历史"和可能"社会后果"联系才能定性;必须以地方的和超越地方的法律认识或规范信念为背景,才能"想象"出其"性质"和意义。[29]延伸个案研究方法所隐含的意义在于,它是针对诠释法学所坚持的一套"事实"格式化或"个案"格式化方式而发的。因此,这样的个案研究能够通过实证调查,来挑战既定的、普适的宏大理论。而且,如果能够在个案基础上提炼出一种微观或中层理论[30],对中国社会中的法律问题会更有解释力和说服力。

五、建设社科法学的流派

虽然社科法学已经与政法法学、诠释法学形成了中国法学的基本格局,但还没有形成自己的研究传统。如果与经济学中的"芝加哥学派"相比,作为法学学派甚至流派的社科法学,显然还需要做很多建设工作。

"芝加哥学派"之所以影响深远,其必要条件在于,首先存在一个独立安静的学术环境——芝加哥大学。芝加哥位于美国中部以农业为主的伊利诺伊州,芝加哥大学则位于芝加哥郊区,并得到美国大亨洛克菲勒的有力资助。其次,在聚集了一批学者之后,虽然同属一个学派,但内部平等开放、批评辩论之风相当盛行。这与国内一个学院或学科,常常因出现"导师崇拜"现象,而缺少平等自由讨论的风气根本不同。[31]更重要的是,"芝加哥学派"有自己的理论硬核,从而独树一帜，这包括：强调个人主义和市场经济、推崇新古典经济学理论、将经济学适用于日常生活各方面、重视经验研究和假设验证。"芝加哥学派"的知识贡献涵盖人力资本理论、歧视经济学、道德风险、委托—代理问题、合同理论和科斯定理。[32]"芝加哥学派"的影响不仅及于经济学，也包括管理学、法学以及社会学。

"芝加哥学派"这样一种以经济学为主的多学科研究传统，与中国社科法学以法学为主的多学科格局是具有可比性的。在中国法学界，年轻一代的社科法学学者，很多毕业于北京大学，或虽不是北京大学毕业，但明显受到苏力的学术影响。共同或相似的学术经历，有助于大家形成基本的学术共识，但建设中国的社科法学流派，还需要在以下几个方面加以努力：

坚持实证调查的传统。这就是要讨论具体问题，而不是抽象概念；注重后果的分析，而不只是逻辑的演绎。实证调查是社科法学立足的根本，既要做定量研究，也要做定性研究，特别是个案研究，从而发挥各自的比较优势。例如，前者强调样本的代表性和总体趋势，后者则强调个案的丰富性和深刻程度。不论哪一种研究，都应该直面现实，要对社会生活实际有解释力。为了达到这一要求，不论学者选择哪一种研究，都需要培养对问题的好奇心和敏感力。

发扬自由主义的学风。这种学风注重对各种知识的普遍接受，对所有社会法律问题的普遍研究。在文化多元和思想多元的背景下，开展平等的学术对话和批评。对一切结论都保持适度的怀疑，在经验事实的基础上挑战权威。与自由主义学风相联系的，是建立知识竞争的格局。社科法学学者强调市场和竞争的重要性，不仅是指经济市场，还包括思想市场。[33]甚至思想市场更为重要，因为思想的开放有助于经济市场的持续繁荣。而且，允许不同思想火花的碰撞，这也有助于形成良性的学术竞争市场。[34]社科法学的多边格局，需要跨学科法律研究，例如，法律经济学与法律社会学进行内部竞争，通过内部竞争让社科法学更具有活力和解释力。

举办社科法学研讨班。由于目前社科法学的主力大部分是法学背景,因而有必要通过举办研讨班来改善知识结构。举办研讨班以提升学科水平的做法,并非没有先例可循。以社会学为例,20世纪80年代初,曾由费孝通牵头延请国内外师资,在南开大学办社会学专业班。目前社会学界很多知名学者,均出自该班。有统计表明,专业班43个学员中产生了30多位社会学教授,10多位主任、院长。[35]自20世纪90年代后期,费孝通又在北京大学牵头举办数期"社会·文化人类学高级研讨班",一时规模空前。他还强调"补课"对学科建设的重要性,并亲力亲为,撰写长篇读书笔记,重温经典。[36]法学研讨班也曾举办过不少,不过这种跨学科法律研究的研讨班国内还不曾举办。反倒是芝加哥大学法学院先行一步。在2012年,专门针对中国学者开设了法律经济学暑期学校,而且今后还将继续举办。[37]

聚焦特定的研究进路。法学院的社会科学是多学科法律研究进路的交汇。对于初学者而言,如果涉猎太广,面面俱到,其结果往往是什么知识都涉及,但都运用得不深,弱化了社科法学的解释力。先专然后才能博。因此,首先要进入并集中研习一个特定的研究进路,例如法律社会学、法律经济学、法律人类学、法律与政治科学,等等。这样才会产生基于特定研究进路视角的问题意识,才有与其他研究进路对话合作的可能性。

建立学术合作的机制。以实证为基础的社科法学研究,不仅需要个人独立完成,也需要合作。这需要发扬"魁阁精神",开展实质性的学术讨论和合作生产。所谓"魁阁",是抗战时期费孝通在云南魁阁所组建的一个学术群体。这个群体最初以"社区研究"为中心开展调查,既注重独立思考,又强调相互批评和合作。这一群体站在了当时社会学的前沿,并生产出一系列研究作品。包括:费孝通的《禄村农田》、张之毅的《易村手工业》、史国衡的《昆厂劳工》、谷苞的《化城镇的基层行政》、田汝康的《内地女工》《芒市边民的摆》、胡庆钧的《呈贡基层权力结构》,等等。[38]而如今,基于不同学者知识的有限性,跨学科法律研究的学术合作已经成为一种必要。这不仅包括与部门法学学者的合作,也包括与其他社会科学学者的合作。在美国,法律的经验研究的合作模式已形成一种趋势。[39]而在中国,法学学者与社会学学者、经济学学者的合作也开始出现。

实现多学科方法的最优组合。美国的发展经验表明,在社科法学中,只有法律经济学全面进入法学教育和法学研究,成为显学。[40]相比之下,法律社会学、法律人类学等其他社科法学的分支身处法学院的边缘,而且与法律经济学互不来往。但中国的情况有很大不同。转型中的中国出现的新情况、新问题,仅有法律经济学去解释还不够,还需要法律经济学与其他法律社会科学合作。这样解释才更有说服力,从而才能丰富和修正既有的法律理论。从这个意义上来说,中国社科法学的未来,必须实现法律经济学与其他法律社会科学在知识和方法上的最优整合。

注释

〔1〕苏力:《也许正在发生:中国当代法学发展的一个概览》,载《比较法研究》2001 年第 3 期。

〔2〕实际影响也可能被国内夸大,参见贺欣:《转型中国背景下的法律与社会科学研究》,载《北大法律评论》第 7 卷第 1 辑,北京大学出版社 2006 年版,第 21—36 页。

〔3〕See Frederick Schauer & Virginia J. Wise, Nonlegal Information and the Delegalization of Law, *The Journal of Legal Studies,* Vol. 29, No. 1, pp. 495-515.

〔4〕例如,梁慧星:《民法解释学》,中国政法大学出版社 1995 年版,第 236—243 页。

〔5〕参见成凡:《从竞争看引证:对当代中国法学论文引证外部学科知识的调查分析》,载《中国社会科学》2005 年第 2 期。

〔6〕See Joni Hersch and W. Kip Viscusi, Law and Economics as a Pillar of Legal Education, *Review of Law & Economics,* Vol. 8, No. 2, 2012.

〔7〕See Gail J. Hupper, The Academic Doctorate in Law: A Vehicle for Legal Transplants?, *Journal of Legal Education,* Vol. 58, No. 3, 2008.

〔8〕参见梁治平:《寻求自然秩序中的和谐:中国传统法律文化研究》,上海

人民出版社1991年版。

〔9〕参见郑永流、马协华、高其才、刘茂林:《农民法律意识与农村法律发展——来自湖北农村的实证研究》,武汉出版社1993年版。

〔10〕参见夏勇主编:《走向权利的时代:中国公民权利发展研究》,中国政法大学出版社1995年版。

〔11〕参见教育部发展规划司编:《中国教育统计年鉴(1998)》,人民教育出版社1999年版,第30页;以及教育部发展规划司编:《中国教育统计年鉴(2009)》,人民教育出版社2010年版,第51页。这里的"法学",应该还包括社会学、政治学。但这两个专业学生的招生规模和增长幅度,远较法学专业小,因此可以推断其师资增长幅度不及法学。

〔12〕See Edward Rubin, Should Law Schools Support Faculty Research?, *Journal of Contemporary Legal issues,* Vol. 17, 2008.

〔13〕例如,邓峰:《领导责任的法律分析:基于董事注意义务的视角》,载《中国社会科学》2006年第3期;张巍:《物权法定与物权自由的经济分析》,载《中国社会科学》2006年第4期。

〔14〕参见〔美〕理查德·A. 波斯纳:《法律与文学(增订版)》,李国庆译,中国政法大学出版社2002年版,第6—9页。

〔15〕例如,2012年11月在华东政法大学召开的"法律与社会认知神经科学"学术研讨会。

〔16〕参见苏力:《费孝通、儒家文化和文化自觉》,载《开放时代》2007年第4期。

〔17〕参见张维迎、邓峰:《信息、激励与连带责任:对中国古代连坐、保甲制度的法和经济学解释》,载《中国社会科学》2003年第3期;张维迎、艾佳慧:《上诉程序的信息机制:兼论上诉功能的实现》,载《中国法学》2011年第3期。

〔18〕参见朱晓阳:《罪过与惩罚:小村故事(1931—1997)》,天津古籍出版社2003年版。

〔19〕See Richard A. Posner, The Sociology of the Sociology of Law: A View from Economics, *European Journal of Law and Economics,* Vol. 2, No. 4, 1995.

〔20〕See Frank K. Upham, From Demsetz to Deng: Speculations on the Implications of Chinese Growth for Law and Development Theory, *New York University Journal of International Law & Politics,* Vol. 41, 2009.

〔21〕有关学科制度的讨论,参见方文:《社会心理学的演化:一种学科制度

视角》，载《中国社会科学》2001年第6期。

〔22〕See Diana Crane, *Invisible Colleges: Diffusion of Knowledge in Scientific Communities*, The University of Chicago Press, 1972, pp. 1-213.

〔23〕See Joan C. Williams, Critical Legal Studies: The Death of Transcendence and the Rise of the New Langdells, *New York University Law Review*, Vol. 62, No. 3, 1987.

〔24〕参见张翔：《祛魅与自足：政治理论对宪法解释的影响及其限度》，载《政法论坛》2007年第4期。

〔25〕参见苏力：《司法解释、公共政策和最高法院：从最高法院有关"奸淫幼女"的司法解释切入》，载《法学》2003年第8期。

〔26〕参见苏力：《窦娥的悲剧：传统司法中的证据问题》，载《中国社会科学》2005年第2期。

〔27〕例如，白建军：《从中国犯罪率数据看罪因、罪行与刑罚的关系》，载《中国社会科学》2010年第2期。

〔28〕See Michael Burawoy, The Extended Case Method, *Sociological Theory*, Vol. 16, No. 1, 1998.

〔29〕参见朱晓阳：《"语言混乱"与法律人类学的整体论进路》，载《中国社会科学》2007年第2期。

〔30〕参见〔美〕罗伯特·K.默顿：《社会理论和社会结构》，唐少杰、齐心等译，译林出版社2008年版，第50页。

〔31〕参见周雪光：《组织社会学十讲》，社会科学文献出版社2003年版，第278—281页。

〔32〕See Johan Van Overtveldt, *The Chicago School: How the University of Chicago Assembled the Thinkers Who Revolutionized Economics and Business*, Agate, 2007, p. 5.

〔33〕See R. H. Coase, The Market for Goods and the Market for Ideas, *The American Economic Review*, Vol. 64, No. 2, 1974.

〔34〕See Stephen M. Stigler, Competition and the Research Universities, *Daedalus*, Vol. 122, No. 4, 1993.

〔35〕参见苏驼、刘军强：《费孝通与南开大学社会学的创立》，载《光明日报》2005年5月17日，第B4版。

〔36〕参见费孝通：《补课札记：重温帕克社会学》，载费孝通：《师承·补课·

治学》,生活·读书·新知三联书店 2002 年版,第 206—237 页。

〔37〕See http://www.law.uchicago.edu/lawecon/summerschool.

〔38〕参见谢泳:《魁阁:中国现代学术集团的雏形》,载《北京大学学报(哲学社会科学版)》1998 年第 1 期。

〔39〕See Tom Ginsburg and Thomas J. Miles, Empiricism and the Rising Incidence of Coauthorship in Law, *University of Illinois Law Review,* No. 5, 2011.

〔40〕See Anthony T. Kronman, *The Lost Lawyer: Failing Ideals of the Legal Profession,* Harvard University Press, 1995, pp.166-167.

第二章 社科法学的传统与挑战

社科法学大体上是指,研究者运用社会科学的方法来分析法律问题。这与以规范文本为研究中心的法解释学,以及现在正在流行的法教义学有显著区别。就名称来说,"法教义学"语词在中国大陆地区的流行,与陈爱娥翻译的拉伦茨的《法学方法论》的影响也直接相关。陈爱娥较早将 Rechtsdogmatik 翻译成法教义学。但台湾地区法学界更常使用"法释义学"[1]。

近年来(注:本章初稿写于 2014 年),留德回国或深受德国法传统影响的学者越来越多,主要集中在刑法、民法和宪法领域。法教义学知识体系不仅贯彻于教学之中,而且研究亦有兴盛之势。在中国法学的知识竞争格局中,社科法学学者多少感受到了危机。这种危机感并非来自法教义学对社科法学的排斥或误读。[2]恰恰相反,法教义学学者,特别是来自部门法的法教义学学者,对社科法学采取相当克制或友善的态度:"教义学的主张无意排斥其他的法学研究进路"[3],"教义学若要充分发展,必须借鉴社会科学的研究成果"[4]。这种危机感更多地体现在,相较于注重逻辑、体系建构的法教义学,社科法学大多集中于个案或具体问题,研究进路多样。这看起来不仅显得知识杂糅,还意味着难以形成知识的整体优势,与法教义学抗衡。

面对危机和挑战,除更高质量的知识产出之外,社科法学还必须与法教义学竞争,通过认识对方来检视自己,形成学术自觉,强化研究传统的认同。

一、为什么简称"社科法学"

首先需要解释的是名称问题。社科法学最早是苏力在 2001 年划分中国法学格局时所概括的。[5]但之后在相当长一段时间里,社科法学这一称谓并没有被经常使用。主要原因有二,一是苏力当时用社科法学所指代的那些领域,相互之间存在隔膜,交集较少。这既包括以他自己为代表的法律社会学经验研究,也包括以梁治平为代表的法律文化研究,以季卫东为代表的程序法治研究,以及横跨社科法学和法解释学的部门法学者的研究,例如陈兴良的刑法哲学研究与王利明的司法研究。二是当时的社科法学研究刚刚起步,还没有形成一定规模的研究群体,整体上还不成气候。如今十多年过去,社科法学这个词慢慢开始被学界所熟悉,现在已经被规模集中的研究群体使用和认同。这就是所谓"约定""俗成"。因此,从这个意义上来说,能不能使用像社科法学这样的语词,取决于使用者的多少,而不是语词本身含义的逻辑程度。

但指代运用社会科学方法来研究法律的概念,并不只有"社科法学"。从过去十多年的发展来看,中文学界还使用过"法律的交叉学科研究""法律的社会科学研究""法律和社会科学""法律社会科学",等等。甚至,在中文世界中,后面这些概念使用的外延更广,除了法学,还包括社会学、经济学、人类学和其他社会科学,更具有跨学科研究和对话的意味。相较而言,"社科法学"的使用范围较窄,甚至让人误以为是法学的某个分支学科。既然如此,为何还要坚持使用"社科法学"?

其实,社科法学的英文名称是 social scientific research of law。中文直译为"法律的社会科学"或"法律的社会科学研究",只是简称为"社科法学"而已。之所以使用简称,主要是基于两点理由:

第一,社科法学特别指向的是,那些在法学院进行社会科学研究的学者,以及一部分受到过法学专业训练,在法学院之外的院系中从事法律研究的社科学者。这就与在其他院所进行法律研究,但未受过法学专业训练的社科学者有所区分。区分的意义就在于,法学院的社科法学者已经形成了学术体制之外的"无形学院"[6]。很多学术活动持续开展,例如,同人集刊《法律和社会科学》在 2006 年创办,并进入 CSSCI 法学类来源集刊;法律和社会科学年会、讨论会和研习营也相继举办。2013 年底,具有学术共同体意义的"社科法学连线"成立。这意味着,来自不同知识背景的法律社会学学者、法律经济学学者、法律人类学学者,以及其他跨领域社科法学学者的跨界对话格局已经形成。

第二,社科法学名称尽管不够严谨,但方便交流。在中国法学格局中,除了社科法学,还有法解释学或法教义学、政法法学。不论是批评还是对话,都是四个字对四个字。例如,社科法学与法教义学的对话,如果称为法律和社会科学和法教义学的对话,就相当别扭,也不容易理解。从知识交流的简约功能来说,使用社科法学这个词更具有行动力,更容易与其他法学传统对话。这就类似维特根斯坦所举的著名例子,"给我把扫帚拿来"与"给我把扫帚柄和装在柄上的扫帚头拿来"。尽管前者从文字表述上更为含糊,但就促成完成行动而言,却更为清楚。[7]

从这个意义上来说,没有法教义学,就没有社科法学。社科法学概念的使用也是相对于法教义学的,通过对比,发现其自身的比较优势和不足。当然,名称的使用都有特定的语境。如果越来越多的人认为将"社科法学"改称为"经验法学",也未尝不可。甚至,如果未来自然科学对法学的影响更为巨大[8],将"社科法学"改称为"科学法学"同样不无可能。

二、从法社会学到社科法学

对于法教义学的学者来说,相对于法教义学的概念应该是法社会学,而不是社科法学。例如,德国法学者托马斯·莱塞尔所著的《法社会学基本问题》,专章讨论了"论法社会学与法教义学的关系"。[9]毕竟,法社会学与法教义学可以在知识体系中加以区分。例如,卢曼分别使用社会系统与法律系统两个独立的系统,来指代法社会学和法教义学的适用空间。[10]而且,从法学的知识谱系上来看,法社会学是西方法学三大流派之一。法社会学与法哲学(特别是自然法哲学)、分析法学(法律实证主义)在知识功能上有明显分野。例如,分析法学研究法律规范的构成和解释,即"法律是什么"的问题。而法社会学研究法律规范的实际运行过程,即"法律实际上是什么"的问题。这样,两者在研究对象上相互区隔,基本上"井水不犯河水",各自有发挥空间。

既然如此,为何我们不继承传统使用法社会学,而是使用社科法学?这主要与中国社科法学过去30年的发展变化相关。20世纪80年代,由沈宗灵提倡的法社会学研究开始兴起。20世纪90年代以后,法社会学开始引入宏大理论范式,例如,国家与社会理论、功能主义理论、程序正义理论、权力技术和现代治理术等,同时引入法律经济学、法律人类学和后现代主义等各种分析工具。[11]21世纪以后,法社会学更为重视具体问题的跨学科经验研究。这意味着,法社会学已经不再像传统法社会学那样,以研究范围或对象为界,而是注重用不同研究进路来分析问题。不仅如此,法社会学的发展变化也对传统规范法学提出了挑战,从而法学是不是一门社会科学就成了一个问题。[12]在这样的背景下,法社会学转向社科法学就成为可能。

虽然社科法学与法社会学都直面社会生活中的实践问题,但社科法学在知识上更强调开放性。这就与法教义学所强调的法学自主性有根本差别。这种知识的开放性体现在,不会固守单一的法律研究方法,而是注重包括社会学、经济学、人类学、心理学,以及社会生物学、认知科学在内的多学科方法。需要说明的是,社科法学强调的知识开放性,只反对法学的片面自主性和知识封闭性,并不反对法学本身。实际上,从事社科法学的研究者是在法学院从事社会科学研究,他们与法教义学分享着基本的法律概念和逻辑,并且将法律规范文本当作讨论问题的前提或背景。社科法学仍可以称得上是法学的一种研究传统。社科法学的繁荣发展,实际上也是在提升法学在整个知识体制中的竞争力。

在中国语境下讨论法教义学与社科法学的对话时,需要注意两个方面的问题:第一,需要注意背后的两大法学传统的差异。法教义学研究深受德国法学传统的影响。法教义学学者谈及与法社会学的比较时,他们所理解的法社会学,更多的是德国的法社会学,例如韦伯的法社会学理论。而国内社科法学总体上深受美国经验的法社会学和法经济学研究的影响。例如,法社会学包括法与行为科学、批判法学和法律与发展运动,代表人物包括塞尔兹尼克、布莱克、麦考利、楚贝克。当然,法社会学在美国比较边缘,但在中国方兴未艾。[13]第二,也是基于上述理由,既不能从德国意义上的理论法社会学来理解社科法学,也不能拿美国的社科法学作为批评的靶子,而是需要在了解当下中国经验研究的基础上进行对话。

国内社科法学的经验研究有哪些?一般说来,标志性作品是苏力的《法治及其本土资源》和《送法下乡》。这也是传统法社会学向现代社科法学转向的标志,或许构成了库恩所说的范式转换。因为新范式的形成大致上具有两个基本特征:第一,科学经典的成就空前地吸引一批坚定的拥护者,使他们脱离科学活动的其他竞争模式;第二,这些成就又足以无限制地为重新组成的一批实践者留下有待解决的种种问题。[14]

以这样的标准来衡量,苏力的确带动了整个法学界的经验研究风气,吸引了一批后学从事社科法学研究。例如,他开启了司法制度和个案经验研究的传统。在国内,贺欣、艾佳慧、唐应茂、汪庆华、刘忠及笔者本人从事的司法经验研究,桑本谦、王启梁、陈柏峰、尤陈俊从事的个案经验研究,都是在他的研究基础上加以拓展乃至批判而展开的。在法律职业、法律与发展领域也有不少经验研究,前者如刘思达、李国庆,后者如程金华、冉井富。晚近的变化是在法律与认知科学领域,例如成凡、李学尧。当然,这些学者即使在同一领域,研究进路和风格差异仍然很大,有时观点甚至完全对立。例如,在审判委员会角色问题上,贺欣对苏力观点的批评。[15]但这正是一种"和而不同"的态度。

三、有没有统一的社科法学

尽管如此,社科法学往往遭受知识碎片化的批评。相比之下,法教义学具有结构清晰、逻辑严密自洽的知识体系,大有一统法学的气势。社科法学是不是也要追求一个统一的知识体系?实际上,社科法学本身并不追求概念化和体系化,而是注重法律外部的研究视角,强调研究进路(approach)。这些研究进路围绕着具体的法律问题而展开,是问题导向而不是体系导向的。

尽管不存在一个统一的、体系化的社科法学,但不同进路的研究者,仍然形成了相对固定的学术共同体。这本身就说明了大家分享着共同的知识理念。"无形学院"的形成,让不同进路的研究者得以进行跨界对话,形成基本共识。而且,社科法学学者通过与法教义学学者对话,能够发现自己的比较优势,强化基本共识。这些在对话过程中凝聚形成的社科法学的基本共识,主要包括以下几个方面:

第一,以实用主义的态度重视法条。社科法学与法教义学一样,都是以法律文本为基础。但与法教义学尊崇法条和法秩序不同,社科法学关心的是法条的生活世界。正如科斯主张研究真实世界的经济学那样,社科法学关心的是真实世界的法律问题。社科法学通过分析法条在社会生活中的作用,进而提出立法和政策建议。所以,社科法学同样重视法条,围绕法条来展开工作,但绝不会奉其为圭臬,而是采取实用主义态度。

与法教义学相比,社科法学可能更接近科学。这是因为社科学采取怀疑主义的科学态度[16],对一切可能存在问题的法律条文保持警惕。法教义学则不同,它首先对法条采取相信甚至迷信的态度,尽可能通过解释来维持法体系和法秩序的稳定。就如李忠夏所言,"在中国社会转型的大背景下,社科法学与法教义学之间的最大分歧,并非如何解释实证法规范的方法问题,而是如何对待实证法的问题"[17]。有意思的是,如果与在法学院之外的院系中从事法律研究的社科学者相比,社科法学学者反而又是法律中心主义的。因为前者更为重视秩序、制度和社会规范,而不仅仅是法律,例如,赵旭东的法律人类学研究和张五常的法律经济学研究,皆是如此。[18]

第二,从后果出发而不是从法条出发。从后果出发,不仅仅指社科法学研究的是法律的实际后果。更重要的含义是,要从后果出发,逆向分析、解释、评判法律条文和法律问题。这明显与法教义学针锋相对。特别是在重大、轰动、疑难案件中,法官一定会先考虑后果。这个后果并不只包括对案件当事人的影响,还包括案件对社会经济生活的影响。法官是在权衡后果以后,根据后果寻找合适法条,然后再运用法律解释技术加以正当化论证。换句话说,法官在分析案件时有两个步骤:第一步是发现,第二步是证成。发现是后果导向的,需要社科法学的分析,证成则是法教义学的作业。例如,许霆案的疑难之处,就在于根据后果找不到合适的法条。在不确定状态下,一旦法官或学者认定依据某一个法条,余下的工作只不过是最大化的正当化说理。[19]

当然,有人会反问,法教义学难道不考虑后果吗? 的确,对于常规案件,选择法条和考虑后果其实已经同步。如果不涉及疑难案件,并不需要专门考虑后果。正如法教义学所宣称的,教义的主要功能是简化论证。如果先考虑后果,再考虑选择什么法条,这已经与法教义学基本原则相背离。而社科法学将后果视为最彻底的判断,显然是承继了美国法律现实主义传统。现实主义的遗产在法律实践和法律教育方面的表现为:律师承认影响法官的不仅仅是法律规则;法官和律师公开考虑法律规则和判决的政策和政治后果。法律文书现在常常考虑司法判决所处的政治、经济和历史语境。[20]

社科法学中不同的研究进路,对后果的考虑也会有所不同。例如,法律经济学注重的是财富或社会福利的最大化;法律社会学注重的是社会结构和秩序的稳定性;法律人类学注重的是在地人的感受。[21]

第三,注重解释因果关系。法教义学关心法律问题如何解决,如何用现有的法律规范、法律体系来解决法律问题。但社科法学不太关心是什么、如何解决,而更关心为什么、如何解释。所谓"为什么",就是讨论法律问题产生的原因以及所导致的后果。因此可以说,社科法学的核心问题就是对因果关系的解释。

因果关系问题是一个反事实的问题,就是在做某一件事情时,要反过来想一想,如果没有做这一件事情,情形会是什么样的?[22]因此,为了简化问题,就需要引进假设和控制变量。因果关系的解释,至少可以区分为一果多因和一因多果两类解释:一果多因,主要是根据现有的结果,找出造成结果的根本或主要原因。一果多因要比解释一因多果难得多,例如,列维特等人对于20世纪90年代中期,美国犯罪率大幅下降与罗伊案关系的解释。[23]一因多果,主要是根据现有现象来预测可能的后果,例如,张五常针对劳动合同法对中国产业影响进行的分析。[24]总体而言,研究原因的结果要比研究结果的原因,更具有可控性和可信度。

社科法学中不同的研究进路,对因果关系的解释也有所区别。严格来说,只有定量研究才能作科学的因果关系解释。定量研究注重样本的代表性,通过提出假设,加以科学验证。当然,更前沿的研究趋势是,大数据时代及其数据驱动的计算社会科学研究,会促使研究方式发生革命性变化。[25]对于定性研究来说,法律社会学可以通过访谈、数据和其他经验材料获得因果关系的解释。而注重田野调查的法律人类学,则是在参与观察,理解他者的过程中考察事件发生的来龙去脉,比较注重人文的阐释(interpretation)。例如,吉尔茨对巴厘(岛)人法律意识的研究。[26]甚至为了更好地阐释因果关系,发展出了人类学上的延伸个案研究方法。[27]

第四,"以小见大"的个案研究。社科法学有定性和定量研究之分。在美国,定量研究主要集中在法律经济学和刑事司法领域。而在中国,近年来也出现了一些定量研究。定量研究领域,除为数不多的独立完成的研究以外[28],也出现了法学与外学科学者的合作研究,例如,唐应茂与经济学学者盛柳刚,贺欣与社会学学者苏阳。[29]但整体来说,国内的社科法学界,不论法律经济学、法律社会学、法律人类学,都以个案的经验研究见长。

既然是个案研究,少不了要被批评所谓的个案代表性的问题。但是否具有代表性,向来是评判定量,而不是定性研究好坏的标准。作为定性研究的个案研究,更重要的意义在于个案的丰富性和深刻程度。个案研究做得好不好,关键在于这样的个案研究能否做到以小见大,能否通过个案展现理论的解释力,甚至加以抽象理论化。

但问题是,既然个案研究没有代表性,又怎么可能"以小见大"?这是完全可能的。例如,张五常称赞科斯最出色的研究是关于联邦通讯委员会的个案研究。这一研究为其随后写作《社会成本问题》奠定了基础。[30]张五常的研究也是以个案研究见长。[31]此外,像埃里克森对夏斯塔县牲畜越界的研究、波斯纳对古希腊初民社会的研究[32],都是典型的以小见大的个案研究。埃里克森在所著书的第1页还专门写道:"世界偏僻角落发生的事件可以说明有关社会生活组织的中心问题"[33]。

说到底,研究只有好坏之分。好的研究首先需要的是,敏锐的观察力和想象力。[34]这需要知识积累、经验积累,甚至取决于个人天赋。其次才是解释力,即考虑如何论证或验证,是通过定性研究还是定量研究。当然,定量研究和定性研究相结合,更容易生产出好的研究。这也是社科法学未来发展的趋势。

第五,强调语境论。[35]社科法学看起来似乎特别重视方法、重视问题的讨论。但方法的运用、问题的讨论,都必须嵌入中国实际才具有意义。这类似于格兰诺维特"镶嵌"理论所强调的经济行动镶嵌于社会结构和社会关系之中[36],波兰尼所强调的经济不能脱离具体社会文化事实[37],或者人类学家莫斯所说的"总体的社会事实"[38]。法律问题的讨论,也必须嵌入具体的社会经济文化传统才有意义。说到底,所谓语境,就是具体的制度约束,或是张五常所称的"约束条件"。例如,中国的法律经济学研究,就是反对科斯所批评的黑板经济学,甚至反对理性人假设。[39]当然,美国法律经济学的发展,也转向了强调认知心理的行为法律经济学、实验法律经济学。中国的法律社会学与经济社会学、组织社会学,在知识上也有很强的联系。

在研究进路上,尽管社科法学源于西方国家,特别是美国的研究传统,但不论是在概念使用、知识运用,还是分析思路上,都强调在中国语境下加以检验。研究需要在理论与经验之间,来回往复地不断理解。一个好的社科法学研究,是可以通过对中国问题的研究来不断修正和挑战既有理论,而不是为西方主流理论提供中国的例证或例外。[40]只有这样,才能推动形成中国社科法学的新研究传统。

四、社科法学的功用

虽然社科法学已经产出不少知识产品,在一定程度上摆脱了成凡在 2005 年所形容的"社会科学'包装'法学"的赶时髦阶段。[41]但是,仍有不少人对社科法学的功用产生很大怀疑:为什么要在法学院从事社会科学的研究,这岂不是不务正业?首先得承认,即使接受的都是法学专业训练,研究者的偏好仍会有很大不同。其次,社科法学与法教义学、政法法学相比,仍有一些不可替代的优势。

(一)填补法学和其他社会科学的空隙

有人会批评,那些在法学院从事社科法学的研究者,并没有多少人受到过严格的社会科学训练。研究怎么可信?从现有研究群体的结构来看,只有少数研究者从法学专业本科毕业,最后获得法学之外的博士学位;有一部分研究者获得法学博士学位后,选择法学之外的博士后工作两年,再回到法学院任教;还有一部分研究者没有获得过法学之外的博士学位,主要通过自学或有知识偏好而从事社科法学研究,俗称"野路子"。这与美国顶尖法学院的师资结构有很大不同。例如,在全美排名前13的一流法学院有1/3教员、排名前14到26的法学院有1/5教员,具有法学以外的博士学位。[42]但就目前来说,重要的不是教育背景,而是做出来的成果。社科法学已经产出越来越多的好的知识产品,不但有可读性,还有市场竞争力。更何况,社科法学者的知识结构已经发生改变。

社科法学是在法学院从事社会科学的研究。除有法理专业出身的学者以外,还有越来越多的部门法学者从事社科法学研究,特别是经济法、诉讼法学者。一般来说,社科法学区别于以法条为核心的传统法学研究,同时,与在法学院之外的其他学科从事的法律研究(他们大多受到严格的社会科学训练),也有较大差异。社科法学似乎夹在两者之间,容易被双方都冷落。但社科法学的存在,恰恰填补了法学与其他社会科学之间的知识空隙,成为连接法学和其他社会科学的中间地带。例如,在法学院之外的其他院所从事法律研究的社科法学者,往往缺乏有效信息,容易对法律条文、法律理论的理解产生偏差。社科法学者可以弥补这一缺陷。而法条研究者由于知识选择的有限性,有时也需要社科法学者提供必要的、能够为法条研究者理解的外学科知识。

因此,社科法学的比较优势在于可以做跨界对话的工作,促进知识的交流、竞争与合作。除了在社科法学内部,以年会的形式组织法律经济学、法律社会学、法律人类学、法律与认知科学之间的跨界对话,还可以组织法学与外学科的对话,例如,在2006年组织的"法学与人类学对话会",以及2014年组织的"社科法学与法教义学的对话会"。

(二)通过经验研究形成中国法律理论

经验研究是社科法学与法教义学、政法法学的重要区别。尽管后两者有时也会宣称关注经验,但是其与社会科学对经验的理解其实不同。政法法学的经验,可能是对政治判断和政治理论的梳理,法教义学的经验,可能是对法律规范和判例技术的整理。而社科法学所强调的经验,是对社会事实的把握。社会科学的使命首先是呈现社会事实。然后,以此为依据建立理解社会的角度,建立进入"社会"范畴的思想方式,并在这个过程之中不断磨砺能有效呈现社会事实并对其加以解释的方法。[43]而人们对法律问题的判断,对法律现象的看法,其背后往往存在经验基础。[44]因此,为了创造中国的法律理论,而不是在中国的(西方国家)法律理论,必须把中国经验研究,特别是民族志研究作为基石。既关注整体,也关注细节,包括全部细节。

当然,有人会从事实和规范两分出发质疑:从经验到理论,怎么实现惊险的一跃?这可能就是认识论的差别。例如,毛泽东写各种理论文章,哪个不是中国革命实践的产物?从经验到理论,主要基于归纳和凝练。

还需要区分的是,"实证"和"经验"的概念使用。在社科法学中,实证研究和经验研究是一样的意思,都是 empirical research。但在注释法学或法教义学看来,实证是指法律实证主义、实证法(positive law),以与自然法相区别。为了避免语言混乱,社科法学尽量用"经验研究"一词,将实证局限于实证法含义的使用。

(三)解决法教义学不能解决的问题

社科法学虽然源自美国传统,但在两国面临的问题却有很大不同。美国是判例法国家,判例法研究与社科法学同源,社会科学研究可以与判例法很好地结合。但中国是制定法传统的国家,案例分析基本上还是被与制定法传统密切联系的法教义学所垄断。社科法学的介入首先要接受来自法教义学的挑战。但正是由于法教义学也有短板,才让社科法学有了发挥作用的空间。

法教义学存在的前提是要有一个相对稳定的法秩序。而处于转型过程的当代中国,法秩序正在稳定建立。因为稳定的法秩序不彰,中国的法教义学知识体系实际上还没有建立起来。社科法学则可以解释法律与社会之间的张力,考察变动法律秩序的问题,从而发现建设中国法治所面临的具体问题。因此,社科法学并非反法治和解构法治,而是强调法治的复杂性,同样具有建构法治的作用。从这个意义上也可以说,社科法学与法教义学双方所在意的,是"如何更好地响应并指引中国的法治实践。基于不同的学术范式,可能会致力于推进不同的法治实践"[45]。

法教义学更多是在司法层面解决法律的适用问题,即考虑如何在尊重法秩序和法体系的前提下,通过最大限度地解释法条来解决具体纠纷。但局限性在于,法教义学对司法制度本身的解释有限。例如,它很难解释诸如美国联邦最高法院为何存在左右之争的问题。而且,法教义学也难以对立法和政策产生影响。而社科法学重在解释因果关系,能够对法律政策进行评估。因此,进行社科法学研究是法律公共政策得以准确制定修改的前提。

即使在法律适用领域,法教义学也只有在处理常规案件时,才能够得心应手。所谓常规案件,就是法教义学类型化的结果:只要再遇到类似案件,就能够类似处理。但是,法教义学难以处理疑难案件[46]。更准确地说,法教义学在处理重大案件时,可能难以发挥作用。所谓重大案件,是指案件除对当事人产生影响之外,还会对社会经济生活产生更为广泛的影响。如何分析这些影响,正是社科法学的用武之地。社科法学通过后果分析,展现对法律问题的解释力和说服力,以及知识竞争力。

(四)职业训练、智识挑战与政治判断

对于法学院的常规职业训练来说,法教义学仍然有用。学生在分析一般性的具体案例时,必须借助法教义学的形式推理的思维技术。对于学生来说,法教义学未必有趣但有用,而社科法学虽有趣,但在法律职业上却难有用武之地。法教义学之所以有用,是因为它在刑法、民法等基本法律部门中已经建构了强大的知识体系，可以举一反三，推广至其他部门法的运用中。但是，除了民法、刑法以及宪法，其他部门法包括诉讼法、行政法、经济法，可能还难以教义化。来自金融法学的学者缪因知就提到，在法教义学和社科法学理论高峰下，存在诸如金融法这样的"平原"区域，学者们也不得不或饶有兴趣地开始学习，在"两峰"目光的审视下看待自己。[47]

从这个意义上来看，社科法学在职业训练方面也不是无所作为。它的比较优势就是跨学科知识偏好。它的存在价值，就在于给法学人提出智识上的挑战。对于研究者来说，重要的是发现知识的有趣程度。但这并不是说，社科法学只是自娱自乐。其也在走向知识化和科学化，最终还要走向世俗化。社科法学对于处理转型问题和重大案件有解释力，因此，应当通过知识生产来增强这种解释力。

社科法学对政治意识形态的理解，与法教义学、政法法学也有所不同。法教义学试图将政治问题技术化，从而区隔政治问题和法律问题。例如，"在既有的成文宪法之下，将各种利益纷争和意识形态对立限定于规范的场域，将各种价值争议尽可能技术化为法律的规范性争议，是构筑社会的重叠共识并最终走向宪法政治的不二法门"[48]。政法法学则将所有法律问题在本质上归结于政治问题，同时外在表征为宏大理论的叙事。[49]社科法学总体上反对宏大叙事，注重经验研究。但由于后果判断有时包括政治判断，社科法学不可避免要加以因果关系的解释。从这种意义上讲，社科法学对于知识和学术采取的是实用和中立的态度。

注释

[1]参见〔德〕卡尔·拉伦茨：《法学方法论》，陈爱娥译，商务印书馆2003年版，"《法学方法论》导读——代译序"，第2—18页。晚近的研究，如陈兴良：《刑法教义学方法论》，载《法学研究》2005年第2期；焦宝乾：《法教义学的观念及其演变》，载《法商研究》2006年第4期；许德风：《论法教义学与价值判断：以民法方法为重点》，载《中外法学》2008年第2期。

〔2〕参见尤陈俊:《不在场的在场:社科法学和法教义学之争的背后》,载《光明日报》2014年8月13日,第16版。

〔3〕张翔:《宪法教义学初阶》,载《中外法学》2013年第5期。

〔4〕许德风:《法教义学的应用》,载《中外法学》2013年第5期。

〔5〕参见苏力:《也许正在发生:中国当代法学发展的一个概览》,载《比较法研究》2001年第3期。

〔6〕参见〔美〕戴安娜·克兰:《无形学院——知识在科学共同体中的扩散》,刘珺珺、顾昕、王德禄译,华夏出版社1988年版。

〔7〕参见〔奥〕维特根斯坦:《哲学研究》,李步楼译,商务印书馆1996年版,第44页。

〔8〕参见李学尧、王凌皞:《法律与科学的关系:寻求一种开放的法学立场》,载《中国社会科学报》2012年11月14日,第A07版。

〔9〕参见〔德〕托马斯·莱塞尔:《法社会学基本问题》,王亚飞译,法律出版社2014年版,第108—126页。

〔10〕参见〔德〕卢曼:《社会的法律》,郑伊倩译,人民出版社2009年版,第1页以下。

〔11〕参见强世功:《中国法律社会学的困境与出路》,载《文化纵横》2013年第5期;刘思达:《中国法律社会学的历史与反思》,载苏力主编:《法律和社会科学》第7卷,法律出版社2010年版,第25—37页。

〔12〕较早对中国法学缺乏社会科学研究的批评,参见郑戈:《法学是一门社会科学吗?——试论"法律科学"的属性及其研究方法》,载《北大法律评论》第1卷第1辑,法律出版社1998年版,第13—42页。

〔13〕参见贺欣:《转型中国背景下的法律与社会科学研究》,载《北大法律评论》第7卷第1辑,北京大学出版社2006年版,第21—36页;苏力:《好的研究和实证研究》,载《法学》2013年第4期。

〔14〕参见〔美〕托马斯·库恩:《科学革命的结构(第四版)》,金吾伦、胡新和译,北京大学出版社2012年版,第8页。

〔15〕See Xin He, Black Hole of Responsibility: The Adjudication Committee's Role in a Chinese Court, *Law & Society Review*, Vol. 42, No. 4, 2012, pp. 681-712.

〔16〕See Robert King Merton, *The Sociology of Science: Theoretical and Empirical Investigations*, University of Chicago Press, 1973.

〔17〕李忠夏:《基本权利教义学中的价值判断——基于社科法学与法教义

学的视角》,载"社科法学与法教义学的对话"学术研讨会会议文集(中国武汉,2014年5月31日—6月1日)。

〔18〕参见赵旭东:《法律与文化:法律人类学研究与中国经验》,北京大学出版社2011年版,第1页以下;张五常:《经济解释卷四:制度的选择》(神州增订版),中信出版社2014年版,第1页以下。

〔19〕参见《中外法学》2009年第1期组织的"许霆案"专题。

〔20〕参见〔美〕丹尼斯·帕特森编:《布莱克维尔法哲学和法律理论指南》,汪庆华、魏双娟等译,上海人民出版社2013年版,第十六章"法律现实主义"(布赖恩·莱特撰写),第264—283页。

〔21〕参见桑本谦:《理论法学的迷雾:以轰动案例为素材》,法律出版社2008年版,第1页以下;苏力:《道路通向城市:转型中国的法治》,法律出版社2004年版,第3—44页;朱晓阳:《罪过与惩罚:小村故事(1931—1997)》,天津古籍出版社2003年版,第1—298页。

〔22〕参见谢宇:《社会学方法与定量研究》,社会科学文献出版社2006年版,第44页。

〔23〕See John J. Donohue Ⅲ and Steven D. Levitt, The Impact of Legalized Abortion on Crime, *The Quarterly Journal of Economics*, Vol. CXVI, No. 2, 2001.

〔24〕参见张五常:《张五常论新劳动法》,载苏力主编:《法律和社会科学》第4卷,法律出版社2009年版,第1—36页。

〔25〕See David Lazer, et al., Computational Social Science, *Science*, Vol. 323, No. 5915, 2009, pp. 721-723.

〔26〕参见〔美〕克利福德·吉尔兹:《地方性知识——阐释人类学论文集》,王海龙、张家瑄译,中央编译出版社2000年版,第232—296页。

〔27〕See Michael Burawoy, The Extended Case Method, *Sociological Theory*, Vol. 16, No. 1, 1998.

〔28〕例如,张永健:《诉愿制度运作成效之实证评估架构:以中国台湾地区"内政部"2006—2009年诉愿案件为例》,载《北大法律评论》第14卷第2辑,北京大学出版社2013年版,第344—388页;张巍:《"海龟"比"土鳖"跑得更快吗?——针对中国一流法学院师资学术表现的一个计量研究》,载《光华法学》第四辑,法律出版社2009年版,第13—28页;白建军:《从中国犯罪率数据看罪因、罪行与刑罚的关系》,载《中国社会科学》2010年第2期;程金华:《法律人从政:合理性分析及其验证》,载《中外法学》2013年第1期。

〔29〕参见唐应茂、盛柳刚:《民商事执行程序中的"双高现象"》,载苏力主编:《法律和社会科学》第 1 卷,法律出版社 2006 年版,第 1—29 页;See Xin He and Yang Su, Do the "Haves" Come Out Ahead in Shanghai Courts? *Journal of Empirical Legal Studies*, Vol. 10, No. 1, 2013, pp. 121-145.

〔30〕See R. H. Coase, The Federal Communications Commission, *The Journal of Law and Economics*, Vol. 2, 1959, pp. 1-40.

〔31〕参见张五常:《新卖桔者言》,中信出版社 2010 年版。

〔32〕参见〔美〕理查德·A. 波斯纳:《正义/司法的经济学》,苏力译,中国政法大学出版社 2002 年版,第 119—238 页,第二编。

〔33〕〔美〕罗伯特·C. 埃里克森:《无需法律的秩序:邻人如何解决纠纷》,苏力译,中国政法大学出版社 2003 年版,第 1 页。

〔34〕参见苏力:《好的研究与实证研究》,载《法学》2013 年第 4 期。

〔35〕参见苏力:《语境论:一种法律制度研究的进路和方法》,载《中外法学》2000 年第 1 期。

〔36〕参见〔美〕马克·格兰诺维特:《镶嵌:社会网与经济行动》,罗家德译,社会科学文献出版社 2007 年版,第 1—37 页。

〔37〕参见〔匈〕卡尔·波兰尼:《巨变:当代政治与经济的起源》,黄树民译,社会科学文献出版社 2013 年版,第 113—115 页。

〔38〕〔法〕马塞尔·莫斯:《礼物:古式社会中交换的形式与理由》,汲喆译,上海人民出版社 2005 年版,第 176 页。

〔39〕波斯纳也认为法律经济学并不能适用于中国司法。参见〔美〕理查德·A. 波斯纳:《法律经济学与法律实用主义》,陈铭宇译,载《北大法律评论》第 14 卷第 1 辑,北京大学出版社 2013 年版,第 4—12 页。

〔40〕参见冯象:《法学院往何处去》,载《清华法学》2004 年第 1 期。

〔41〕参见成凡:《社会科学"包装"法学?——它的社会科学含义》,载《北大法律评论》第 7 卷第 1 辑,北京大学出版社 2006 年版,第 92—114 页。

〔42〕See Joni Hersch and W. Kip Viscusi, Law and Economics as a Pillar of Legal Education, *Review of Law & Economics*, Vol. 8, No. 2, 2012.

〔43〕参见高丙中:《中国社会科学需要培育扎实的民族志基本功》,载《民间文化论坛》2006 年第 2 期。

〔44〕参见陈柏峰:《法律实证研究中的经验》,载《法学》2013 年第 4 期。

〔45〕李晟:《实践视角下的社科法学:以法教义学为对照》,载《法商研究》

2014年第5期。

〔46〕参见苏力:《法律人思维?》,载《北大法律评论》第14卷第2辑,北京大学出版社2013年版,第429—469页;桑本谦:《"法律人思维"是怎样形成的:一个生态竞争的视角》,载苏力主编:《法律和社会科学》第13卷第1辑,法律出版社2014年版,第1—15页。

〔47〕参见缪因知:《社科法学与法教义学两峰下的平原:来自金融法的视角》,载"社科法学与法教义学的对话"学术研讨会会议文集(中国武汉,2014年5月31日—6月1日)。

〔48〕张翔:《宪法教义学初阶》,载《中外法学》2013年第5期。

〔49〕例如,强世功的研究。参见强世功:《立法者的法理学》,生活·读书·新知三联书店2007年版;强世功:《中国宪法中的不成文宪法:理解中国宪法的新视角》,载《开放时代》2009年第12期。

第三章　社科法学的研究进路与整体论解释

至少从2014年以来,中国法学界掀起了一场规模不小的学术讨论,那就是社科法学与法教义学之争。[1]这场争论并不只发生在法理学界内部,各个部门法学学者也有不同程度的参与。[2]目前,法教义学更被刑法学学者、民法学学者和宪法学学者推崇,而社科法学则得到经济法学学者、诉讼法学学者,甚至行政法学学者的偏爱。[3]但这场争论的意义并不是要分出知识高下,而更像是发生在学术代际之间的知识更新运动。[4]越来越多的年轻学者使用"法教义学"概念而不是"法解释学",使用"社科法学"概念而不是"法社会学"。这未必都是好事,但这已经反映出学者们的知识偏好和方法自觉。

在这场知识更新运动中,社科法学也得以审视自我。社科法学就是通常所说的法律交叉研究、法律的社会科学研究。以2006年《法律和社会科学》创刊为标志,社科法学学者举办了一系列法律和社会科学年会或研讨会、社科法学研习营、社科法学对话系列讲座,编辑出版了社科法学读本,成立了社科法学连线。由此,形成了社科法学的跨界合作格局。在这一过程中,社科法学也受到了一些学术批评。例如,强世功教授认为,社科法学没有统一集中的理论范式或问题意识,令研究分散化和问题对象化。[5]如果与法教义学相比,社科法学存在的问题就更为明显。法教义学看重体系性思维,主张用体系思维来考察司法实践。[6]拉伦茨教授就提出,"解释规范时亦须考量该规范之意义脉络、上下关系体系地位及其对该当规整的整个脉络之功能为何""以体系的形式将之表现出来,乃是法学最重要的任务之一"[7]。与体系性的法教义学相比,社科法学就显得有点碎片化,因知识杂糅而缺乏共性。

本章(注:初稿写于2016年)就是试图回应这些批评,进行知识社会学意义上的梳理:既区分社科法学的不同研究进路,同时又强调知识的整合;既区分不同的观察视角,同时又强调不同视角存在相互转换和"视域融合"。这样一种对整合、转换、融合的强调,就是整体论的解释。作为社会科学的基本方法之一,整体论所讲的"整体",是指方法论意义上的 holistic,即在特定场域中将各自独立的现象之间的联系呈现,通过细致观察、充分表述,展示这一场域的全面图景,进而获得新的发现。[8] 社科法学对于整合、整体论的强调,就是试图在复杂关系中深入观察法律经验事实。

一、研究进路及其知识递进的关系

法教义学可以分为民法教义学、刑法教义学、宪法教义学。与此类似,社科法学也可以分为不同的知识类型,或称为研究进路。其中,国内已经形成规模的是法律社会学、法律经济学、法律认知科学。所谓形成规模,主要是指有了较为稳定的研究群体、一定数量的知识产出。

如果进行知识横向比较,就会发现有些研究进路目前还不成气候,主要是法律人类学、法律政治科学、法律与文学。先看法律人类学,美国顶尖大学的法学院都有教授专职或兼职从事法律人类学教学研究。例如,哈佛大学法学院的摩尔(Sally Falk Moore)、纽约大学法学院的萨利·梅瑞(Sally Merry)、康奈尔大学法学院的万安黎(Annelise Riles)、哥伦比亚大学法学院的劳伦斯(Lawrence)。不少法律人类学学者也都有法学和人类学双重教育背景。例如,不久前任教牛津大学的尹孟修(Matthew S. Erie),就是宾夕法尼亚大学的法律博士和康奈尔大学的人类学博士,并且主要研究中国的法律问题。但目前国内有法学背景同时又接受过人类学训练的学者为数极少,更无人在知名法学院专职或兼职。因此,法律人类学短期内难有大的发展。法律政治科学(law and political science)与法律人类学相似,也没有形成规模。而在美国,法律政治科学研究由法学学者和政治学学者共同参与,并且主要集中于司法制度。国内最近十多年来已有不少译介。[9]但国内进行法律政治科学的经验研究很少,已有的研究更偏重理论论证或规范分析,例如党规与国法关系。[10]严格来说,这些研究是政法法学,而不是社会科学意义上的法律经验研究。法律与文学看起来更无希望,曾经流行一时,但已经走向式微。苏力在出版专著《法律与文学:以中国传统戏剧为材料》以后,将研究转向中国古代宪制。而另一位代表性学者冯象在出版文集《木腿正义》以后,也将主要精力投入翻译圣经,研究法律与宗教。赵晓力在研究法律与文学,但主要精力似乎转向经学。而在年轻一代学者中,可能只有陈颀还在坚持做法律与文学。[11]

相比之下,法律社会学、法律经济学、法律认知科学,是目前社科法学中最有活力的三个研究进路。法律社会学兴起于20世纪80年代,最初强调运用社会学的理论、概念来解释法律现象,提出了法律社会学研究的基本框架。[12]在经历20世纪90年代注重田野调查和理论多元时期以后,晚近的研究集中于司法制度、法律职业、乡村治理和法律文化。由于一部分法律社会学学者不仅研究民族习惯,同时也注重个案和田野调查,这在方法上已经接近或就是人类学。因此,在一定程度上,目前的法律社会学研究涵盖了部分法律人类学研究。

法律经济学兴起于20世纪90年代。中国对法律经济学的研究,最初是将科斯和波斯纳的著述引介到法学界。目前在法学院从事研究的群体,主要来自法理学和经济法学学科。其中,法理学学者集中讨论正义理论、法官行为、个案的经济后果;而经济法学学者更为注重法律与市场的关系,集中讨论金融、反垄断、公司法律问题。[13]一部分法律经济学学者也讨论民法和刑法问题。[14]此外,我国台湾地区也有一些学者(例如,简资修、王文宇、张永健和苏永钦)与大陆地区有较多学术交流。法学界的法律经济学与经济学界的制度经济学也有较多互动。[15]

实际上，中国的法律经济学与法律社会学有比较多的交流。这或许是因为在中国，不论是法律经济学还是法律社会学，都面对不断变动的社会事实，都需要考虑法律的社会后果。这与美国形成鲜明对比，在美国，他们更多是对立，以至于不相往来。[16]在知识上，首先将这两个领域贯通的学者是苏力。他的代表作《法治及其本土资源》《送法下乡》都属于法律社会学著作。同时，他又翻译了波斯纳诸多法律经济学著作，推崇科斯和张五常，并且写作法律经济学论文。[17]在他的影响下，这两个领域的年轻学者寻求共识多于分歧，重视合作多于对立。这使法律社会学与法律经济学很自然成为国内社科法学研究的两大支柱。

但这种两分格局已经被2000年以后兴起的法律认知科学所打破。最初有学者将认知科学知识引介到法学界，逐渐吸引了其他更多学者加入。以成凡为代表的法学学者举办过数次法律认知科学工作坊。他们与认知领域的学者，例如葛岩、秦裕林建立联系，开展合作研究。[18]法律认知科学，集中讨论人的认知能力对其行为的影响，进而发现法律制度问题，提出改进建议。但是，由于法律认知科学涉及心理学、生物学和脑科学，需要进行反复实验。这已经溢出社科法学的知识边界，迈向了自然科学。

法律社会学、法律经济学、法律认知科学，这三个研究进路还存在一定程度的知识递进关系。法律社会学主要关注个体或组织的行为，讨论行为对社会的影响。例如，一项法律被立法者制定出来以后的实际效果。法律经济学虽然也关注个体行为，但同时又预设个体的心理状态。这种心理状态最初是理性人假设，即假定所有个体在做出某种行为选择时，都会事先进行理性的准确计算。例如，波斯纳的法律经济学理论就是建立在这一假设基础之上。晚近的法律经济学已经发展到行为或实验法律经济学阶段，认为理性人假设并非普遍存在，人其实是有限理性，在做出选择时存在认知偏差。例如，刘庄所做的法律教育对个体进行法律决策的影响的实验研究。[19]这一阶段也已接近或与法律认知科学的进路重叠。认知科学同样讨论人在认知偏差的情况下如何决策,只不过在心理学之外,还运用了包括脑科学在内的自然科学。

更进一步,法律社会学、法律经济学、法律认知科学,不仅存在一定程度的知识递进关系,而且需要共同研究人类行为,特别是互惠(reciprocal)或合作行为。[20]由此,有一种可能,从法律社会学、法律经济学、行为法律经济学再到法律认知科学,或许会构成统一的法律社会科学?[21]这还需要,但也值得继续观察。

二、视角转换与范围想像的方法论

社科法学的三大研究进路存在一定程度的知识递进关系,这并非本章关心的重点。本章更倾向于认为法律社会学、法律经济学、法律认知科学这三种进路,可以分享共同的观察视角,即是视角转换法。

视角转换法是由法国社会人类学家戴泽提出的。它首先强调相对论。即随着视角的转变,参照点、事物的形态,以及观察事物的方法都会发生变化。这样,对现实的描述也会很不相同。不同视角就好比不同比例尺度的地图,所反映的信息、所看到的现象都不一样,会随比例的变化而变化。其次强调跨学科。没有任何学科宣称,自己对某一社会现实拥有全面揭示或整体把握方法。在同一视角下,不同学科可以独特方式截取社会现实。例如,微观经济学看到的是理性,心理分析看到的是象征,社会心理学看到的则是情感。[22]

戴泽将视角转换法分为三个观察视角,第一个是宏观社会视角。这是最宽广的视角,用来观察规律性、大趋势、社会集团和价值观念,个体在这个视角里几乎看不见。第二个是微观社会视角。它比第一个视角窄些,用来观察互动中的社会成员。互动可以处于中间层次,如机构、企业和行为体系中的互动,也可以处于非常微观的层次,如日常生活和日常礼仪中的互动。在这个视角下,行动者处于一个由符号、物质和人际关系组成的社会游戏之中。第三个是微观个体视角。它比前两个视角更显窄小,用来观察个体。用这个视角可以从社会心理层面,也可以从认知或潜意识层面观察个体。[23]

社科法学运用视角转换法,也可以按照宏观社会、微观社会和微观个体视角来研究法律经验事实。从宏观社会视角研究法律经验事实,主要是进行体制和机制的改革设计、总体制度框架的理论解释。特别是在当代中国,社会变迁剧烈,国家需要进行有效治理,社科法学通过科学论证为立法、执法和司法改革决策提供智力支持。例如,刘忠研究"双规",讨论党纪与国法在特定时期如何共生。[24]刘思达研究法律职业与国家的关系,认为中国律师业的发展取决于司法体制和政治体制改革空间。[25]陈柏峰研究无理上访,讨论基层政府在面对权利话语时其治理权威的衰落问题。[26]尤陈俊的研究从电影《秋菊打官司》切入,认为中国法治的真正挑战,并非来自民众由于地理空间而产生的"陌生感",而是来自立法者、司法者忽略了不同人群的不同体验,包括不同性别的法律认知差异,从而在不同人群的心理空间中造成了"距离感"。[27]上述这些研究,虽然都是从宏观社会视角讨论中国法治的重大问题,但较多采取"以小见大"切入,使宏大话题能够在细致讨论中得以具体呈现。

从微观社会视角研究法律经验事实,主要是通过研究呈现某一具体法律制度、法律问题的实际情况。这包括分析影响某一制度效果的约束条件、观察制度背后的利益格局。微观社会视角类似于布迪厄提出的"司法场域"概念。法律的社会实践,事实上就是场域运行的产物。这个场域的特定逻辑由两个要素决定:一是特定权力关系,二是司法运作的内在逻辑。前者为场域提供结构并安排场域内发生竞争性的斗争,后者一直约束着可能行动的范围,并由此限制特定司法解决办法的领域。[28]微观社会视角下研究的是特定时空中的制度实施和群体互动,较多采取"过程—事件分析"的研究策略,即动态分析制度背后各方的复杂关系。[29]例如,宋华琳以药品监管为例,讨论了国务院在行政规制中的作用,认为国务院实施一体化控制与行政规制机构的相对独立性可以并行。[30]信息化时代带来了新的变化和新的问题,借助微观社会视角,王启梁从"躲猫猫"事件切入,讨论民意与法律的关系,认为民意应当经由合适、有效的途径进入法律实践。[31]胡凌通过对百度文库著作权侵权纠纷的研究,展示了互联网企业对网民大众劳动价值的占有和个人信息的控制。[32]

从微观个体视角研究法律经验事实,主要关注法律人在司法个案中如何思考。特别是法官如何裁判、如何进行事实认定和法律适用,在经验的基础上归纳提炼裁判规则和裁判理论。社科法学主要从思维认知或制度约束条件方面来讨论个体行为。例如,苏力主张必须在经验层面上丰富法律人思维的概念。要让法律人至少了解一些社会科学的知识,在某些领域还要熟悉相关专业领域的具体知识和能力,增强法律人对某一领域的可能后果的敏感度、理解力和预判力,能根据对众多可能的后果的权衡和预判来重新理解和解释法律,回答和解决社会交给法律人的问题。[33]但张巍以法经济学为例,却认为从事司法实践者与从事法律研究者的思维方式可以很不相同。前者不仅需要可行性,更需要合法性,应当采取教义法学的思维方式。包括经济学在内的社会科学,虽然也可以为司法实践做贡献,但这种贡献主要是提供知识,亦即基本可靠的事实,而非思维方式,更不应该代为设定目标。[34]此外,李学尧等从认知角度研究中国法官的裁判行为。他们发现,办案数量和工作压力直接导致认知法官流畅度的变化,而流畅度的高低影响到法官量刑的轻重。[35]

法教义学与社科法学相比,难以从宏观社会视角和微观社会视角展开,但在微观个体视角中却占有绝对优势。从微观个体视角来看,两者存在着知识竞争与合作关系,都需要回应司法实践中提出的问题。对于法教义学来说,需要考虑德国法学通说在中国司法裁判中如何可能、如何建立中国的法学通说?[36]在建立过程中,实体法通说与程序法通说还存在很大隔膜,如何才能有效整合,以帮助法官准确迅速适用法律?例如,中国刑法学与刑事诉讼法学的知识对立相当严重,但法官在处理个案时,不可能分别处理刑法和刑事诉讼法问题,而必须一体面对。这样,面对刑法学和刑事诉讼法学的知识对立,法官有时就会无所适用。对于社科法学来说,强调后果考量常常遭受"会破坏形式法治"的批评。那么,是否有可能将后果考量往前推进一步,进行社会科学分析,以提升法官裁判的预测能力?简言之,理想类型的法律人既需要法律推理和教义分析,也需要社会科学判断。

上述三个观察视角并不是割裂的,而是经常会发生视角的转换。这是因为随着实地调查情况的变化,有时会突出某些东西,有时又会突出另一些东西。这种实地调查的多样性,本身就需要视角转换。[37]社科法学强调实地调查的经验研究,在不同的写作主题中会运用不同的观察视角进行研究。例如,我曾从宏观社会视角讨论过政法委员会,呈现"党管政法"的体制;从微观社会视角研究请示制度,展示制度背后的权力关系和利益关系;从微观个体视角研究法官如何决策,讨论法官在特定案件中如何进行后果考量。[38]从三个观察视角进行研究,虽然不是全部呈现,但整体呈现了中国司法制度。需要注意的是,视角的转换意味着,观察到的现实是不连贯、不完整的,甚至是矛盾的,是对现实的一种有限呈现。但这三个视角之间也有某些固定的参照点,能够将观察到的不同社会现实加以勾连。

这样一种基于人的眼光所进行的观察,可以说是范围想象(image of sphere),而不是地球想象(image of globe)。[39]所谓"地球想象",是近现代在科学理性基础上形成的,一种将人与世界分开的分类,设想观察者站在世界之外进行秩序想象。例如,进行主客二分、国家/社会二分就是地球想象的体现。而"范围想象"所呈现的,则是由己向外的递远递升的人与世界的关系型格局。无论推及多远,总是在世界之内。这就像费孝通所讲的由己及人向外推的差序格局。[40]"范围想象"实际上构建了说话者(他者)、解释者(研究者)和共同面对的世界连接起来的三角形关系,从而能够"彻底解释"(radical interpretation)总体社会事实。[41]

具体来说,社科法学关注与人相关的日常社会法律生活,研究者并不是在主客二分的意义上进行研究。研究者虽不能做到价值无涉或中立,但进行法律经验事实研究时,并不预设价值立场。研究者不只通过当地人(他者)的叙事获得本土知识,还与当地人共同面对社会法律生活世界,这样一种三角形关系获得本土知识。这类似于季卫东所倡导的"议论的法社会学"范式,扬弃法律/社会的二元论,将事实与话语、法律话语与社会话语结合起来,从而实证分析说明法律秩序的本质。[42]运用这种"范围想象"的观察,可以帮助理解吉尔茨为什么要说法律是一种"地方性知识"。因为这隐含的是本地人的近经验视角与研究者的远经验(客位)视角的结合。[43]如果能够获得知识间的"视域融合",就意味着可以消除文化相对主义与西方社会科学普适性的张力,从而建立起真正意义上的关于"中国"的法治理论。

三、有机整合运用不同的具体方法

前述观察视角转换法和"范围想象"的观察眼光,可以说是社科法学的方法论和认识论。但就具体研究方法而言,还有以下几个问题富有争议。

第一,如何做个案研究?社科法学以做个案擅长,但要做好个案相当困难。个案研究是定性而非定量研究,因此,关于个案代表性的批评已经不是问题。个案研究目前面临的问题是如何才能展现个案的丰富性或复杂性。苏力认为,重要的是研究者一定要通过理解,努力让自己进入个案发生的特定语境,要有体贴入微的理解力和想象力,要尽可能从多个立场和视角来透视和思考这一个案,想象性地发现同样问题在不同人眼中可能有什么特殊意味。[44]这样做个案主要是展示个案背后的复杂关系,展现制度的现实意义和学术意义。但做个案研究,除了注重个案的丰富性或复杂性,还可以研究个案的社会影响力。因为不少个案恰恰是在产生影响力以后,才展示个案的制度意义和学术意义。例如,孙志刚案、药家鑫案、许霆案。这样在做个案研究时就需要讨论个案有什么影响,以及为什么有影响。研究就会超出个案自身,需要拓展个案,进一步研究个案的各种约束条件。特别是要测度个案的影响,必须采取定量分析。因此,一个好的个案研究应当是定性和定量的有机整合。

第二,如何进行理论抽象?这是做经验研究时必须思考的工作。对于社科法学而言,重要的工作不是用宏大理论去解释经验,而是如何在微观经验基础上提炼形成中层理论(middle range theory)。[45]如果提炼不出理论,或至少可以提炼出一个概念。这就如费孝通所言:"在具体现象中提炼出认识现象的概念,在英文中可以用 Ideal Type 这个名词来支撑。Ideal Type 的适当翻译可以说是观念中的类型,属于理性知识的范畴。它并不是虚构,也不是理想,而是存在于具体事物中的普遍性质,是通过人们认识过程而形成的概念。这个概念的形成既然是从具体事物里提炼出来的,那就得不断地在具体事物里去核实,逐步减少误差。"[46]以陈瑞华所做的刑事和解研究为例,他在经验观察刑事和解制度的基础上,提炼出"私力合作模式"概念。私力合作模式区别于对抗性司法模式,其核心是将被告人——被害人关系置于刑事诉讼的中心,打破刑事诉讼与民事诉讼、犯罪与侵权的界限。这就对传统刑事诉讼理论造成较大冲击。[47]简而言之,先观察法律经验事实,然后进行类型化处理,再尝试做概念化、理论化的努力。这样在一定程度上就能够实现经验描述和理论抽象的有机整合。

第三,如何利用经验研究解决规范问题?这不是要进行哲学讨论:能否从事实推出规范、从实然推出应然。这里是指在现实中,如何将有解释力的法律经验事实上升为有约束力的法律规范,从而实现经验研究和规范分析的有机整合。以程金华的研究为例,他对浙江省2013—2014年已审结的民间借贷纠纷的1421份判决书(判决收集时间截至2014年2月21日)进行量化研究后发现,中国目前适用的民间借贷利率最高不得超过银行同类贷款利率的四倍规则同民间借贷的逻辑相悖,应当予以废止。应当把大量判决书所展现的审判法官在裁定利率保护中的一些集体智慧,纳入未来的规则重构中,设立一种新的分类管制的民间借贷利率规则。[48]这就是一次利用经验研究解决规范问题的学术尝试。严格说来,制定法律规范应当有准确的参考依据,作为参考依据的经验研究结论必须有高度的科学性或说服力。而在社科法学中,只有很少部分定性研究有高度说服力,而且还存在偶然性。相对来说,定量得出的经验结论,比定性更能够说服决策者制定新的法律规范。

但是在大数据时代,法律研究仅仅做定量显然已经不够。[49]大数据分析所有数据,已经不需要采取定量抽样,而结论也更为准确。大数据分析更多是对宏观社会的考察。由于宏观社会的复杂性,过去的研究难以准确把握因果关系,现在通过结合一套现实模型和对大数据的收集与分析,探索社会及其与物理环境的互动,就可以解决那些即将发生或已经发生的重大全球问题,例如,冲突、疾病、金融动荡、环境掠夺和贫困,并同时避免计划外的重大政策后果。[50]虽然利用大数据进行社科法学研究还没有兴起,但在法律实践中,中国已经有了大数据的信息建设。最高人民法院建成了人民法院数据集中管理平台,大数据分析会对可能进行的司法决策有很大帮助。[51]例如,要不要建立跨行政区域的高级法院?目前的技术手段,已经能够统计出所有省份跨行政区域的案件数量和案件比重。这样根据统计结果,就可以帮助决策者判断要不要设立,以及在哪些省份首先设立跨行政区域的高级法院。大数据分析将使学者的眼光更可能转向全球问题。但现有的社科法学研究水平还远没有达到全球化或国际化。例如,真正从社科法学大本营——美国留学归来的学者人数并不占优势。而不论是教学还是科研,介绍或引证国外著述还是太少。因此,社科法学在做本土经验的同时,还需要有更宽的国际视野。[52]

总的来看,社科法学经过十多年的发展,已经分化形成三大研究进路。但研究更需要整合,即不同知识的整合、观察视角的转化、观察眼光的"视域融合"。整合并不只是强调法律与其他社会科学的整合。对于法学者而言,首先要做好法理学与部门法学的整合,社科法学与法解释学的整合。整合也并不必然意味着研究者需要精通两个或两个以上领域的知识,因为这超出常人的智力和能力。当然,也有少数的例外,例如波斯纳、埃里克森才可以做到这一点。以埃里克森的代表作《无需法律的秩序:相邻者如何解决纠纷》为例,这首先是一部在加州夏斯塔县进行法律人类学个案研究的作品,在理论上向法律经济学、法律社会学同时"开炮"。他能够将这几种进路加以整合,在博弈论的基础上开创了"法律和社会规范"研究,展现非正式规范的复杂多样性和现实影响力。因此,这是一部真正的"法律和社会科学"著作。[53] 整合其实强调的是研究者要立足于自己的研究专长,同时又要对其他学科保持开放、学习和吸纳的态度。例如,在研究法律社会学时,不排斥心理学;在研究民法学时,不排斥法律经济学。唯有如此,社科法学才有可能更为准确地解释社会法律生活中提出的经验问题。

注释

[1] 参见尤陈俊:《不在场的在场:社科法学和法教义学之争的背后》,载《光明日报》2014年8月13日,第16版;熊秉元:《论社科法学与教义法学之争》,载《华东政法大学学报》2014年第6期;雷磊:《自然法学如何进入法教义学与社科法学之争》,载《中国社会科学报》2016年7月20日,第5版。

[2] 参见汤文平:《民法教义学与法学方法的系统观》,载《法学》2015年第7期;李忠夏:《宪法教义学反思:一个社会系统理论的视角》,载《法学研究》2015年第6期;邹兵建:《中国刑法教义学的当代图景》,载《法律科学》2015年第6期。这三篇法教义学为题的部门法论文,论文的关键词都有社科法学。

[3] 以法教义学为题的部门法论文最早是:许德风:《论法教义学与价值判断:以民法方法为重点》,载《中外法学》2008年第2期;而以社科法学为题的部门法论文也已经出现,例如,黄锫:《执法过程中陷阱取证的异化问题研究:社科法学视角的再思考》,载《法学》2015年第7期。此外,还有包万超:《面向社会科学的行政法学》,载《中国法学》2010年第6期,社科法学出现在其论文关键词之中。

〔4〕参见尤陈俊:《社科法学的成长与发展》,载龙晶主编:《南开法律评论》第 10 辑,南开大学出版社 2015 年版,第 6—12 页。

〔5〕参见强世功:《中国法律社会学的困境与出路》,载《文化纵横》2013 年第 5 期。

〔6〕参见周升乾:《法教义学研究:一个历史与方法的视角》,中国政法大学 2011 年博士学位论文。

〔7〕〔德〕卡尔·拉伦茨:《法学方法论》,陈爱娥译,商务印书馆 2003 年版,第 317 页。

〔8〕整体论尤其运用于研究人类社会整体的人类学。参见朱晓阳:《"语言混乱"与法律人类学的整体论进路》,载《中国社会科学》2007 年第 2 期。

〔9〕例如,〔美〕弗兰克·克罗斯:《美国联邦上诉法院的裁判之道》,曹斐译,北京大学出版社 2011 年版;〔美〕杰弗瑞·A. 西格尔、〔美〕哈罗德·J. 斯皮斯:《正义背后的意识形态:最高法院与态度模型》,刘哲玮译,北京大学出版社 2012 年版;〔美〕劳伦斯·鲍姆:《法官的裁判之道:以社会心理学视角探析》,李国庆译,北京大学出版社 2014 年版。

〔10〕例如,强世功:《从行政法治国到政党法治国:党法和国法关系的法理学思考》,载《中国法律评论》2016 年第 3 期。

〔11〕例如,陈颀:《秋菊二十年:反思"法律与文学"》,载《读书》2016 年第 9 期。

〔12〕参见赵震江、季卫东、齐海滨:《论法律社会学的意义与研究框架》,载《社会学研究》1988 年第 3 期。

〔13〕前者例如,桑本谦:《法理学主题的经济学重述》,载《法商研究》2011 年第 2 期。后者例如,邓峰:《传导、杠杆与中国反垄断法的定位:以可口可乐并购汇源反垄断法审查案为例》,载《中国法学》2011 年第 1 期。

〔14〕例如,张巍:《物权法定与物权自由的经济分析》,载《中国社会科学》2006 年第 4 期;戴昕:《威慑补充与"赔钱减刑"》,载《中国社会科学》2010 年第 3 期。

〔15〕例如,张五常、季卫东、王宁、高薇:《解释社会:关于法学和新制度经济学的对话》,载《交大法学》2015 年第 3 期。

〔16〕See Richard A. Posner, The Sociology of the Sociology of Law: A View from Economics, *European Journal of Law and Economics*, Vol. 2, No. 4, 1995, pp. 265-284.

〔17〕例如,苏力:《关于海瑞定理 I》,载苏力主编:《法律和社会科学》第

四卷,法律出版社2009年版,第239—263页。

〔18〕例如,葛岩、秦裕林、林喜芬:《为什么自愿守法:自动化社会行为的发生机制研究》,载苏力主编:《法律和社会科学》第14卷第1辑,法律出版社2015年版,第1—29页。

〔19〕参见刘庄、冯时:《法律教育与法律决策的内在一致性:基于实验的研究》,载苏力主编:《法律和社会科学》第12卷,法律出版社2013年版,第48—71页。

〔20〕例如,科斯定理的核心概念就是互惠,又译为相互性。参见,R. H. Coase, The Problem of Social Cost, *The Journal of Law and Economics,* Vol. 3, 1960, pp.1-44。而法律认知科学领域的知名学者Tom R. Tyler在2011年也出版了专著: *Why People Cooperate: the Role of Social Motivations,* Princeton University Press, 2011。

〔21〕这接近于统一社会科学的思路。参见〔美〕赫伯特·金迪斯、〔美〕萨缪·鲍尔斯等:《走向统一的社会科学:来自桑塔费学派的看法》,浙江大学跨学科社会科学研究中心译,上海人民出版社2005年版。

〔22〕参见〔法〕多米尼克·戴泽:《社会科学》,彭郁译,商务印书馆2015年版,第1—2、9—11页。

〔23〕同上书,第2—3页。

〔24〕参见刘忠:《读解双规:侦查技术视域内的反贪非正式程序》,载《中外法学》2014年第1期。

〔25〕参见刘思达:《法律职业的政治命运》,载《交大法学》2013年第1期。

〔26〕参见陈柏峰:《无理上访与基层法治》,载《中外法学》2011年第2期。

〔27〕参见尤陈俊:《中国法治事业中的空间因素与性别因素——从〈秋菊打官司〉的角色隐喻切入》,载《学习与探索》2013年第3期。

〔28〕参见〔法〕布迪厄:《法律的力量——迈向司法场域的社会学》,强世功译,载《北大法律评论》第2卷第2辑,法律出版社1999年版,第499页。

〔29〕参见谢立中主编:《结构—制度分析,还是过程—事件分析?》,社会科学文献出版社2010年版。

〔30〕参见宋华琳:《国务院在行政规制中的作用:以药品安全领域为例》,载《华东政法大学学报》2014年第1期。

〔31〕参见王启梁:《网络时代的民意与法律应有之品性:从"躲猫猫"事件切入》,载《法商研究》2009年第4期。

〔32〕参见胡凌:《谁拥有互联网信息:从百度文库说起》,载《北大法律评论》第 14 卷第 1 辑,北京大学出版社 2013 年版,第 98—114 页。

〔33〕参见苏力:《法律人思维?》,载《北大法律评论》第 14 卷第 2 辑,北京大学出版社 2013 年版,第 429—469 页。

〔34〕参见张巍:《法经济学与中国司法实践:法律人思维的一个脚注》,载苏力主编:《法律和社会科学》第 14 卷第 1 辑,法律出版社 2015 年版,第 249—276 页。

〔35〕参见李学尧、葛岩、何俊涛、秦裕林:《认知流畅度对司法裁判的影响》,载《中国社会科学》2014 年第 5 期。

〔36〕参见黄卉:《论法学通说(又名:法条主义者宣言)》,载《北大法律评论》第 12 卷第 2 辑,北京大学出版社 2011 年版,第 334—382 页。

〔37〕同前注 22,第 5 页。

〔38〕参见侯猛:《"党与政法"关系的展开:以政法委员会为研究中心》,载《法学家》2013 年第 2 期;侯猛:《案件请示制度合理的一面:从最高人民法院角度展开的思考》,载《法学》2010 年第 8 期;侯猛:《不确定状况下的法官决策——以"3Q"案切入》,载《法学》2015 年第 12 期。

〔39〕See Tim Ingold, *The Perception of the Environment: Essays on Livelihood, Dwelling and Skill*, Routledge, 2011, pp. 209-218.

〔40〕参见费孝通:《乡土中国》,上海人民出版社 2007 年版,第 23—29 页。

〔41〕朱晓阳:《小村故事:地志与家园(2003—2009)》,北京大学出版社 2011 年版,第 7—22 页。

〔42〕参见季卫东:《法律议论的社会科学研究新范式》,载《中国法学》2015 年第 6 期。

〔43〕参见〔美〕克利福德·吉尔茨:《地方知识:阐释人类学论文集》,杨德睿译,商务印书馆 2016 年版,第 261—368 页,第八章"地方知识:比较视角下的事实与法律"。

〔44〕参见苏力:《法学人遇上"麻雀":关于个案研究的一点反思》,载苏力主编:《法律和社会科学》第 14 卷第 2 辑,法律出版社 2016 年版,第 172—193 页。

〔45〕中层理论最早由美国社会学家默顿(Robert K. Merton)提出,在跨学科意义上也受到其他学科的重视。参见杨念群:《"中层理论"应用之再检视:一个基于跨学科演变的分析》,载《社会学研究》2012 年第 6 期。

〔46〕同前注40,费孝通书,第4页。

〔47〕参见陈瑞华:《刑事诉讼的私力合作模式:刑事和解在中国的兴起》,载《中国法学》2006年第5期。

〔48〕参见程金华:《四倍利率规则的司法实践与重构:利用实证研究解决规范问题的学术尝试》,载《中外法学》2015年第3期。经过最高人民法院2020年对《关于审理民间借贷案件适用法律若干问题的规定》(法释〔2020〕17号)的修订,该规定已经从原来的"民间借贷的利率可以适当高于银行的利率,各地人民法院可根据本地区的实际情况具体掌握,但最高不得超过银行同类贷款利率的四倍(包含利率本数)。超出此限度的,超出部分的利息不予保护",修改为"出借人请求借款人按照合同约定利率支付利息的,人民法院应予支持,但是双方约定的利率超过合同成立时一年期贷款市场报价利率四倍的除外"。

〔49〕参见白建军:《大数据对法学研究的些许影响》,载《中外法学》2015年第1期。

〔50〕参见〔英〕Philip Ball:《社会为何如此复杂:用新科学应对二十一世纪的挑战》,韩昊英译,科学出版社2015年版,第xvii页。

〔51〕参见最高人民法院编:《中国法院的司法改革》,人民法院出版社2016年版,第42页。

〔52〕参见刘思达、侯猛、陈柏峰:《社科法学三人谈:国际视野与本土经验》,载《交大法学》2016年第1期。

〔53〕参见〔美〕罗伯特·C.埃里克森:《无需法律的秩序:相邻者如何解决纠纷》,苏力译,中国政法大学出版社2016年版。

第四章　法社会科学在中国：
一个学术史考察

一、什么是法的社会科学研究

法的社会科学研究又称为法律的社会科学研究,是指主要围绕法律进行社会科学研究。这一研究早期聚焦对国家法进行社会学研究,对习惯法进行人类学研究,在研究交互过程中越来越多地运用包括经济学、政治科学、心理学、文学等在内的社会科学。法的社会科学研究目前并不是一个独立学科,而是属于跨学科领域。在中国法学界,法的社会科学研究又称为社科法学,与法教义学、政法法学被公认为当代中国法学研究三大流派。[1]因此,本章的写作不是学科史考察,只能称为学术史考察。[2]

需要说明的是,之所以使用"法的社会科学研究"这一描述性表述,而不是"社科法学"的概括性表述,主要是基于以下理由：一是在法学界内部,虽然目前已经普遍接受社科法学这一用语,但使用场景有限,主要还是在与法教义学相对应的意义上使用。而且,社科法学也受到概念构词上的批评。例如,谢晖提出,法学就是社会科学的一部分,怎能在构词上将法学与社科并列在一起。[3]使用法的社会科学研究就是为了避免说"词",从而聚焦说"事"。二是法学以外的学界对社科法学用语相对比较陌生,使用法的社会科学研究更容易理解。法的社会科学研究既包括法的社会科学经验(定性)研究,也包括法的社会科学实证(定量)研究,还包括法的社会科学理论研究。

在行文中,笔者将"法的社会科学研究"简称为"法社会科学"或"法社科研究",在某些情形下也使用社科法学这一用语。

作为一个跨学科领域,法社科研究在国外的发展已经有近百年历史。不同国家、不同时期的研究者由于关注的重心不同,对这一领域也赋予了不同的名称。简单来说,强调社会学研究进路的称为 sociology of law,这在德国比较常用;强调法律与社会的相互关系的称为 law and society,这在美国比较常用;[4] 强调社会先于法律的称为 socio-legal studies,这在英国比较常用;[5] 强调理论分析的称为 law and social theory,这在欧洲比较常用;强调社会科学研究的称为 law and social science 或 social scientific study of law;等等。[6] 这些名称虽然表述有别,但都是研究法律与社会的相互关系,强调社会科学的研究,从而在整体上与法学传统主流研究,即法律的规范研究完全区别。[7]

从法社科研究的百年历史来看,大致可以分为法律的外部视角和法律的内部视角两个面向。[8] 外部视角关注法律与社会(包括政治、经济、文化、生态、科技等)的相互关系,不仅包括法律对社会的影响,也包括社会对法律的影响。而讨论社会因素对具体法律的影响,就具有立法论和政策分析意义。这在日本表现尤为明显,主要是部门法学(日本称为实定法学,与基础法学相对应)的学者反思法教义学,讨论哪些因素会影响法律制定修改,从而形成了法政策学。[9] 内部视角则是对立法、执法、司法和守法过程进行社会科学研究,特别是司法裁判过程中的社会科学运用,具有解释论意义。不过,在中国,外部视角研究更早,也更受关注,内部视角研究较少,因此也容易被误认为法社科研究只能是外部视角研究。

国外特别是美国的法社科研究,自 20 世纪 60 年代开始形成研究规模,建立学术体制。[10] 在经历几十年发展以后,相关研究述评也有相当积累。[11] 相比之下,国内研究起步较晚,有深度的研究述评也不多见,但有两位学者的述评研究具有代表性。一位是现在任教于香港大学法律学院的刘思达,他毕业于北京大学法学院和芝加哥大学社会学系,曾任教于威斯康星大学和多伦多大学社会学系。他在2010年就反思了20世纪80年代以来中国法社会学的发展。[12]在2015年的一次对话中,他将法社会学纳入社科法学的讨论。[13]此后,他又撰文将美国"法与社会"运动与中国社科法学研究进行比较[14],并在美国《法律和社会科学年度评论》(*Annual Review of Law and Social Science*)杂志上撰文讨论中国社科法学(Law and Social Science in China)的发展。[15]由此,他帮助完成了从法社会学到社科法学的正名。

另一位代表性学者是北京大学法学院的强世功。他在2013年大致按照时间顺序将中国法社会学的发展划分为三个阶段。[16]他对第三阶段研究碎片化趋势的批评,其实主要针对的就是当前的社科法学。之后,他从学术史角度归纳法社会学的"北大学派"四十年的发展历程[17],特别是结合自己的研究历程,又对法社会学研究进行历史性反思。[18]不论是刘思达还是强世功,都认可法学走向社会科学化的努力。不过,刘思达认为法社科研究需要持续做经验研究,强世功则从批判法学的立场认为,这样的经验研究缺乏理论反思。

本章主要将在这两位学者研究的基础上加以推进。强世功的研究很早就转向法律的政治理论,而不是经验研究,更多是从局外人的角度加以批判。刘思达则始终是基于局内人视角进行法律经验研究,不过由于他长期在境外任教,其对国内发展过程,特别是事情的前因后果并不是那么熟悉。因此,本章一方面是对两位学者已有的研究述评加以评述,同时又评述国内法社科研究的最新发展。总体上,我与刘思达一样是从局内人的视角出发,对中国四十年来法的社会科学研究加以重述,期望通过历史叙事,强化塑造学术传统,为建构中国的法的社会科学知识体系提供一种可能思路。

二、从法社会学到法社会科学

(一)研究的兴起阶段

法学的社会科学化努力,一般都认为可以追溯到20世纪80年代。当时还没有"法的社会科学"或类似提法,而是围绕"法社会学"来展开讨论。在学科建制上,法社会学既属于法学的二级学科——法学理论下面的分支,又属于社会学的分支学科。而且,法社会学的倡导者和推动者就是强世功的导师沈宗灵教授。早在1981年,沈宗灵在与陈守一合写的《论法学的范围和分科》一文中,就指出:"法学还应着重研究法律制定后在社会中的实施,即如何实施,是否实施,怎样得以保证实施,这种法律在社会上的作用和效果如何,等等。在法学中,一般称为法律社会学。"[19]此后,他还翻译出版了一本法律社会学名著——庞德的《通过法律的社会控制》[20],并且专门撰文《法律社会学的几个基本理论问题》。[21]

在沈宗灵的影响下,北京大学形成了法社会学的研究团队,并直接影响了今天的知名法社会学学者季卫东。季卫东回忆:"对于赵震江老师、我、海滨以及其他朋友在20世纪80年代中期推动法社会学运动的努力,沈老师是非常理解和支持的,并且实际上发挥了学术精神领袖的作用。""后来我的专业兴趣转向法社会学,在相当程度上也受到了沈老师翻译的庞德的著作《通过法律的社会控制》的影响。"[22]当时,北大还牵头召开了法社会学的相关学术会议、出版了不少著述,这样很快就将法社会学研究辐射全国。2009年,季卫东在东亚法与社会国际研讨会上发言时就指出:"20世纪80年代中期,中国也曾经出现过一场高歌猛进的'法与社会'运动。今天在这里聚首的郑成良教授、齐海滨教授、朱景文教授、梁治平教授、高其才教授,还有未能与会的赵震江教授、沈宗灵教授、张文显教授等一大批学界翘楚,都是当时的核心力量……可惜由于种种原因,法社会学的这种进取势头遭到挫折,相关研究也有消沉,也有扭曲。"[23]当时,法社会学研究群体刚刚初具规模,但又迅速消散。

现在回过头来再看,值得思考的是,为什么是20世纪80年代?为什么首先是法社会学开始兴起?至少就社会学来说,其实际上经历了20世纪50年代学科被取消到改革开放后恢复重建的过程。[24]而且在20世纪80年代,国内法学界对国外的学术动态基本上是不了解的,对那时已经形成研究规模的法经济学、法人类学等的认识基本上还停留在概念上。或许正因为如此,当时法社会学主要的知识来源反而是国内的社会科学,并且首先是社会学的知识体系和研究方法,特别是费孝通的研究在重建社会学的过程中发挥了关键作用[25],扩大了社会学的学术影响力,由此影响了法社会学的不少学者。

(二)研究的自发阶段

与20世纪80年代通过有组织建制来推动法社会学的兴起不同,20世纪90年代直至21世纪初,更多学者基于个体学术兴趣自发进行研究。首先是以梁治平为代表。梁治平从法学重镇中国人民大学调入中国艺术研究院。1995年初,他发起成立法律文化研究中心,主持出版"法律文化研究中心"文丛,初步形成了法学的多学科交流机制,通过开展学术批评,探求法学研究规范化与本土化途径。[26]实际上,这一时期的另一位代表人物苏力的成名作《法治及其本土资源》,就是作为"法律文化研究中心"文丛之一出版的。[27]不过,在1990年末,"法律文化研究中心"除了出版书籍,几乎停办了所有的学术活动,这也意味着以"法律文化"为名的无形学院没有能够继续。[28]

这一时期的法学已经有了很明显的人文与社会科学传统的分野,但也并非泾渭分明。法律的人文研究以梁治平为代表,法律的社会科学研究则是以苏力为代表。梁治平的法律文化研究虽然受到美国人类学家吉尔茨的影响,但首先是来自国内的文化热,特别是他法律史的训练背景。苏力的法社科研究虽然深受美国法经济学家波斯纳的影响,但他更为注重本土甚至传统研究,写作也有很强的人文意味。这实际上与他自己的文学偏好,以及法律史训练的背景高度相关。[29]此外,在这一时期,强世功也崭露头角,他的法社会学研究其实也是基于他的学术积累、悟性而非系统训练。他在自述中提到自己深受杜赞奇、吉尔茨、福柯三位学者的影响。严格说来,这三位都不是现代西方法社会学研究的代表性人物(当然,他们也影响了现代西方法社会学研究)。由此可以看到,现代西方法社会学,特别是美国法与社会研究的代表性人物,例如塞尔兹尼克、弗里德曼、麦考利等学者对梁治平、苏力和强世功,几乎没有什么学术影响。

在这个意义上,这个时期提出的法学研究的本土化主张就显得早熟。对武器的批判,先于批判的武器。对本土化研究的主张可以追溯到20世纪20年代,吴文藻先生提出了社会学中国化,提出要建立适合中国国情的社会学教学和研究体系,批评当时在大学只讲授西方理论,而且是用外文讲,研究只注重统计,而不关注田野。[30]这些问题在20世纪90年代存在吗?至少就法社会学来说还不算是突出问题。虽然当时已经开始流行学习西方社会理论,但对法社会学理论的了解是非常有限的,运用西方理论进行经验研究的人更是屈指可数。在这种背景下提出本土化,反而展示了法社会学研究中的一种批判法学立场。所谓批判法学的立场,已经不仅仅是本土化问题,还是自主性的问题,是经由批判西方理论而完成中国理论的构造。这一主张由邓正来开始[31],在法学界则由强世功接过了大旗。[32]

(三)研究的自觉阶段

进入21世纪的法社科研究,可以说进入了学术自觉的阶段。这主要表现在以下几个方面:

自20世纪90年代开始的翻译工作,其知识传播效应对学术研究的影响逐渐彰显。典型如,季卫东牵头设立的"当代法学名著译丛"由中国政法大学出版社出版,翻译了诺内特、塞尔兹尼克、布莱克、昂格尔、弗里德曼、霍维茨、川岛武宜、棚濑孝雄等知名法社科研究学者的著作,其中就包括苏力翻译的波斯纳的《法理学问题》。[33] 2000年开始,苏力组织翻译了"波斯纳文丛"共计12本,在中国政法大学出版社出版,之后又翻译了波斯纳的数本书,在北京大学出版社出版,从而大大推动了法经济学的知识传播。同时,波斯纳对苏力的影响也是巨大的,这也为以后法社科研究的训练提供了学术标杆,即如果既能在学术上找准并吃透一位重量级学者的作品,又能进行中国的本土研究,就可以做出好的研究。更具有学术意义的是,主要经由苏力的努力,他整合了波斯纳和费孝通,使法经济学与法社会学成为国内法社科研究的两个重要领域。这种研究格局与美国法经济学与法社会学老死不相往来的景象形成鲜明对比。

除了翻译的影响,还表现在更多的学生开始留学海外,接受法社科研究的系统训练。例如,现在任教于香港大学法律学院的贺欣、刘思达、刘庄,他们先后在斯坦福大学法学院、芝加哥大学社会学系、芝加哥大学法学院读书,接受法社会学或法经济学的专业训练,目前从事与中国问题有关的法社科研究。由于他们要面对或进入西方学界,因此主要用英语写作,但他们的贡献也正在于在西方的学术体系中呈现了法社科的中国研究。而国内对国外法社科作品的推介和研究也越来越精细化。例如,美国的弗里德曼、英国的科特威尔、德国的卢曼,他们的书都被多次翻译。云南大学法学院张晓辉教授还牵头培养学生专门研究穆尔、纳德、梅丽、西尔贝等法律人类学学者。[34]越来越多的学生都有阅读法社科英文原文的内在需求和动力。

虽然大规模学习国外法社科研究的氛围已经形成,但国内的法社科研究也更加自觉,并且建立了形式多样、系统完备的学术建制。回顾20世纪90年代的相关研究和翻译工作,不少都受到外国基金会的资助。以美国福特基金会资助的司法改革项目为例,不少是法律经验(实证)研究。这包括北京大学关于中国两个法院——湖北武汉市汉口区法院和山东青岛市中级法院的历史演进研究；中国人民大学关于地方证据使用的调查问卷分析、地方法院创设民事证据规则的实地调查、刑事诉讼法和刑法的实施情况调查；中国政法大学关于强制执行在五个省内的实施调查、审判程序改革的实地调查；西南政法大学关于国家赔偿法在成都的执行情况调查；华东政法大学关于民事和刑事诉讼程序的实地调查；四川大学关于阻碍中国充分和公正地行使司法权的因素的调查，此外还有中国社会科学院法学研究所的相关研究。[35]甚至有关中国法的研究也是以外国学者为主。现在虽然对国外的研究日益增多，但受到国外资助的却日益变少甚至可以忽略不计。中国学者开始建立自主的法社科学术体制。在苏力的倡议下，"法律的社会科学研究"研讨会于2005年召开，此后成为年会，《法律和社会科学》于2006年创办，此后进入CSSCI法学类来源集刊。季卫东自日本回国后，2009年在上海交通大学成立了"凯原法学院法社会学研究中心"（中国法与社会研究院前身），创办了《亚洲法与社会杂志》，2016年还发起举办中国首届法社会学年会。此外，清华大学高鸿钧还组织翻译了一批侧重法律社会理论的著作[36]，并且培养了一批年轻学者从事系统论法学或社会理论法学研究。

  受到法学的法社会学研究的影响，社会学的法社会学研究也开始兴起。法学与社会学两个学科之间的联系更加密切，这在中国人民大学体现得尤为明显。中国人民大学社会学系郭星华自述曾受苏力的影响进军法社会学，在他的努力之下，社会学系开设了法社会学课程，出版了法社会学教材。他牵头成立了中国社会学会法律社会学专业委员会，专业委员会自2011年开始举办"法律与社会"高端论坛，又可称为"法律与社会"中国年会。中国人民大学法学院的法社会学研究历史要更长。早在20世纪90年代初，朱景文就开始从事现代西方法社会学、比较法社会学和法律全球化的研究[37]，范愉也进行法社会学特别是非诉讼纠纷解决的研究[38]。而且，一直以来，中国人民大学的法社会学研究比较注重与国外学者的对话[39]，甚至在一段时间内聘请黄宗智,培养了一批从事社会历史法学的学者。

简言之,经过至少二三代人的努力,不论是研究规模还是专业建制,国内法社科研究都有了很大发展。除了中国人民大学,北京大学、上海交通大学、香港大学、云南大学、中南财经政法大学等高校也是法社科研究重镇。北京大学以苏力、白建军、强世功为代表,他们分别侧重法律的定性研究、定量研究和政治理论研究,而且培养了国内诸多从事法社科研究的师资力量;上海交通大学以季卫东为代表,还有做法律定量研究的程金华、做法律与认知科学研究的李学尧、做刑事诉讼实证研究的林喜芬等一批年轻学人;香港大学有贺欣、刘思达从事法律经验研究,刘庄从事大数据实证研究;云南大学以张晓辉、王启梁、张剑源三代学人为代表,专攻法人类学研究;中南财经政法大学则有由陈柏峰牵头的基层法治研究团队。可以说,国内法社科研究呈现了法社会学、法人类学、法经济学、法律与认知科学、法律与文学、法律定量分析等多样丰富的研究进路。[40]

三、法社科研究的分化与交锋

只有研究积累到一定规模,才会出现分化、对话与交锋。朱景文曾将法社会学研究划分为四种倾向:第一种为理论法社会学,主要着眼于宏观理论的建树;第二种为法律批评,即用某种社会理论评价法律现实;第三种为法律文化研究,特别在解释不同法律制度差别的原因时,常常诉诸文化;第四种为经验法社会学,用社会科学的方法获取经验材料,证实或证伪前人的结论。他认为,法社会学更多是建立在经验研究的基础上。[41]我也赞同这一主张,在研究不断积累和分化的过程中,要始终以经验研究为基础。从过去四十年,特别是最近二十年的研究进展来看,法社科研究中的经验研究面临来自其他方面研究的质疑和挑战。这主要集中在以下三个方面:第一,法律经验研究能否做成法律社会理论;第二,法律经验研究中的定性研究的解释力是否不如定量研究;第三,部门法研究以规范分析(教义分析)为基础,如何更多引入社会科学,使社科与教义分析在法学研究中共生。

(一)法律经验研究做不成法律社会理论?

不少人会将法律经验研究与法律社会理论研究对立起来,认为这是由两拨不同人来做的。就国内来说,强调社会理论法学的一批学者,十分推崇卢曼的系统论法学,强调体系耦合和功能主义,他们的确不做经验研究。但从社会理论的百年发展史来看,功能主义与系统理论范式只是早期的社会理论,除此之外,至少还有马克思主义与批判理论、现象学、符号互动论、理性选择与交换理论、过程社会学、结构主义和后结构主义、后现代主义、结构化、女性主义、行动者-网络理论、全球化理论。[42]中国法学界包括法教义学学者对功能主义与系统理论欣赏有加。批判理论被强世功、冯象、刘星等少数法理学者所主张。[43]为什么法学界对其他理论范式鲜有讨论?只能说明国内法学知识的保守与理论滞后。相比之下,国外的法律社会理论研究是丰富多样的。[44]

而且,就国内的法律经验研究现状来说,的确有很多研究陷入了碎片化的经验事实描述之中,只有平淡无奇的叙事,缺少理论支撑,更不可能理论化。但好的法律经验研究其实是能够做成理论的。做经验研究首先需要大量的知识积累,既要读经典,也要读前沿,然后要有意识地进行学术批评和对话,跟进前人的研究。美国的法与社会研究已有数十年历史,产生了不少超越时间和空间的有解释力的作品。例如,格兰特在 20 世纪 70 年代所做的法院公正审判与当事人强弱关系研究,从司法的经验事实中提炼出理论命题,形成了特定的研究结构和分析框架,能够反复适用,有大量后续研究。[45]我们也可以结合中国晚近的司法经验接着做研究,通过发现问题的共性与特殊性,挑战既有的研究结论,从而增强研究的理论解释力。进行学术批评和对话一定是与法社科研究的知名学者,例如晚近的苏力、梁治平、季卫东、朱景文、朱晓阳、贺欣。但是,不适合对话更远的马克思、韦伯、涂尔干、福柯、布迪厄、拉图尔。因为他们作为社会科学大家,其研究更适合做理论分析框架,而不是进行学术批评和对话。

很少人会认为苏力的法律经验研究没有理论。苏力曾自述毛泽东、费孝通、尼采、福柯和波斯纳对其研究有很大影响[46],这也体现在他的基层司法制度的经验研究之中。可以说,他的《送法下乡》开启了国内法律经验研究的学术传统[47],其理论分析工具主要是马克思主义、功能主义和制度经济学,其所对话或质疑的是现代西方法治理论。并且,他在具体的研究中归纳了包括司法行政与审判的关系、初审和上诉审的关系、国家法与习惯的关系等一系列具有理论意义的命题。如果能够接着苏力的研究做下去,也就有了学术对话和理论反思的可能。

好的经验研究要进一步理论化,就要进行概念提炼。苏力也曾提炼出"本土资源""格式化"等概念。不过,相比之下,费孝通提炼出的差序格局的概念、瞿同祖提炼出的法律儒家化的概念,能够反复使用,具有更强的解释力。费孝通在《乡土中国》中就指出,在具体现象中提炼出认识现象的概念。它并不是虚构,也不是理想,而是存在于具体事物中的普遍性质,是通过人们的认识过程而形成的概念。这个概念的形成既然是从具体事物里提炼出来的,那就得不断地在具体事物里去核实,逐步减少误差。[48] 贺欣也认为,"法律与社会科学是针对现象的,因而经验工作是基础""但更关键的一步是提出有普遍意义的,特别是以分析性为主要要素的概念"[49]。简言之,从经验到理论的过程,就是要提炼出有解释力的概念。

实际上,就学者的成长史来看,很多以理论见长的学者都做过经验研究。例如,涂尔干(迪尔凯姆)基于观察和统计写作《自杀论》,布迪厄在阿尔及利亚田野研究卡比利亚社会、在法国以实证方法研究法学院等四大学术领域,拉图尔在美国的神经内分泌学实验室、法国的最高行政法院做田野研究[50],但他们都有重量级的理论著述。因此,学者如果能够做好法律经验研究,完全有可能总结提炼出法律社会理论。

(二)法律定性研究不如定量研究有解释力?

在英语世界中,与法的社会科学研究高度重叠、密切相关的,还有 Empirical Legal Research(简称 ELR)[51]。ELR 既包括定性研究,也包括定量研究。在中国,过去做法社科研究的学者集中做的是法律的定性研究,他们往往也将 ELR 称为法律经验研究。但晚近二十年来,以白建军、左卫民、魏建为代表的一批学者开始进行法律的定量研究,甚至在法学院开设同名课程[52],他们往往将 ELR 称为法律实证研究。尽管我们都认可好的 ELR 是定性和定量研究的结合,但很明显,法律定性研究和法律定量研究已经分化为两个有交集,但不同甚至有潜在竞争的研究群体。[53]

在社会科学中,一个流行的看法是认为定量方法比定性方法更有解释力,定性方法是补充性的。[54]法律的定量研究是否就比定性研究更有解释力?苏力给出的解释是:"方法不解决问题,必须是针对问题去讨论方法。因此,不要过分关心方法。"[55]而两位做法律定量研究的学者则进行了细化的讨论。张永健和程金华将法律实证研究区分为两种形态:实证社科法学和实证法学。"两种类型实证研究的区别,既是是否运用社会科学方法的区别,也是问题意识之别。实证社科法学以法律现象的实证分析为手段,检验的是社科法学的命题,甚至纯粹是社会科学的理论……实证法学则只研究法律相关的事实问题,响应与法制度之运行相关之宣称或假设,或描述法制度之运行,与法学以外的问题或者知识并没有直接的关联。"[56]他们认为,实证法学比实证社科法学的研究发现更可能缺乏一般性。

实际上,国内法律定量研究的兴起与上述提及的实证法学学者的推动是分不开的。[57]这些学者主要来自部门法学,特别是刑事诉讼法学和刑法学。他们的法律定量研究往往围绕部门法的具体问题展开,通过数据统计来发现实施中存在的真实问题,这很容易导向提出立法论意义上的政策制定建议。因此,研究结论也就难以举一反三,用来解释其他法律现象,这也就是前述所说的研究发现缺乏一般性。与法律定量研究主要来自部门法学的学者不同,法律定性研究往往是法理学的学者在做。法理学学者的优势在于能够借助社会科学理论来研究问题,但往往却又缺乏部门法学的研究实力,甚至不会主动学习定量方法。可能只有苏力、桑本谦等少数学者能够直面部门法学的问题,但也不做定量研究。[58]

法律定性研究因主要做个案研究,常常被批评不具有代表性,不如定量研究能够解释因果关系。实际上,定量研究在方法论上也已经受到批评,其主要是通过解释变量关系来呈现因果关系。叶启政指出,机制才是"促使变项之间的因果关系得以成立之具关键性的内建'概念'装置"[59],所谓机制是一系列事件或过程和背后的社会结构,从而区分真正的因果与巧合(虚假)。定性的个案研究由于强调长期实地调查,更能够准确把握过程与结构,因此,在对机制的解释方面反而更有优势。此外,个案研究的比较优势还在于关注个案的复杂性和丰富性[60],通过对特定个案的深入洞察,可以从中抽象出一般性的概念或者命题,进而也具有推广性意义。[61]

放眼全球,国外围绕具体法律问题进行(人权、环保、侵权、知识产权)微观的个案研究是非常多的,其学术影响力并不弱于定量研究。这些个案研究除了追求因果解释,很多也能够进行一般化的归纳。[62]此外,国外学界还发展出定性比较分析,力求整合定性和定量两种分析方法的长处。尤其是在设计小样本或中级样本调研时,这种方法在分析案例内部复杂性的同时,使案例间的系统化比较成为可能。[63]这种方法在法学研究中也开始兴起[64],并且被介绍到国内[65]。定性比较分析强调把研究目的与选择策略结合起来,整合定性与定量方法。对于法社科研究来说,如果部门法与社会科学理论加以贯通,这样的研究就会有更强的解释力。

(三)部门法学更多引入社会科学如何可能?

除在研究方法上改进以外,法的社科研究在研究对象上还要进一步聚焦部门法的问题。在不同国家的不同时期,部门法学引入社会科学的情况差别很大。例如,在日本,法社会学主要是以民法为中心发展起来的,倡导与研究者都是民法学者。最早由末弘严太郎提出,他批判民法研究中德国概念法学的统治倾向,强调民法研究中的社会学方法。[66]在美国,20世纪70年代以后,以波斯纳为代表的法经济学学者,一直致力于推动将经济学方法运用到所有的法律领域。在英国,社会法律研究(即前文提及的socio-legal studies)也进入家事法、土地法、合同、侵权、公法、刑法、欧盟法等教学和研究之中。[67]

在中国,不同的部门法学引入社会科学的程度差异巨大。像民法学、刑法学、宪法学等知识体系完备的部门法学,它们对社会科学的接受度就较低。[68]而像经济法学、劳动与社会保障法学、环境法学、知识产权法学、国际法学、教育法学等还没有形成坚硬的知识体系的部门法学,由于与其他学科、行业高度相关,它们对社会科学的接受程度明显更高。以证据法学为例,其社会科学或跨学科研究的趋势已经十分明显。[69]不过,如果对照法律体系,就会发现法律规范化程度较高、修改次数较少的法律部门,其部门法学研究更多是在解释论意义上引入社会科学,例如民法学;而法律规范化程度较低、修改次数较频繁的法律部门,其部门法学研究更多是在立法论意义上引入社会科学,例如刑事诉讼法学。左卫民就长期关注《刑事诉讼法》修订前后的变化,对如逮捕率变化、刑事二审开庭率、非法证据排除规则适用、刑事法律援助等刑事诉讼运行机制进行定量实证研究,进而提出立法改革建言。[70]

实际上,主要是具有立法论倾向的从事法律定量研究的学者,明确提出要在理论上处理法律实证与法律规范的关系。法律的定量研究通过假设、抽样、验证,从而发现真实的客观结论。客观结论不存在不确定性和多种可能性,能够明确指向现有法律规则和司法判决存在的问题,可以用来指导制定或修改法律。因此,这样的定量研究也更容易受到规范研究的欢迎。例如,张永健、白建军的研究都试图处理定量结论与规范生成之间的关系。[71]这些讨论始终是在实然和应然的二分法框架下讨论,但实然推不出应然。因此,在逻辑上并不能证成。我们至多说定量结论更能说服立法者作出决策。尽管如此,由于受到政策需求、大数据开发和资本投入等因素的影响,越来越多的法律定量研究直接与政策分析挂钩,例如,早期以世界银行为代表的法治评估、晚近中国的法治营商环境评估、法律大数据公司的利益驱动,都带动了一批学者从事量化研究。[72]

而部门法学在解释论意义上引入社会科学,应该说最接近于数年前法学界一场"社科法学与法教义学的对话"讨论[73]的核心。因为法教义学就是在法律规范体系已经建立的前提下,对法律条文进行解释论的研究。在司法裁判过程中,社会科学与教义分析会出现知识互补和知识竞争。特别是在事实认定、说理和后果考量方面,社会科学实际上都发挥着重要作用,这就是前述所说的法社科内部视角研究。[74]时隔七年,原本计划召开的第二次对话会因疫情停办,但经由《中国法律评论》牵头组织的一组八篇对话文章如期发表。[75]与早期讨论更多是表达立场、展示方法不同,甚至与社科法学多少有些一厢情愿不同,这一组文章是在社科法学与法教义学比较的双重视角下展开讨论的,聚焦部门法具体问题(车浩、许德风、贺欣文)与立法问题(张翔、侯猛文)。值得一提的是,苏永钦基于我国台湾地区法学继受德国法学传统经验,在文中明确主张法学为体、社科为用,提出社会科学为构建法教义学知识体系服务。对此,尤陈俊认为,大陆和台湾地区的法学研究格局存在结构性差异。法教义学和社科法学在大陆法学界几乎同时兴起,因此,更稳妥的态度是各种法学研究范式在学术市场上充分竞争与不断检验。唯有如此,中国法学才能走出继受法学的影子,真正建立起自身的主体性。[76]

如果将部门法学限定在解释论意义上,苏永钦的观点是比较有说服力的。但部门法学不仅有解释论取向,也有立法论取向,甚至有更多理论面向,在这个意义上,尤陈俊的看法更有说服力。在立法论和解释论意义上讨论部门法学引入社会科学,主要还是实务层面的分析。如果我们在理论层面上加以讨论,部门法研究还可以有更多的社会科学维度。例如,中国宪法学界十多年前就开始了宪法教义学与政治宪法学的讨论。[77]日本则更早,从"二战"前就有了"作为社会科学的宪法学"的提法和相关著述,也深受马克思主义学说的影响。[78]此外,前述提到的十多种比较成熟的社会理论范式,都可以用来进行部门法学的研究。

四、反思性小结

法社科研究在形成规模以后所产生的分化与交锋,其核心争议已经不再是强世功所批评的碎片化问题。当前,问题主要聚焦如何处理法律经验研究与法律理论研究、法律定性研究与法律定量研究、部门法(法教义)研究与法社科研究这三组关系,在一定意义上,这也标志着法社科研究开始走向成熟,进入理论自觉和自我批判的阶段。如此,我们就会发现还有很多研究工作亟待启动。

第一,我们不能只关注法学学者如何做社会科学研究,更需要在实务层面归纳法律人是如何运用社会科学解决部门法具体问题的。法学人对待社会科学与法律人对待社会科学是两个不同的问题,很容易混为一谈。例如,法学学者认为裁判中成本效益分析优于教义分析,或教义分析优于成本效益分析,但法律实践可能并非如此。法律人有自己一套能够反复适用的实践经验。因此,我们就需要发现总结法律人在职业活动中运用社会科学的经验,探究背后的原因。例如,通过访谈和数据库检索归纳经济学在民商事(反垄断、破产)审判中的运用,金融学在金融审判中的运用,环境(生态)科学在环境审判中的运用,以及律师如何运用社会科学安排特定类型诉讼策略,等等。并且,进一步发现并总结法律人在职业活动中通过结合具体部门法问题,整合事实与规范、社科与教义的经验。这对法学学者如何更好结合具体部门法问题进行社会科学研究也具有直接启发意义。

第二,从域外发展趋势来看,研究边界也在不断拓展。传统的法律与社会科学研究主要是法律与经济学、社会学、人类学、政治科学的研究,后来又有学者对法律与人文进行社会科学研究,包括法律的文化解释、法律与文学、法律史的社会科学。对法律与心理学的研究深入法律与认知科学,对法律与经济学的研究则深入行为法律经济学。晚近二十年来,对法律与科技进行社会科学的研究开始在中国兴起。国内学界对上述所有研究领域都有涉及甚至有一定进展。这些研究领域横跨从人文到科技的光谱两极,虽然看起来似乎杂乱无序,但实际上是有基本共性的,即都是解释法律背后的因素(行为的因果、行为的意义),而不是解释法律规范自身,都是研究 law in action 而不是 law in book。

法学内二级学科之间也进行跨学科的规范分析。在这方面,宪法学可能更积极。例如,苏永钦一直提倡部门宪法研究,韩大元、张翔也一直在推动宪法学与民法学、刑法学、诉讼法学、环境法学之间的对话。[79]但不同在于,这些研究多了社会维度,也因此运用了社会科学的讨论。就美国法与社会研究来看,以西尔贝为例,她主要做的是法人类学研究,同时也属于研究法律的文化实践(法律与人文领域)的安赫斯特学派。晚近十多年来,她转入了法律与科技研究,并且对接科技、技术与社会研究。这说明一旦掌握了法社科研究的套路(范式)[80],是可以触类旁通的。这一点对国内的研究者如何跟进法律与科技研究,特别是如何对法律与科技进行社会科学研究很有对标意义。

第三,法的社会科学研究具有双重面向,主要面向是回应法律和法学的问题,但未来也要自觉回应其他社会科学的问题。法社科研究虽然联结法学与其他社会科学学科,旨在填补学科之间的空隙,但主要关心的还是法律问题,更关注社会科学对法律的影响,关注法社科研究在法学中的影响。尽管学界也曾提出过拒绝经济学帝国主义,甚至社会学帝国主义的口号,但这本身就反映出法学与强势学科相比更为被动。法社科研究要继续发展,也必须反过来思考,法社科研究会对其他社会科学产生什么影响?这对研究者来说非常具有挑战性。从形式上来说,就是前面所说的文章写给谁看、发在哪个学科的杂志,混哪个学术圈子的问题;从内容上来说,则是要对哪个学科的话题、话语加以讨论的问题。以规范性(normative)为例,社会科学的规范性和法学的规范性有很大区别。前者讨论应然,后者讨论价值。而法学上的规范性有立法论意义上的规范性和解释论意义上的规范性之分。因此,如何面对不同规范性进行法社科的经验研究,可以说是一个学术难题。[81]

第四,法的社会科学研究需要总结体系化的知识,构建知识体系。构建知识体系的首要功能是系统地传授知识,这就需要对接既有的法解释学(法教义学)知识体系,实现知识迭代。具体来说,一方面,法律部门包括宪法、行政法、刑法、民法、经济法、诉讼法、环境法、国际法等;另一方面,中国法治体系区分为立法、执法、司法、守法。我们可以将这两个方面叠加交错,即从立法、执法、司法、守法这四个层面对宪法、刑法、民法、经济法等法律部门进行社会科学分析,就能够初步构建法社科的知识体系。构建法社科的知识体系,还需要强化已有的学术传统。学术传统怎么强化?虽然在空间上,我们已经建立了一代学人的法社科研究共同体[82],但在时间上怎么延续?年轻一代能不能接着做,怎么接着做,这可能是一个难题。实际上,国内的法社会学与法人类学能够对接费孝通的研究,例如,法社会学学者苏力、法人类学学者朱晓阳和赵旭东的研究都深受费孝通的影响。同时,也可以和西方的法与社会研究对话;法律文化、法律史的社会科学研究能够对接瞿同祖研究[83],也可以与西方汉学研究对话。因此,我们需要在时间上追溯学术传统,在空间上进行中西学术对话,不断接力。在强化构建更有解释力的法社科知识体系过程中,不断追求理论塑造。如伯恩斯坦所言:"一个适当的社会政治理论必须是经验性的、解释性的、批判性的……这并不是三种不同类型的理论,而是社会政治理论的功能的三个方面。"[84]法的社会科学理论建构也是如此,包括经验性的、解释性的、批判性的三个理论面向。

更进一步,从域外已有的法的社会科学研究成果出发,我们还需要在本体论、认识论(方法论)上加以反思。在本体论上,我们不是在二元对立地研究法律与社会,而是在打破中西二元、主客二分的立场上对法律与社会进行整体研究,研究社会中的法律与法律所建构的社会。此外,研究者的研究是在社会之中进行的,因而也构成法社科研究的对象。这种本体论上的整体论,既要求对事实经验进行整体解释(阐释),也要求对法社科研究本身的各种预设、前提条件采取批判反思立场。在认识论上,我们需要思考的是用什么话语来表征社会法律问题(研究对象)？是用西方话语还是本土话语？是用本土的政治话语还是本土的学术话语？这还存在认识上的争论。对于国内的法社科研究者来说,如果只是深描中国经验,埋头中国经验来生成中国理论,而不在批判西方理论的基础上进行理论反思,就无法真正构建出中国自主的法的社会科学知识体系。

注释

[1]这一划分最早来自苏力在2001年时发表的一篇文章,他将法学研究划分为政法法学、诠释法学和社科法学三大流派。不过,后来随着诠释法学进一步聚焦法教义学,2014年苏力在讨论法学研究格局时,认为三大流派包括政法法学、法教义学和社科法学。参见苏力:《也许正在发生:中国当代法学发展的一个概览》,载《比较法研究》2001年第3期;苏力:《中国法学研究格局中的社科法学:中国法学研究格局的流变》,载《法商研究》2014年第5期。

[2]相对来说,中国法学中关于学科史、学说史的研究已有不少,但注重学术传统的学术史研究偏少。

[3]参见谢晖:《论法学研究的两种视角:兼评"法教义学和社科法学"逻辑之非》,载《法学评论》2022年第1期。

[4]See Kitty Calavita, *Invitation to Law & Society: An Introduction to the Study of Real Law*, Chicago: The University of Chicago Press, 2010.

[5]See Denis J. Galligan (ed.), *Socio-legal Studies in Context: The Oxford Centre Past and Future*, New Jersey: Wiley-Blackwell Publisher, 1995.

[6]相关知名杂志包括:*Annual Review of Law and Social Science*, *Law and Society Review*, *Law and Social Inquiry*, *Social and Legal Studies*, *Journal of Law*

and Society, Journal of Law and Economics , Regulation and Governance , Law and Human Behavior 以及 Journal of Empirical Legal Studies 等。

〔7〕西方法学传统三大流派被认为包括自然法学、分析法学和社会学法学,它们大致对应法律的价值研究、法律的规范研究、法律的社会效果研究。法律的规范研究注重对法律规范进行文本分析,追求对文本的有效解释。参见沈宗灵:《现代西方法理学》,北京大学出版社 1992 年版。

〔8〕参见 John Monahan, Laurens Walker, *Social Science in Law, Cases and Materials,* 10th edition, New York: Foundation Press, 2021。中译本参见〔美〕约翰·莫纳什、〔美〕劳伦斯·沃克:《法律中的社会科学(第六版)》,何美欢、樊志斌、黄博译,法律出版社 2007 年版。

〔9〕参见田中成明:「転換期の日本法」,東京:岩波書店 2000 年,第 54—68 頁。

〔10〕See Calvin Morrill, Lauren B. Edelman, Yan Fang and Rosann Greenspan, Conversations in Law and Society: Oral Histories of the Emergence and Transformation of the Movement, *Annual Review of Law and Social Science,* Vol. 16, 2020.

〔11〕参见〔美〕卡尔文·莫里尔、〔美〕凯尔西·梅奥:《法社会学"经典著作"的图表统计:近半个世纪该领域的发展》,载〔美〕奥斯汀·萨拉特、〔美〕帕特丽夏·尤伊克主编:《法社会学手册》,王文华、刘明、刘冬影等译,法律出版社 2019 年版。需要说明的是,该书译本将 Law and Society 翻译为法社会学并不贴切。此外,有关法与社会研究代表性人物的访谈,参见 Simon Halliday, Patrick Schmidt, *Conducting Law and Society Research: Reflection on Methods and Practices,* Cambridge: Cambridge University Press, 2009.

〔12〕参见刘思达:《中国法律社会学的历史与反思》,载苏力主编:《法律和社会科学》第 7 卷,法律出版社 2010 年版。

〔13〕参见刘思达、侯猛、陈柏峰:《社科法学三人谈:国际视野与本土经验》,载《交大法学》2016 年第 1 期。

〔14〕参见刘思达:《美国"法律与社会运动"的兴起与批判:兼议中国社科法学的未来走向》,载《交大法学》2016 年第 1 期。

〔15〕See Sida Liu, The Fall and Rise of Law and Social Science in China, *Annual Review of Law and Social Science,* Vol. 11, 2015, pp. 373-394.

〔16〕参见强世功:《中国法律社会学的困境与出路》,载《文化纵横》2013 年第 5 期。

〔17〕参见强世功:《法律社会学的"北大学派":怀念沈宗灵先生》,载《读书》2019年第8期。

〔18〕参见强世功:《"双重对话"与"双重历史化":法律社会学研究的回顾与反思》,载汪晖、王中忱主编:《区域》第9辑,社会科学文献出版社2021年版,第29—78页。

〔19〕沈宗灵、罗玉中、张骐编:《法理学与比较法学论集:沈宗灵学术思想暨当代中国法理学的改革与发展》,北京大学出版社、广东高等教育出版社2000年版,第53页。

〔20〕〔美〕罗·庞德:《通过法律的社会控制/法律的任务》,沈宗灵、董世忠译,商务印书馆1984年版。

〔21〕同前注19,第271—281页。

〔22〕季卫东:《法海拾贝》,商务印书馆2021年版,第182—183页。

〔23〕同上书,第174页。

〔24〕参见陆远:《传承与断裂:剧变中的中国社会学与社会学家》,商务印书馆2019年版。

〔25〕参见周晓虹主编:《重建中国社会学:40位社会学家口述实录(1979—2019)》,商务印书馆2021年版。

〔26〕文丛目前仍在出版,后改名为"法律文化研究文丛"。最早由中国政法大学出版社出版,后移至法律出版社出版,目前由商务印书馆出版。

〔27〕参见苏力:《法治及其本土资源》,中国政法大学出版社1996年版,第XIII页。

〔28〕梁治平后来创办洪范法律与经济研究所,推动了民间智库的建立,更扮演了公共知识分子的角色。

〔29〕苏力自曝当年报考北大中文系没被录取。这在他后来的著述中表现得更为明显。例如,苏力:《法律与文学:以中国传统戏剧为材料》,生活·读书·新知三联书店2017年版;苏力:《大国宪制:历史中国的制度构成》,北京大学出版社2018年版。

〔30〕参见吴文藻:《论社会学中国化》,商务印书馆2010年版。

〔31〕参见邓正来:《中国法学向何处去:建构"中国法律理想图景"时代的论纲》,商务印书馆2006年版。

〔32〕参见强世功:《批判法律理论的谱系:以〈秋菊打官司〉引发的法学思考为例》,载《中外法学》2019年第2期。

〔33〕参见〔美〕波斯纳:《法理学问题》,苏力译,中国政法大学出版社1994年版。

〔34〕已出版的研究成果包括:李婉琳:《社会变迁中的法律:穆尔法人类学思想研究》,中国人民公安大学出版社2011年版;王静宜:《劳拉·纳德法律人类学思想研究》,中国社会科学出版社2020年版。

〔35〕参见司法改革研究课题组编:《改革司法:中国司法改革的回顾与前瞻》,社会科学文献出版社2005年版,第552—564页。

〔36〕例如,〔美〕奥斯汀·萨拉特编:《布莱克维尔法律与社会指南》,高鸿钧、刘毅、危文高等译,北京大学出版社2011年版。

〔37〕参见朱景文:《现代西方法社会学》,法律出版社1994年版;朱景文:《比较法社会学的框架和方法:法制化、本土化和全球化》,中国人民大学出版社2001年版。

〔38〕参见范愉:《非诉讼纠纷解决机制研究》,中国人民大学出版社2000年版。

〔39〕朱景文、〔美〕斯图尔特·马考利:《关于比较法社会学的对话》,载《比较法研究》1998年第1期。

〔40〕参见侯猛:《社科法学的研究格局:从分立走向整合》,载《法学》2017年第2期。

〔41〕参见朱景文主编:《法社会学专题研究》,中国人民大学出版社2010年版,序。

〔42〕参见〔英〕大卫·英格里斯、〔英〕克里斯托弗·索普:《社会理论的邀请》,何蓉、刘洋译,商务印书馆2022年版。

〔43〕参见冯象:《法律与文学(代序)》,载冯象:《木腿正义》(增订版),北京大学出版社2007年版;刘星:《中国早期左翼法学的遗产:新型法条主义如何可能》,载《中外法学》2011年第3期。

〔44〕See Raza Banakar amd Max Travers(eds.), *Law and Social Theory*, 2nd edition, Oxford: Harting Publishing, 2013.

〔45〕See Marc Galanter, *Why the Haves Come Out Ahead: The Classic Essay and New Observations*, 14 deition, New Orleans: Quid Pro, LLC, 2014.

〔46〕参见陈柏峰、尤陈俊、侯猛编:《法学的11种可能:中国法学名家对话录》,中国民主法制出版社2020年版,第1—4页。

〔47〕《送法下乡》先后出了三个(修订)版本:苏力:《送法下乡:中国基层司法制度研究》,中国政法大学出版社2000年版;苏力:《送法下乡:中国基层司法

制度研究》(修订版),北京大学出版社 2011 年版。苏力:《送法下乡:中国基层司法制度研究》(第三版),北京大学出版社 2022 年版。

〔48〕参见费孝通:《乡土中国 乡土重建》,生活·读书·新知三联书店 2021 年版,第 5 页。

〔49〕贺欣:《法律与社会科学中的概念与命题》,载《中国法律评论》2020 年第 1 期。

〔50〕参见〔法〕埃米尔·迪尔凯姆:《自杀论》,冯韵文译,商务印书馆 1996 年版;〔法〕皮埃尔·布迪厄:《实践感》,蒋梓骅译,译林出版社 2012 年版;〔法〕皮耶·布赫迪厄:《学术人》,李沅洳译,时报文化出版企业股份有限公司 2019 年版;〔法〕布鲁诺·拉图尔、〔英〕史蒂夫·伍尔加:《实验室生活:科学事实的建构过程》,刁小英、张伯霖译,东方出版社 2004 年版;Bruno Latour, *The Making of Law: An Ethnography of the Conseil d'Etat*, Cambridge, Polity Press, 2009。

〔51〕以 Empirical Legal Research 为题的英文书籍,例如,Peter Cane, Herbert Kritzer, *The Oxford Handbook of Empirical Legal Research*, Oxford University Press, 2012; Lee Epstein, Andrew D. Martin, *An Introduction to Empirical Legal Research*, Oxford University Press, 2014。此外,英文中也使用 Empirical Legal Studies(简称为 ELS)指代法律的实证研究。例如,康奈尔大学法学院还主办有期刊 *Journal of Empirical Legal Studies*。

〔52〕参见范良聪:《法律定量研究方法》,法律出版社 2020 年版。

〔53〕参见陈柏峰:《法律实证研究的兴起与分化》,载《中国法学》2018 年第 3 期。

〔54〕例如,谢宇就认为,尽管带有自身的缺陷,定量方法依然是理解社会及其变迁的最佳途径。参见谢宇:《社会学方法与定量研究》,社会科学文献出版社 2006 年版,第 3—8 页。

〔55〕苏力:《好的研究与实证研究》,载《法学》2013 年第 4 期。

〔56〕张永健、程金华:《法律实证研究的方法坐标》,载《中国法律评论》2018 年第 6 期。

〔57〕晚近有越来越多的法学以外的学者开始对法律进行定量研究,但面临着写给谁看,是向法学还是其他学科的杂志投稿的问题。

〔58〕参见桑本谦:《法律简史:人类制度文明的深层逻辑》,生活·读书·新知三联书店 2022 年版。

〔59〕叶启政:《从因果到机制:经验实证研究的概念再造》,群学出版有限公

司 2020 年版,第 70 页。

〔60〕参见苏力:《法学人遇上"麻雀":关于个案研究的一点反思》,载苏力主编:《法律和社会科学》第 14 卷第 2 辑,法律出版社 2015 年版,第 172—193 页。

〔61〕参见风笑天:《个案的力量:论个案研究的方法论意义及其应用》,载《社会科学》2022 年第 5 期。

〔62〕参见〔美〕劳伦斯·弗里德曼:《碰撞:法律如何影响人的行为》,邱遥堃译,中国民主法制出版社 2021 年版。

〔63〕参见〔比利时〕伯努瓦·里豪克斯、〔美〕查尔斯 C. 拉金编著:《QCA 设计原理与应用:超越定性与定量研究的新方法》,杜运周、李永发等译,机械工业出版社 2017 年版。

〔64〕See TT Arvind Lindsay Stirton, Explaining the Reception of the Code Napoleon in Germany: A Fuzzy-set Qualitative Comparative Analysis, *Legal Studies*, Vol. 30, No. 1, 2010, pp.1-29; Huiqi Yan, Jeroen van der Heijden and Benjamin van Rooij, Symmetric and Asymmetric Motivations for Compliance and Violation: A Crisp Set Qualitative Comparative Analysis of Chinese Farmers, *Regulation & Governance*, Vol. 11, No. 1, 2015, pp. 64-80.

〔65〕参见刘本:《比较研究与抽样》,载王启梁、张剑源主编:《法律的经验研究:方法与应用》,北京大学出版社 2014 年版,第 36—45 页。

〔66〕参见何勤华:《20 世纪日本法学》,商务印书馆 2003 年版,第 14、23 页。

〔67〕See Caroline Hunter(ed.), *Integrating Socio-legal Studies into the Law Curriculum*, New York: Palgrave Macmillian, 2012.

〔68〕参见成凡:《从竞争看引证:对当代中国法学论文引证外部学科知识的调查分析》,载《中国社会科学》2005 年第 2 期。

〔69〕参见梁坤:《社会科学证据研究》,群众出版社 2014 年版;〔美〕罗杰·帕克、〔美〕迈克尔·萨克斯:《证据法学反思:跨学科视角的转型》,吴洪淇译,中国政法大学出版社 2015 年版;王星译:《社会科学证据的司法证明》,法律出版社 2022 年版。

〔70〕左卫民、马静华等:《中国刑事诉讼运行机制实证研究(六):以新〈刑事诉讼法〉实施中的重点问题为关注点》,法律出版社 2015 年版。

〔71〕参见王鹏翔、张永健:《经验面向的规范意义:论实证研究在法学中的角色》,载《北航法律评论》2016 年第 1 期;白建军:《论刑法教义学与实证研

究》,载《法学研究》2021年第3期。

〔72〕对量化评估、指标治理作为控制技术的批评,参见 Sally Engle Merry, Kevin E. Davis and Benedict Kingsbury (eds.), *The Quiet Power of Indicators: Measuring Governance, Corruption, and Rule of Law,* New York: Cambridge University Press, 2015。

〔73〕2014年5月,"社科法学与法教义学的对话"讨论会在中南财经政法大学举行,事后《法商研究》组织了一组社科法学专题文章。参见苏力:《中国法学研究格局的流变》,载《法商研究》2014年第5期;陈柏峰:《社科法学及其功用》,载《法商研究》2014年第5期;侯猛:《社科法学的传统与挑战》,载《法商研究》2014年第5期;李晟:《实践视角下的社科法学:以法教义学为对照》,载《法商研究》2014年第5期;谢海定:《法学研究进路的分化与合作:基于社科法学与法教义学的考察》,载《法商研究》2014年第5期。

〔74〕参见侯猛:《司法中的社会科学判断》,载《中国法学》2015年第6期。

〔75〕参见陈兴良:《法学知识的演进与分化:以社科法学与法教义学为视角》,载《中国法律评论》2021年第4期;苏永钦:《法学为体,社科为用:大陆法系国家需要的社科法学》,载《中国法律评论》2021年第4期;张翔:《立法中的宪法教义学:兼论与社科法学的沟通》,载《中国法律评论》2021年第4期;侯猛:《只讲科学性,不讲规范性?——立法的社会科学研究评述及追问》,载《中国法律评论》2021年第4期;陈柏峰:《法律经验研究的主要渊源与典型进路》,载《中国法律评论》2021年第5期;车浩:《法教义学与社会科学:以刑法学为例的展开》,载《中国法律评论》2021年第5期;许德风:《道德与合同之间的信义义务:基于法教义学与社科法学的观察》,载《中国法律评论》2021年第5期;贺欣:《社科法学与法教义学的初步比较:从"儿童最佳利益"谈起》,载《中国法律评论》2021年第5期。

〔76〕参见尤陈俊:《隔岸观法:如何看待法教义学与社科法学的发展前景》,载《北大法律评论》第21卷第2辑,北京大学出版社2021年版,第18—37页。

〔77〕参见高全喜:《政治宪法学纲要》,中央编译出版社2014年版。

〔78〕新康德派的宫泽和坚持历史唯物论的马克思主义者铃木同被称为"作为社会科学的宪法学"的先驱。参见〔日〕长谷川正安:《日本宪法学的谱系》,熊红芝译,商务印书馆2021年版,第13页。

〔79〕参见苏永钦主编:《部门宪法》,元照出版有限公司2006年版;张翔:

《具体法治中的宪法与部门法》,中国人民大学出版社 2023 年版。

〔80〕有关西尔贝对法的社会科学的认识,参见 Susan S. Silbey, What Makes a Social Science of Law? Doubling the Social in Socio-Legal Studies, in Dermot Feenan (ed.), *Exploring the 'Socio' of Socio-Legal Studies,* Palgrave Macmillan, 2013, pp. 20-36。

〔81〕有关法社会学(社科法学)的规范性讨论,参见杨帆:《法社会学能处理规范性问题吗?——以法社会学在中国法理学中的角色为视角》,载《法学家》2021 年第 6 期;吴义龙:《社科法学如何处理规范性问题?——兼与雷磊教授商榷》,载《中外法学》2022 年第 6 期。

〔82〕关于社科法学发展的述评,参见孙少石:《知识生产的另一种可能:对社科法学的述评》,载《交大法学》2016 年第 1 期。

〔83〕例如,尤陈俊:《聚讼纷纭:清代的"健讼之风"话语及其表达性现实》,北京大学出版社 2022 年版。

〔84〕〔美〕理查德·J. 伯恩斯坦:《社会政治理论的重构》,黄瑞祺译,译林出版社 2008 年版,第 1 页。

第二编
法社会科学的研究范式

Law and Social Science
Research Tradition and Knowledge System

第五章 法律的实证研究：
是不是"包装"法学

最近20多年，特别是最近10多年以来，法律实证研究开始兴起。[1]以"实证"为名或声称做实证的研究，越来越多地发表在法学的各大刊物上，呈现爆发式增长。[2]在这一时期，名为社科法学的研究也强调做实证的重要性。[3]近年来，受到大数据和人工智能的影响，还出现了名为"计算法学"[4]、"数据法学"[5]的研究，它们更是注重实证分析。

当越来越多的法律研究者言必称"实证"，难免令人起疑：他们是真的在做实证吗？还是在使用这个词赶时髦？这种情形很像21世纪初期法学界对社会科学的追捧。而在那个阶段，成凡的研究表明很多研究只是在用社会科学"包装"法学[6]，还算不上是法律的社会科学研究。十几年过去了，以实证为名的研究大举进军中国法学界，也存在着实证"包装"法学的问题，而且情形更为复杂。

这是因为实证一词在法学中有多重含义，不同的研究者基于语言习惯或知识偏好来使用实证一词。还有一些研究者甚至在不了解实证是什么的情况下就想当然地使用实证一词。这就导致了"语言混乱"，不仅影响人们对法律实证研究的认知，也影响法律实证研究自身发展。孔子讲"名不正则言不顺，言不顺则事不行"[7]。如果不为法律实证研究正名，这种误用、滥用现象只会更严重。只有准确使用中文的实证一词，才能恰如其分地以言行事[8]，才能处理好与其他进路法律研究的关系，做好的实证研究。

一、"实证"的语词边界

在法律理论中,法律实证主义是西方传统三大法学流派之一。这一概念用语已经被中国法学界所普遍接受和认同。法律实证主义对应的英文词 legal positivism,其中实证指的是实证法。实证法是与自然法相对应的实在法,即实际存在的国家法。法律实证主义研究以分析实在法律规范为显著特征,因此,又被称为分析法学、分析实证法学、实证法学,其哲学来源于分析实证主义。

法律实证研究与法律实证主义的中文用语高度雷同,但含义完全相反,很容易造成混淆。法律实证研究对应的英文词是 empirical legal research,其对应或接续的是社会学法学(sociological jurisprudence)[9]、法律现实主义(legal realism)。法律实证研究关注实在法律规范的运行过程和社会后果,其哲学来源于所谓的社会实证主义。有的人或许认为,只要学过法理学就不会混淆,但混淆使用的情形已经出现。例如,法律实证主义的研究通常被称为实证法学,但现在有不少学者用实证法学来指称法律实证研究。例如,张永健、程金华、于晓虹、邓矜婷都是在法律实证研究意义上使用"实证法学"一词。他们的共同特点之一就是具有美国的教育背景。[10]

我并不否认语词的使用取决于知识竞争的结果。例如,如果越来越多法律实证研究者选择使用实证法学一词,而法律实证主义的研究者越来越少,更少使用实证法学一词,实证法学的意义就会发生变化。不过既然已经形成法律理论的传统,实证与实证法、法律实证主义、实证法学的含义相对应,这些概念用语已经是固定用法,从遵守使用在先的语言习惯来说,不建议将 empirical legal research 翻译为法律实证研究。应当减少法律实证研究这一用语的使用频次,或者翻译为"法律的实证研究""法实证研究",或直接简称为"实证研究"。

empirical legal research 中的 empirical 还可以直译为"经验的",在

这个意义上，实证研究与经验研究的译法是可以互换、通用的。当然，在含义上略有区别。简单来说，哲学上有经验主义和实证主义的区别，经验强调感觉，实证强调证明，共同特点都是对现实世界的观察。在法律研究的多数场合，称为法律的经验研究也是合适的。例如，理论研究是与经验研究相对应的一组用语；规范研究与经验研究是另一组相对应的用语。法律的规范研究在很大程度上是法律实证主义研究的另一种表述。规范研究强调关注实在法规范和实在法体系，进行规范（normative）和应然（ought）的讨论。规范研究通常分为两个层次：一是法教义学，是在尊重现有法秩序和法体系下讨论法律规范，二是后设理论或元理论，超越现有法体系引入价值原则讨论法律规范。[11]而法律的经验研究关注实在法的运行，进行事实（effective）和实然（is）的讨论。法律的规范研究与法律的经验研究正好代表法律研究的两大传统。近年来法教义学与社科法学的争论，也大致可以溯源于此。

不建议经常使用"法律实证研究"用语，还有一个重要理由是，目前国内法律研究者多是在定量意义上使用法律实证研究。例如，提倡法律实证分析的白建军，一直都是在做定量研究。而左卫民也将法律实证研究界定为"以法律实践的经验现象作为关注点，通过收集、整理、分析和运用数据，特别是尝试应用统计学的方法进行相关研究的范式"[12]。但英文的 empirical legal research，是同时涵盖定性（qualitative research）和定量（quantitative research）两种类型的研究。

左卫民在定义法律实证研究时也指出："所谓法律实证研究，本质上是一种以数据分析为中心的经验性法学研究。"[13]这说明将实证研究称为经验研究是没有问题的，但反过来就不行。因为经验研究包括定性和定量研究两种类型，在使用偏好上，做定性研究的会使用法律经验研究用语[14]，做定量研究的会使用法律实证研究用语。因此，才有法律实证研究与法律经验研究的分野。[15]而这种分野就是法律的定量研究与法律的定性研究的分野。在这个意义上，建议更多使用"定性研究"和"定量研究"用语,以降低交流成本。

二、法社科研究是实证研究吗?

法社科研究运用社会科学的知识和方法来研究法律问题,由于社会科学方法包括定性和定量,因此在用语表达上,法社科研究与法律实证研究可以通用。

但是,两者强调的侧重点还是有所不同。法社科研究注重从法学以外的社会科学,例如社会学、经济学、人类学、政治科学等对法律进行经验/实证研究。也就是说,法社科研究不仅注重研究方法(method),更强调研究进路(approach),特别强调从一个或多个特定的学术或学科传统进行跨学科法律的研究。例如,在司法的实证研究中,至少有政治科学和社会学的研究分野。这在美国的司法实证研究中就表现得十分明显,一方面,政治学系有很多学者研究司法制度,集中在联邦法院,另一方面,社会学系和刑事司法学院的学者也研究司法制度,集中在司法裁判过程和犯罪学、警察学的研究。

而且,越来越多法律的实证研究,除了采取社会科学的进路,还超出社会科学的边界,进入自然科学。例如,法律与认知科学、法律与脑科学,以及正在流行的计算法学,等等。因此,对运用自然科学的法律实证研究来说,就不能将法律实证研究与法社科研究等同。反过来说,并非所有的法社科研究都可以称为实证研究。例如,法律经济学就有规范和实证研究进路的分野。[16]与法律社会学相比,法律经济学更偏向规范性分析,分析方法具有高度的形式主义和抽象性。[17]在一定程度上,也可以说法经济学是另一种类型的法教义学。

社会理论在广义上被视为社会科学的组成部分。[18]以此来判断,季卫东采取社会理论进路的议论法社会学是社会科学研究而不是实证研究。[19]同样的,以高鸿钧为代表,运用宏观社会理论和整体视角讨论法律的社会理论法学也不是实证研究。[20]由于社会理论偏重于宏大叙事,特别是系统论的解释,这反而与法教义学尊重现有法体系,注重体系解释的特性高度吻合,因此也就能在同一语境下进行规范性讨论。[21]

在中国法学界,使用法律的社会科学研究简称的社科法学概念用语,还是使用法律实证研究概念用语,实际上代表着两种不同的传统。苏力最早使用了社科法学这个词,而后一批年轻学者重新将这个词用起来,并赋予新的使用语境,即与法教义学相对,在与法教义学对话的意义上来使用,包括成立"社科法学连线",主办《法律和社会科学》集刊和法律和社会科学年会,举行社科法学研习营、出版社科法学文丛(读本)等活动。

使用法律实证研究的法学者,例如程金华,早先多受到白建军的影响,偏好使用统计方法。白建军不仅长期做法律实证研究,还开设了"法律实证分析"课程、成立了北京大学实证法务研究所、协助创办了北大法意数据库。[22]在这一时期,法律经济学也开始做量化的实证研究[23],例如魏建团队[24]。之后,做刑事诉讼法和司法制度研究的左卫民团队[25],也开始投入以注重法律数据、统计的定量研究。不过,尽管存在着法社科研究偏好定性、实证研究偏好定量的区别,但研究从来都是定性和定量研究的结合。在这个意义上,这两个传统的研究者的共性大于个性,不宜继续强调差别。

法律与文学在传统上被视为法社科研究的一部分,但并不能认为是实证研究。国内有代表性的两位学者是冯象、苏力。冯象的法律研究偏于文学叙事,带有批判法学的风格,或许也可以认为是文学批评。[26]苏力是从历史文学的个案切入讨论法律问题,在法律与文学的研究光谱中,他更偏重于法律的一端。继《法律与文学:以中国传统戏剧为材料》[27]一书出版以后,他在2018年又出版了《大国宪制》[28]。他从较为宏观的层面对中国历史进行制度分析,运用社会科学的分析思路,关注因果关系和制度约束条件,但似乎还难以称为实证研究。

值得注意的是,法学界还出现了将社科与实证整合在一起的用语表述,名为"实证社科法学"。例如,张永健、程金华认为法律实证研究不仅包含对"法律+X"进行实证分析的"实证社科法学",也包含仅对法律进行实证分析的"实证法学"。[29]我虽然赞同将社科与实证结合在一起,但并不赞同在名称上将两者并列使用。这是因为如前所述,实证法学这一概念用语本身会与法律实证主义的实证法学产生混淆。另外,对"法律+X"进行实证研究与对法律进行实证研究,也并不存在研究进路上的重大差别。对法律的实际运行进行实证研究反而正是目前国内社科法学的聚焦点。例如,《法律和社会科学》相继推出"执法的社会科学""刑事法的社会科学""家事法的社会科学"和"司法的社会科学"研究专号。因此,也更没有区分的必要。

三、个案能做实证研究吗?

在法律研究中,当我们讲个案研究(case study)时,通常是指两种类型:一是主流法律教育中的案例分析,法解释学尤为注重案例研究;另一类就是法社科意义上的个案研究。

法解释学意义上的案例研究不是实证研究,这没有疑义。法社科意义上的个案研究也并非必然就是实证研究。实证研究必须基于田野观察、实地调查和第一手资料来进行因果关系(前因后果)的分析。如果是定性研究,就需要对某一个地方或某一个案件的当事人、律师、法官或利害关系人等进行访谈和回访,需要关注案件的审理过程、司法影响和社会影响。如果这种影响可计算,就可以成为定量研究。这种基于田野调查的个案研究,目前以贺欣为代表。[30]

在法社科的个案研究中,还有一种就是法律与文学的进路。这种进路类似于思想实验。所谓思想实验,就是对同一个事件的约束条件和可能后果进行不断假设,从而与真实经验形成对比。这种研究进路的代表性人物是苏力。他从早期研究秋菊案,再到后来研究黄碟案、馒头案、肖志军案、药家鑫案、许霆案等[31]，其研究虽然都是真实发生的案件，但他在个案裁判真实性的基础上，更多是提出各种可能性，展现案件的复杂程度、制度意义以及理论意义，从而超越了个案。这样的研究在很大程度上不是依靠田野调查而是想象力。[32] 在这个意义上，苏力的个案研究与20年前《送法下乡》研究[33]的理论追求或许始终未变，但研究方法论上已经有所不同。

随着司法裁判文书全面公开，司法裁判大数据兴起，法解释学的案例分析开始结合裁判文书数据库。案例分析从过去的单一案例解读走向了多个和大量案例的考察。这些大量案例基本上是通过数据库检索获得，按照一定的要求进行分类整理。研究的主要方式是围绕某一个法条的适用情况，将不同级别、不同时期的案例进行比较分析，从而归纳出法条的适用规则。严格说来，这样的研究仍然属于规范研究而非实证研究，除非对大量案例进行统计处理或模型分析，总结法条的实际适用状况，而非追求对法条适用的规范性论证。

大致来说，由于法社科的个案研究与法解释学的案例分析都是围绕具体个案，特别是针对司法裁判个案来展开，因此这两种进路有较大的对话空间。大数据兴起以后，特别在政策的强力推动下，数据分析，例如类案检索与个案裁判的结合越来越紧密。例如，最高人民法院在《关于深化人民法院司法体制综合配套改革的意见》等文件中提出"完善类案和新类型案件强制检索报告工作机制"[34]，并出版"中国法院类案检索与裁判规则"系列丛书[35]。这意味着传统的法解释学的案例分析开始更多地与数据分析相结合，成为一种新类型的个案研究。在这样的背景下，法社科的个案研究就需要不断反思，需要不断拓展研究的边界。

四、有数据就是实证研究吗？

随着大数据的广泛运用，与数据有关的法律研究也大量出现，并被认为是实证研究的一种。数据分析与大数据分析还不一样,前者是大量样本研究,后者是全样本研究。[36]例如,陈兴良在给一本刑法司法大数据的书作的序中就写道,我国刑法的实证研究可以分为两种:第一种是以刑事案例为素材的实证研究,主要通过对刑事案件进行归纳整理而提炼规则和提供模型;第二种是以司法数据为素材的实证研究,主要通过对刑事司法数据的处理而发现规律和揭示本相。[37]在各部门法学研究中,较多运用数据进行分析的是刑事诉讼法学界[38],刑法学界,以及行政法学界。

但并非有数据的法律研究就可以称为实证研究。从逻辑上来讲,假数据做出来的法律研究就不能称为实证研究。就目前的法律实践而言,与自己扒出来的客观数据相比,通过问卷获得的数据,假的可能性更大。这里所说的"假数据",并不是指研究者主观上故意造假。假数据的含义是由于问卷设计主观成分大,受访者因各种制约因素而很难表达出真实想法。这种现象集中体现在目前法治评估指数[39]和指标体系[40]、司法文明指数[41]等相关研究。在这些研究中,有的是以主观指标设计为主,结果失真的可能性就很大;但也有的是以客观指标设计为主,在技术上还原真实的可能性就很大。当然,即使是所谓客观数据,如果样本量不够,或者进行了人为操纵,没有大量的经费投入作为保证,仍然存在失真的问题。

那么,基于客观数据的法律研究就是实证研究吗? 也未必。这就得看是怎么做实证研究的,也就是涉及实证的研究方法。目前不少单位或个人开始发布各种法律数据分析报告[42],有些刊物如《中国应用法学》也会刊登这些报告。[43]这些报告严格来说还难以称得上是实证研究,但报告仍然是有价值的,能够深化实证研究。基于法律数据的实证研究主要是做定量。定量分析需要遵循提出假设、分析、验证的科学过程。具体来说,需要注重以下几点:

第一,关注事实的丰富程度。定量就是要研究变异(variability)[44],发现差异事实。对于通过法律数据所揭示的事实,就要判断这样的事实是否推进了已有认识,是否有新发现。不论是对改变或颠覆常识,还是对常识的深化理解,都是有意义的。

第二,对发现的事实进行因果关系解释。做实证研究应当追求的是充分解释背后的因果关系,而不是就事论事的简单描述,更不能为了直接影响政策制定而扭曲实证研究。刘思达对此曾有过批评:针对各项制度设计在全国各地进行"试点",这些试点工作往往并不真正关注"行动中的法",而是以直接影响国家立法为目的,试图对某些具体制度的合理性进行论证和检验。这种目的性很强的研究方式的致命问题,是以"书本上的法"为纲,先入为主地预设了实证研究的结论,而并未对法律实践中存在的问题进行深入的描述和解释,因此很容易变成戴着"有色眼镜"、打着实证研究的幌子进行制度设计和制度移植的伪实证研究。[45]

第三,做数据的实证研究也需要理论解释。不论是做定性还是定量,都需要进行理论解释。追求实证研究的理论解释,并非一定要创制出新的理论范式。理论解释既可以选择某一理论分析框架,也可以对既有理论进行反思,或提炼出某一概念。

五、实证研究如何理论化

那么,实证研究如何做到理论化? 这是做实证研究需要深化的难题。理论与经验相对应,因此在此处笔者会混同使用实证研究(empirical research)与经验研究用语。在中国法学界,反复强调研究需要从经验到理论的学者是陈瑞华。虽然他也提倡社会科学进路,但并不太认同社科法学,而是主张法学研究的第三条道路。[46]法学研究的第三条道路,就是既不做脱离社会事实的法教义研究,也不做陷于社会事实的法社科研究,而是提倡从经验到理论的法律研究。

陈瑞华的这一主张可能深受黄宗智的影响。黄宗智坚持从经验到理论再到经验的研究,其目的在于通过与现代西方主要学术理论的对话来建立符合中国历史实际和实践的概念和理论。[47]陈瑞华也指出,要从问题出发开始自己的研究,将本土的经验上升到一般理论;应注重研究发生过的经验事实,研究者要有基本的问题意识,要注重社会科学研究的概念化。[48]他在研究中也做这样的努力,曾提出过不少概念。例如,基于中国刑事和解制度实践,他提出了有别于传统对抗性司法的"私力合作模式"概念。[49]而且,他还针对司法改革中的问题归纳出不同名称的模式。例如,法官责任制度的三种模式、公、检、法三机关的流水作业模式,等等。[50]陈瑞华的理论追求是很强的,他的研究都有经验材料支撑、有他自己的经验体会和实地观察。他有很强的经验感,并在此基础上做了理论抽象的工作。[51]但有经验感的研究并不是经验研究。如果没有对经验进行充分阐释,在此基础上做的概念化、理论化甚至理想化的研究,就不能视为经验研究或实证研究。

在学术研究中,从经验到理论的典型学科是人类学。人类学强调做长期的田野调查和参与观察,形成民族志写作。这也常常被批评"陷入事实而没有理论",但并非只有宏大叙事才叫理论。所谓理论解释或理论化,至少有三种类型:

一是指经验研究要有分析工具。所谓分析工具,在宏观层面可以强调是采取哪种研究进路,是法律经济学、法律社会学,还是法律人类学,等等;在中观层面可以说明是选择哪一学说或视角,例如,刘思达在研究中国律师制度时,就比较了结构—功能理论、市场控制理论,选择使用法律职业与国家的生态理论。[52]中国社会学界过去二十多年较为流行"过程—事件分析"和"结构—制度分析"[53],这两种社会分析模式也可以适用于法律社会学的研究;在微观层面可以借助某一学科的概念,例如,交易成本、污名、耦合,等等。这样,写作素材一样但分析工具不同,研究过程和结论就会不一样,甚至有完全不同的解释力。

二是指经验研究要有概念提炼。概念如果能从经验中提炼出来,又能够去解释其他经验现象,就是有解释力的概念。例如,瞿同祖用法律儒家化概念来解释中国古代的法律[54];费孝通用差序格局概念来解释乡土中国的秩序[55]。苏力在21世纪90年代后期提出法治的本土资源概念,不论喜欢与否,也有一定的解释力。[56]杨子潇的总结是:提炼需要通过"经验—因果机制—事理—法理"的层层归纳。[57]

三是指经验研究要有理论批判。从经验研究中直接创制出新的、具有革命性意义的理论,大多数的经验研究是做不到的。退而求其次的做法是通过经验研究对既有理论进行反思、批评、修正。这也正是人类学研究所擅长的。人类学通过经验提升到理论反思的层面,主要是对宏大理论的反思。以法律人类学为例,就是对法律普适性的批判[58],对现代法治的批判[59]。在这个意义上,苏力的《送法下乡》研究反思法律的现代性问题,关注现代与传统之间的紧张关系。这被人类学者王铭铭视为典型的法律人类学。[60]

但问题是,理论批判是为了批判地继承西学传统,还是另起炉灶,立足中国经验提炼中国理论。这在学界已经形成分歧甚至对立。一些人批评中国研究不应寻求进入西方话语体系,在西学传统中寻找位置。但另一方面,做中国研究如果过于关心中国发生的新问题,没有方法论自觉,似乎也难以形成中国自己的话语体系,或者只能说形成的是中国独特性的话语体系,而没有普遍性的解释力。以此作为参照,很多看似做实证的研究其实是做对策研究,或者称为政策研究。这些研究虽然回应的是诸如数据运用、区块链、人工智能等中国社会发生的新问题,并对此加以归纳、分类,并提出规范性建议,但难以称得上是具有学术意义的实证研究。

六、建立法律的实证研究传统

就法律研究而言,实证研究与规范研究并不存在知识上的高低之分。说到底,只有做得好与不好的区别。实证研究如何做得更好,形成强有力的传统?这需要在场的研究者共同努力,因为没法进行顶层设计,就需要我们自己亲力亲为,但仍然需要借鉴别人的经验教训来自我提醒。例如,美国的实证研究值得我们学习模仿[61],但

我们也要基于自己的问题去理解和解释,改进我们自己的研究。在这个意义上,需要做如下的努力工作:

面对法律做实证

这里的法律,既指法律文本,也指法律的实际运行。目前从法解释学出发试图做实证的研究开始大量出现,以至于让人怀疑是否出现了法教义学研究的实证转向。但这些研究更多关注的是法律条文、裁判文书的统计分析,可以说是对"书本中的法律"进行统计分析的实证研究。

但实证研究更多的是围绕法律的实际运行来展开。这既包括立法过程,也包括司法裁判和警察执法。在美国,实证研究集中在刑事司法和犯罪学领域,这些领域的原始数据公开程度很高,大量研究者得以低成本进入。因此,司法的实证研究(judicial empirical research)概念用语的使用频次更多。而在中国,除了司法的实证研究,执法的实证研究也逐渐多了起来。例如,陈柏峰基于田野调查的基层执法研究,过去更多围绕基层治理展开,与法律关系不大,只能说是实证研究或社会学意义上的实证研究。但现在聚焦基层执法过程,可以认为是更偏向法学/法律的实证研究。[62]

培养经验感

实证研究并非一定要进行实地调查。如果是做定性研究,的确需要做较长时间的调研,进行观察、理解和访谈,等等。但定量研究并非以实地调查为主要方法,而是需要统计和建模。但即使做定量,也需要辅之以经验判断。例如,在做定量之前需要实地观察并熟悉个案,在得出定量结论后也需要随机寻找现实个案加以检验。这样的熟悉过程还不能称为做实证,但却是在培养经验感(sense of experience)。

无论是做定性研究还是定量研究,经验感都不可或缺。甚至公认做得好的法律的规范研究,研究者的经验感都是很强的。这种经验感的获得,一方面来自个人经历和体悟。例如,经历过上山下乡时代的学者,他们的经验感就比年轻一代更强。但这些学者已经逐渐退出学术圈[63],而年轻一代的学者缺少这样的经历,他们的经验感的获得只能来自自己生活的小世界。另一方面,更多经验感的获得来自个人的实地调查或亲身实践,特别是需要有更多机会与法律实务部门和市场主体进行面对面的交流合作。实际上,很多调查进入也并不困难,不少就发生在自己的日常生活周边。[64]简言之,做实证研究的最低要求就是要有经验感。如果只是用书本上学习到的那些实证概念、话语来做研究,肯定是做不出、做不好实证的。

走向实验

长期以来,做实证研究关注的是真实世界的社会事实,也就是我们讲的以社会经验为基础。但晚近以来,做实验也成为法律实证研究的一种重要方式。实验不是思想实验,实验研究与自然科学在实验室做实验的要求是一样的,需要最大限度地控制约束变量,从而实现提纯结果。这在法律与认知科学、实验法律经济学中已经大量出现。在国内,李学尧、葛岩[65]、刘庄[66]等人已经在做这样的研究,但还没有形成规模。

法律的实验研究主要围绕人的行为心理和认知来展开,例如发现公民为何守法,法官如何裁判的心理过程。相对而言,对法律制度的运行情况进行实验还比较困难。在这个意义上,实验并不能取代实地调查。做法律的实证研究主要还要靠真实世界的定性理解和定量把握。

回到社会科学

要对真实世界进行定性理解和定量把握,就需要回到社会科学的传统。现在很多人强调要做跨学科法律研究,但跨学科并不仅仅针对实证研究,也包括规范研究。法律的规范研究也处理法律与社会的交叉问题。例如,民法处理的是平等主体之间的人身关系和财产关系;环境法处理的是人与环境、生态的关系。在法学内部,民法与宪法、民法与刑法、民法与经济法跨学科研究的现象也越来越普遍。因此,对法律与社会现象进行跨学科解释,也是规范研究的工作,并非实证研究所独有。

实证研究要做跨学科研究,就不能停留在统计学,需要借助社会科学来形成更为坚实的学术传统。有的人或许会说,法律与认知科学、实验法律经济学等跨学科研究已经更多借助自然科学的运用,因此在这个意义上,社会科学已经衰落。但问题是,实证研究不论是否采取统计、实验或其他自然科学方法,其始终研究的是人的行为和社会制度,不可能完全变成自然科学。如果不关注人的行为,缺少经验的社会科学分析,再精美的实证研究也是没有灵魂的。

方法论自觉

目前中国法律的实证研究还缺少方法论的自觉。这种方法论自觉并不是要建立实证研究或法社科研究统一的方法论,而是我们在研究每一个问题时,总要思考所使用的方法是什么,方法的运用是否得当。

各种各样的方法是什么,其实就在那里,不需要赘述。重要的是当我们面对问题时,要寻找到最有利于解释问题的方法,是问题决定方法,而不是相反。所谓问题,不只是研究对象或话题(issue),还是问题意识,是追问为什么的问题(question)。在思考问题意识后,再寻找合适的方法来解释。这无法通过逻辑推演,而要靠知识积累甚至直觉。

方法论自觉也涉及研究风格的转变。做实证研究到底追求的是表达上的独一无二,还是实证研究传统的形成。前者表现在一看文章,就知道是谁写的。研究者不只是想清楚问题,而且还得表达清楚,要通过修辞说服人,但研究是否有真发现,这还不一定,至少不好识别。后者则追求研究的统一格式,例如,要对已有研究进行真正的归纳和批评,从而引出自己要做的问题,交代研究方法、初步发现和进一步发现,最后进行理论反思或概念提炼。可以说这是研究格式上的"八股",但实证研究传统就是要采取"八股"的形式才能够愈发坚实。

在这个意义上,实证研究传统不是通过做社会热点话题来形成,而是通过更多研究者将研究方法一以贯之来形成的。一旦形成方法论自觉,研究就可以举一反三,触类旁通,串起各个部门法的问题。反之,如果没有方法论自觉,再加上又没有专注于某一部门法研究,这样的实证研究难以为继。

经验与规范结合

经验研究与规范研究相结合,至少可以在两个方面进行讨论。一是在做实证研究时,需要先从法律规范入手,在规范研究的基础上展开实证分析;二是做实证研究的最后,是否需要回到规范性论证。有的人尝试做这样的努力[67],但目前更多的是回到规范性论证的实证研究,在最后提出一些规范性建议或法律修改建议,更像是对策研究,有画蛇添足之嫌。因此,有的人主张不应当回到规范性论证,至少是不明确提出对策,好的实证研究结论实际上已经隐含了规范性主张。

从逻辑上来说,实然推不出应然,经验也推不出规范。做法律的实证研究当然也推不出规范性主张。陈景辉就批评法社科研究只关注效果和语境,试图从实然推出应然的规范性行动准则。[68]因此,包括法社科在内的实证研究如何恰当处理经验与规范研究的关系,这估计是未来法律的实证研究所要处理的重要工作。[69]

总之,本章区分了 empirical legal research 的中文使用语境。考虑到法律的实证研究者和读者受众都以法学背景居多,为避免语言混乱,应当减少"法律实证研究"用语的使用频次,而直接用"实证研究""经验研究""定性研究"或"定量研究"。在正名之后就可以以言行事,有效区分实证研究与其他研究,了解实证研究如何做。这就是典型的知难行易[70],只要真正搞清楚和掌握实证的知识和方法,做实证也就没有那么难了。

注释

〔1〕在中国法学界,最先倡导并实践法律实证研究的学者是白建军。参见白建军:《论法律实证分析》,载《中国法学》2000年第4期。

〔2〕参见程金华:《当代中国的法律实证研究》,载《中国法学》2015年第6期。

〔3〕侯猛:《社科法学的跨界格局与实证前景》,载《法学》2013年第4期。

〔4〕邓矜婷、张建悦:《计算法学:作为一种新的法学研究方法》,载《法学》2019年第4期;于晓虹:《计算法学:展开维度、发展趋向与视域前瞻》,载《现代法学》2020年第1期。

〔5〕何海波:《迈向数据法学 专题絮语》,载《清华法学》2018年第4期。

〔6〕参见成凡:《社会科学"包装"法学?——它的社会科学含义》,载《北大法律评论》第7卷第1辑,北京大学出版社2006年版,第92—114页。

〔7〕《论语·子路》。

〔8〕这里借用奥斯汀的以言行事(do things with word)一词。参见〔英〕J. L. 奥斯汀:《如何以言行事》,杨玉成、赵京超译,商务印书馆2013年版。

〔9〕过去也用"社会法学"来指代这一理论流派,但现在"社会法学"更多的是部门法意义上的概念用语。

〔10〕参见张永健、程金华:《法律实证研究的方法坐标》,载《中国法律评论》2018年第6期;于晓虹:《计算法学:展开维度、发展趋向与视域前瞻》,载《现代法学》2020年第1期;邓矜婷:《新法律现实主义的最新发展与启示》,载《法学家》2014年第4期。此外,中国社会科学院法学研究所、中国社会科学院国家法治指数研究中心自2017年起主办了《实证法学研究》集刊(社会科学文献出版社出版)。

〔11〕参见陈景辉:《法理论为什么是重要的:法学的知识框架及法理学在其中的位置》,载《法学》2014年第3期。

〔12〕左卫民:《一场新的范式革命?——解读中国法律实证研究》,载《清华法学》2017年第3期。

〔13〕同上注。

〔14〕参见王启梁、张剑源:《法律的经验研究:方法与应用》(修订本),法律

出版社 2016 年版。

〔15〕参见陈柏峰:《法律实证研究的兴起与分化》,载《中国法学》2018 年第 3 期;左卫民:《挑战与回应:关于法律实证研究的若干阐述》,载《中国法律评论》2018 年第 6 期。

〔16〕See A. Mitchell Polinsky, *An Introduction to Law and Economics*, 4th edition, Aspen Publishers, 2011, xix.

〔17〕参见张巍:《法经济学与中国司法实践:法律人思维的一个脚注》,载苏力主编:《法律和社会科学》第 14 卷第 1 辑,法律出版社 2015 年版。

〔18〕有关社会理论的演变与转向,参见〔英〕彼得·伯克:《历史学与社会理论(第 2 版)》,李康译,上海人民出版社 2019 年版。

〔19〕参见季卫东:《法律议论的社会科学研究新范式》,载《中国法学》2015 年第 6 期。

〔20〕参见高鸿钧:《现代法治的困境及其出路》,载《法学研究》2003 年第 2 期;陆宇峰:《社会理论法学:定位、功能与前景》,载《清华法学》2017 年第 2 期。

〔21〕参见〔德〕托马斯·莱塞尔:《法社会学基本问题》,王亚飞译,法律出版社 2014 年版,第 108—140 页。

〔22〕参见侯猛、白建军、程金华:《对话白建军:在乎真相的法律实证》,载苏力主编:《法律和社会科学》第 17 卷第 2 辑,法律出版社 2019 年版,第 294—326 页。

〔23〕有关法律经济学的实证研究状况,参见陈若英:《中国法律经济学的实证研究:路径与挑战》,载苏力主编:《法律和社会科学》第 7 卷,法律出版社 2010 年版,第 1—24 页。

〔24〕例如,魏建、彭康、田燕梅:《版权弱司法保护的经济分析:理论解释和实证证据》,载《中国经济问题》2019 年第 1 期。魏建和其他经济学者,特别是黄少安、史晋川在 2000 年左右开始做法律经济学的实证研究。魏建目前担任《山东大学学报(哲学社会科学版)》主编,还开设了"法律与实证研究专栏"以推动法律的实证研究。

〔25〕左卫民近年来发表了不少以实证研究为题的法律论文,后出版成书,参见左卫民:《实证研究:中国法学的范式转型》,法律出版社 2019 年版。同时,他自 2017 年起还主编《中国法律实证研究》集刊(法律出版社出版)。

〔26〕参见冯象:《木腿正义》(增订版),北京大学出版社 2007 年版;冯象:《我是阿尔法:论法和人工智能》,中国政法大学出版社 2018 年版。

〔27〕参见苏力:《法律与文学:以中国传统戏剧为材料》,生活·读书·新知三联书店 2006 年版。

〔28〕参见苏力:《大国宪制:历史中国的制度构成》,北京大学出版社 2018 年版。

〔29〕参见张永健、程金华:《法律实证研究的方法坐标》,载《中国法律评论》2018 年第 6 期。

〔30〕例如,贺欣:《为什么法院不接受外嫁女纠纷:司法过程中的法律、权力和政治》,载苏力主编:《法律和社会科学》第 3 卷,法律出版社 2008 年版。以及英文著作 Kwai Hang Ng, Xin He, *Embedded Courts: Judicial Decision-Making in China*, Cambridge University Press, 2017.

〔31〕这些个案研究已经结集成书。参见苏力:《是非与曲直:个案中的法理》,北京大学出版社 2019 年版。

〔32〕就个案的想象力而言,桑本谦的研究继承了苏力的路数。参见桑本谦:《理论法学的迷雾:以轰动案例为素材》(增订版),法律出版社 2015 年版。

〔33〕参见苏力:《送法下乡:中国基层司法制度研究》,中国政法大学出版社 2000 年版。

〔34〕有的地方高级人民法院开始制定实施细则,例如,江苏省高级人民法院在 2020 年 7 月 14 日通过《关于建立类案强制检索报告制度的规定(试行)》。

〔35〕该系列丛书系中国法学会研究会支持计划,由最高人民法院审判理论研究会支持,第一批共计出版 7 套裁判规则成果,由法律出版社出版。例如,曹士兵主编:《担保纠纷案件裁判规则(一):保证人主体资格与担保效力》,法律出版社 2019 年版。

〔36〕参见白建军:《大数据对法学研究的些许影响》,载《中外法学》2015 年第 1 期。

〔37〕参见林维主编:《刑事司法大数据蓝皮书》,北京大学出版社 2020 年版。

〔38〕例如,宋英辉在 2009 年就开始牵头主编法律实证研究丛书,由北京大学出版社出版。其团队成员雷小政亦出版有《未成年人刑事司法风险评估:场域、样本与方法》,对外经济贸易大学出版社 2020 年版。

〔39〕参见孟涛:《法治评估与法治大数据》,法律出版社 2020 年版。

〔40〕参见朱景文主编:《中国法律发展报告:数据库和指标体系》,中国人民大学出版社 2007 年版。

〔41〕参见张保生、张中、吴洪淇等:《中国司法文明指数报告2018》,中国政法大学出版社2019年版。

〔42〕例如,北大法律信息网编:《最高人民法院指导性案例司法应用研究报告》(第二版),北京大学出版社2019年版。

〔43〕《中国应用法学》系最高人民法院中国应用法学研究所主办。其在期刊简介中就明确说明,本期刊以积极推进司法改革、深入探讨司法实践、及时反映司法实务最新动态和强化实证研究为根本主旨。该刊并设有"实证研究"栏目。

〔44〕参见谢宇:《社会学方法与定量研究》,社会科学文献出版社2006年版,第4页。

〔45〕参见刘思达:《美国"法律与社会运动"的兴起与批判:兼论中国社科法学的未来走向》,载《交大法学》2016年第1期。

〔46〕参见陈瑞华、陈柏峰、侯猛等:《对话陈瑞华:法学研究的第三条道路》,载苏力主编:《法律和社会科学》第15卷第2辑,法律出版社2017年版。

〔47〕参见黄宗智:《经验与理论:中国社会、经济与法律的实践历史研究》,中国人民大学出版社2007年版。

〔48〕参见陈瑞华:《社会科学方法对法学的影响:在北大法学院博士生〈法学前沿〉课上的演讲》,载《北大法律评论》第8卷第1辑,北京大学出版社2007年版,第209—235页。

〔49〕参见陈瑞华:《刑事诉讼的私力合作模式:刑事和解在中国的兴起》,载《中国法学》2006年第5期。

〔50〕参见陈瑞华:《司法体制改革导论》,法律出版社2018年版。

〔51〕李奋飞的研究就受到陈瑞华的影响,例如,李奋飞:《论"唯庭审主义"之辩护模式》,载《中国法学》2019年第1期。

〔52〕参见刘思达:《割据的逻辑:中国法律服务市场的生态分析》(增订本),译林出版社2017年版,第3—13页。

〔53〕参见谢立中主编:《结构—制度分析,还是过程—事件分析?》,社会科学文献出版社2010年版。

〔54〕参见瞿同祖:《瞿同祖论中国法律》,商务印书馆2014年版,第24—44页。

〔55〕参见费孝通:《乡土中国》,生活·读书·新知三联书店2013年版。

〔56〕参见苏力:《法治及其本土资源》,中国政法大学出版社1996年版。

〔57〕参见杨子潇:《经验研究可能提炼法理吗?》,载《法制与社会发展》

2020年第3期。

〔58〕参见〔美〕克利福德·格尔茨:《地方知识:阐释人类学论文集》,杨德睿译,商务印书馆2014年版。

〔59〕参见朱晓阳:《纠纷个案背后的社会科学观念》,载苏力主编:《法律和社会科学》第1卷,法律出版社2006年版。

〔60〕参见王铭铭:《没有后门的教室:人类学随谈录》,中国人民大学出版社2006年版,第214页。

〔61〕参见刘思达:《美国"法律与社会运动"的兴起与批判:兼论中国社科法学的未来走向》,载《交大法学》2016年第1期。

〔62〕参见陈柏峰:《乡村基层执法的空间制约与机制再造》,载《法学研究》2020年第2期。

〔63〕参见项飙:《中国社会科学"知青时代"的终结》,载《文化纵横》2015年第6期。

〔64〕这样的研究,例如李娜:《"积习难返":日常性违规的生成机理及其后果》,载《思想战线》2018年第3期。

〔65〕参见李学尧、葛岩、何俊涛等:《认知流畅度对司法裁判的影响》,载《中国社会科学》2014年第5期。

〔66〕参见刘庄:《法学中的实验方法》,载《中国法律评论》2018年第6期。

〔67〕有代表性的研究,例如程金华:《四倍利率规则的司法实践与重构:利用实证研究解决规范问题的学术尝试》,载《中外法学》2015年第3期。

〔68〕参见陈景辉:《法律与社会科学研究的方法论批判》,载《政法论坛》2013年第1期。

〔69〕已有这样的理论解读,参见王鹏翔、张永健:《经验面向的规范意义:论实证研究在法学中的角色》,载《北航法律评论》2016年第0期。

〔70〕语出孙中山的《建国方略》,生活·读书·新知三联书店2014年版。

第六章　法律的经验研究：
以规范研究为参照

　　法律的经验研究在国内开始形成规模，不过才二十年的历史。但在知识类型上，法律的经验研究与法律的规范研究已经构成法律研究的两大范式。狭义的法学通常被认为就是法律的规范研究，研究法律的应然性。而对规范进行体系化与解释的工作，又被称为法教义学。作为一种"规范性科学"，法教义学主要是将法置于规范性视角之下并由此探究规范之"意义"的学问。它关注实在法的规范效力和意义内容以及内含于法院裁判中的裁判准则。这里的规范性是指法的观念中存在某种我们应当依据其来确立行为举止的方向与尺度，某种具有决定性或约束力的观念。[1]法律的经验研究则研究法律的实然性，主要运用社会科学的知识和方法。

　　法律的经验研究与规范研究并非二元对立关系，而是可以互动、互补，通过对话沟通也能够提升各自知识竞争力。本章主要通过归纳总结法律的经验研究范式，由此切入来展现两者之间的知识关系。

一、经验研究的类型化

　　经验研究与规范研究各有分工。规范研究关注文本中的法律（law in text），是在尊重现有法律体系和法律秩序的前提下对法律文本进行解释和适用。经验研究关注情境中的法律（law in context）或通常所说的行动中的法律（law in action），从而拓展了法律研究的时空范围。法律的经验研究主要有三种类型：

第一种,研究法律的运行过程。研究法律的运作过程就是将对法律的分析从平面转向立体。法律制定出来以后,需要组织和个人来实施。但不同的组织和个人实施法律的方式并不一样。以反垄断法为例,2021年2月7日,国务院反垄断委员会印发《关于平台经济领域的反垄断指南》。同日,北京知识产权法院正式受理抖音诉腾讯垄断纠纷案。这也是自指南公布后,国内首例发生在互联网平台之间的反垄断诉讼。这就反映出有关行政、法院与市场之间关系。行政机关如何实施,法院如何适用,两个机关如何相互配合和分工,各个行业、企业如何加以应对。

这些都需要进行专门的经验研究。而且,不同职业群体和市场行业对法律的理解、反应和接受程度也不一样。例如,在司法裁判中,律师、检察官和法官的认知就不一样,甚至作为普通民众的当事人与法律人对法律的认知会完全相反。这些问题只有在研究法律的运作过程时才会被发现,进而有关法律与认知科学、守法研究、法律意识研究也就开始兴起。

第二种,研究法律的影响,也就是法律的实际后果。这种影响不仅体现在对法律体系或司法制度自身的影响,也体现在对社会经济生活的影响。后一种社会影响显然属于经验研究,而就前一种法律影响而言也需要进行经验研究。例如,《民法典》出台以后,对《民事诉讼法》、司法解释,甚至对《刑法》有何影响?对这些问题只进行规范分析还不够,还需要观察实践变化来进行经验归纳。此外,越来越多的司法个案开始形成新的裁判规则。这些裁判规则对整个法律体系和司法系统会产生怎样的影响,也需要进行经验研究。实际上,有关影响的经验研究已有数十年的积累,形成了比较成熟的研究模式[2],可以沿着既有的学术传统并结合中国实际继续做下去。

第三种,研究法律与社会规范的关系。在中国,法律种类有宪法、基本法律和其他法律、行政法规、地方性法规、司法解释等。但这些法律还关联着更多数量的规范性文件。规范性文件不是法律,也不是通常意义上的社会规范,而是介于法律与社会规范之间的行为规范。以法院系统为例,除司法解释以外,各级法院会议纪要、意见、通知等文件也发挥着不同程度的统一裁判尺度的功能。因此,有必要对这些规范性文件与法律的关系进行经验研究。此外,在具体情境中,法律还会与各种社会规范发生关联。这些社会规范包括风俗习惯、商业惯例、党内法规、网络规范[3]、技术规范、行业规范等。例如,2021年2月5日,中国演出行业协会发布《演出行业演艺人员从业自律管理办法(试行)》,其中规定根据演艺人员违反从业规范情节轻重及危害程度,实施不同程度的行业联合抵制。这种行业规范的杀伤力比法律更直接、迅速、有力。可以说,法律与社会规范包括各种规范性文件,共同构成了国家治理的规范之网。而对上述规范及其相互关系的经验研究,就属于"法律与社会规范"研究。[4]

除三种研究类型以外,法律的经验研究还可以运用三重观察视角:宏观社会(macro-society)视角,用来观察规律性、大趋势、社会集团和价值观念;微观社会(micro-society)视角即中观视角,用来观察互动中的社会成员;微观个体(micro-individual)视角,可以从社会心理、认知或潜意识的层面对个体进行观察。[5]

宏观社会视角可以用来研究法律体系。经验研究不仅需要研究法律体系,还应当拓展研究法治体系和国家治理体系。《中共中央关于全面推进依法治国若干重大问题的决定》《中共中央关于深化党和国家机构改革的决定》《中共中央关于坚持和完善中国特色社会主义制度 推进国家治理体系和治理能力现代化若干重大问题的决定》等中央文件,提出了党对全面依法治国工作的领导、党内法规与国家法律的关系、党和国家机构改革、司法改革的顶层设计等重大问题。对这些重大问题需要进行定性、定量以及历史的经验研究,而不能只进行注解性研究。

微观社会视角可以用来研究法律机制。这包括对某一个法律条文或政策的运行、某一机构的设置的研究。例如,刑事案件认罪认罚从宽制度的试点情况,金融法院设立过程中人大、党委和各级人民法院之间的关系,设立最高人民法院巡回法庭对法院体制的影响,取消助理审判员制度对案件审理的影响等问题。有些问题已经有了政策报告[6],但还需要进行更为细致的经验研究,在特定问题的场域中展现制度、组织与人之间的互动关系;既能通过发现、整理新问题以改进政策,又能抽象出理论问题加以反思。

微观个体视角可以用来研究司法裁判。微观个体视角的经验研究与规范研究(法教义学)高度重叠,都是围绕司法个案裁判展开。日本法学家川岛武宜就曾归纳过判例研究的四种类型:裁判上之先例的研究,裁判中表明之法律论的研究和批评,对裁判之政治、经济及社会涵义、背景和影响等的研究,裁判之心理判断过程的研究。[7]后两种类型就是经验研究,关注司法个案裁判的社会影响、法官的裁判行为[8]和心理过程[9]。此外,最近还兴起对同一案由的大量判决进行定量或大数据分析,这也属于法律的经验研究。[10]

二、解释问题与解决问题

对法律的规范研究来说,其规范分析主要指向司法实践,用来指引法律人完成司法裁判的工作,在这个意义上,解释问题的同时也是在解决问题。在大陆法系,从事理论研究的法律人的教义学解释,即在现行法律框架内进行的解释,同样以法律适用方法为基础。实践的解释方法与从事理论研究的教义学者的解释方法之间,原则上没有区别。而这种解释方法即法律方法论,主要是指解释者(尤其是法官)在查明法律规范的意旨时,必须遵守的规则的学说。[11]

但法律的经验研究的解释问题与解决问题,情况就不一样。经验研究中对法律现象进行的解释(explanation),不是规范研究中的法律解释(legal interpretation)。Explanation 也可翻译为说明,说明有两种方式:一是说明因果关系,这属于科学主义的假设验证,需要进行定量分析;二是说明前因后果,要在时间线中找到不同变量的相关性,通过深刻描述展现法律现象的复杂性。由于法律现象有行动者参与其中,经验研究很难100%还原客观真实,还需要追求理解现象背后的意义。可以说,进行田野工作,将理解和解释相结合,探究因果链条[12],是法律的经验研究如何解释问题的核心要素。

法律的经验研究也可以用来解决问题,但需要从立法论和解释论两个层面上加以区分:在立法论层面,法律的经验研究会转化成公共政策分析,往往成为制定或修改法律的重要依据。例如,如果经验研究发现大城市的离婚数量激增是由限购政策所导致,那么这就为政策制定提供了可靠依据。在解释论层面,在以判例法为传统的美国,司法实践中运用社会科学较为常见。[13]法官是法律理论的主要创造者,其在裁判中运用社会科学来解释问题,是形成法律理论的主要来源。同时,遵循解释问题的思路来作出裁判也就完成了解决问题的任务。

在以制定法为传统的中国,情况就很不一样。从事规范研究的法学者是主力,法教义学也能够提供一整套关于个案裁判的知识解决方案。相比之下,从事经验研究的法学者数量较少。即使是最有代表性的经验研究的法学者苏力,虽然他关于司法个案的研究被认为很有说服力,有的研究也具有立法论意义上转化成法律政策的可能,但在解释论意义上却不太具有可操作性。[14]类似的法律的经验研究也存在这样的问题,即追求的是在个案中发现社会理论,而不是直接用来解决具体纠纷。[15]不过,这种情形目前在国内开始逐渐改变:一方面,越来越多的法学者的研究开始转向司法制度,特别是司法裁判的经验研究,形成规模效应;另一方面,法律实务界也越来越重视运用经验研究的结论帮助进行司法裁判。[16]

法律的经验研究在解决问题上的比较优势,主要在事实认定。在司法裁判过程中,法官往往要在事实与规范之间往返流转才能最终作出裁判。规范研究的优势在于进行法律推理、法律解释、法律论证,但总体上弱于事实分析。克莱默就指出:"不能忘记在很多案件中更为重要的'事实工作'领域,即查明和评价事实的领域。对此,我们的大学明显缺乏这方面的理论教育。"[17]经验研究的优势是在事实认定,而社会科学能够增强事实认定的说服力,形成可靠的证据。[18]

经验研究不仅能在证据事实认定上发挥作用,在法官进行利益衡量和后果考量时也能发挥作用。利益、后果也是事实,是不同于证据事实的需要进行有效评估和预测的事实。而经验研究能够帮助法官更为准确地把握事实。当然,这并不是说法官在此时就不考虑规范,如前所述,法官是在事实与规范之间往返流转,因此仍是在尊重现有法体系的基础上进行的判断。具体来说,法官进行利益衡量和后果考量对于经验研究的需求方式并不一样:

利益衡量主要发生在初审或事实审阶段。初审的主要功能是为了解决纠纷,而非法律统一适用。在民事案件中,由于强调合意,可能并不需要严格适用法条。源于日本的利益衡量论,强调在对案件当事人各自利益进行权衡基础上加以裁判,是普遍适用原则而并非作为法律漏洞方法的补充。[19]例如,法官在合同纠纷案件中判决一方败诉,但败诉方应承担何种法律责任形式,是继续履行合同还是进行损害赔偿,法律并没有明确规定,此时就得对双方当事人的得失进行衡量再作决定。[20]此外,在公法案件中所强调的比例原则的司法适用,强调目的正当性、适当性、必要性和均衡性[21],说到底也是利益衡量。但利益衡量的准确程度需要经验研究加以支持。后果考量主要发生在上诉审或法律审阶段。上诉审法院,特别是最高法院对于案件的审理,不光关注裁判事实,即与本案当事人密切相关的事实,也包括立法性事实。[22]立法性事实是指法官要考虑到的系统性后果,即案件的裁判结果不仅影响案件当事人,还会对包括特定群体甚至行业等产生一系列的社会后果。因此,上诉审中的后果考量是对系统性后果(影响)进行事实认定,而并非纯粹的法律判断。这就需要通过经验研究来提升系统性影响的准确程度。

虽然经验研究的比较优势在于事实认定,但不同的研究方法对事实分析的有效程度、法官对不同研究方法的认可程度是不一样的。定性方法的运用争议较小,但定量方法的运用就存有争议。大致说

来,定量方法涉及以下三方面的运用:

1. 定量方法的结论能否作为证据。这主要取决于各国的证据证明标准。特别是在知识产权案件中,如判断商标是否产生混淆就会采用统计调查报告的方式。在最高人民法院的《迈克尔·杰弗里·乔丹、国家知识产权局商标行政管理(商标)再审行政判决书》〔(2018)最高法行再32号〕中,再审当事人乔丹和乔丹体育公司各自提交了问卷调查报告。前者提交的调查报告的结论显示:在近两年(调查时)购买过乔丹体育品牌产品的受访者中,分别有93.5%、78.1%的受访者认为再审申请人与"乔丹体育"有关。法院认为调查结论的真实性、证明力相对较高,予以采信,而认为后者提供的调查报告中调查数据来源和结论的形成过程不明,真实性难以认定,不予采信。

2. 定量方法的结论能否进行推理。这主要是指在三段论的法律推理中,定量结论能否成为作为事实的小前提的组成部分。在"贝蒂诉沃尔玛公司案"中,贝蒂认为其被解雇是由于沃尔玛公司的歧视。统计学家的报告也证明沃尔玛公司存在普遍的性别歧视。但美国联邦最高法院大法官斯卡利亚在多数意见中指出,这份统计报告虽然能够证明沃尔玛公司存在普遍的性别歧视,但不能像公式那样推断(trial by Formula)沃尔玛公司解雇贝蒂是因为歧视。[23]这就是说,如果定量结论不是与案件当事人密切相关,就不能构成小前提的案件事实的组成部分,法院就不能据此进行三段论推理。

3. 定量方法的结论能否形成裁判规则。由于法院的信息化建设极大增强,海量的裁判文书被公开而且检索更为便利,大数据公司、法学研究者以及整个法院系统开始运用大数据来总结裁判规则、辅助法官办案。以法院系统为例,《最高人民法院关于统一法律适用加强类案检索的指导意见(试行)》中提出人民法院办理相关案件应当进行类案检索。意见要求承办法官依托中国裁判文书网、审判案例数据库等进行类案检索;类案检索说明或者报告应当客观、全面、准确,包括检索主体、时间、平台、方法、结果,类案裁判要点以及待决案件争议焦点等内容,并对是否参照或者参考类案等结果运用情况予以分析说明。类案检索是对多个,甚至海量案件进行识别和比对,似乎也可以总结出新的裁判规则。但这并不同于判例法传统的类比推理,因为它剥离了一个个案件的具体语境。这种总结实际上也不是运用逻辑推理和法律解释方法,而仅仅是抽象的结果。在这个意义上,通过量化总结出来的裁判规则,包括所谓的人工智能司法裁判[24],其适用的普遍性和可靠性存疑。

三、规范面向的经验研究

如前所述,司法裁判是在事实到规范之间往返流转的过程。规范研究与经验研究在其中发挥着不同作用。尽管法律的经验研究主要关注事实,但由于其发生在事实与规范之间往返流转的过程中,因此,对事实的关注不可能脱离规范。在这个意义上,法律的经验研究与通常意义上的经验研究不同之处就在于其有规范面向。[25]要进行规范面向的经验研究,可以从以下几个方面展开作业:

第一,"文本中的法律"不能自动转化为"行动中的法律",必须有相应的社会机制加以支持。法律规范必须有相应的社会机制支持才能实现法律的目的。例如,虽然刑事诉讼法的法条完备,但由于缺少强有力的社会机制支持,法条实际上很难被实行。相比之下,民事诉讼法的情况就好不少。进行法律的经验研究的意义,就在于发现"文本中的法律"和"行动中的法律"对立的原因,而不是强化对立。这就需要对法律的社会机制即作为社会基础结构的制度、行动者之间如何交互运用法律和其他制度规范进行经验研究。制度经济学[26]、博弈论、组织理论,以及政治经济学等就构成了经验研究的理论来源。

第二,要在司法个案研究中将展现规范分析与经验分析相结合。一方面,需要将社会事实裁剪成为要件事实,这需要进行规范分析。

例如,民法上主要运用请求权基础理论进行分析,刑法上运用犯罪构成理论进行分析,宪法上运用基本权利理论进行分析。另一方面,也需要从社会事实中遴选出证据事实,这需要进行经验分析。只有同时完成证据事实和要件事实,才能完整完成事实与规范之间往返流转的过程。

不仅在解释论上,司法个案研究需要将规范分析与经验分析相结合,在立法论上也同样需要。例如,2009年法院判决的孙伟铭案(醉酒驾车致4死1伤)直接导致2011年《刑法修正案(八)》增设了危险驾驶罪。这也让司法机关的办案成本大为增加。以最高人民检察院公布的2019年办案数据为例,危险驾驶罪成为起诉人数最多的罪名,超过了盗窃罪。[27]但其各方面影响包括对公、检、法办案,监狱成本,以及普通民众的影响到底多大,这需要进行更为细致的经验研究。

第三,经验研究在不同法律部门中的表现差异巨大,短期内需要有选择的重点投入。一般来说,教义研究越充分的部门法学,社会科学的经验研究进入就越困难。例如,民法学、刑法学已经形成了逻辑自洽的规范体系,学科内部已经形成知识再生产机制,基本不需要引入系统性的外部学科知识。[28]但新兴部门法学的情况就很不一样,例如,经济法学、环境法学、知识产权法学,以及规范分析一向很弱的国际法学。由于司法实践中有关证券、金融、知识产权、反垄断、环境等纠纷只靠原有的法学概念无法解决问题,这些部门法学的研究必须借助相关领域的学科知识才能深入。[29]因此,有必要在上述部门法领域投入更多力量进行经验研究。

第四,经验研究(社科法学)需要形成完备的知识体系,从而提供解决问题的系统性方案。在美国,法经济学已经形成了一套比较成熟的知识体系。这套知识体系的集大成者就是波斯纳,他早在20世纪70年代就出版了教科书《法律的经济分析》,将经济学方法全面运用到法律的所有领域[30],从而与法教义学相抗衡。法经济学与法教义学所讨论的问题虽然相同,但使用了不同的术语表达。有关比例原则与成本收益分析之争就是一种表现。[31]法经济学这样一套有别于法教义学的知识体系,就是将案件"翻译"为经济学语言然后加以解释[32],从而在根本上替代法教义学的知识体系。

社科法学所要形成的知识体系,不是替代法教义学的知识体系,而是在法律推理、法律解释等教义知识基础上迭代升级。就法教义学而言,他们对社会科学也持开放态度,但是在原有法教义学知识体系内留出后门,容纳社会科学,从而追求体系到系统的升级。[33]这多少低估了社科法学的功用。事实上,如果将社会科学容纳在法教义学知识体系内,社科法学就不可能形成研究规模。只有进行有效的学术分工,独立地开展社科法学的经验研究,才能真正发挥社会科学的作用。同时,这也是在承认实在法体系的有效性的前提下进行社会科学的经验研究。由于法律体系与法学体系并非一一对应,而现有的法教义学的知识体系虽然发达,但却未必能够全覆盖所有法律体系。因此,社科法学要追求形成全覆盖整个法律体系的知识体系,而不再被认为是一种外部视角的观察。这是一项需要长期积累的工作,可以先从归纳提炼专门的学术概念入手[34],进行知识积累。在学科建设上,也要从课程建设、人才培养上下功夫。

第五,法律的经验研究需要不断进行方法论反思和追求理论抽象。法律的经验研究面对的是法律实践,需要回应法律实践中提出的知识需求。因此,其潜在的主要对话对象是法律的规范研究。法律的经验研究也需要同时面向社会科学的经验研究。由于法律的经验研究不只是对社会科学知识方法的运用,也需要有知识贡献,这就要求需要不断进行理论反思。

在方法论上,法律的经验研究强调整体论。这就是要把所研究的具体的法律问题放到整体中去观察理解,将法律问题与经济、社会、文化等相关因素勾连起来,将法律文本与行动者相联系,强调做实地调查、深刻描述,反对主客二分和价值无涉。就如英国社会科学哲学家温奇所主张的那样,对社会的研究既要说明(explanation)又要理解(understanding)。[35]整体论与语境论也不是一回事。苏力将语境论的法律研究进路公式化概括为五步：善意重构制度问题、考察相对稳定因素、构建历史正当性、考察相关当代问题、说明新制度的正当性。[36]也因此，语境论被批评着眼于特殊性，由实然推导应然[37]，甚至隐含存在即合理的观念。经验研究的整体论强调反思性（reflexivity），包括研究者的自我分析以及问题的社会历史条件的反思[38]，从而避免了语境论的困境。

简言之，法律的经验研究不光要追求制度意义，也要追求理论意义。制度意义就是基于经验研究提出立法建议或提炼出裁判规则，从而实现经验研究的规范面向价值。而理论意义就在于对经验的抽象，实现概念化。不论追求制度意义还是理论意义，做好经验研究都需要实现从具体到抽象，再回到具体的过程。[39]从经验到理论提炼的过程，是从具体到抽象，再回到具体进行重复检验的过程[40]；而从经验事实上升到法律规范也是这样的抽象过程，再用抽象出来的法律规范去分析经验事实。从具体到抽象，再回到具体的过程，也可以说是前述司法裁判在事实与规范之间往返流转过程的升级版。在这个意义上，法律的经验研究也就克服了从实然推导不出应然的难题，弥合了事实与规范之间的鸿沟。

注释

[1]参见〔德〕卡尔·拉伦茨：《法学方法论》，黄家镇译，商务印书馆2020年版，第246、253页。

[2]See Lawrence M. Friedman, *Impact: How Law Affects Behavior*, Harvard University Press, 2016.

[3]参见戴昕：《重新发现社会规范：中国网络法的经济社会学视角》，载《学术月刊》2019年第2期。

[4]参见〔美〕埃里克·A.波斯纳：《法律与社会规范》，沈明译，中国政法大学出版社2004年版。

[5]参见〔法〕多米尼克·戴泽：《社会科学》，彭郁译，商务印书馆2015年版，第2—3页。

[6]例如，周强：《最高人民法院、最高人民检察院关于在部分地区开展刑事

案件认罪认罚从宽制度试点工作情况的中期报告——2017年12月23日在第十二届全国人民代表大会常务委员会第三十一次会议上》,载《中华人民共和国全国人民代表大会常务委员会公报》2018年第1期。

〔7〕川島武宜「判例と判決例——民事裁判に焦点をないて」川島武宜編『川島武宜著作集第五卷』(岩波書店,1982年)182頁。

〔8〕例如,〔美〕李·爱泼斯坦、威廉·M.兰德斯、〔美〕理查德·A.波斯纳:《法官如何行为:理性选择的理论和经验研究》,黄韬译,法律出版社2017年版。

〔9〕例如,〔美〕劳伦斯·鲍姆:《法官的裁判之道:以社会心理学视角探析》,李国庆译,北京大学出版社2014年版。

〔10〕有关定量与大数据分析的区别,参见白建军:《大数据对法学研究的些许影响》,载《中外法学》2015年第1期。

〔11〕参见〔奥〕恩斯特·A.克莱默:《法律方法论》,周万里译,法律出版社2019年版,第1页。

〔12〕参见陈柏峰:《法律经验研究的机制分析方法》,载《法商研究》2016年第4期。

〔13〕See John Monahan and Laurens Walker, *Social Science in Law: Cases and Materials,* 10th edition, Foundation Press, 2021.

〔14〕例如,苏力:《昔日"琼花",今日"秋菊":关于芭蕾舞剧〈红色娘子军〉产权争议的一个法理分析》,载《学术月刊》2018年第7期。

〔15〕一个批评参见杨锦程:《个案,抑或修辞——对法律社会学个案研究的审视》,载苏力主编:《法律和社会科学》第14卷第2辑,法律出版社2015年版,第194—215页。

〔16〕参见侯猛:《司法中的社会科学判断》,载《中国法学》2015年第6期。

〔17〕同前注11。

〔18〕参见梁坤:《社会科学证据在美国的发展及其启示》,载《环球法律评论》2012年第1期。

〔19〕参见张利春:《关于利益衡量的两种知识:兼行比较德国、日本的民法解释学》,载《法制与社会发展》2006年第5期。

〔20〕相关案例的讨论,参见沈四宝、王军编著:《国际商法》(第2版),对外经济贸易大学出版社2010年版,第214—217页。

〔21〕参见刘权:《行政判决中比例原则的适用》,载《中国法学》2019年第3期。

〔22〕参见〔美〕约翰·莫纳什、〔美〕劳伦斯·沃克:《法律中的社会科学(第六版)》,何美欢等译,法律出版社2007年版,第179页。

〔23〕See Wal-Mart Stores, Inc. v. Dukes, 564 U.S. 338 (2011).

〔24〕参见郑曦:《人工智能技术在司法裁判中的运用及规制》,载《中外法学》2020年第3期。

〔25〕法学界对于事实与规范的知识关系问题多有讨论,最近的一项研究参见程金华:《科学化与法学知识体系超越"规范VS.事实"鸿沟的可能:兼议大数据实证研究》,载《中国法律评论》2020年第4期。

〔26〕制度经济学主要研究作为社会基础结构的、而非单纯通过政策和立法就能改变的制度。参见〔日〕青木昌彦:《制度经济学入门》,彭金辉、雷艳红译,中信出版社2017年版。

〔27〕参见孙风娟:《对外公布季度、半年度、全年主要检察办案数据将成常态——最高检案管办主任董桂文就2019年全国检察机关主要办案数据答记者问》,载《检察日报》2020年6月3日,第04版。

〔28〕参见成凡:《是不是正在发生?——外部学科知识对当代中国法学的影响,一个经验调查》,载《中外法学》2004年第5期。

〔29〕参见缪因知:《新兴法领域的社会科学运用:以金融法为中心》,载《思想战线》2020年第6期。

〔30〕参见〔美〕理查德·波斯纳:《法律的经济分析(第七版)》(中文第二版),蒋兆康译,法律出版社2012年版。

〔31〕参见戴昕、张永健:《比例原则还是成本收益分析:法学方法的批判性重构》,载《中外法学》2018年第6期。

〔32〕参见〔波兰〕耶日·施特尔马赫、〔波兰〕巴尔托什·布罗泽克:《法律推理方法》,陈伟功译,中国政法大学出版社2015年版,第128页。

〔33〕参见顾祝轩:《体系概念史:欧陆民法典编纂何以可能》,法律出版社2019年版。

〔34〕参见贺欣:《法律与社会科学中的概念与命题》,载《中国法律评论》2020年第1期。

〔35〕参见〔英〕彼得·温奇:《社会科学的观念及其与哲学的关系(经典文库版)》,张庆熊等译,浙江大学出版社2016年版。

〔36〕参见苏力:《语境论:一种法律制度研究的进路和方法》,载《中外法学》2000年第1期。

〔37〕参见陈景辉:《法律与社会科学研究的方法论批判》,载《政法论坛》2013年第1期。

〔38〕参见〔法〕皮埃尔·布迪厄、〔美〕华康德:《实践与反思:反思社会学导引》,李猛、李康译,中央编译出版社1998年版,第38—49页。

〔39〕参见《马克思恩格斯全集》(第三十卷),人民出版社1995年版,第342页。

〔40〕参见杨子潇:《经验研究可能提炼法理吗?》,载《法制与社会发展》2020年第3期。

第七章　立法的社会科学：
　　　　规范性的追问

　　最近十多年以来，法教义学与社科法学的研究都有了长足发展。以 2014 年 5 月 31 日—6 月 1 日在中南财经政法大学举办"社科法学与法教义学的对话"研讨会为标志，这两种法学研究范式之间展开了更多的讨论，甚至争论。对话初期，双方更多的是研究立场的表达，之后逐渐聚焦司法领域。社科法学研究司法并非只有外在视角，它也能够进入裁判过程对事实问题，包括预期后果进行内在视角的分析[1]，从而与法教义学侧重法律问题进行内在视角的分析形成互补。

　　法教义学主要以司法为导向，其功能在于"为裁判者提供可言说、可交流、可检验的规则选择与法律论证机制"[2]。但它在多大程度上能够用来分析立法？张翔在他的文章中给出了教义分析的一种可能。[3]而我则尝试对立法的社会科学研究进行梳理，归纳进行经验研究的一种可能。也因此，本章并非围绕特定问题来写作，而更接近于是学术评述。

　　立法的社会科学研究终结之时，往往也是政策制定之始，总要追问要不要进行立法，以及如何立法的问题。但是，社会科学的结论并不必然导致立法层面的规范性主张。这也就引出科学性(scientificity)与规范性(normativity)的关系。科学性与规范性是事实陈述与价值判断的另一种表述，但休谟以来的事实与价值二分法即"不能从是推出应然"的论断在哲学上已经受到批判。因为描述和评价是缠绕在一起并且相互依赖的。经典的实用主义者认为，价值和规范性渗透在所有经验中。[4]因此，本章也不打算在二分法的框架下进行讨论。

本章讲的科学性也不是分析法学意义上的法律科学[5]，而主要是注重因果关系的经验的社会科学；不是描述法律规范本身的内在构成，而是描述法律规范的形成和影响。与法律有关的规范性至少有两种含义：一是规范性，即合法性，这种合法性来自宪法，从而排除了法体系以外的价值评价。例如，凯尔森认为，法律科学的唯一目的在于认识法律而不在于形成法律。一门科学必须就其对象实际上是什么来加以叙述，而不是从某些特定的价值判断的观点来规定它应该如何或不应该如何。[6]二是遵循带有自然法属性的基本原则，例如，将民主、平等、人权、自由作为评价标准和正当性理由。但规范性的两种含义都是强调给出逻辑证成的理由，从而区别于科学性强调给出因果关系的理由。[7]

立法中所讨论的规范性问题，围绕立法的正当性或合法性、价值标准来展开，是要给出为什么要这样立法的理由。由此，求好(right)的规范性与求真(truth)的科学性就存在着紧张关系。这也可以说是对立法的社会科学研究意义的终极提问。虽然回答这一终极提问不是本章的主要任务，但本章也会带着这样的问题来梳理、反思立法的社会科学研究，从而深化理解立法中的科学性与规范性的关系。

一、立法研究的现状

在目前国内的立法研究中，缺乏立法的规范性研究，社会科学研究也比较少，但这并不是说立法研究处于停滞状态。实际上，自20世纪80年代以来，立法学已经构成中国法学的重要组成部分。[8]立法学主要集中于立法制度和立法技术研究，在方法论上侧重于概念分析和文本分析。从学科制度来看，立法学有专门的研究群体、学会(例如，中国法学会立法学研究会)和期刊(例如，《地方立法研究》)、集刊(例如，《立法论丛》)[9]。不少法学院不仅招收立法学方向的硕士生和博士生，还面向本科生开设"立法学"课程，出版《立法学》教材。

《立法学》教材大抵能够反映出当前立法学研究的基本进展。以比较有代表性的两本教科书为例[10]，这两本书都采取分编模式，都包括"立法原理（立法理论）""立法制度""立法技术"三编。"立法原理"专编集中讨论立法概念、立法原则、立法的历史发展；"立法制度"专编集中讨论立法主体、立法体制、立法程序、立法效力；"立法技术"专编集中讨论法律规范、规范性文件、立法语言。朱力宇、叶传星主编的《立法学》则分为四编，另外增加了"立法过程"一编。"立法过程"所包括的各章如立法预测、立法规划与立法决策、立法协商、立法解释、立法修正、立法监督，大体上仍然属于立法制度的范围。

国内立法学研究较少涉及规范性和法理论分析，但国外已有代表性论述。[11]例如，边沁揭示立法的价值和道德原则基础，他认为"立法者应以公共利益为目标，最大范围的功利应成为他一切思考的基础。了解共同体的真正利益是什么，乃立法科学使命之所在，关键是找到实现这一利益的手段"[12]。沃尔德伦讨论了立法的正当性价值，认为立法的尊严应建立在尊重分歧和平等尊重的程序法理之上。[13]哈特在进行法理论分析时，讨论了立法者背后的主权者。[14]不过，哈特也提到心理学、社会或其他科学可以以观察或实验为基础，建立自然事实与法律规则之间的因果关联，即讨论在什么情况下，法律才能成功制定并运作。[15]这也就是立法的社会科学研究面向。

运用社会科学来研究立法，在国内尚未形成规模。但是，已经有一定的事实基础、制度基础和代表性研究。就事实基础来看，研究者从早先集中于研究中央立法（全国人大及其常委会立法）拓展至行政立法和地方立法，从传统部门法立法拓展至新兴领域立法。区域协同立法[16]、人工智能和大数据立法[17]的研究也大量出现。这些变化为社会科学的进入提供了更多可能性。实际上，社会科学方法已经进入立法评估领域。[18]"对法律法规进行评估，需要按照一定的原则、程序进行,通过文献研究、问卷调查、实地调研、情况报告、实例分析等多种方式收集相关信息,对评估指标进行量化处理,注重定性分析与定量分析相结合,确保各类信息与资料的真实性与客观性,准确反映法律制度的实施情况。"[19]而且,《中华人民共和国立法法》(以下简称《立法法》)第 42 条和第 67 条分别对立法前评估和立法后评估加以明确规定。这也为社会科学的进入提供了制度规范基础。《立法法》第 42 条规定:"拟提请常务委员会会议审议通过的法律案,在宪法和法律委员会提出审议结果报告前,常务委员会工作机构可以对法律草案中主要制度规范的可行性、法律出台时机、法律实施的社会效果和可能出现的问题等进行评估。评估情况由法律委员会在审议结果报告中予以说明。"第 67 条规定:"全国人民代表大会有关的专门委员会、常务委员会工作机构可以组织对有关法律或者法律中有关规定进行立法后评估。评估情况应当向常务委员会报告。"

目前最有代表性的立法的社会科学研究,是朱景文及其团队撰写的中国立法发展报告。报告用事实和数据说话,对 60 年中国立法制度的变迁、立法机构的设置、立法人员的构成、立法程序、立法种类和数量进行了全面梳理。[20]这也是他多年来倡导法社会学研究指标导向的具体成果,即把研究对象指标化,通过数据、数字对法律现象进行比较并加以评估[21],其研究的基本方法就是统计。而具有立法统计研究优势的还来自实务部门,例如,全国人大常委会出版了《中华人民共和国立法统计》[22],收入相关立法统计数据,包括历年立法统计、有效法律统计、立法规划落实情况统计、法律规定有关国家机关制定配套规定的条文统计,等等。他们利用统计数据所写的分析报告具有较高可信度。例如,在《国际法与新中国成立 70 年立法实践》一文中,就出现了全国人大及其常委会批准/加入国际条约情况历年统计图、全国人大及其常委会批准/加入国际条约分类情况统计图、包含与国际法及其适用有关条款的法律统计图、写入与国际法及其适用有关条款的立法活动统计表。[23]但由于这些分析缺少对立法现象进行因果关系的解释,因此,还难以认为是立法的社会科学研究。

从发展趋势来看,立法研究一定会走向跨学科领域研究[24],而国内以概念分析为基本特征的立法学研究,除非进行彻底的方法论反思,否则难以有更大突破。跨学科领域研究主要有两种表现。[25]

一是法学内部门法之间对立法的跨学科研究。目前主要是宪法学者来研究立法,更为强调立法的合宪性。例如,宪法学者翟国强在写作《立法》一书中的"立法的基本原则"时,就将"合宪性原则"排在第一。而多数立法学教科书很少使用"合宪性"的表述。[26]立法的合宪性其实就是立法的规范性的另一种表述,即立法不能同宪法相抵触,这是尊重现有法体系、维护现有法秩序的基本要求。

二是法学以外,例如政治学与法学相结合对立法的研究。国内政治学者较多研究人民代表大会制度[27],似乎还谈不上运用政治科学方法来研究立法。相比之下,国外的立法的社会科学研究历时长,积累也更多。在英国,有关立法机关的经验研究会被划归到政治社会学。例如,科特威尔在撰写《法律社会学导论》时特别交代说:"本书不会对立法过程作出专门分析,这种讨论能够深入政治社会学领域。"[28]不过,在另一本由瓦戈主编的教科书《法律与社会》中则设有"立法"专章,汇集了诸多立法的经验研究文献。当然,这并不矛盾。因为《法律与社会》的主要受众是社会学系乃至社会科学院系的学生,而不是法学院学生,因此,法律社会学与政治社会学的研究界限并非泾渭分明。[29]

在以美国为主的法律的经验研究传统中,立法议题只占据很小一部分。大部分议题还是以部门法或具体法律(如刑法、合同、公司、金融、消费者保护、破产、宪法、家庭、劳工法、环境法、社会保险、行政法、法院)为主。[30]之所以出现这种情形,可能一是由于美国是以判例法为传统,而且行政执法权力很大,与法院和执法(规制)相关的经验研究会更多;二是由于国会(议会)一直以来属于美国政治科学的研究领域[31],尽管相比法院和宪法议题,也并非政治科学研究的热门。[32]

日本的研究似乎又是一番景象。有日本学者将经验法社会学（社会科学）研究对象划分为：立法过程、立法效果、刑事司法过程、民事司法过程、行政过程、裁判过程、律师研究。[33]立法构成经验法社会学研究的重要组成部分。更进一步，对立法过程和立法效果进行经验研究，最后回到法律制度设计层面进行政策分析。由此，在知识类型上，还产生了法政策学（a theory of legal policy making），从而区别于法律学。[34]

简言之，目前的立法研究长于概念分析，规范性研究和社会科学研究都偏少。本章接下来所要论述的问题，就是立法的社会科学研究如何接着往下做。

二、立法的经验研究：从规范出发

立法的社会科学研究的基本特征是经验研究。经验研究在方法上主要不是进行概念分析、规范性分析，而是强调田野调查、访谈或统计分析。立法的经验研究与通常意义上的经验研究也不同，基本上是以法律为出发点或目的来展开研究：要么是经验地研究法律运行的社会效果，要么是经验地研究社会问题需要什么样的法律加以调整。

法律就是制度，是规则（rule），也称为规范（norm），我们也可以说立法的经验研究就是从法律规范出发的研究。但规范与规范性不是一回事。规范是制度事实，规范性则是给出逻辑理由，要说明为何制定这样的规范。因此，立法的经验研究主要关注的是运行中的制度规范，或者说是规范性的经验事实，但本身并不主要关注规范性问题。

在中国进行立法的经验研究，还必须以两个基本的制度事实为前提：一是《宪法》，特别是《立法法》；二是党的体制和政策。《宪法》规定了全国人大及其常委会行使国家立法权。《立法法》则对立法活动作了全面规定。我们不仅需要对《立法法》进行逐条释义[35]，也需要逐条进行社会科学的经验考察。《宪法》第1条明确规定了中国共产党领导是中国特色社会主义最本质的特征，因此，党领导立法也是基本的政治事实。特别是以2014年《中共中央关于全面推进依法治国若干重大问题的决定》为标志，党中央对立法工作提出了更明确的要求。例如，提出"深入推进科学立法"，指出"推进科学立法、民主立法，是提高立法质量的根本途径。科学立法的核心在于尊重和体现客观规律"[36]。可以说，以上两方面构成了进行立法的经验研究的制度环境或制度背景。

立法的经验研究可以划分为立法组织、立法行为和立法人员的经验研究，但不论做哪方面的经验研究，其核心要义都是要解释（说明）因果关系、揭示因果机制。经验研究要揭示的是经常发生的、易于识别、具体可察的两个事物之间的因果关系，包括发现两者之间统计关系背后的因果机制，而非寻找具有普遍意义的因果规律。[37] 以下将分别加以说明。

(一) 经验地研究立法组织

有关立法权限的研究不少，但不太重视对行使立法权限的立法机关的研究。行使立法权限的立法机关，除全国人大及其常委会以外，还包括行使地方立法权的地方各级人大及其常委会，以及国务院。但这些机关是如何行使立法权限，其组织运作过程如何，基本没有经验研究。此外，对于选举机构、各级人大的专门委员会、各级人大常委会的内设机构的经验研究也极少。由于这些组织机构大多有单一的、明确的法律规范或规范性文件作为依据，因此，围绕这些制度规范对这些组织机构个体进行经验研究相对比较容易。

比较困难的是对组织机构之间的关系进行经验研究。这包括党是如何领导人大及其常委会，各级人大及其常委会与同级党委的关系如何，各级人大及其常委会与同级人民政府的关系如何，全国人大常委会与地方人大常委会的关系如何，地方各级人大常委会之间的关系如何。由于这些组织机构有着不同类型或不同层级的制度规范依据,要对上述组织机构之间纵向关系和横向关系进行法律的经验研究是更有难度的。值得注意的是,海外研究往往关注党与人大的关系,采取政治科学的研究进路。[38] 20多年前,海外有代表性研究认为改革开放以来,中国立法改革的最大意义或许是弱化党对立法过程的控制力度。[39] 但现实的变化表明,党对立法的领导在不断完善和加强。如果可能,我们可以经验地研究最近20年以来的变化,从而进行比较和学术批评。当然,也可以以民法典为具体样本进行研究,展现党领导民法典立法的全过程。

(二)经验地研究立法行为

立法行为主要包括:立法规划、立法审议、备案审查、执法检查、立法评估,等等。这些立法行为在《立法法》以及相关规范性文件中都有明确规定。已有部分研究侧重分析立法行为的运作过程[40],但进入立法机关内部进行长时间田野调查、数据统计分析的研究还是较少。有些研究实际上更为复杂,例如试点立法。试行立法(法律试行)在20世纪80年代就已出现并有相关社会学研究。[41] 晚近以来的改革更多使用试点立法,即往往先是在特定地区或特定领域进行试点,然后根据情况再全面铺开。这很像社会科学中的实验方法,尤其需要进行效果对比分析。曾担任过国务院副秘书长、参与中央政策制定的江小涓这样评价试点制度:"试点在中国改革过程中如此重要,但是,学者们对试点的分析研究相对较少。从理论分析角度看,试点效果好并不能得出大面积实施后的效果也同样好的结论……我本以为做这种'试点—推广效果差异评价'的研究应该不少,但实际上却很少能查到类似文献。"[42] 而要对试点立法进行效果差异评价的研究也是很难的。

相对来说,备案审查、执法检查的相关资料的披露越来越多,就有了进行经验研究的更大可能性。就备案审查来看,全国统一的备案审查信息平台已经建成,各级人大常委会法工委的年度备案审查工作情况的报告也在网上公布。2020年9月,北京航空航天大学还成立了作为专门智库的备案审查制度研究中心。执法检查的经验材料就更多了。中国人大网有从2018年8月"未成年人保护法执法检查"到2021年6月"中医药法执法检查"的大量资料,包括全国人大常委会执法检查组关于检查某某法实施情况的报告。[43]以上述经验材料为部分基础,林彦就写过多篇关于执法检查的论文。[44]

(三)经验地研究立法人员

这是对行动者的研究,研究对象不仅包括立法工作者、人大代表、人大常委会委员,也包括参与立法讨论的专家、利益群体。既可以进行历时性研究,对历届人大代表、人大常委会委员的人数、构成进行统计分析,也可以对人大代表或人大常委会委员会进行个案的深描研究,还可以进行效果研究。例如,比较研究人大常委会专职委员和兼职委员的工作效果,经验考察人大代表的代表工作与本职工作的关系、立法工作者对立法的实际影响、特定利益群体或组织在专门立法中的作用,等等。此外,由于人大代表和人大常委会委员是由选举产生的,还可以经验地研究选举。例如,2010年《选举法》修改,实行城乡按相同人口比例选举人大代表,改变了之前选举人大代表的城乡人口比例为四比一的规定。但这一改变究竟产生了怎样的影响?

对专家参与立法的情形也可以进行经验研究。对有社会科学背景的专家来说,其参与立法的过程也是社会科学进入立法的过程。这类似于作为证人的社会科学专家在司法裁判过程中所扮演的角色。[45]例如,在《民法典》的制定过程中,关于将限制民事行为能力的未成年人的年龄下限标准由《民法通则》(已失效)规定的10周岁下调为8周岁。全国人大法律委员会、人大常委会法制工作委员会就此曾听取了部分教育学、心理学、社会学方面专家的意见。[46]此外,我们还可以比较社会科学专家和法律专家在立法中所发挥的不同作用。例如,1999年《宪法》修改前,中共中央宪法修改小组曾召开法律专家和经济专家修改宪法征求意见座谈会。[47]法律专家与经济专家提出意见的侧重点就不一样。[48]不过,要发现法律专家与社会科学专家基于学科差异而产生的立法分歧,若非参与观察,似乎并不容易。

将立法的经验研究分成立法组织、立法行为、立法人员的经验研究三类,可以说是基于组织、制度和个体的三分法标准,也可以说暗含着宏观、中观和微观的视角差异。但理由并不是那么重要,重要的是不论是研究立法组织、立法行为还是立法人员,都必须从法律(制度)规范出发。不论是作为制度依据、制度环境,还是制度目标,立法的经验研究都必须与制度规范相结合。

三、立法的社会科学:规范性的追问

弗里德曼将法律与社会研究划分为两大基本问题:一是法律从何而来或因何制定法律(法律的形成);二是法律制定之后有什么影响(法律的影响)。[49]这也是立法的社会科学研究的两大基本问题。当然,这基本排除了另一个基本问题即法律的适用。在时间序列中,法律的适用是在法律的形成之后,法律的影响之前,主要属于法教义学的研究范围。法教义学在分析法律的适用时,也是以规范性即价值标准为基本前提,这包括尊重现有法体系、维护现有法秩序、主张基本权利,等等。

法律的形成和法律的影响虽然都是立法的社会科学基本问题,但性质并不一样。法律的形成主要体现社会如何塑造法律制度,社会是决定因素;而法律的影响主要体现法律制度如何影响社会,法律是能动因素。而且,这两大基本问题与规范性的关系也并不相同。

(一)法律的形成

何种事件或力量促使法律的形成,法律又是如何制定出来,相关

的影响因素包括哪些。这方面研究的代表性学者有霍维茨。他曾分析私法与19世纪经济变革之间的关系。商业和企业集团按照他们的需求和利益塑造了私法,同时又想影响公法的财富再分配功能,进而主张法律形式主义,强调法律的中立性。[50]这是一种基于长时段的历史的法律社会科学研究。

就短时段来观察,个案,特别是轰动个案和统计在推动立法中能够起到加速度的作用。例如,2009年孙伟铭案(醉酒驾车致4死1伤)直接促成2010年《刑法修正案(八)》将醉酒驾驶以危险驾驶罪入刑;2018年的昆山持刀砍人案也加快了2020年最高人民法院、最高人民检察院、公安部《关于依法适用正当防卫制度的指导意见》的制定。而有说服力的统计数据也能够减少立法过程中的争议。例如,在《南京市轨道交通管理条例》(已失效)修订过程中,面临社会公众就地铁是否应禁止携带自行车、是否应禁止饮食等关键条款意见分歧巨大、互不相让的复杂情况,运用网络技术手段对大量数据背后的民意诉求进行了全面梳理与分析。最后基于大数据分析,支持了大部分明确应禁车禁食的意见。[51]

法律的最终形成是多重因素共同作用的结果。社会物质生活条件即经济关系的变化是立法的根本原因。但从上层建筑的相互关系来看,党的政策往往是法律形成的直接推手:"党的政策是国家法律的先导和指引,是立法的依据"[52]。"科学立法是处理改革与法治关系的重要环节。要实现立法和改革决策相衔接,做到重大改革于法有据、立法主动适应改革发展需要。在研究改革方案和改革措施时,要同步考量改革涉及的立法问题,及时提出立法需求和立法建议。实践证明行之有效的,要及时上升为法律。实践条件还不成熟、需要先行先试的,要按照法定程序作出授权。"[53]这样,在立法过程中,不仅有立法者(人大代表和人大常委会委员)、立法工作者(法工委工作人员)参加,还有党的决策者在发挥作用。

党的决策者发挥着关键性作用,特别是在立法牵扯利益越多,结果越不确定的情况下更是如此。如江小涓所言:"那种各方面完全达成一致的重要决策并不多,许多问题靠讲理论、讲理念也不能彼此说服,因此在充分听取各方面意见后要由高层定夺……没有高层拍板决策,就难以突破理念和利益的障碍,也难以承担相应的改革成本。"[54]当然,法律的制定最后还要回到国家的立法程序,在遵循合宪性原则的基础上,由民主投票通过。这也就是通常所说的立法的规范性。

民主立法是立法的规范性的具体体现,同时我们还强调科学立法。例如,法律在制定过程中往往会既征求公众意见也听取专家意见。《立法法》第 39 条第 1 款规定:"……听取意见可以采取座谈会、论证会、听证会等多种形式。"座谈会、听证会制度主要是解决立法的民主性问题,论证会制度主要是解决立法的科学性问题。立法论证会制度设置以来曾就"税收法定""城市管理"等专业性较强的问题,专门邀请专家和有关人士,召开论证会。[55]民主立法和科学立法实现有机统一当然最完美,但如果发生冲突如何处理? 这在抽象层面就表现为立法中的规范性与科学性的冲突,也就是立法的社会科学的终极追问。

首先,就专家意见而言,尤其是社会科学领域的专家意见往往差别很大,甚至完全相反。不同的政策制定过程也影响专家参与方式和参与程度。[56]而且,往往事先也很难判断专家意见的论证过程是否正确,能否准确预测结果。当然,专家还有"刺猬型"和"狐狸型"之分,他们对决策影响也不一样。[57]其次,即使形成了价值无涉的科学权威或一致结论,也需要尊重在民主社会中进行公共讨论时存在不同的价值判断。[58]民主的价值要高于科学的意义,科学立法就得让位于民主立法。例如,《民法典》第 1009 条就规定:"从事与人体基因、人体胚胎等有关的医学和科研活动,应当遵守法律、行政法规和国家有关规定,不得危害人体健康,不得违背伦理道德,不得损害公共利益。"科学研究因为有悖当下伦理而被禁止。

当然,民主只是规范性评价的一种。再以试点立法为例,如果实施效果好,以此为标准,立法机关就会全面推行。这就是比较典型的实用主义,科学性描述与规范性评价贯通在一起。当然,在西方法理学中,功利主义的规范性评价也受到了来自权利理论的批评。代表性人物是德沃金,他主张以权利理论作为立法的合法性、规范性标准,反对边沁的功利主义,包括波斯纳的法律的经济分析。[59]但不论怎样,在法律的形成过程中,当科学性与规范性发生冲突时,往往是立法的尊严、正当性优先。但这并不是说立法的社会科学研究结论没有意义,至少具有说服力,能够呈现这样的局面:不仅立法(规范性)是好的,立法效果也是好的。塔玛纳哈还有一种解释,法律是社会的一面镜子,其主要功能是维持社会秩序。实证法(就像一面镜子一样)反映着它所属的社会的惯例性做法和道德规范。在这个意义上,法律的形成过程中,立法的科学性与规范性并非二分关系,而是镜像关系,事实、价值与规范是混在一起的。[60]

(二)法律的影响

法律制定出来以后,不仅会对社会经济生活产生影响,包括对相关利益群体产生影响,也会对国家机关的运作产生系统性影响。有关立法对社会的影响,要放在不同的制度环境中加以考察:以判例法为传统的是将案件事实区分为裁判事实和立法事实。[61]有关立法事实的判例法的影响研究为数众多,例如,美国联邦最高法院罗伊案判决对犯罪率的影响研究。[62]越来越多的国家采取授权行政部门立法或委托立法模式,因此,规制机关对经济的影响也十分广泛,产生了相关研究。例如,日本就模仿德国的宪政秩序,赋予行政机关更大权力,规范行业经济秩序。[63]中国作为以成文法为传统的国家,立法对社会的影响主要还是集中在人大立法和行政立法对社会的影响,因而排除了法官造法。当然,法律位阶较低的规范性文件,包括法院的规范性文件对社会的影响,仍可以纳入研究范围。

立法评估通常是评估法律的实施效果,但这只构成立法对社会的影响研究的一部分,甚至是不那么重要的部分。这是因为目前的立法评估基本上走向了评估标准体系的设定[64],更接近于主观评价,而非基于客观事实的真正的经验研究。立法影响的经验研究应以因果关系为考察重点。例如,《反外国制裁法》出台以后对中国的国际关系的影响,《香港特别行政区维护国家安全法》出台以后对香港社会秩序的影响。只有揭示其中的因果机制,才能为下一步进行正确决策提供有力支持。当然,从法律的经验研究到政策制定的转化,需要建立专门的工作联系机制。[65]

立法影响的研究范围还包括上位法对下位法的影响。从法教义学来看,这表现为宪法与部门法的关系。例如,宪法与民法、宪法与刑法、宪法与环境法的关系,等等。[66]但也可以经验地研究上位法对下位法的影响。例如,《民法典》出台以后,最高人民法院如何应对,清理和制定相应的司法解释和司法文件,其政策制定过程如何。再有,法律出台以后,需要相关部门和各地制定实施细则,这些细则又是如何回应,甚至规避法律的。例如,"《甘肃祁连山国家级自然保护区管理条例》历经三次修正,部分规定始终同《中华人民共和国自然保护区条例》不一致,立法上'放水',执法上'放弃',才导致了祁连山生态系统遭到严重破坏的结果"[67]。上位法对下位法所带来的影响是非常广泛的,但研究进入比较难,因此细致的经验研究并不多。

上位法影响下位法的经验研究,也会涉及规范性的评价。尽管经验研究要揭示因果机制,但先要呈现上位法影响下位法修改,或下位法抵触上位法的具体事实,最终得根据合宪性或法律位阶的原则提出修改法律规范的要求。相比之下,法律对社会经济生活的影响基本不涉及对法律的规范性评价,至少不能通过经验研究直接推导出修改法律规范的要求。

简言之,法律的形成与法律的影响两大基本问题各有各的关注点,但也可以放在一起研究,反映社会与立法之间的互动经验关系。特别是在长期的变化之中,两者共同构成完整的历史事件。例如,针对劳工立法的历史研究,不仅包括有关美国劳工运动(工业事故赔偿)如何影响法律政策制定,也包括法律是如何回应社会改革、塑造新的社会秩序。[68]实际上,以美国法律社会学一代宗师弗里德曼为代表,有一批学者擅长法律与社会的历史经验分析,将法律的形成与法律的影响两大基本问题融会贯通。[69]

这两大基本问题与规范性的联系也各不相同。在法律的形成过程中,规范性问题具有关键性作用。特别是就制定法来说,没有规范性的评价,法律也就不可能制定。而在法律的影响过程中,上位法影响下位法的制度实践,会直接涉及规范性,即合法性问题。而如果规范性评价是实用主义的,那么法律的社会效果也会导致立法修改。

四、制度—组织视角的引入

不论是经验地研究法律的形成,还是法律的影响,都需要转换研究视角。研究视角的转换,说到底就是方法论的转变。个案深描、数据统计、比较、历史资料分析都是基本方法。例如,在立法过程中,研究如何立法,可以收集整理历史上和国外的相关法律规定,进行比较并加以参照。王汉斌就提道:"1982年修改宪法时,收集了35个国家的宪法,对有关条文进行了比较研究,作为制定一部科学严密、体系完整的宪法的借鉴。"[70]而相关立法的历史资料、领导人文集和日记、相关立法工作者的回忆录已经披露不少,有助于研究。[71]

但只有这些是不够的。最近几十年以来,制度研究与组织研究紧密结合,在经济学、政治学和社会学等社会科学领域形成了很强的学术传统。制度—组织研究涵盖制度经济学、法律经济学、经济社会学、组织经济学与法律经济学等多个跨学科研究领域,有很强的解释力。故此,本章参考斯科特所整理的制度—组织分析框架来研究立法。[72]

制度—组织研究关心如下具有挑战性的问题:哪些制度与组织的出现有关?如何看待组织中的行为,哪些行为是制度塑造的行为?

为什么组织内部成员的行为会偏离组织的正式制度与既定目标？为什么组织和个人会遵守各种制度？制度与组织联系在一起的过程是什么？如果制度的功能在于促进稳定与秩序,为什么会发生变迁？等等。但对于什么是制度,社会科学各个领域有着不同的定义偏好。

斯科特对制度概念做了一个综合性定义:制度包括为社会生活提供稳定性和意义的规制性(regulative)、规范性(normative)和文化—认知性(cultural-cognitive)要素,以及相关的活动与资源。这就是说,制度由规制性要素、规范性要素和文化—认知性要素三大基础要素构成。制度的规制性要素,是指制度会制约调整行为,并实行奖惩。制度的规范性要素,是指社会生活中的制度,还存在说明性、评价性和义务性的维度。规范系统确定目标,但也指定追求这些目标的适当方式。制度的文化—认知性要素则构成关于社会实在的性质的共同理解,以及建构意义的认知框架。

就立法来看,首先,立法是由有权机关制定的,有权机关就是组织。有权机关制定法律制度,规制行为并规定责任分配,同时有权机关本身也受到法律制度的约束。这是制度的规制性要素的具体体现。我们既可以教义分析法律条文,分析其具体法律适用的过程,也可以经验关注法律如何得到遵守,包括非正式规则如何促成或阻碍正式法律规则的实施,法律规则的实施成本。其次,立法是集体意志而非个人意愿的体现,反映出特定的价值判断和文化观念。这是制度的规范性和文化—认知性要素的具体体现。法律的规范性强调法律的基本价值,立法也要遵循基本的价值标准和程序正义。经验研究也要将价值判断纳入理解范围,甚至需要经验地描述法律的道德起源。法律的形成也是文化意义的呈现。在行动者看来,法律就是符号系统,需要通过内在和外在方式来理解。简言之,我们在做立法的社会科学研究时,法律的规制性、规范性和文化—认知性要素都可以被纳入经验考察的范围内。在哲学上,将经验与规范性放在一起讨论的代表人物是麦克道威尔。他提出考虑一种最低限度的经验论的合理性,并且指出心灵与世界之间的关系在下述意义上就是规范性的:以得出判断或者对信念的固定为目标的思想,因其是否恰当地得以实施而对世界、对事物情况如何做出应答。[73]

对立法进行制度—组织研究,可以从世界系统、社会、组织场域、组织种群、组织、组织亚系统六个层次展开。每个层次都可以对制度(法律和非正式规则)的规制性、规范性和文化—认知性进行经验考察。具体来说:第一,在世界系统层次,可以经验考察国别立法和国际立法,进行现实的历史比较分析。例如,"一带一路"共建国家的立法合作与协调,中国如何才能有效参与国际规则的制定。第二,在社会层次,可以经验考察一部法律的制定形成过程受到哪些因素的影响,采取历史制度主义和社会学制度主义的研究进路。[74]例如,一项法律制度虽然由中央立法通过,但很多制度是由地方先行,因此,可以通过了解基层社会经济的变动如何改变地方法制变化,进而推动中央立法。这也是一种走向"活"的制度史研究。[75]第三,在组织场域层次,可以经验考察在专门立法中,决策者、立法者、立法工作者、相关利益方如何推动立法。同样,研究可以采取历史制度主义和社会学制度主义的研究进路。第四,在组织种群层次,可以经验考察全国人大与人大常委会、全国人大常委会与国务院、全国人大与地方人大、地方人大与地方人大之间进行有效的立法权力配置,进行种群生态学分析。张五常的研究就表明中国地区之间的竞争说到底就是地区之间的(法律)制度竞争。[76]从负面来看,"一些地方利用法规实行地方保护主义,对全国形成统一开放、竞争有序的市场秩序造成障碍,损害国家法治统一"[77]。这正好也说明加强区域立法协调,降低制度壁垒的必要性。[78]第五,在组织层次,可以经验考察组织自身,例如,研究人大及其常委会的立法职能,可以采取新制度经济学或演化经济学的研究进路。第六,在组织亚系统层次,可以经验考察人大与专门委员会、人大常委会与人大常委会内设机构、人大常委会内设机构与人大专门委员会的关系,等等。特别是涉及立法机关内部人与组织的关系时,可以采取常人方法学的研究进路。

在上述三大要素、六个层次的基础上,还可以按照法律部门对立法进行更加细化的制度—组织研究。例如,对宪法相关法进行制度—组织研究,可以从人大机关的角度观察其与党的组织的关系、观察法律制度与党内法规的关系;对民法、商法进行制度—组织研究,可以从司法裁判的角度观察其与人大机关的关系,法院的规范性文件、裁判规则与法律制度的关系,也可以从公司的角度去观察作为非正式制度的商事惯例与法律制度的关系[79];对刑法进行制度—组织研究,可以从公安部的角度去观察其与全国人大及其常委会、国务院、最高人民法院、最高人民检察院在惩罚犯罪方面的规则制定权限的分配,等等。

简言之,从制度—组织视角研究立法时,一方面,需要关注正式的法律制度和非正式制度的相互作用下所产生的制度性效果(institutional effect)。[80]特别是制度是如何影响与立法有关的组织、组织种群、组织场域的实际运作过程。另一方面,也需要关注法律制度是如何被建立起来的,影响因素是什么,建立机制是什么,立法有关的组织和个体发挥了怎样的作用。几十年来所积累的社会科学各领域的制度—组织研究成果,能够为进行立法的经验研究提供丰富的知识资源。

总的来说,本章勾勒了在中国进行立法的社会科学研究的基本图景,主旨是想拓展法律的社会科学研究的范围。由于规范性问题是哲学、社会科学和法律研究共同的议题,难以回避,而且已有将哲学、社会科学和法律的规范性问题放在一起讨论的研究。[81]因此,本章在评述立法的社会科学研究时,也将立法中的规范性问题带入进行初步分析。但研究能不能做得出来,对问题的论证能不能深化,得需要力量投入和时间检验。一个人的能力是有限的,需要发现和培养更多能够从事法律的经验研究的年轻学人。他们熟悉法解释学或法教义学,但在方法论上又是经验的社会科学进路,同时还能回应法律的规范性要求和各种质疑。只有这样,法律的社会科学研究才有生机活力。

注释

[1] 例如,侯猛:《司法中的社会科学判断》,载《中国法学》2015年第6期;张剑源:《发现看不见的事实:社会科学知识在司法实践中的运用》,载《法学家》2020年第4期。

[2] 许德风:《法教义学的应用》,载《中外法学》2013年第5期。

[3] 参见张翔:《立法中的宪法教义学:兼论与社科法学的沟通》,载《中国法律评论》2021年第4期。

[4] 参见〔美〕希拉里·普特南:《事实与价值二分法的崩溃》,应奇译,东方出版社2006年版。

[5] 例如,凯尔森将法律科学限于对法律规范及由其构成要件之间关系的认知与描述。这样,作为规范科学的法律科学与所有其他旨在对事实过程进行因果关系认知的科学区分开来。参见〔奥〕汉斯·凯尔森:《纯粹法学说(第二版)》,雷磊译,法律出版社2021年版,第98页。

[6] 参见〔奥〕凯尔森:《法与国家的一般理论》,沈宗灵译,中国大百科全书出版社1996年版,作者序Ⅱ。

[7] 有关理由的区分,参见〔美〕查尔斯·蒂利:《为什么?(中文修订版)》,李钧鹏译,北京时代华文书局2016年版。

[8] 参见封丽霞:《面向实践的中国立法学:改革开放四十年与中国立法学的成长》,载《地方立法研究》2018年第6期。

[9] 参见李婉琳主编:《立法论丛》第二辑,中国政法大学出版社2019年版。

[10] 周旺生:《立法学》(第二版),法律出版社2009年版;朱力宇、叶传星主编:《立法学》(第四版),中国人民大学出版社2015年版。

[11] 国外立法法理学(legisprudence)的相关研究,参见王保民主编:《立法法理学——立法学前沿理论》,法律出版社2019年版。中国台湾学者陈清秀也指出,法理学以宏观思考方法研讨法律制度的建构和法律的解释适用,以实现国家良法善治,可以说是一门立法学和法律解释适用的方法学。参见陈清秀:《法理学》,元照出版有限公司2018年版。

[12] 〔英〕吉米·边沁:《立法理论》,李贵方等译,中国人民公安大学出版社2004年版,第1页。

[13] 参见〔美〕杰里米·沃尔德伦:《立法的尊严》,徐向东译,华东师范大学出版社2019年版。

〔14〕参见〔英〕哈特:《法律的概念(第三版)》,许家馨、李冠宜译,法律出版社2018年版,第127—134页。

〔15〕同上注,第260—261页。

〔16〕参见冯玉军主编:《区域协同立法理论与实践》,法律出版社2019年版。

〔17〕参见大数据战略重点实验室:《数权法3.0:数权的立法前瞻》,社会科学文献出版社2021年版。

〔18〕有关立法评估,特别是立法后评估研究已有不少。例如,刘作翔、冉井富主编:《立法后评估的理论与实践》,社会科学文献出版社2013年版;云南省人大法制委员会、云南省人大常务委员会法制工作委员会:《地性法规立法后评估实证研究》,中国政法大学出版社2017年版;李锦:《地方立法后评估的理论与实践:以省级地方性法规的立法后评估为例》,法律出版社2019年版。

〔19〕张春生主编:《立法实务操作问答》,中国法制出版社2016年版,第106页。

〔20〕参见朱景文主编:《中国人民大学中国法律发展报告2010:中国立法60年——体制、机构、立法者、立法数量》,中国人民大学出版社2011年版。

〔21〕参见朱景文:《回顾与反思:法社会学研究的不同导向》,载《法治现代化研究》2020年第6期。

〔22〕参见全国人大常委会法工委立法规划室编:《中华人民共和国立法统计(2018年版)》,中国民主法制出版社2019年版。

〔23〕参见沈春耀、许安标主编:《大智立法:新中国成立70年立法历程》,法律出版社2019年版,第309—336页。

〔24〕林明锵:《立法学之概念、范畴界定及功能》,载《政大法律评论》2020年第161期。

〔25〕能将这两个跨学科领域加以整合研究的学者是苏永钦。特别是他所做的民事立法研究,将私法与公法分析相结合,并引入法律经济学加以讨论。参见苏永钦:《寻找新民法》,北京大学出版社2012年版。

〔26〕参见翟国强:《立法》,江苏人民出版社2016年版,第11—14页。

〔27〕例如,何俊志:《从苏维埃到人民代表大会制:中国共产党关于现代代议制的构想与实践》,复旦大学出版社2011年版。此外,有代表性的政治学教科书对立法机关(全国人大及其常委会)的描述也只是点到为止,所占篇幅很小。参见朱光磊:《当代中国政府过程》(第三版),天津人民出版社2008年

版,第 28—31、103—106 页。

〔28〕〔英〕罗杰·科特威尔:《法律社会学导论(第 2 版)》,彭小龙译,中国政法大学出版社 2015 年版,第 7 页。

〔29〕参见〔英〕史蒂文·瓦戈:《法律与社会(第 9 版)》,梁坤、邢朝国译,中国人民大学出版社 2011 年版。

〔30〕See Peter Cane, Herbert M. Kritzer, eds., The Oxford Handbook of Empirical Legal Research, Oxford University Press, 2012.

〔31〕例如,〔美〕威廉·J. 基夫、〔美〕莫里斯·S. 奥古尔:《美国立法过程——从国会到州议会(第十版)》,王保民、姚志奋译,法律出版社 2019 年版。两位作者都是政治科学系教授。

〔32〕See Keith E. Whittington, R. Daniel Kelemen and Gregory A. Caldeira, eds., The Oxford Handbook of Law and Poiltics, Oxford University Press, 2008, pp. 3-18.

〔33〕太田勝造ほか編『法社会学の新世代』(有斐閣,2009)7—9 頁。

〔34〕平井宜雄『法政策学第二版』(有斐閣,1995)。

〔35〕参见全国人大常委会法制工作委员会国家法室编著:《中华人民共和国立法法释义》,法律出版社 2015 年版。

〔36〕习近平:《论坚持全面依法治国》,中央文献出版社 2020 年版,第 95 页。

〔37〕参见周雪光:《组织社会学十讲》,社会科学文献出版社 2003 年版,第 15—17 页。

〔38〕参见闫健:《中国共产党转型与中国的变迁:海外学者视角评析》,中央编译出版社 2013 年版,第 133—145 页。

〔39〕See Murray Scot Tanner, The Politics of Lawmaking in Post-Mao China: Institutions, Processes and Democratic Prospects, Clarendon Press, 1999.

〔40〕例如,周万来:《议案审议:立法院运作实况》,五南图书出版公司 2008 年版。

〔41〕参见季卫东:《论法律试行的反思机制》,载《社会学研究》1989 年第 5 期。

〔42〕江小涓:《江小涓学术自传》,广东经济出版社 2020 年版,第 107—109 页。

〔43〕参见四届全国人大一次会议,http://www.npc.gov.cn/npc/c1849/list.

shtml,最后访问日期:2021年8月2日。

〔44〕参见椿彦:《执法检查的政策功能》,载《清华法学》2012年第2期;林彦:《全国人大常委会如何监督依法行政?——以执法检查为对象的考察》,载《法学家》2015年第2期;林彦:《合作型联邦制执法检查对央地关系的形塑》,载《中外法学》2017年第4期。

〔45〕See Arnold M. Rose, The Social Scientist as an Expert Witness, *Minnesota Law Review*, Vol. 40, 1956, pp. 205-218.

〔46〕参见黄薇主编:《中华人民共和国民法典释义》(上),法律出版社2020年版,第45页。

〔47〕参见全国人大常委会法制工作委员会宪法室编:《中华人民共和国制宪修宪重要文献资料选编》,中国民主法制出版社2021年版,第166—167页。

〔48〕参见李鹏:《立法与监督:李鹏人大日记》,新华出版社、中国民主法制出版社2006年版,第259—265页。

〔49〕参见〔美〕劳伦斯·弗里德曼:《碰撞:法律如何影响人的行为》,邱遥堃译,中国民主法制出版社2021年版,第2—4页。

〔50〕参见〔美〕莫顿·J. 霍维茨:《美国法的变迁:1780—1860》,谢鸿飞译,中国政法大学出版社2004年版。

〔51〕参见全国人大常委会法制工作委员会研究室编:《我国改革开放40年立法成就概述》,法律出版社2019年版,第54页。

〔52〕同前注36,第43页。

〔53〕同前注36,第37页。

〔54〕同前注42,第106页。

〔55〕同前注19,第72—73页。

〔56〕参见朱旭峰:《政策变迁中的专家参与》,中国人民大学出版社2012年版。

〔57〕参见〔美〕菲利普·E. 泰特洛克:《狐狸与刺猬:专家的政治判断》,季乃礼等译,中国人民大学出版社2013年版,第23—25页。

〔58〕参见〔美〕菲利普·基切尔:《民主社会中的科学》,白惠仁、袁海军译,浙江大学出版社2019年版。

〔59〕参见〔美〕罗纳德·德沃金:《认真对待权利》,信春鹰、吴玉章译,中国大百科全书出版社1998年版。

〔60〕参见〔美〕布赖恩·Z. 塔玛纳哈:《一般法理学:以法律与社会的关系

的视角》,郑海平译,中国政法大学出版社 2012 年版,第 11 页。

〔61〕See John Monahan and Laurens Walker, *Social Science in Law: Cases and Materials*, 8th edition, Foundation Press, 2014, pp.171-174.

〔62〕See John J. Donohue Ⅲ and Steven D. Levitt, The Impact of Legalized Abortion on Crime, *The Quarterly Journal of Economics*, Vol. 116, No. 2, 2001, pp. 379-420.

〔63〕参见高柏:《政府与行会经济秩序:卡特尔和产业行会在日本的制度化,1931 年至 1945 年间》,载〔美〕弗兰克·道宾主编:《经济社会学》,冯秋石、王星译,上海人民出版社 2008 年版。

〔64〕参见刘骏:《规制改革语境下的规制性立法后评估标准体系之构建》,载沈岿主编:《行政法论丛》第 25 卷,法律出版社 2020 年版,第 84—100 页。

〔65〕See Martin Partington, Empirical Legal Research and Policy-making, in Peter Cane, Herbert M. Kritzer eds., *The Oxford Handbook of Empirical Legal Research*, Oxford University Press, 2010, pp.1002-1024.

〔66〕参见张翔:《宪法与部门法的三重关系》,载《中国法律评论》2019 年第 1 期。

〔67〕同前注 36,第 234 页。

〔68〕例如,〔美〕约翰·法比安·维特:《事故共和国:残疾的工人、贫穷的寡妇与美国法的重构》,田雷译,上海三联书店 2008 年版。

〔69〕See Robert W. Gordon, Morton J. Horwitz eds., *Law, Society, and History Themes in the Legal Sociology and Legal History of Lawrence M. Friedman*, Cambridge University Press, 2011.

〔70〕王汉斌:《社会主义民主法制文集》(上),中国民主法制出版社 2012 年版,第 45 页。

〔71〕例如,全国人大常委会办公厅、中共中央文献研究室编:《人民代表大会制度重要文献选编》,中国民主法制出版社、中央文献出版社 2015 年版;李鹏:《立法与监督:李鹏人大日记》,新华出版社、中国民主法制出版社 2006 年版;吴邦国:《吴邦国论人大工作》,人民出版社 2017 年版;顾昂然:《回望:我经历的立法工作》,法律出版社 2009 年版;肖峋:《立法往事:我在法工委那些年》,法律出版社 2020 年版。

〔72〕参见〔美〕W. 理查德·斯科特:《制度与组织:思想观念与物质利益(第 3 版)》,姚伟、王黎芳译,中国人民大学出版社 2010 年版。

〔73〕参见〔美〕约翰·麦克道威尔:《心灵与世界》,刘叶涛译,中国人民大学出版社 2006 年版。

〔74〕参见〔美〕B. 盖伊·彼得斯:《政治科学中的制度理论:新制度主义(第三版)》,王向民、段红伟译,上海人民出版社 2016 年版。

〔75〕参见邓小南:《走向"活"的制度史:以宋朝信息渠道研究为例》,载阎步克等:《多面的制度:跨学科视野下的制度研究》,生活·读书·新知三联书店 2021 年版,第 107—236 页。

〔76〕参见张五常:《中国的经济制度:中国经济改革三十周年(神州大地增订版)》,张五常译,中信出版社 2009 年版。

〔77〕同前注 36,第 95 页。

〔78〕参见马海龙:《京津冀区域治理:协调机制与模式》,东南大学出版社 2014 年版。

〔79〕典型的研究,例如,Stewart Macaulay, Non-Contractual Relationships in Business: A Preliminary Study, *American Sociological Review*, Vol. 28, No. 2, 1963, pp. 55-70.

〔80〕参见阎小骏:《当代政治学十讲》,中国社会科学出版社 2016 年版,第 112、243 页。

〔81〕参见〔美〕斯蒂芬·P. 特纳:《解释规范》,贺敏年译,浙江大学出版社 2016 年版。

第八章　司法的社会科学：
从《送法下乡》说起

苏力所著的《送法下乡》的初版是在2000年。[1]在刚出版那几年,该书在法学界且不仅在法学界引起了热烈讨论[2],现在仍是法学圈的学术畅销书。一晃20多年过去了,回头再看,《送法下乡》最大的学术意义何在？那就是奠定了中国司法,也是法律的社会科学经验研究传统。

苏力在2019年还出版了另一本书《是非与曲直：个案中的法理》。[3]该书集中讨论了司法个案,更为强调不同的可能性,侧重思想实验,也可以说是构成司法社会科学经验研究传统的重要部分。本章将同时结合《送法下乡》《是非与曲直》这两本书,评论苏力的司法研究的学术贡献、司法即法律的社会科学经验研究的前景等问题。本章还会讨论《送法下乡》对我的学术影响,因此,也带有口述史的风格。[4]

一、《送法下乡》的学术贡献

有关《送法下乡》的学术贡献,之前已有不少书评。我在这里大致归纳一下,特别是基于自己最近若干年的研究体会,反过来再看这本书的学术意义。

苏力一直在拓展法学的研究边界。《送法下乡》关注的是中国基层司法,苏力挖掘了这一议题的学术意义。他把司法研究中的一系列重要问题都在这本书中呈现。例如,法院的纠纷解决与规则治理功能、法院的行政管理与审判职能、法官的知识生产、裁判中的法律与事实、裁判中的法律与习惯。苏力对这些司法问题的研究成为标杆,后续学界跟进了一大批相关研究。

苏力的研究魅力还在于他的话语表达方式。这种话语表达是以丰富的想象力为背后支撑,并且用修辞手法来展示问题的张力。例如,在《送法下乡》一书中,每一篇文章都有题记,或是名人名言,或是诗词歌赋。基本上都有隐喻或有点题之妙。正文的句式也大多使用短句子。总之,这些表达方式与个人的文学积淀和偏好有关。这改变了法学文章写作给人的刻板印象。但这却是难以复制的,很难学,或很难模仿成功。

从构建学术传统的角度,《送法下乡》最大的学术贡献,就是建立了司法的社会科学经验研究传统或研究范式。因为司法研究的另一种范式(可能不止一种)是规范地、概念地或是抽象地讨论司法议题,在当时较为常见。相反,苏力对司法则采取的是经验研究。这种经验研究是建立在田野调查的基础上的。苏力虽然不是法学界第一个做田野调查的学者,但却是第一个在田野调查基础上系统研究司法的学者。因为做了田野调查,所以苏力不仅仅研究司法制度本身,也研究法院组织(内设机构),还研究法律人(法官)的运作。而且,其经验研究的问题意识正是来自田野调查。

苏力也最为强调问题意识。所谓问题意识,不是去描述"是什么",而是解释"为什么"。于是,翻开这本书,正文的第一页第一句,苏力就这样写道:"本书研究的是中国基层司法制度。但是,为什么?"。这种为什么的讨论并不仅仅在导论中出现,而是贯穿全书的每一个重要问题。讨论为什么,实际上也是法律的经验研究区别于法律的规范研究的基本特征,即不是去进行法条分析,而是进行因果解释:或阐释前因后果,或说明因果关系。

社会科学经验研究的问题意识,是不是只能来自田野?或者更准确地说,是不是就得"去哪里"?苏力给出的答案倾向于:田野并非某个特定的地理或社会空间。而是,即便心不在焉,仍令我眼前或心里倏地一亮的时刻和地方。[5]我基本认同,但不完全赞同苏力的这种看法,特别是对于初学田野调查的学者来说。

前些时候(2021年10月),我去云南的丽江、迪庆(香格里拉、德钦)转了一圈,接着去青海西宁参加"法律与社会"高端论坛暨第六届青藏高原法治论坛时,看到当地有不少学者研究民族和宗教问题,而且还有新的发现。我就突然明白了为什么自己就做不来。因为生活在首都北京,民族、宗教问题与我的日常生活基本无关,偶尔也只是在名胜古迹中体会,或在民族风味的餐厅中品尝。但在西部的很多地方,例如藏区,藏族文化、宗教的影响无处不在。在那里生活的学者,尤其是藏族学者,其问题意识就很会自然地源于自己的生活和身份认同。所以,苏力所说的田野就在这里的看法,我是认同的:你在哪里,就会有哪里的问题意识。

即使田野就在这里,要深化问题意识的讨论,还需要一种本领,那就是抽象能力。苏力强调的想象力,也可以说是抽象能力,它也强调深刻,但更偏重思想实验。抽象能力就是马克思所说的通过现象看本质,就是马克思在研究货币时所说的要从具体到抽象,再从抽象回到具体的过程。就像在大城市生活的我们,完全沉浸在数字社会,我们用手机、用电脑,出门各种刷卡、扫码。但要研究我们生活中的问题,就得透过数字现象解析背后的层层权力支配关系。[6]

但有些问题意识的产生,就得去那里,就得去不同于自己生活的别样的田野。就说司法研究领域,对于大部分人来说,除非你有极强的抽象和想象能力,在法学院能产生法院的问题意识几乎不可能。我们不大可能在法学院做法院研究,而只有在法院做法院研究,才可能产生有问题意识的问题意识。苏力的《送法下乡》就是去法院做法院研究,称得上是基于田野调查在地司法的经验研究。而苏力现在更强调把自己作为田野,其实是与其阅历相关。他对很多问题的认识,恰恰是建立在其过去的丰富阅历和观察经验基础上的。正如朱晓阳对苏力的评价:"他是在应用过去累积下的经验对现在的案子进行定位。"[7]

因此,对于年轻一代来说,如果我们还要继续做法院的经验研究,就得沿着苏力在《送法下乡》中所开辟的学术道路,必须去那里做田野。在这个意义上,《送法下乡》的最大学术贡献就是,它指明了司法的经验研究,也可以说是法律的经验研究的方向——在田野中发现问题,提炼问题。

二、《送法下乡》对我的学术影响

作为20年前就受教于苏力的学者,《送法下乡》当时刚刚出版,这本书对我的学术影响是直接又深远的。我所做的不少法院研究以及政法研究,一开始是模仿、后来则是承继《送法下乡》中的很多议题接着做下去。20年下来,竟也积累发表了三十余篇关于司法研究,主要是与最高人民法院相关的文章。由于我在学术取向上被认为与苏力的同质性很高,也遭到一些批评,例如,认为我的研究只是对苏力研究的简单复制,甚至是浅尝辄止。在这里,正好可以反思说明,类比借用学界当下比较流行的用语,即项飙所说的"把自己当作方法",我把自己作为研究样本[8],谈谈这20年来自己从苏力那里学到了什么,以及如何发扬苏力的司法研究,进而确立自己的司法研究风格。

就形式来说,我的博士学位论文的结构是在苏力的建议下安排的。他同时提醒,写作要类似于《送法下乡》这本书,形式上可以相对松散,内在联系要紧密。好处是各章相对独立,可以先在刊物上发出来,最后再出书。回顾自己的学术经历我的确也是这么做的。由于在那几年所发表的都是与最高人民法院相关的文章,因此,研究比较快地被学界认可。

就方法论而言,《送法下乡》这本书如苏力老师所言"汲取了经验主义、功能主义、实用主义的分析进路"[9]。不过,现在回过头来看,司法研究的经验主义、实用主义的分析进路仍有学术解释力。但功能主义分析进路,至少在法律的社会科学研究中似乎走向了没落。

《送法下乡》第一章"为什么送法下乡?"就是强烈的功能主义分析进路。苏力说,基层司法制度及其"送法下乡""巡回审判"的司法实际是中国现代民族国家建设的一个重要组成部分,因此,司法从一开始就具有一种政治性功能,独立于常规司法强调的解决纠纷与规则治理以外的功能。[10]

我在做博士学位论文时,也深受功能主义的影响,论文题目就定的是《中国最高法院规制经济的功能》。但在具体写作时,我实际上更多将法院的功能与法院的影响混同使用,甚至更为看重法院对社会经济生活的影响。我在2007年出书时,书名就更改使用"法院的影响力"术语。[11]到现在,我已经很少使用"功能"一词,而更偏好使用"影响"。2021年,我与邱遥堃博士合译了弗里德曼的专著 *Impact: How Law Affects Behavior*。[12]之所以愿意翻译,就是因为弗里德曼以"影响"为主题梳理了四十年来的法社科研究。简言之,目前我的基本看法是,法社科研究与其说是法律的功能研究,不如说是法律的影响(influence)研究,也就是后果(consequence)研究。有意思的是,法教义研究传统上一直有在使用"功能"一词,甚至晚近还出现了使用"功能主义"术语的研究。[13]我猜测,一部分原因可能与卢曼的系统论即社会系统与法律系统耦合论有关。

不过就我的博士学位论文研究来说,我与《送法下乡》有两个重要区别特点:一是苏力更青睐中国基层法院,而且当时的确掀起了一股研究基层法院的风潮,延续至今。我则反其道而行之,研究的是中国的最高法院。苏力在给我的专著写的序言中写道:"与之前的一些有关中外司法体制的著作相比,作者关注的问题并不是一般的法院体制的架构、最高法院的组织结构、司法制度的原理这类问题或制度比较,他关心的是当下中国社会转型时期最高人民法院对社会生活,特别是经济生活的影响力。"[14]这也就引出第二个区别,即我关注的是法院的规制经济的功能,而不是政治功能。不论是《送法下乡》对基层法院国家治理功能的强调,还是当时热议的最高法院的宪法司法化议题[15],这些讨论的都是法院的政治功能。[16]

《送法下乡》最显著的特点是基于田野调查进行经验研究。我在读书时,也尝试进行田野调查。例如,苏力基于田野调查写作了基层法院审判委员会的研究。[17]我也模仿这篇文章的写作思路,在老家调查基层政法委员会的运作过程。[18]这篇文章也可以说是我早期的代表作。后来,我在这篇文章的基础上接着做政法议题,反而又将自己的司法研究拓展到一个新领域——政法研究。

博士毕业以后,我还去了北京大学社会学系暨社会学人类学研究所从事博士后研究工作。社会学人类学研究所是费孝通创办的,同时这个博士后流动站也是新中国第一个文科博士后流动站。我在朱晓阳的引导下学习了人类学知识,受到他的研究思路影响[19],并跟着他做过人类学意义上的田野调查。[20]此后,从2009年开始,我还做过几年关于涉诉信访的田野调查,主要跑到南城信访办门口与访民打交道。后来写的一篇文章就是研究最高人民法院访民心态的。[21]

但回头来看,我真正坚持在田野调查基础上写成的论文,也就这少量几篇。尽管我后来也经常与实务部门联系,甚至在2015年后还去最高人民法院(政治部、司改办)担任法律研修学者一年多。但写成的论文很多都是规范分析与经验分析相结合,而并非那么纯粹的经验研究的论文。如果让我来反思原因,主要原因是不够勤奋。因为一篇高质量的纯粹经验研究论文,需要用更多时间来做田野调查。

还有一个原因是读者受众,即写给谁看的问题。我在写作时的确也有意识地将规范分析与经验分析相结合。但考虑到文章发表在法学期刊上,而不是社会学、人类学等外学科的期刊上,因此潜在读者和对话对象其实是法学同行,而主要不是社会学、人类学同行。实际上,我和其他同人牵头组织"社科法学与法教义学的对话"讨论会,也是这样的想法,即主要是与法学同行对话。不过,这样写是不是合适?我心中没底,也可能是走偏了,两不靠——经验分析不够深入,规范分析不够细致。

《送法下乡》不仅研究司法制度,其研究的法院组织和人事也是一大特色。组织和人事的研究,我长期以来也一直在做。例如,博士学位论文中有一章专门研究最高人民法院法官的知识生产机制,这也是受苏力关于法官司法知识的研究启发。[22]工作以后,受到苏力推荐的波斯纳所著的《卡多佐:声望研究》一书的启发[23],我还曾研究过最高人民法院大法官的流动和声誉[24],包括我在做政法研究时,也关注过政法与人事的关系。例如,《当代中国政法体制的形成及意义》文章初稿的第四部分就是分析人事对政法体制的影响。[25]包括我在2021年出版的《司法的运作过程》一书,里面关于人的研究在发表时也因故基本删去。[26]对于司法的经验研究来说,如果只剩下制度而没有了人的研究,就多了无趣,仿佛失去了灵魂。

不过,转向微观分析法官的决策机制倒是可行的。我刚博士毕业时,写过一篇关于法官行动策略的文章。[27]那时我还明显受到苏力关于法官的司法知识研究的影响,特别是苏力推荐我阅读科斯的法律经济学、张五常的制度经济学著述[28],对我当时的写作,包括对博士学位论文的写作影响很大。最近几年,我仍在做有关法官微观决策的研究,但更强调社会科学分析,更注重与法教义学、法学方法论的沟通对话。[29]就此而言,这与苏力的研究过于严厉批评法教义学有明显区别。[30]

但与苏力相比,我微观分析司法个案的能力显然差了一大截。苏力对司法个案的微观分析集中体现在他的《是非与对错》一书中。我一直没有学好的就是苏力所做的司法个案研究。很多年前,苏力就提醒我多做细致的司法个案研究。我在写博士学位论文时也曾进行尝试,第一章就集中研究了中福实业担保案。为此,我还专门找了一手资料和相关利益方进行访谈。此后,在2015年,我针对"奇虎与腾讯大战"也做了细致的个案研究。[31]但总的来说,我做司法个案的研究能力不强。

为什么学不来呢?往大了说,可能是苏力的司法个案研究方法很难学,难以复制。具体来说,苏力的司法个案研究与其说是个案研究,不如说都是超越个案的研究。虽然苏力说,我们做个案就是解剖麻雀,研究个案的意义在于个案的丰富性和深刻程度。[32]但真正做起来,就不仅仅是解剖麻雀的细致活了。理论追求的不只是通过解剖一只麻雀来认识一种类型的麻雀,还应当更进一步,通过解剖一只麻雀去深化认识麻雀属中的 27 种类型麻雀,甚至麻雀属之上的小型鸟类。这需要极高的想象力和抽象能力! 在这个意义上,苏力所做的每一个司法个案都是思想实验,是在寻求更多可能性的理论解释。无论如何,这样的理论高度是值得追求的,我未来也要努力去做司法个案研究。

三、司法的经验研究的未来

尽管苏力的《送法下乡》开创了司法的,甚至法律的社会科学经验研究传统,但传统的最终定型、成规模却需要几代学人的努力。我们可以看到,对《送法下乡》讨论一度形成热点,这本书也已经成为学术畅销书,但是真正去做司法的经验研究,而且坚持做司法的经验研究的学人并不是那么多。当年苏力带着强世功、赵晓力一起去做基层司法研究,赵晓力的博士学位论文的题目还是《通过法律的治理:农村基层法院研究》。但这两位老师的研究早已转向,甚至告别了法律社会学(社会科学)研究,强世功转向了政法理论,赵晓力似乎更偏爱法律与文学。在一定意义上,苏力现在自己也较少研究司法了。

受苏力直接影响(但不是唯一影响)的晚一辈的年轻学者,一直做司法研究的,有贺欣、我和刘忠等人。贺欣同时接受的是美国的学术训练,刘忠则结合自己的政法经历进行编年史写作,我的写作则偏重经验分析与规范分析相结合。而间接受到苏力影响从事司法研究的学者就更多了。但更晚一辈呢?还有多少会沿着《送法下乡》的经验研究传统走下去?可能并没有那么多了。光评论这本书好,有什么意义?接着做下去,才有意义!

回顾我十几年以来的研究,其实主要集中在两个领域:法院和法学院,可以自嘲戏称研究"两院"。法院研究主要研究法院的组织运作,同时还从法院研究拓展到政法研究。法学院研究就是法学的知识社会学研究,包括法学的学科制度以及社科法学的知识讨论。集中在这两个领域,也是受到我长期的学术伙伴王启梁的提醒和提炼,让我反而思考为什么会如此坚守,而不是追热点,经常性地变换研究领域。现在回过头来看,从后果上来说,这样做的意义就在于接续和塑造了司法经验研究的传统和法学的知识社会学的研究传统。至少我没有把这些传统断掉,甚至还打了知识基础,使后学将传统继续传承下去成为可能。

最近几年,我跑法院的次数越来越多,对国内司法经验研究的走向,也有了新的想法。已有研究更多的是以法院为分析单位,聚焦在法院的组织运作、人员管理、政策制定。我就主要做这样的研究,但这样的研究越来越泛,难有新的发现。这样宏观层面的研究当然可以继续做下去,但还有两个层面的研究更值得去做。一是以法院的具体业务或具体庭室为分析单位,例如,研究金融审判、破产审判、知识产权审判、公司审判,或专业审判庭。这样的研究还可以与相关部门法的规范研究形成学术对话和学术批评,因此,在研究深度上会更进一步。二是以法院内部或之间的关系为分析单位。这既包括立案、审判、执行、破产之间的关系,也包括各个审判业务,例如,民事审判与行政审判、民事审判与刑事审判、刑事审判与行政审判之间的关系,还有庭室之间的关系、巡回法庭与各内设机构之间的关系、上下级法院之间的关系、法院与其他组织之间的关系。这些诸多关系往往在法院政策制定和职能发挥中起到关键,甚至决定性作用。但是,研究者如果不深入内部进行研究,就很难细致展现这些影响因素。我希望以后能够推动更多后两个层面的更为微观的研究。

不过,对于司法的经验研究的未来,我总体上持比较悲观的态度。因为时代也变了:一是学科资源竞争加剧。长期以来,从事司法研究的学者集中在法学理论和诉讼法学两个专业。而司法研究也一直没有成为独立的学科设置。但目前已经出现了若干个新兴法学学科,例如,人工智能法学、数据法学或计算法学,这些学科已经成为研究热点。而国际法、知识产权、党内法规、纪检监察、国家安全已经成为国家重点扶植的研究领域,并有成为二级学科,甚至已经成为一级学科之势。在学科资源有限的情况下,司法研究不太可能在学科中成为显学,也难以吸引到更多、更好的学生进入。二是学术外部环境趋紧。刚才提到,司法的经验研究不光要研究制度,更要研究组织和人。但对组织和人的研究进入相对比较困难,而且目前法院也被定位为政治机关。因此,按照"研究无禁区,宣传有纪律"的要求,即使研究可以,但发表却较为困难。包括在用语表达上也强调与中央提法的一致性。也因此,对于是否还能培养司法的经验研究人才,我感到并不是那么乐观。不如格局视野再放大一些,我们应该接着做的不只是司法的经验研究,而且还是法律的经验研究;应当培养的不只是司法的经验研究人才,而且还是能够做法律的经验研究人才。

为此,我们的研究和教学要注意社会科学、规范分析两方面的结合,甚至整合。

整合社会科学研究。这也是为什么我合并称为司法(法律)的社会科学经验研究的原因。在做经验研究时,需要有社会科学的分析进路,否则只能说是做朴素的经验研究。而社会科学的分析进路又可以细化到各个学科进路。不同的学科进路又有各自的话语或术语,因此,我们需要用相应学科的术语来进行经验描述,从而展现的是不同学科背景下的法律的经验研究。例如,法律社会学的经验研究、法律经济学的经验研究、法律人类学的经验研究、法律的政治科学的经验研究,等等。苏力在书中就写道:"我也着重汲取了社会学的研究成果,特别是费孝通先生,法国的福柯和布迪厄等显然受马克思历史唯物主义影响或与之兼容的思想,强调法律与社会生活各个方面的相互支持和影响。我还汲取了制度经济学和法律经济学的一些思想。"

整合规范研究。如果只是做经验研究,那就是社会学,而非法学。法学意义的经验研究还是要从法条出发,研究法条的运作过程和实际影响。因此,未来的司法的经验研究,就可以围绕《人民法院组织法》《法官法》,以及中央的司法政策来进行差距研究。因此,研究的议题就包括各种司法改革措施,例如,巡回法庭、纪要,等等。这样的经验研究结论带有规范指向,很有可能转化为政策分析,最终会变成为法律规范。

例如,基层司法的意义,也许不仅仅是苏力所说的基层法院是中国法院的重头,案件数量最多。更重要的意义是基层法院具有牵一发而动全身的作用。基层司法的资源配置影响到全国司法的资源配置,也就是会影响上下级法院关系。2021年10月1日,最高人民法院下发的《关于调整中级人民法院管辖第一审民事案件标准的通知》开始实施。当更多案件往基层法院下压以后,情况会发生什么变化？上下级法院的关系会发生什么变化？这是司法中非常重大的问题。因此,不论是基层法院,还是最高人民法院,高级人民法院、中级人民法院,司法政策对法院、对法院的上下级关系是很大的。需要我们做更多细致的经验研究。

除上述两个整合以外,还有几个方面其实也是老生常谈的。这里也做适当展开。

整合定量研究。我们做的法律的经验研究又被称为定性研究,在方法上主要是基于观察、访谈,并辅之以数据统计,因此,会强调通过个案来展示问题的丰富程度和深刻程度。而法律的实证研究则不同,研究需要大量数据,甚至大数据,强调假设验证,甚至计量,通过新发现来展示实证研究的魅力。而这种新发现未必可靠,更可能失真。而且,实证研究会对统计数据进行因果解释,而未必对事实本身进行因果解释。因此,要准确把握统计数据,非得经验研究来检验不可。

《送法下乡》这本书第十一章"基层法官的司法素质",就是从民事一审判决上诉率切入讨论,算是统计定量分析。但这可能是研究最弱的一章,因为可信度和解释力不够。此外,法律的实证研究往往只有新发现,而这些新发现又很难称得上是知识。这既不能对学科产生知识增量,也难以有举一反三的理论解释力。[33]也因此,定量和定性研究要很好结合,似乎并不那么容易。

整合实务研究。我们在做法律的经验研究时,常常会发现我们学者写的文章,不如实务部门工作者写的文章。我们需要反思为什么。因为他们工作在第一线,对现实更有体会,更有问题感,也更容易获得数据。而我们的比较优势则是宏观把握和理论抽象能力。因此,需要发挥自己的比较优势,取长补短,甚至展开合作研究,但不能是同质性研究。

整合历史研究。法律的经验研究并不只是建立在田野调查的基础上的,也有基于历史档案资料写成的。例如,苏力的《中国司法中的政党》就是代表性作品。[34]但历史的经验研究如何写作,特别是法律的历史写作与田野写作如何结合,还需要好好琢磨。

整合理论研究。经验研究往往会停留于描述,而非深刻解释。而要进行深刻解释,就得借助理论分析工具,或者加以理论提炼。在《送法下乡》中,苏力就这样写道:"它的基本理论框架是马克思的历史唯物主义,即认为不能从法律和司法本身来理解法律,不是从人类的一般发展来理解司法制度,而强调其根源于社会的物质生活关系。"

跟进国外学术前沿。以中国问题意识为导向,关注本土,强调中国学术自主性,大方向是对的。但如果因此看不上国外的前沿研究,妄自菲薄,这在学术上可以说就是井底之蛙了。就我的司法研究领域来说,虽然英语世界的学术并不那么关注中国司法,而且只在其西方的学术话语体系内加以讨论。但就研究议题来说,虽然很少讨论中国问题,但其理论和方法的运用是比较成熟的。我最近在比较系统地阅读两本期刊的文章,一本是 *Journal of Law and Courts*,一本是 *Annual Review of Law and Social Science*。他们的研究水准说超过我所在领域二十年,也是不夸张的。

举个例子,虽然他们很少研究中国问题,但讨论问题的视角是有启发性的。例如,司法研究通常关注的是上级法院对下级法院有什么影响,但从"下级法院对上级法院有什么影响?"的角度来讨论问题和做研究,在中国是没有的。而美国由于有丰富的司法实践和强有力的研究群体,他们就有巡回法院对最高法院的影响的研究。[35]虽然美国的法院裁判数据没法照搬用来分析中国法院,但这样讨论的角度是非常值得借鉴的。

整合所有的法律经验研究。我们不仅要关注司法的经验研究,更要关注执法的经验研究、立法的经验研究,以及各个部门法的经验研究。《法律和社会科学》集刊曾牵头组织过好几次相关专号。例如,陈柏峰、王启梁牵头的"执法的社会科学"专号,我和贺欣牵头的"家事法的社会科学"专号,以及我牵头的"刑事法的社会科学"专号。之后,还可以规划"证据法的社会科学""国际法的社会科学""立法的社会科学"专号。

总的来说,如果将司法的社会科学经验研究拓展至法律的社会科学经验研究,并且时常反思上述关系的处理,那么我对法社科经验研究倒是有了信心。法社科经验研究要形成规模,应该集中围绕3C展开,即 Context、Constraint 和 Consequence。

Context,译为社会情境。情境就是将问题放在特定的时空背景下。但我们进行法律的经验研究,并不研究时空情境,而是要在时空情境中做法律的经验研究。这与苏力提倡的"语境论"研究进路大致类似。但在价值上并不是那样强调同情式的理解,甚至能推出存在即合理的认识,而更多是将情境作为一个宏观变量或宏观的约束条件来对待,分析为什么会出现这样的情形,或这样的情形会导致什么样的后果。Constraint,译为社会约束条件。相比 Context, Constraint 可以说是微观的具体的约束条件,是解释这种情形出现的原因。我们进行法律的经验研究就是要解释因果,不论是前因后果的阐释,还是因果推论的说明。探究社会约束条件就是探究前因,找到原因。Consequence,译为社会后果。如前所述,我们进行法律的经验研究就是要解释因果。探究社会后果就是探究法律的社会后果、社会影响。

如果大家能够朝着以上的方向共同努力,或许司法(法律)的经验研究会有好的未来吧。

注释

〔1〕苏力:《送法下乡:中国基层司法制度研究》,中国政法大学出版社2000年版。此后又在2011年由北京大学出版社出版修订版,2022年出版第三版。

〔2〕例如,《中国社会科学》杂志曾专门组织过三篇书评,分别由刘星、张芝梅和萧瀚撰写。此外,还有赵晓力:《基层司法的反司法理论?——评苏力〈送法下乡〉》,载《社会学研究》2005年第2期。

〔3〕苏力:《是非与曲直:个案中的法理》,北京大学出版社2019年版。

〔4〕美国积累了丰富的法律与社会运动的口述史研究,相关讨论参见Calvin Morrill et al., Conversations in Law and Society: Oral Histories of the Emergence and Transformation of the Movement, *Annual Review of Law and Social Science*, Vol.16, 2020, pp. 97-116。

〔5〕参见苏力:《走进田野。何为田野?创造田野!》,载《北大法律评论》第22卷第1辑,北京大学出版社2022年版。

〔6〕参见周尚君:《数字社会对权力机制的重新构造》,载《华东政法大学学报》2021年第5期。

〔7〕陈柏峰、尤陈俊、侯猛编:《法学的11种可能:中国法学名家对话录》,中国民主法制出版社2020年版,第71页。

〔8〕参见项飚、吴琦:《把自己作为方法:与项飚对话》,上海文艺出版社2020年版。

〔9〕苏力:《送法下乡——中国基层司法制度研究》(修订版),北京大学出版社2011年版,第15页。

〔10〕同上注。

〔11〕参见侯猛:《中国最高人民法院研究:以司法的影响力切入》,法律出版社2007年版。

〔12〕参见〔美〕劳伦斯·弗里德曼:《碰撞:法律如何影响人的行为》,邱遥堃译,中国民主法制出版社2021年版。

〔13〕例如,张翔:《我国国家权力配置原则的功能主义解释》,载《中外法学》2018年第2期。

〔14〕同前注 11,序第 1 页。

〔15〕参见强世功:《宪法司法化的悖论:兼论法学家在推动宪政中的困境》,载《中国社会科学》2003 年第 2 期。

〔16〕参见沈岿:《司法解释的"民主化"和最高法院的政治功能》,载《中国社会科学》2008 年第 1 期。

〔17〕参见苏力:《基层法院审判委员会制度的考察及思考》,载《北大法律评论》第 1 卷第 2 辑,法律出版社 1999 年版。

〔18〕参见侯猛:《司法改革背景下的政法治理方式:基层政法委员会制度个案研究》,载《华东政法学院学报》2003 年第 5 期。

〔19〕参见朱晓阳:《"语言混乱"与法律人类学的整体论进路》,载《中国社会科学》2007 年第 2 期。

〔20〕参见朱晓阳:《林权与地志:云南新村个案》,载《中国农业大学学报(社会科学版)》2009 年第 1 期。

〔21〕参见侯猛:《最高法院访民的心态与表达》,载《中外法学》2011 年第 3 期。

〔22〕例如,苏力:《基层法官司法知识的开示》,载《现代法学》2000 年第 3 期。

〔23〕See Richard A. Posner, *Cardozo: A Study in Reputation*, University of Chicago Press, 1993.

〔24〕参见侯猛:《最高人民法院大法官的流动分析》,载《法律科学》2006 年第 2 期;侯猛:《最高法院大法官因何知名》,载《法学》2006 年第 4 期。

〔25〕这部分内容在正式发表时删去,参见侯猛:《当代中国政法体制的形成及意义》,载《法学研究》2016 年第 6 期。

〔26〕参见侯猛:《司法的运作过程:基于最高人民法院的观察》,中国法制出版社 2021 年版。

〔27〕参见侯猛:《最高法院公共政策的运作:权力策略与信息选择》,载《北大法律评论》第 7 卷第 1 辑,北京大学出版社 2006 年版。

〔28〕例如,〔美〕罗纳德·哈里·科斯:《企业、市场与法律》,盛洪、陈郁译校,格致出版社、上海三联书店、上海人民出版社 2009 年版;张五常:《新卖桔者言》,中信出版社 2010 年版。

〔29〕参见侯猛:《司法中的社会科学判断》,载《中国法学》2015 年第 6 期;侯猛:《司法过程中的社会科学思维:以人类学为中心》,载《思想战线》2020 年

第 6 期。

〔30〕例如,苏力:《法律人思维?》,载《北大法律评论》第 14 卷第 2 辑,北京大学出版社 2013 年版;苏力:《中国法学研究格局中的社科法学:中国法学研究格局的流变》,载《法商研究》2014 年第 5 期。

〔31〕参见侯猛:《最高法院规制经济的功能:再评"中福实业公司担保案"》,载《法学》2004 年第 12 期;侯猛:《不确定状况下的法官决策:从"3Q"案切入》,载《法学》2015 年第 12 期。

〔32〕参见苏力:《法学人遇上"麻雀":关于个案研究的一点反思》,载苏力主编:《法律和社会科学》第 14 卷第 2 辑,法律出版社 2016 年版。

〔33〕或许这只是国内法律的实证研究的理论困境? 另外,法律的实证研究的一种理论努力,参见白建军:《论刑法教义学与实证研究》,载《法学研究》2021 年第 3 期。

〔34〕苏力:《中国司法中的政党》,载苏力主编:《法律和社会科学》第一卷,法律出版社 2006 年版。

〔35〕例如,Chirstopher P. McMillion, Kevin Vance, Criticism from Below: The Supreme Court's Decision to Revisit Cases, *Journal of Law and Courts,* Vol. 5, 2017, pp. 81-103.

第三编
法律中的社会科学运用

Law and Social Science
Research Tradition and Knowledge System

第九章　司法中的社会科学判断

在当代中国,社会科学的引入和强调,还主要局限于法律学术研究。重视经验调查,但往往是事后观察。例如,John Donohue 和 Steven D. Levitt 运用定量方法分析罗伊案(Roe V. Wade,410 U.S.113, 1973)与20世纪90年代中期美国犯罪率大幅度下降之间的因果关系。[1]这类研究的解释很有说服力,但学术意义大于实践意义,尽管最后往往也会指向立法或政策的制定和修改。

而在司法实践中,社会科学如何引入,对法律人有何意义,学界尚缺乏基本共识。不少学者认为,法解释学以及源于德国传统的尊奉既有法体系和法秩序的法教义学,围绕司法裁判来展开,是法律职业的基本训练。社会科学只是法教义学的补充和考虑因素,不是独立的思考方式。也有少数学者提出异议。他们认为,法教义学主要用来处理常规案件,社科法学主要是法律经济学,在疑难案件中更具指导优势。[2]

与上述两种见解都不同,我发现,社会科学不只用来处理疑难案件,而且可以贯穿整个司法裁判过程。在社会科学诸领域,也并不只有经济学才影响裁判,社会学、人类学、心理学乃至文学都会影响裁判过程。

相应地,在法学院进行社科法学的教学,旨在训练法律人对社会科学的判断能力,而不是或主要不是社会科学知识方法的学习。社会科学的学习主要,也应当在专门的社会科学院系完成。与社科法学的教学形成对比,法教义学主要是训练法律人的逻辑推理判断能力。

社科法学的教学与社科法学的研究也有明显差别。研究的主要目标是让对法律问题的解释更有说服力。同样针对司法个案,社会科学研究往往从个案出发,但超越个案,讨论个案背后的一般性问题、制度性问题。这与运用社会科学进行个案裁判完全不同。例如,关于肖志军拒签事件,苏力在社会科学的背景下,具体分析了医疗法律中的知情同意、紧急情况、强制救治、亲属签字等某些微观制度的安排,分析了患者无法回避的责任,并提出了一些完善相关法律的建议。[3]

而教学的主要目标,则是训练法律人对案件的判断力,增强案件的说服力。因为能够说服当事人的裁判,不仅需要法律逻辑推理,有时也必须包括因果关系解释。社会科学的核心是解释因果关系,法律人在裁判过程中进行社会科学判断,有助于法律效果与社会效果的统一。

一、以事实为中心

裁判过程可以简约为事实认定和法律适用两个阶段。"法院实务上最主要、最困难的工作在于认定事实,以适用法律。"[4]所谓"最主要",是指在大多数案件中,当事人争议的问题主要是事实问题,而不是法律适用问题。所谓"最困难",是说事实认定是法律适用的前提。如果事实认定有问题,直接影响法律适用的结果。

法律人在裁判过程中所进行的社会科学判断,主要是围绕事实问题展开。事实认定必须通过证据来完成,证据在裁判过程中的作用十分关键。法律人甚至认为,证据法已经成为裁判的核心。[5]这样,社会科学与证据的关系就相当密切。法解释学,特别是法教义学,主要是围绕法律问题来展开:"法律人从事的工作在于将抽象的法律适用于具体个案,涉及法律的解释、漏洞的补充或法律续造等法律方法的问题。"[6]对于事实问题的处理,也基本交由证据法来解决。

(一)法教义学对事实的理解

不过,法教义学已经形成处理事实问题的特定范式:其对事实的理解,服从于规范前提。这个规范前提就是预设:"法教义学是以现行法律的内容和适用为对象建立的法律知识体系,包括从制定法中,学术研究中以及相关判例中得出的关于现行法的所有理论,基本规则与原则""法教义学的方法就是对现行有效的法律规范进行解释、归类与系统化的方法,而这种方法必定是在现行法所确立的体系之内进行的""保证体系内部无矛盾性是法教义学的首要任务。"[7]

法教义学是从法律(规范、体系、秩序)出发去分析判断整个事实过程,并将案件日常社会事实转变为法律事实。法律事实或称"要件事实"。日本司法研修所对要件事实的经典定义是,"实体法权利的发生、妨碍、消灭等法律效果是否产生,与是否存在相应的具体事实紧密相关,这些事实就被称为要件事实"[8]。这是根据证据法、程序法和实体法裁剪以后,能够产生法律效果的案件事实。按照人类学家格尔茨的解释:"法律的事实是被制造出来的而不是天生的——若由一位人类学家来讲,他会这么说——是运用从证据至上的规则、法庭上的规矩、法律记录的传统格式一直到申辩技巧、法官的修辞以及法学院教育推重经义训诂的传统学风等等一切元素,社会性地建构出来的东西。"[9]由于法律事实必须用法律概念来指代,因此法律概念在功能上就勾连起案件事实与法律规则,成为事实问题与法律问题的"接口"。按照乔姆斯基的解释,概念是能指事实,但一个法律规则不能直接指代社会事实,其必须通过概念来完成。概念的作用,犹如边界效应(edge effect),是指两个边界在形成对比时出现的效应。[10]这样,由法律概念所界定的法律事实,有时既可能是事实问题,也有可能是法律问题,两者之间难有清晰边界。[11]

法教义学更关心与法律适用相关的法律事实,而不太关心案件社会事实。案件社会事实虽与适用无关,但却可能反映当事人所重视的事实上的因果关系。在裁判过程中,法律事实主要是由律师而非法官裁剪完成,法官更多是在此基础上进入找法,例如民法上的请求权基础阶段。梁慧星的解释是,律师代理案件,在接受了当事人的委托之后,首先当然要弄清楚本案的事实并为在法庭上证明本案事实准备各种证据,然后就要从现行法律、法规中找到本案应当适用的法律规范,建议审理本案的法官采用这一法律规范,作为裁判本案的裁判基准。此项法律规范,理论上称为"请求权基础"[12]。在法教义学的教学中,基于教学时间成本考虑,案件事实也往往给定,法律人更多精力投入法之发现及法律适用。然而,给定事实的信息有限,这会影响法律适用。此外,事实认定多是交由证据法来完成,本质上与法教义学没有关系。基于上述理由可以认为法教义学的核心是法律问题,而并非事实问题。

(二)社会科学对事实的理解

裁判过程的事实问题,在两大法系中的重要性有所不同。大陆法系以制定法为中心,注重演绎推理,法教义学得以发展,形成教科书体系以指导法官裁判。英美法系以判例法为中心,注重类比推理,形成遵循先例的司法传统。没有知识和规范体系化追求,因而也就没有法学家指导法官的可能。"在德国,显而易见,是教授在法律秩序的形成中起到了举足轻重的作用。"法学教授创造了法教义学理论体系。但在英美法系,法官才是法律秩序的主要形成者。[13]

与演绎推理相比,在类比推理的裁判过程中,需要更多精力处理事实问题。类比推理的基本步骤,首先是对已决案件和待决案件的事实比较,归纳出相同点和不同点,然后再对相同点和不同点的重要性进行衡量。[14]而要对这些比较的事实差异加以精确处理,不但需要逻辑、理性、直觉和经验,更需要社会科学判断。

演绎推理的裁判突出强调逻辑三段论。例如,梁慧星指出,民事法官在裁判当中所遵循的逻辑规则就是形式逻辑的三段论。一个判决是否正确、妥当,就看它是否符合这个裁判逻辑公式。[15]这似乎让事实问题居于次要地位,但也不尽然。三段论是以法律规则为大前提,案件事实为小前提,最后得出发生法律效果的结论。但实际上,法律人首先面对的是作为小前提的案件事实,然后才是寻找作为大前提的法律规则。而且,我国大陆地区裁判文书的表述,也是遵循先陈述案件事实,再给出理由,最后依据法律裁判的顺序。这样看来,虽然在理论上,具有一般化意义的法律问题比特定案件的事实问题更重要。但在实务上,法律人在处理特定司法个案时,事实问题更重要。没有个案的事实问题,就没有个案的法律问题。法律人可以通过证据规则将社会科学引入个案的事实判断。

如果进一步反思逻辑三段论,其中涵摄(subsumtion)的推论过程实际上也语焉不详。涵摄作为一项法学思维过程,"一方面,须从法律规范去认定事实,另一方面,亦须从案例事实去探求法律规范,剖析要件,穿梭于二者之间,须至完全确信,案例事实完全该当于所有的法律规范要件时,涵摄的工作始告完成,可进而适用法律,以确定当事人间的权利义务关系"[16]。由于涵摄所强调的是在事实与法律之间穿梭,也不知道有多少个来回,这本身就已经弱化了只有"三步走"的三段论的神圣性。更重要的疑问是,什么是穿梭,什么才是完全确信,法教义学已经无法解释。如果将这些归结为法官心证,那从认知心理的角度,法律人在此过程中就更需要社会科学判断。

大致来说,可以归纳如下几点作为本文立论基础。

第一,法律人所面临的首要问题是事实问题,而非法律问题。无论注重演绎推理,还是注重类比推理,都要首先面对事实,都需要证据认定事实,都需要社会科学来支持证据的证明力。在这个意义上可以说,事实问题就是证据问题,就是社会科学问题。

第二,两大法系证据证明标准不同,社会科学的运用也存在差异。法教义学在大陆法系占据绝对优势,注重演绎推理,围绕法律问题展开。相对次要的事实问题主要由证据法处理,但证据制度总体上并不发达,不利于社会科学的引入。而在判例法传统的英美法系,注重类比推理,事实问题是核心,相应的证据制度也比较发达,更利于社会科学的引入。

第三,不同的诉讼结构,产生不同的社会科学需求。例如,20 世纪90年代以来进行的民事审判方式改革,越来越多地从职权主义模式转向当事人主义模式。法教义学所对应的职权主义纠问制,是由法官主导事实认定和法律适用。这样在裁判过程中引入社会科学的关键在法官,但法官缺乏有效激励。而在由双方当事人律师主导,法官相对中立的对抗制中,社会科学引入的关键在律师,律师有激励机制,就会迫使(push)法官进行社会科学判断。

二、社会科学与裁判事实

依据案件类型,司法裁判过程中的事实至少可以分为裁判事实(adjudicative facts)和立法事实(legislative facts)。裁判事实是指与特定案件当事人密切相关的事实:"当法院对与本案中当事人有关的事实——当事人做了什么,当时的情况是怎样的,事件在何种背景下发生——进行认定时,法院便是在执行裁判的功能,这些事实则可被称为裁判事实。"立法事实是指不针对特定案件当事人,但有助于判断案件的潜在影响力的事实:"当法院考虑法律或者政策问题的时候,它就在进行立法,而那些为其立法判断提供了信息的事实可以很方便地被称为立法事实。"[17]这一部分先讨论裁判事实与社会科学的关联性。

(一)科学证据的准入[18]

在司法裁判过程中,(社会)科学必须借助证据规则,才能作为认定裁判事实的理由。但科学知识作为证据准入标准,经历了从"专门领域被普遍认同"标准到"有助裁判者理解"标准的阶段。[19]在1923年的Frye v. United States案中,美国哥伦比亚特区上诉法院认定,"收缩血压测谎实验还未能在生理学和心理学权威中获得地位和科学认同,法院据此不会承认迄今发现、发展和实验所推导出来的专家证言"[20]。但到了1975年,《美国联邦证据规则》第702条规定:如果科学、技术和其他专业知识,有助于事实裁判者在争议案件中理解证据或认定事实,专家证人可以以发表观点或其他形式作证。[21]美国联邦最高法院在 1993 年的 Daubert v. Merrell Dow Pharmaceuticals 案中进一步认为,"Frye 标准被《美国联邦证据规则》取代,但这并不意味着《美国联邦证据规则》对据称是科学证据的准入不设置任何限制。初审法官并非没有能力筛选证据。相反,根据规则初审法官必须确保所有科学证言或证据,不仅具有相关性(relevant),还具有可靠性(reliable)"[22]。

相关性已经成为美国证据法的核心原则。因此,社会科学证据与裁判事实之间必须具有相关性。依据《美国联邦证据规则》第 401 条,"相关证据是指那种有可能使得任何事实——该事实对案件事实认定产生影响——的存在概率较之于没有该证据时增加或者减少的证据"。相关性意味着,一方面证据必须与影响案件的事实有关,同时还必须使那个事实相较于没有此证据时存在概率增加或者减少。[23]

以商标案件为例,如何判断消费者混淆,最初法院以属于传闻证据(hearsay)为由拒绝基于调查所获得的经验数据。在 1928 年 Elgin National Watch Co. v. Elgin Clock Co.案中,原告提交给法院 2000 份返回的调查问卷,法院认为被调查人的陈述难以被证实,而且没有出庭,因此拒绝了这份调查数据。[24]但 1963 年的 Zippo Manufacturing Co. v. Rogers Imports 案改变了调查数据的证据准入要求。[25]新的社会科学证据标准得以确立,即社会科学证据并不必须对裁判事实起到决定性作用,只要有任何可能性证明存在消费者混淆,此证据就是具有相关性的,因此被推定准入。

(二)研究方法的判断

作为证据的社会科学,有的是个案或定性方法得出的结论,有的是定量方法得出的结论。定性证据包括证人证言、司法鉴定,等等。例如,轰动全国的"南京宝马案",肇事者被鉴定为急性短暂性精神障碍,就是针对特定个案进行定性分析获得的证据结论。尽管存在巨大争议,但这一定性证据的证明力最终需要法官来判断。

定量证据的运用也相当广泛。例如,在前述 Zippo Manufacturing Co. v. Rogers Imports 案中,为了判断 Zippo 与 Rogers 的打火机在外观上是否会造成消费者混淆,原告基于全美国烟民的概率样本进行了三个独立调查,每个样本规模为 500 人。在第三项调查中,被访者被递给一个带有其全部标识,包括底部的品名的 Rogers 打火机,然后被要求回答其品牌。34.7% 被访者认为它是 Zippo 牌,只有 14.3% 的被访者认为它是 Rogers 牌。不需要超过 50%,就可以认为原告已经证明了 Zippo 和 Rogers 打火机多半会被混淆,而且已经实际发生。

与定性证据相比,定量证据证明力的争议更大。最有代表性的案例是 2011 年 Wal-Mart Store, Inc., v. Betty Dukes 案。原告 Betty Dukes 和其他几位(前)员工认为沃尔玛公司存在普遍性的性别歧视问题。原告提出的证据是运用回归分析方法得出的结论。回归分析主要针对不同地区中提拔到管理岗位的女性数量、女性在整个沃尔玛公司的比例、沃尔玛与其他与其相竞争的零售商中女性受到提拔的比例、女性与男性员工在沃尔玛公司中的差异,等等。最后通过回归分析得出结论:沃尔玛公司经理当中女性缺乏代表的规模、普遍性和一致性,表明这种缺乏代表是深植于该公司组织文化和全公司的就业态度、政策和实践中的,后者反映并维持前者。但美国联邦最高法院最终以 5∶4 推翻了这一结论。

法院认为,即使从表面上的价值来看,这些研究也不足以支持被上诉人(原告)的主张。在 General Telephone Co. of Southwest v. Falon 案中,法院认为,单一原告受到歧视不足以证明在雇佣过程中这种差别对待是普遍存在的。同样,在本案原告的主张中一个类似的论证错误——就像法官所指出的那样,即使在地区和国家层面存在歧视对待,也不能够表明在单个门店中一定存在歧视对待,更不用说从(沃尔玛整个公司存在歧视政策)就推论出所有门店都在执行这种歧视政策。一个地区性的差异,只能说明一小部分沃尔玛门店存在这种现象,但不能说明每一个门店都存在歧视。而所有门店都存在歧视正是原告主张其能够代表沃尔玛所有女性职工的立论所在。[26] 法院的结论表明,定量分析虽然能够说明普遍性问题,但结论不一定适用于分析的所有个体。也就是说,回归分析所揭示的平均性因果关系,并不能否认个案中"极值"的存在。所以,代表多数意见的斯卡利亚大法官才认为,依据定量方法就是根据公式的裁判,这会侵犯沃尔玛公司在每一个个案中辩护的权利。

(三)新兴技术的引入

能够引入裁判过程的证据,不仅包括科学知识,也包括技术。长期以来,美国联邦最高法院对于视听资料的态度相当保守。例如,法院拒绝庭审录像,因为录像会影响法官中立裁判。但法院排斥视听资料作为证据,最主要的担心可能是认为,科学判断会取代法官的专业判断。在现有的裁判过程中,法官需要构建证据链来解决事实问题。但这是法律事实而不是案件真实,甚至法律事实与案件真实并不一致。而视频所呈现的影像是记载而不是还原现场,因此,视频录像要比原来的证据资料,更能接近案件真实。一旦视频录像被作为证据广泛使用,法官专业判断的重要性就会降低。一个佐证,最近几年中国老人摔倒讹诈事件时有发生。如果没有现场视频,纠纷最终交由法院处理的可能性很大,这就会凸显法官专业判断的重要性。但如果有现场视频,纠纷就很容易解决,甚至不需要法官介入。

但在2007年Scott v. Harris案中,美国联邦最高法院对视频录像的态度有所改变。该案中,Harris因为高速驾驶受到警察Scott追捕。在追捕过程中,Scott刻意碰撞原告驾驶的车辆以阻止其继续高速驾驶。事后Harris指控Scott执法过当,违反《美国宪法第四修正案》。法院认为,警察阻止会危害无辜民众生命安全的高速驾驶行为,并不违反《美国宪法第四修正案》,即使这会导致逃逸者严重受伤或死亡的风险。没有任何合理的陪审团会认为,被告刻意碰撞原告驾驶的车辆以阻止其继续高速驾驶,是一个过度执法行为。[27]法院之所以作出这样的事实认定,就在于法院前所未有地将清楚拍摄事故的现场视频作为其判决理由的一部分。现场视频对法院最终判决产生了强烈影响。

美国联邦最高法院甚至邀请社会大众观看该现场视频,以判断法院多数见解的认定是否正确。三位学者作出回应,通过实验设计,让1350名来自不同地区、具有不同背景、属于不同族群的美国公民,观看法院所公开的本案追捕过程的视频。研究结果显示,虽然大多数的受访者形成了与法院多数相同的意见,然而,在不同族群之间却存在显著差异:白人、男性、政治观点趋于保守、富裕者,较易形成支持被告立场的看法。非裔、女性、政治观点倾向自由派,受到良好教育但较不富裕者,则较易形成支持原告立场的看法。[28]

由此来看,视听资料以及其他新兴技术的引入,尽管更有可能呈现案件事实,但不同的受众自身存在差异,其认知程度会各有不同,对事实的理解也各不相同。这意味着科学判断的客观性存在问题,反而彰显法官专业判断的重要性。当然,这也意味着在裁判过程中,还需要引入认知科学的证据判断。

三、社会科学与法官心证

科学证据的准入、研究方法的判断、新兴技术的引入,常见于证据规则发达的美国。中国也遇到过上述问题,但处理方式上与美国有相当不同。美国对证据的要求比较宽松,根据相关性原则,只要与案件相关的任何事实都可以成为证据。而中国更强调证据的合法性。例如,《民事诉讼法》第66条列举了八种法定证据。这意味着如果相关证明材料不属于以上八种证据,都不能作为证据使用。从表面上来看,中国对证据要求更为严格,但司法实践中出现的很多证据上的问题难以解决。中国的证据规则实际上并不发达。例如,很多具有社会科学属性的材料,虽然与个案当事人密切相关,但不能作为证据使用,往往就只能成为法官心证的来源。依据《最高人民法院关于民事诉讼证据的若干规定》第85条第2款:"审判人员应该依照法定程序,全面、客观地审核证据,依据法律的规定,遵循法官职业道德,运用逻辑推理和日常生活经验,对证据有无证明力和证明力大小独立进行判断,并公开判断的理由和结果。"法官通过上述规定对证据的审查判断所形成的内心确信,就是心证。

(一)只能考虑的专家意见

社会科学进入司法的主要方式是专家意见。但专家意见不属于《民事诉讼法》中的八种法定证据。因此,专家意见中的社会科学结论很难作为证据使用。因为没有证据作为有力支撑,因此,社会科学与事实认定之间的联系就相当脆弱。退而求其次的做法是让具有社会科学意义的证明材料成为法官心证的范围。但既然是法官心证,社会科学采纳与否没有严格要求,这反而又会增加裁判的不确定性。

典型案例是最高人民法院二审的"3Q垄断案",即国内两大互联网公司奇虎360与腾讯之间的反垄断诉讼案件。在"3Q垄断案"中,腾讯和奇虎360都向法院提交经济学家的专业报告作为证据。在裁判文书中涉及专家意见的表述如下:

> 本院审查认定如下:证据1实为RBB经济咨询的Derek Ridyard出具的专家意见。作为专业经济咨询机构的专家,Derek Ridyard应根据自身的专业知识对本案所涉及的经济事实等专业问题发表意见,但是其却完全针对一审判决发表评论,认为一审判决的分析存在漏洞且举证不符合相关经济测试所要求的基本标准,实际上是提供法律意见……对证据1不再予以考虑……证据3实为CRA的特别顾问David Stallibrass出具的专家意见,David Stallibrass本人也已经出庭接受质询,本院将结合

证据 3 以及 David Stallibrass 的庭审发言对其专家意见予以考虑……

……证据 36 和证据 37 系全球经济咨询的 David Evans 出具的专家意见,本院将结合案件具体事实对其予以考虑……

上诉人主张……一审卷宗中有全球经济咨询出具的《关于奇虎 360 相关市场界定、市场力和滥用市场支配地位指控的经济报告》,一审法院大量采纳与该报告相同的观点和事实,但未组织质证,违反证据规则。本院认为……关于全球经济咨询出具的《关于奇虎 360 相关市场界定、市场力和滥用市场支配地位指控的经济报告》,被上诉人在一审过程中将该份报告提交审理法院作为参考,并非作为证据使用。一审法院亦未援引该份报告作为裁判依据。一审依据的部分事实和观点与该份报告有相同之处,并不能说明一审法院采信该报告。由于一审法院并未将该份报告作为裁判依据加以采信,对于该份报告无须组织双方当事人质证。[29]

本案中,上诉人奇虎 360 提交的证据是《奇虎 360 诉腾讯:对广东省高级人民法院判决书的经济评论》(证据 1)和《关于 360 和腾讯反垄断诉讼案件的经济分析报告》(证据 3);腾讯提交的是《关于奇虎 360 相关市场界定、市场力和滥用市场支配地位指控的经济报告》(证据 36)和《关于奇虎 360 和腾讯反垄断诉讼案件中 STALLIBRASS 先生对广东省高级人民法院判决结果批判的经济分析报告》(证据 37)。对证据 1,法官加以排除,主要理由是认为这是法律意见,而并非经济评论。对证据 3,法官认为专家意见的出具人同时出庭接受质询,因此予以考虑。对证据 36 和 37,法院认为是专家意见对其予以考虑。专家意见并非证据,即使出具意见的专家出庭接受质询,可以视为法定证据的证人证言,但法官的立场仍然只是予以考虑。考虑意味着什么？这已经进入法官的心证范围,具有很大的不确定性。

另一方面,既然专家意见并非证据,就不应该写入裁判理由。专家意见的观点一旦写入裁判理由,就是定案依据,就应该接受质询。正如裁判文书中上诉人所主张的,一审法院大量采纳与该报告(证据36)相同的观点和事实,但未经质证,违反证据规则。但二审法院采取强词夺理的态度,认为尽管有部分相同,但并不能说明法院已采信。而且,专家意见既然不是证据,也就不需要质证。这也意味着没有证据有力支持的社会科学,其在中国司法裁判过程中的作用相当有限。

(二)不只是修辞的文学典籍

在裁判文书的理由部分,还常常会出现援引文学典籍的情形。这不仅出现在英美法系,也出现在大陆法系,特别是中国台湾地区的裁判文书中。这些文学典籍可能并不是只具有修辞的意义。但严格说来,它也不是证据,可能只能算是法官心证的来源。以台湾地区的两个刑事案件为例:

与定罪理由相关的案例是"他妈的案"。在本案中,被告因对原告辱称"你他妈的给我走走看"等语,一审被判公然侮辱罪。但在二审法院判决无罪。法院的判断是:

> "他妈的"三个字,通常是詈词(骂人的话),在一般语境里,是借以表示怨恨、愤怒、惊诧等情绪的一种口头禅。作家鲁迅在《坟·论"他妈的!"》一文中,即指:"无论是谁,只要在中国过活,便总得常听到'他妈的'或其相类的口头禅。"在台湾地区,一些男性,特别是军队出身者,大多数均有不经意地口出此语的情形。正因为是句口头禅,言者经常不自觉地表达出来,事后若要细究言谈过程中有夹杂此三个字,也常难以反思辨觉。于表达愤怒、惊诧情绪时,此三个字虽显不雅,略带轻蔑的意味,但字眼中却无指涉性龌龊或其他粗鄙不堪等贬抑他人名誉感情或中伤人格评价之语意。因其为口头禅的一种,语气上多仅止于表达主观的内在情绪,尚难认系出于恶

意的攻击、贬抑他人人格之意念。听者主观上或许意识到名誉情感受伤,但大多数情况,是对言者愤怒情绪所发出决断式语气的不悦。[30]

在这一判决中,法官援引《坟·论"他妈的!"》与随后表述,共同构成法官心证的部分,成为定罪与非罪重要的事实和理由。

与量刑理由相关的是"台开案"。陈水扁女婿赵建铭因违反证券交易法而获刑,一审判决书科刑部分,法院提出特别考虑的量刑事由:

> 1.(一)本件所应特别考虑之量刑事由:早在春秋战国时代,《庄子·胠箧》即提及:"彼窃钩者诛,窃国者诸侯;诸侯之门,而仁义存焉",亦即偷窃腰带钩之人受到处罚,甚而处死,可是窃国者,反而封侯,可谓一语道出不同社会阶级犯罪,存有截然不同之社会后果。而从两千三百余年后之现在社会犯罪现实加以观察,前述庄周之论点,依旧是社会现实,亦即在监狱中服刑者,绝大多数是属于下层社会之传统罪犯;相对的,违反社会规范之权贵阶级,或利用法律漏洞而自始不构成犯罪,或因潜逃出境逍遥法外,绝大多数得以继续享受其犯罪成果,依然光鲜亮丽地行走上层社会,或是继续支配着台湾之政经社会资源,此即"权贵犯罪"之现象。[31]

在这一判决中,法官援引《庄子·胠箧》构成量刑事实和理由,同样属于法官心证范围。大陆地区将这称为酌定量刑情节,与法定量刑情节相对。[32]与法定量刑情节不同,酌定量刑情节是一个十分开放的量刑情节体系[33],因此,社会科学能够进入中国的量刑体系之中。

四、社会科学与立法事实

如前所述,立法事实是法官造法时所使用的事实,而并非仅仅适用既有教义解决特定案件当事人的纠纷。裁判事实的确定只影响案件当事人,但立法事实的确定却影响法律教义本身的内涵,除影响案件当事人以外,还会影响其他潜在诉讼当事人。

由于引入社会科学的立法事实,主要考虑案件的法律影响和社会影响,借助立法事实所形成的法律(裁判规则)就具有国家治理的意义。与法律(裁判规则)相比,社会科学也是近代民族国家形成和治理需求的产物[34],同样具有超越个案的一般性。在这个意义上,社会科学与法律(裁判规则)一样具有权威性。此时进行社会科学判断,就不必如裁判事实证据规则要求那样严格。只需要说服法官这一社会科学判断具有因果关系的解释力,即可引入裁判过程之中。

在美国,作为立法事实来源的社会科学主要发生在宪法和普通法中。例如,最早将社会科学判断引入立法事实的案例是 Muller v. Oregon 案。[35] 在本案中,布兰代斯作为俄勒冈州方律师,在辩论摘要中引入社会科学材料,证明保护女工的必要性。法院所需要进行判断的社会科学材料,包括 90 多份来自本国和欧洲国家的委员会、统计局、卫生大臣、工厂检查官的报告。而最著名案例则是 Brown v. Board of Education of Topeka 案。[36] 法院引用不少社会科学研究推翻了 Plessy v. Ferguson 案[37],判定公立学校的种族隔离政策违反《美国宪法第十四修正案》的平等保护条款。

中国与美国有很大不同。中国没有遵循先例原则,也没有宪法案例,不会出现法官造法所需要的立法事实,但中国属于政策实施型司法程序和科层型权力组织体制[38],越是上级法院,特别是最高人民法院,其判决可能具有的政策制定意义就越大,就更需要社会科学判断来确保其影响的可预测性。不仅是判决,具有更大法律影响力和社会影响力的是司法解释。司法解释的科学性也直接决定其实施效果。

(一)有影响案件中的立法事实

在中国的裁判过程中,有两类有影响力的案件有立法事实的需要,因此,社会科学的引入也有必要。一类是具有法律影响力的案件,这主要针对那些已经形成裁判摘要的案件。这些裁判摘要已经超出司法个案,具有法律适用的意义。另一类案件是具有社会影响力的案件,包括轰动案件。这些案件的影响已经超出当事人,对社会政治经济生活都有不同程度的影响。

构成立法事实的社会科学,本应由案件当事人提供给法院,或由法院主动调查获得。但就目前来看,至少在裁判文书中很少能呈现。

以最高人民法院再审的"海富投资案"为例[39],在一审二审法院相继否定了对赌协议(Valuation Adjustment Mechanism)的效力以后,最高人民法院如何再审引起了整个资本市场的关注。法院最终否定了股东与公司之间的对赌条款的效力,但肯定了股东与股东之间对赌条款的效力。这意味着私募股权(PE)投资基金在没有法律规定的情况下,司法首先赋予了对赌协议的法律效力,但前提是不得损害公司和公司债权人的利益。然而,从判决文书中的表述来看,对于PE投资、对赌协议的说理还很不够。例如,可以对对赌协议进行经济学解释,并且用经济数据说明,签订对赌协议是中国目前私募股权融资或者其他投资方与内地企业在上市、并购活动中的合作基础和基本形式,等等。

(二)司法解释中的立法事实

与裁判文书中出现社会科学理由不同,这些社会科学知识往往并不出现在司法解释文本之中,或者由利益相关方主动向法院提供,在法院采纳以后,或可能出现在相关司法解释的理解与适用的文章和书籍中。

市场常常对司法解释的反应极大。因此，如果司法解释某一条款没有经过科学论证，在实施过程中出现问题，利益相关方也会用统计数据和事实来影响司法解释的修改。例如，2000年12月13日《最高人民法院关于适用〈中华人民共和国担保法〉若干问题的解释》（已失效）开始施行，但在2001年6月15日，中国工商银行、中国农业银行、中国建设银行、中国银行、华夏银行联名提交给最高人民法院的《关于最高人民法院适用〈中华人民共和国担保法〉若干问题的解释有关问题的函》，其中说明，根据银行业的统计，这一司法解释，主要是第4条将会影响2700亿元信贷资产的安全。[40]之后，最高人民法院在具体判决中严格限定了该司法解释第4条的适用。

再如，民间借贷四倍利率规则问题。1991年，最高人民法院发布的《关于人民法院审理借贷案件的若干意见》（已失效）规定："民间借贷的利率可以适当高于银行的利率，各地人民法院可根据本地区的实际情况具体掌握，但最高不得超过银行同类贷款利率的四倍（包含利率本数）……"但足够的事实已经表明四倍利率严重背离市场，银行的个人信用贷款业务普遍存在规避四倍利率的现象。为了修改这一条款，需要更多的市场经济分析数据和事实。[41]最高人民法院最终对市场作出反应。2015年9月1日《最高人民法院关于审理民间借贷案件适用法律若干问题的规定》开始施行，取消了四倍利率的限制。

五、社会科学与后果判断

社会科学判断不仅用来理解事实问题，同时也可以贯穿案件的整个法律适用过程。从国外经验来看，不仅是属英美法系的美国，即使同属大陆法系的日本，受怀疑精神的影响，在战后也出现了关于法律的解释和适用的几种有弹性的见解。从法律以外寻找客观性标准的科学化主张(川岛武宜)、从法律内部寻找客观性标准的利益衡量论(加藤一郎、星野英一)就是最典型的学说实例。棚濑孝雄第一次明确提出"从制度分析转向过程分析",过程分析就是把审判视为过程,即程序参加者的相互作用的过程。[42]除学说之外,在司法实践中,"现实中的审判制度往往以各种形式超出通过一般规范的适用解决具体的纠纷这一给定的功能,在某种程度上把一般规范的制定、修改作用也纳入自身的功能范围"[43]。这也意味着司法裁判不仅需要后果判断,而且需要社会科学上的后果判断,以更好回应社会变化。

(一) 价值判断与利益衡量

作为对被批评为法律形式主义的回应,法教义学提出了价值判断问题。由于法教义学尊重既定法秩序,这一法秩序包含人权、自由、民主基本价值。因此,在既定法秩序下展开的法教义学,又称价值法学。[44]这也意味着价值判断已经先于法教义学存在。"法教义学与价值判断之间其实并不存在固有的矛盾或无法跨越的隔阂,与此相反,现行法的制度在大部分情况下已经固定了立法者的价值判断,法教义研究是为了发现这些价值判断并对其合理性进行论证,法官在一目了然的具体案件中,只要适用法律即可,无须过问法律规定背后价值判断的合理性。只有当法律规定不明确,需要进行目的解释来查明法律的内容,或是没有明文规定,法律需要填补法律漏洞时,才需要进行价值判断。"

由此可以理解,法教义学集中处理法律问题,即在法律事实(要件事实)形成以后的法律适用阶段。目前比较受推崇的就是邹碧华法官将法律适用方法归纳成为要件审判九步法。[45]而这一阶段已经由立法者完成了价值判断。对于其中法律规定不明确或需要填补法律漏洞的例外情形,法教义学允许法官进行价值判断,留出体系的缺口,将社会科学引入。但主要是将社会科学判断转换成法律的具体解释方法,例如,社会学解释,从而仍旧可以保持法教义学的纯洁性和体系性。另一方面,按照法教义学的观点,在判断案件事实是否符合法条的构成要件,即从案件社会事实转化为要件事实时,判断者需要作各种不同种类的断定,这包括以感知为基础的判断、以对人类行为的解释为基础之判断、其他借社会经验而取得之判断以及价值判断。按照拉伦茨的主张,假使将案件事实涵摄于法律规范的构成要件之前,必须先依据"须填补的"标准来判断该案件事实的话,判断者于此就必须作价值判断了。此类须填补的标准有:"善良风俗""诚信原则"、交易商"必要的注意",以及(作为即时终止持续性债之关系的前提之)"重大事由"。[46]这些标准都会给法官针对个案留有判断余地。也因此,拉伦茨也不得不承认:"可以想象,当法官最后终于在两个均可认为正当的判断中作出抉择时,他事先已经考虑过各该判断的后果(即:由各该判断将推论出的案件裁判结果)。"[47]

拉伦茨所讲的事先考虑后果,以及前述法官如何在事实与规范之间穿梭进行判断,因为缺乏可操作性,而被日本学者进一步发展为利益衡量论。"对于应该适用法规进行解释的纠纷,必须考察有怎样的对立着的利害关系。即使在解释法规之际,也有必要将适用该规定的社会问题进行再分类,明确类型间相互利益状态的不同。这是为了考虑承认这些场合的不同效果是否妥当而有此必要。"[48]当然,严格说来,利益衡量不是方法,而是裁判过程中必须经历的阶段。国内有研究将利益衡量作为方法来理解,通过区分层次结构,建立利益衡量理论,这可能违背了利益衡量所要达到的目的。[49]

"在利益衡量和价值判断方面,法律家并没有特别的权威,法律家所有的权威,只不过是在法律技术的方面,例如进行逻辑判断的方法,或者是概念、制度的沿革的意义,即所谓理论构成的方面。关于利益衡量、价值判断,即便法律家,亦只有一介市民,或者说是一个人的资格而已。"这就是说,法律人在裁判案件时,首先需要对双方当事人的利害关系进行分析,这并不需要法律逻辑推理判断,在大致确定后果之后再去找合适的法条加以适用。

也正是由于利益衡量无须进行法律逻辑推理,这一理论遭到了容易导致法官主观恣意性的批评。法官主观恣意性的情形肯定存在,究其原因还是在于法官的科学知识储备不足,无法对利害关系进行较为准确的衡量。如果能够建立一个司法竞争市场,通过双方当事人律师,让更多社会科学进入裁判过程之中,这样,就能够帮助法官进行更好的社会科学判断。

但社会科学判断,特别是法经济学所主张的权利相互性、成本效益分析,与自然法学,包括法教义学的价值判断发生对立。例如,科斯提出权利相互性,波斯纳强调效率、社会财富最大化,而强调人权原则的德沃金就表示反对。[50]在后者看来,人权作为基本价值已经写入宪法,有些不可克减的基本权利已经成为信条。因此,法教义学其实不是反对事先后果判断,而是反对不按照法治原则(例如,自由、民主、人权、司法独立原则)进行后果判断。如拉伦茨所言,"因为法官希望尽可能对事件作出'正当'的裁判,在事件中实现正义也是司法裁判的正当意愿,因此,预先考虑法官自己认为正当的事件裁判,原无不可"。

(二)后果导向的司法裁判

即使法官以法治原则为由拒绝后果判断,或只按照法治原则进行后果判断,但对于律师来说却是必须,他要从当事人的利益出发来推动整个裁判过程。当事人的利益就是自己的利益。律师受当事人委托存在报酬激励。例如,律师费用或由败诉者负担或采取成功报酬模式,胜诉才收费。[51]因此,律师对于案件的态度一定是后果导向,要么胜诉,要么至少打个平手。特别是经济案件,律师不仅需要分析和筛选当事人提供的案件信息,还需要调查对方的信息;不仅需要关注当事人的经营状况和市场走向,还要跟踪法律和最高人民法院政策的变化情况,甚至国家整个政治经济形势和政策的走向。在案件基本信息确定以后,寻找合适的法条,可能有数个法条适用方案,但最终选择能获得利益最大化的法条。在大的律师事务所,特别是从事知识产权业务的律所,法条的最终选择适用还会交由其中的市场部决定，因为其中需要对市场和案件后果进行经济分析。

由于案件双方当事人和律师都采取后果导向的态度，法官在面对双方的诉讼请求时，不可能不对双方所主张的利益，也就是他们所期待的案件后果进行权衡取舍。如果是高度同质化的常规案件，由于法教义学已经形成对常规案件的裁判模式，法官无须考虑后果，直接适用法条即可实现双方的利益诉求。但至少有两种类型案件，法官不能按照既定裁判模式处理，必须进行后果判断。

第一种类型是只涉及双方当事人，但如果按照法律逻辑推理适用特定法律，就会出现显失公平的裁判结果的案件。英国普通法之外的衡平法，就处理这样的问题。但中国没有衡平法，因此，法官必须从案件的社会后果出发，寻求另外的法律进行解释，哪怕不符合法律形式理性。例如，有一起交通事故导致甲乙两人死亡，但导致两人死亡的情形并不相同。按照犯罪构成要件，检察院认定司机导致甲死亡属于交通肇事罪，而导致乙死亡属于过失致人死亡罪。但法院最终认定司机导致甲乙死亡都属于交通肇事罪。其中的原因何在？因为按照过失致人死亡罪所能够获得的赔偿，要比交通肇事罪少得多。特别是在同一案件中，死者获得的赔偿数额存在巨大差异，这非常不公平。对于当事人来说，他们最关心的不是定什么罪，而是赔偿。法院只有从案件的社会后果出发，重新选择法条解释，这样才能实现法律效果和社会效果的统一。

第二种类型是案件的影响已经超出双方当事人，对行业和社会经济生活产生更大影响。法官必须从所可能导致的潜在的社会后果出发进行裁判。典型案件例如"微信商标案"。最先申请微信商标的是个小公司创博亚太公司，而不是腾讯公司。但法院运用法律经济学分析突破了商标申请在先原则，裁定维持商标异议复审裁定。法院在裁判文书中表述：

> 第三人提交的证据显示，"微信"即时通讯服务应用程序由腾讯公司于 2011 年 1 月 21 日首次推出，晚于被异议商标申请日 2

个月,早于被异议商标初审公告日7个月。此后,"微信"注册用户急速攀升,根据相关报道的记载,至2013年7月用户已达4亿,至2014年11月用户更超8亿。"微信"在信息传送等服务市场上已经具有很高的知名度和影响力,广大消费者对"微信"所指代的信息传送等服务的性质、内容和来源已经形成明确的认知。

在这种市场实际情况下,如果核准被异议商标注册,不仅会使广大消费者对"微信"所指代的信息传送等服务的性质、内容和来源产生错误认知,也会对已经形成的稳定的市场秩序造成消极影响。

先申请原则是我国商标注册制度的一般原则,但在尊重在先申请这个事实状态的同时,商标注册核准与否还应当考虑公共利益和已经形成的稳定市场秩序。当商标申请人的利益与公共利益发生冲突时,应当结合具体情况进行合理的利益平衡。本案中,一方面是商标申请人基于申请行为产生的对特定符号的先占利益和未来对特定符号的使用可能产生的期待利益,另一方面是庞大的微信用户已经形成的稳定认知和改变这种稳定认知可能形成的较大社会成本,鉴于此,选择保护不特定多数公众的现实利益具有更大的合理性。因此,被告认定被异议商标的申请注册构成《商标法》第十条第一款第(八)项所禁止的情形并无不当,本院予以维持。[52]

在本案中,法官从市场后果出发进行法经济学分析有其合理性,其意在避免判决对市场的负面冲击,维护既有的市场秩序。但对当事人来说,是否是一个公平判决,可能难有定论。

(三)不确定状态下的法官决策

法官在进行后果判断时,往往处在一种不确定状态。所谓不确定状态,是指法官的有限理性。法官信息加工的能力是有限的,无法按照充分理性的模式去决策。法官没有能力同时考虑所面临的所有选择,无法总是在决策中实现效率最大化。[53]由于法官总是在不确定状态下进行决策,往往会出现认知偏差。[54]社会科学的引入,能够缓解法官的认知偏差问题,从而提高后果判断的准确程度。

社会科学如何引入以解决法官决策的不确定性,受到司法体制和诉讼结构的制约。不同诉讼结构遵从不同的法律逻辑推理,也有不同社会科学判断的需求,以及相应的制度安排。例如,在法院人员分类管理制度中,司法技术人员原来是直属于法院,主要是因为过去的纠问制,而实行对抗制以后,技术问题可以通过专家证人解决,无须法院来提供,因此,法院的司法技术人员越来越少。另外,当诉讼结构从职权制转向对抗制时,证据要求也会发生变化。律师比法官有更强激励机制引入社会科学判断给定理由并说服法官。因此,双方当事人律师之间,甚至律师与法官之间存在一个博弈过程,而且是在信息不对称情形下的博弈过程。律师必须进行策略选择,法官也必须能够应对选择,这样才能优化当事人律师与法官的共生秩序。[55]

六、社会科学与形式法治

在司法裁判过程中强调后果主义,强调社会科学的引入,会不会违反形式法治?这为法解释学者,特别是一部分中国法教义学者所担心。这里可以作如下澄清。

只注重后果的司法裁判,的确有可能构成韦伯意义上的"实质理性"裁判。实质理性裁判意味着,"它追求的不是形式法学上最精确的、对于机会的可预计性以及法和诉讼程序中合理的系统性的最佳鲜明性,而是在内容上最符合那些'权威'的实际的——功利主义和伦理的要求的明显特征"[56]。但社会科学的引入有助于准确、合理评估后果。这并不是说,社会科学不存在问题。例如,在德国终身自由刑案中,德国联邦宪法法院在对新近的研究成果进行梳理之后,无奈地指出,科学研究、经验实证研究和心理学上的研究等都无法对终身自由刑的后果给出一个确定性的评估答案。一种观点认为,长期监禁并不会产生负面后果;另外一种观点认为,长期监禁会给被监禁者带来不可估量的损害后果。对于这两种截然不同的观点,德国联邦宪法法院认为要从中加以识别,其困难在于二者之中没有一个能够通过充分可靠的研究而得以确证。[57]社会科学结论仍有相当大的风险,特别是存在人为控制的因素。除不可靠之外,社会科学还有一种可能是与后果判断相冲突。例如,关于亲子鉴定问题,即使技术上能够做到,但如果是一方反对,或子女超过三岁的,应视具体情况,从严掌握。[58]这就要求在裁判过程中仍需经常保持怀疑态度。但总的来说,对裁判后果进行社会科学判断,有助于减少司法裁判的恣意性。

社会科学引入司法,仍可以坚持法治传统。法律人的任务是确保法律的不可中断的连续性和保持法律思想的传统,从而避免法律的专制独裁。"解释的任务就是使法律具体化于每一种特殊情况,但法官正如法律共同体里的每一个其他成员一样,他也要服从法律","一个法治国家的观念包含着,法官的判决绝不是产生于某个任意的无预见的决定,而是产生于对整个情况的公正的衡量。"[59]社会科学的判断并不否定法治的基本价值,但差别在于灵活性。强调后果导向的司法裁判,更注意在追求形式法治的过程中实现法律和社会效果的统一,以尽可能减少法律与社会之间的隔阂。

在司法裁判中引入社会科学最多的美国,注重类比推理,同样坚持了形式法治的价值。因此,对于一部分中国法教义学者,与其说他们担心社科法学违反形式法治,不如说他们认为只有法教义学(演绎推理)才能坚持形式法治。[60]反讽的是,法教义学一代大家拉伦茨在构建法教义学体系的同时,还从事非正义的纳粹活动。[61]作为第一本全面而广泛地对德国法学展开历史和体系研究的教科书,拉伦茨的《法学方法论》对于"纳粹"这两个字竟然在标题、目录或内容上均未提及。教科书刻意删除这部分的做法,客观上已经形同"伪造历史"。[62]

一部分法教义学者更多的担忧,可能是基于他们自身地位的考虑。社会科学引入法律,打破了法学体系的神话。体系化、学术化,正是这些学者们念兹在兹的大事。特别是对于法教义学而言,与其说是为了更好指导司法实践,不如说是重新界定学术边界。"这一目标要求法学理论清除一切不纯粹的东西,也就是有关政治现象、经济现象、道德现象或文化现象的考虑可能带来的后果""这种理论的发展过程中的大部分动力,都是源于法律学者的欲望:提升其研究地位,与科学并肩而立。"[63]同时,"在立法主导法学发展的时代结束以后,学术界的首要任务就是同化这些外来的法律制度,构建中国自己的部门法知识体系,为中国的司法部门提供现实的知识辅助。而这种同化的过程,需要以中国自己的判例为基础对中国现有法律规范进行注释、整合与研究的互动与良性循环。学术研究的目的是为法官提供法律适用的指南。"[64]因此,法教义学如果不能影响法官裁判,则此学说已无意义。

如果能够消除彼此偏见进行合作[65],法教义学和法社会科学可以联手对抗的共同敌手是政治专断。法教义学主张将政治问题加以科学化处理,法社会科学其实也是如此。只不过前者的科学化是法律科学,解释稳定的社会结构中出现的问题,而后者则加入了社会科学,解释动态社会变迁中出现的问题。社会科学中的个体主义、理性主义、现代主义思想,与法学思想都是相通甚至相同的。社会科学中的核心概念,例如选择、决策,甚至更微观的概念,例如有限理性、信息成本,都会让法律从抽象变为具体,反而有助于增加法律的正当性。

同时,法教义学给出理由,法社会科学也是给出理由。法律和社会科学合作,有助于增强司法裁判的说服力。法律是准则,社会科学是专业表述,对于"准则不需要太多的解释,只要它们遵循现有的规则",而"专业表述则宣称建立起可靠的因果关联"[66]。在过去,法官借助法律规范给出理由,就可让当事人服从。但在现代社会,当事人对司法的要求越来越高,如果当事人质疑,或对法院不够信任,抑或当事人的智识足以挑战法官,这就要求法官给出更充分的理由,这种理由往往是因果关系意义上的。这也就迫使法律人在处理案件时,必须同时运用逻辑推理和社会科学的解释。

总的来说,司法实践中引入社会科学,可以从宏观社会、微观社会和微观个体三个视角加以理解。在宏观结构上,可以运用社会科学分析司法体制和司法改革;在微观社会互动上,可以在具体案件中借助于证据或其他证明材料进行社会科学判断,运用社会科学进行后果判断;在微观个体上,运用社会科学特别是认知科学认识法官心态,以帮助法官作出最优的裁判策略。

注释

[1] See John J. Donohue Ⅲ and Steven D. Levitt, The Impact of Legalized Abortion on Crime, Quarterly Journal of Economics, Vol. 116, No. 2, 2001, pp. 379-420.

[2] 参见桑本谦:《"法律人思维"是怎样形成的:一个生态竞争的视角》,载苏力主编:《法律和社会科学》第13卷第1辑,法律出版社2014年版。

[3] 参见苏力:《医疗的知情同意与个人自由和责任:从肖志军拒签事件切入》,载《中国法学》2008年第2期。

[4] 王泽鉴:《民法思维:请求权基础理论体系》,北京大学出版社2009年版,第20页。

[5] 参见杨秀清:《民事裁判过程论》,法律出版社2011年版,第156页。

[6] 同前注4,第16页。

[7] 卜元石:《法教义学:建立司法学术与法学教育良性互动的途径》,载田士永等主编:《中德私法研究》第6卷,北京大学出版社2010年版,第3—25页。

[8] 关于要件事实的详细说明,参见许可:《民事审判方法:要件事实引论》,法律出版社2009年版。

[9] [美]克里福德·格尔茨:《地方知识:阐释人类学论文集》,杨德睿译,商务印书馆2014年版,第200页。

[10] 参见[美]诺姆·乔姆斯基:《语言的科学:詹姆斯·麦克吉尔弗雷访谈录》,曹道根、胡朋志译,商务印书馆2015年版,第430页。

〔11〕相关讨论,参见陈杭平:《论"事实问题"与"法律问题"的区分》,载《中外法学》2011年第2期。

〔12〕参见梁慧星:《裁判的方法》(第2版),法律出版社2012年版,第289页。

〔13〕参见〔日〕大木雅夫:《比较法》,范愉译,法律出版社1999年版,第263、280页。

〔14〕参见〔美〕史蒂文·J. 伯顿:《法律和法律推理导论》,张志铭、解兴权译,中国政法大学出版社1998年版,第30—49页。

〔15〕同前注12,第8、11页。

〔16〕王泽鉴:《民法思维:请求权基础理论体系》,北京大学出版社2009年版,第162—163页。

〔17〕Kenneth Culp Davis, An Approach to Problems of Evidence in the Administrative Process, *Harvard Law Review*, Vol. 55, No. 3, 1942, p. 402.

〔18〕此处内容部分参考John Monahan, Laurens Walker: *An Introduction to Social Science in Law*, Foundation Press, 2006,并核对了其中所涉及案例的裁判文书的原文。国内的中译本可以参见〔美〕约翰·莫纳什,〔美〕劳伦斯·沃克:《法律中的社会科学(第六版)》,何美欢、樊志斌、黄博译,法律出版社2007年版。

〔19〕See Adina Schwartz, A "Dogma of Empiricism" Revisted: Daubert v. Merrell Dow Pharmaceuticals, Inc. and the Need to Resurrect the Philosophical Insight of Frye v. United States, *Harvard Journal of Law & Technology*, Vol. 10, No. 2, 1997, p. 149.

〔20〕Frye v. United States, 293 F. 1013 (D.C. Cir 1923).

〔21〕See Federal Rules of Evidence: Rule 702. Testimony by Experts.

〔22〕Daubert v. Merrell Dow Pharmaceuticals, Inc., 509 U. S. 579, 113 S. Ct. 2786 (1993).

〔23〕See Laurens Walker and John Monahan, Social Facts: Scientific Methodology as Legal Precedent, *California Law Review*, Vol. 76, No. 4, 1988, pp. 877-896.

〔24〕Elgin National Watch Co. v. Elgin Clock Co., 26 F. (2d) 376 (D.C. Del. 1928).

〔25〕Zippo Manufacturing Co. v. Rogers Imports, Inc., 216 F. Supp. 670 (U.S. Dist 1963).

〔26〕Wal-Mart Stores, Inc., Petitioner v. Betty Dukes et al., 564 U.S._(2011).

〔27〕Scott v. Harris, 550 U.S. 372 (2007).

〔28〕See Dan M. Kahan, David A. Hoffman & Donald Braman, Whose Eyes Are You Going to Believe? Scott v. Harris and the Perils of Cognitive Illiberalism, *Harvard Law Review,* Vol. 122, No. 3, 2009, pp. 837-903.

〔29〕北京奇虎科技有限公司与腾讯科技(深圳)有限公司等滥用市场支配地位纠纷案,最高人民法院(2013)民三终字第4号民事判决书。

〔30〕台湾地区"高等法院台南分院"刑事判决,2015年上易字第474号。

〔31〕台湾地区"台北地方法院"刑事判决,2006年瞩重诉字第1号。

〔32〕刑事法学界通常将量刑情节分为法定量刑情节和酌定量刑情节两种。详见马克昌主编:《刑罚通论》,武汉大学出版社1999年版,第331页。

〔33〕参见陈瑞华:《量刑程序中的理论问题》,北京大学出版社2011年版,第25页。

〔34〕参见〔美〕华勒斯坦等:《开放社会科学:重建社会科学报告书》,刘锋译,生活·读书·新知三联书店1997年版,第1—34页。

〔35〕Muller v. Oregon, 208 U. S. 412, 28 S. Ct. 324, 52 L. Ed. 551(1908).

〔36〕Brown v. Board of Education of Topeka, 347 U. S. 483, 74 S. Ct. 686, 98 L. Ed. 873(1954).

〔37〕Plessy v. Ferguson, 163 U. S. 537, 16 S. Ct. 1138, 41 L. Ed. 256(1896).

〔38〕参见〔美〕米尔伊安·R.达玛什卡:《司法和国家权力的多种面孔:比较视野中的法律程序(修订版)》,郑戈译,中国政法大学出版社2015年版,第五章"政策实施型程序",第191—234页。

〔39〕海富投资有限公司诉甘肃世恒有色资源再利用有限公司不履行对赌协议补偿投资案,最高人民法院(2012)民提字第11号民事判决书。

〔40〕参见侯猛:《中国最高人民法院研究:以司法的影响力切入》,法律出版社2007年版,第一、六章,第17—32、91—115页。

〔41〕参见程金华:《四倍利率规则的司法实践与重构:利用实证研究解决规范问题的学术尝试》,载《中外法学》2015年第3期。

〔42〕参见季卫东:《当事人在法院内外的地位和作用(代译序)》,载〔日〕棚濑孝雄:《纠纷的解决与审判制度》,王亚新译,中国政法大学出版社1994年版。

〔43〕〔日〕棚濑孝雄:《纠纷的解决与审判制度》,王亚新译,中国政法大学出版社1994年版,第159—160页。

〔44〕参见顾祝轩:《制造"拉伦茨神话":德国法学方法论史》,法律出版社2011年版。

〔45〕参见邹碧华:《要件审判九步法》,法律出版社2010年版。

〔46〕参见〔德〕卡尔·拉伦茨:《法学方法论》,陈爱娥译,商务印书馆2003年版,第165—174页。

〔47〕同上注。

〔48〕〔日〕星野英一:《民法解释论序说》,载〔日〕星野英一:《现代民法基本问题》,段匡、杨永庄译,上海三联书店2012年版。

〔49〕参见梁上上:《利益衡量论》,法律出版社2013年版。

〔50〕相关争论批评,参见林立:《波斯纳与法律经济分析》,上海三联书店2005年版。

〔51〕关于律师报酬的介绍,可参见〔日〕田中英夫、〔日〕竹内昭夫:《私人在法实现中的作用》,李薇译,法律出版社2006年版,第17—27页。

〔52〕创博亚太科技(山东)有限公司诉国家工商行政管理总局商标评审委员会案,北京知识产权法院(2014)京知行初字第67号行政判决书。

〔53〕See Herbert A. Simon, *Administrative Behavior 4th edition,* Free Press, 1997.

〔54〕See Daniel Kahneman, Paul Slovic and Amos Tversky eds., *Judgment Under Uncertainty: Heuristics and Biases,* Cambridge University Press, 1982.

〔55〕参见周雪光:《组织社会学十讲》,社会科学文献出版社2003年版,第27—63页,第二讲"组织与市场:一个交易成本经济学的研究角度"。

〔56〕〔德〕马克斯·韦伯:《经济与社会》(下卷),林荣远译,商务印书馆1998年版,第139页。

〔57〕参见张翔主编:《德国宪法案例选释(第1辑):基本权利总论》,法律出版社2012年版,第194—195页。

〔58〕参见《最高人民法院关于人民法院在审判工作中能否采用人类白细胞抗原作亲子鉴定问题的批复》(法(研)复〔1987〕20号,已失效)。

〔59〕〔德〕汉斯-格奥尔格·加达默尔:《真理与方法:哲学诠释学的基本特征(上卷)》,洪汉鼎译,上海译文出版社1999年版,第423—424页。

〔60〕参见张翔:《形式法治与法教义学》,载《法学研究》2012年第6期。

〔61〕同前注44,第260—270页。

〔62〕同前注44,第258页。

〔63〕〔德〕彼得·瓦格纳:《并非一切坚固的东西都烟消云散了:社会科学的历史与理论一探》,李康译,北京大学出版社2011年版,第24—25页。

〔64〕同前注7。

〔65〕关于经验研究(法社会科学)与规范研究(法教义学)的合作可能,参见王鹏翔、张永健:《经验面向的规范意义:论实证研究在法学中的角色》,载《北航法律评论》第10期。

〔66〕〔美〕查尔斯·蒂利:《为什么?》,李钧鹏译,北京时代华文书局2014年版,第16、18页。

第十章　司法中的人类学思维

法官除运用法律思维以外,能否结合运用社会科学思维来裁判案件?[1]这已经不是能不能,而是运用多少的问题了。以美国为例,具有里程碑意义的判例是布朗诉教育委员会案。[2]在该案中,美国联邦最高法院援引借助社会科学的意见判定公立学校的种族隔离违反了《美国宪法第十四修正案》的平等保护条款。对种族关系进行研究的社会学家、人类学家、心理学家和精神病学家签署了《隔离的影响和废止隔离的后果:一个社会科学声明》(The Effects of Segregation and the Consequences of Desegregation: a Social Science Statement)作为上诉人辩论摘要附录提交给美国联邦最高法院。美国联邦最高法院在裁判意见书的脚注中加入了这些社会科学意见。自此,司法中的社会科学运用进入一个新阶段。

本章着重探讨司法裁判过程中人类学的运用,或者说法官如何运用人类学思维裁判案件。人类学通常被认为是社会科学的组成部分之一。人类学思维,就是指运用人类学知识和方法思考问题的方式。本章以人类学为中心来讨论,也是试图以此切入展现司法裁判过程中社会科学思维与法律思维的关系。还需要说明的是,由于这是在应用层面讨论人类学与司法裁判的关系,严格说来,这也并非一篇法律人类学研究的论文。[3]

一、法律纠纷背后的文化冲突

讨论司法裁判过程中的人类学思维,需要先从文化冲突谈起。

法律人不太会注意到法律纠纷的背后往往是文化观念的冲突。例如,由于当事人个体的年龄差别、性别差异和财产多寡等因素形成认知偏差,从而无法形成共识、产生法律纠纷。当然,本章将文化冲突重点界定在基于集体意识情形下产生的认知差别。当不同个体在集体意识,例如种族、民族、宗教、意识形态等支配下进行行动选择时,就会呈现文化差异,进而产生越来越多的法律纠纷。

特别是在全球化的背景下,各国之间的经济贸易往来密切、人员流动频繁,文化冲突只会加剧,纠纷数量只会越来越多。例如,2001年上映的一部电影《刮痧》就是反映中国和美国之间的跨文化冲突,其讲述的是美国华人给儿子刮痧,但被指控虐待儿童,从而引发一场诉讼。[4]人类学家列维-斯特劳斯也专门写道,移民法国的非洲人群体中仍然盛行女性割礼风俗。由于按照法国法这属于伤害案件,而因为割礼导致女性受伤甚至死亡的案件数量越来越多,法院不得不面临这样的跨文化冲突的诉讼难题。[5]

并非国外才有大量跨文化冲突的法律纠纷案件,国内也有。跨文化冲突不仅体现在国家法律与风俗习惯之间的冲突;即使在同一民族内部,由于地区差异等因素也会因为风俗习惯不同而产生纠纷。例如,在四川凉山地区的彝族文化传统中,刑事案件都可以经由德古(彝语,指德高望重的人)调解,并按照严重程度划分为"黑、花、白"三类案件。[6]目前国家虽然允许轻微刑事案件和解,但禁止严重刑事案件进行调解,因此法院如何介入就成为一个问题。再如,一项关于藏区赔命价的研究表明,赔命价并非藏区的普遍风俗,而只是部分藏区的做法。当被害人来自有此风俗的藏区,而加害人来自无此风俗的藏区,法院如何处理也会成为棘手问题。[7]

简言之,随着人员密集流动,外来人的观念与在地人的观念就会出现跨文化冲突,也就更容易产生纠纷。对于法官来说,对于这些纠纷应当透过表面看深层,正视并理解背后的文化冲突,这样才能作出一个合乎情理的判决。而理解文化冲突的"钥匙"就是人类学。人类学并非什么高深的学问,就是用来解释文化冲突的。通过人类学可以更好地发现并理解纠纷背后的文化冲突[8],进而帮助法官进行裁判。

二、法律思维与人类学思维

法律人处理纠纷的思维惯性是依照法律规定,这是法条主义的思考方式或称法律思维,即在尊重现有法秩序、法体系和法价值的前提下进行法律推理和法律解释。不过这种不计社会后果的考量,一旦涉及文化冲突的案件,如果处理不当,就会引发更大的社会冲突,甚至社会动荡。因此,在这种情形下,法官不仅需要运用法律思维,也需要运用人类学思维分析案件。

在司法裁判中,法律思维是基本的。所谓法律思维,可以归纳为如下几点:一是规则意识,法律是明文规定的、公开的规则,法官应当严格依照法律规则,不得恣意裁判;二是平等意识,法律对所有人都是平等的,至少是形式上是平等的,法官对待当事人应当一视同仁;三是程序意识,获得实体上的权利需要遵循相应的步骤,包括通过诉讼程序来实现正义,法官如果没有遵循程序裁判案件,即使裁判结果是好的,也是违反法治的;四是文本意识,法官更关注法律文本、书面文字和证据,对于未经证实的资料,法官不会采信,甚至不会作为自由心证的来源。

人类学思维从整体上来看与法律思维差异很大,甚至完全相悖。例如,除看得见的规则以外,更注重看不见的习俗和其他社会规范[9];虽然并非强调不平等,但更看重差别,注意不同人的身份和特性;看重实体正义,会有仪式,但不是程序;不一定看重文本,而是放在特定的时空背景中去理解事件。例如,莫斯在研究因纽特人时,就指出他们的司法制度随着一年夏季和冬季的交替变化而变化。[10]人类学还有一些专门的视角或方法。这些对于法律人如何裁判也有类比和启示意义。

（一）裁判需不需要田野调查(field work)？进行长期的田野调查，做民族志研究，是对人类学者的基本要求。而对于法官而言，在20世纪90年代审判方式改革以后，庭审多采取对抗制而不再是纠问制。这样，法官亲自调查案件的压力大为减轻。不过，这是不是就意味着法官不再进行庭审以外的调查？还不能作这样的判断，毕竟我国长期推崇，现在也仍然强调马锡五审判方式。[11]马锡五审判方式强调过程的亲历性，注重田间地头做调查，从而有效解决纠纷。在新时期，法官以什么的形式深入调查案件，仍然是值得反思的问题。

（二）裁判中如何使用语言？当事人和法官使用什么语言进入裁判过程会深刻影响裁判结果。《宪法》第139条第1款规定："各民族公民都有用本民族语言文字进行诉讼的权利。人民法院和人民检察院对于不通晓当地通用的语言文字的诉讼参与人，应当为他们翻译。"该条第2款中还规定："在少数民族聚居或者多民族共同居住的地区，应当用当地通用的语言进行审理……"为此在司法实践中，在民族地区双语审判被大力推行，旨在培养更多懂双语的法律职业人。[12]不过，庭审中重要的不是翻译问题，而是民众如何对法律术语进行理解。这种理解不是靠双语翻译，而是需要将本民族语言的法律书面语转化成为本民族语言的口语。运用本民族语言进行诉讼，能够表达出纠纷背后的本民族的文化观念，因此，如何总结深化使用民族语言的诉讼经验才是一件更紧迫的工作。[13]

（三）裁判需要理解他者(others)吗？理解他者就意味着不保持中立，人类学者或以人类学的视角去观察一定是参与观察。参与观察就是融入其中，甚至共同生活，不仅要移情，更要动情。而对于法官来说，法律要求保持中立，法官最重要的工作不是理解，而是判断，要在证据和法条的基础上去对双方当事人，也就是他者的行为进行客观判断。这种判断是不允许在感情上偏向某一方，至少表面上看上去应当如此。但不允许法官有感情偏见，并不等于说法官只能客观判断。法官只作客观判断，实际上就是一种冷冰冰式的旁观者姿态，这不符合人民司法的本质和司法为民的宗旨。因此，中国特色社会主义新时代推崇的是像宋鱼水法官那样的"辨法析理,胜败皆服",是对当事人和声细语的办案方式。[14]宋鱼水法官说:"法是善良和公正的艺术,是以善的方式去解决问题。对违法行为的惩处,也是希望把违法的人变成守法的人、善良的人,这需要我们付出更大的努力。"[15]这可以说是要求法官在客观判断和理解他者之间折中。

实际上,法官裁判案件并非只和文本打交道,也会和人打交道。与立法者不同,法官的工作就是将文本中的法律(law in book)转变成为行动中的法律(law in action)。行动中的法律就是情境中的法律(law in context),法官所面对的当事人并非关于当事人的一堆信息,例如,姓名、年龄、住址等,而是活生生的人。当事人对司法裁判的认知和接受程度,往往受制于他们的社会经济地位、性别婚姻、生活习俗等因素。[16]也因此,法官需要通过理解他们的生活再去作出裁判。再如,刘绍华的人类学调查表明,"在利姆这个偏远山区,便出现了一种有趣且诡异的道德中立观,当地人显然并不怪罪这些年轻人在都市里做了坏事,也不介意他们坐过牢""那些外出返乡的年轻人往往自鸣得意,喜欢彼此凑在一起表现世故……劳改或劳教戒毒也是难忘的学习经历"。这说明法律和司法裁判对他们来说也没有威慑力,或许得从他们的立场来思考问题。[17]

不要认为这种理解式的人类学思维与法律思维就截然对立。在法律中其实给它们预留了共存空间。例如,《民法典》第10条规定:"处理民事纠纷,应当依照法律;法律没有规定的,可以适用习惯,但是不得违背公序良俗。"而《宪法》第4条第4款中也规定:"各民族都有使用和发展自己的语言文字的自由,都有保持或者改革自己的风俗习惯的自由。"因此,法官完全可以在法律框架内运用人类学思维来解决因文化冲突而产生的纠纷问题。

三、事实认定的人类学思维

在司法裁判过程中,人类学思维在事实认定和法律适用两个阶段都会发挥作用。在事实认定阶段，人类学意义上的材料有可能成为证据；而作为专家证人的人类学者，能够帮助法庭确认事实。在法律适用阶段，人类学可以在心理认知方面发挥作用。这是因为法解释学认为存在着涵摄或在事实与法律之间不断穿梭的过程[18]，但这涉及法律人的心理认知，人类学的认知视角可以帮助深化认识这一过程。[19]而且，这样的穿梭的思考过程必定涉及后果考量[20]，人类学思维会帮助深化理解后果考量的重要性。

在司法裁判过程中，如何认定事实？法律人的训练与人类学的视角会很不一样。诉讼法上有个概念叫"要件事实"，这是从日文翻译过来的。要件事实的产生，是按照法律上的规定和要求整理出来的。这些要件事实有固定格式和要求，在整理出来要件事实以后，就可以遵循既有的法律公式加以推导，最终得出裁判结论。虽然要件事实主要是通过程序法建构出来的，但证据法对于事实的建构也很重要。法律上的事实问题归根结底就是证据问题。哪些社会事实能够成为证据，这要看各国的证据规则。例如，以判例法为传统的美国的证据准入门槛较低，而以制定法为传统的中国的证据准入门槛较高，这就直接决定社会科学能否进入诉讼程序或进入诉讼程序的程度。[21]

由此，格尔茨所批评的裁剪事实问题，在以制定法为传统的国家或地区更为常见。格尔茨说："将事实节略为框架（即将'事实'削足适履地化约到'法律注解'这种体裁所能容纳的范围内）是一个不可避免而且必然的过程。但是，随着经验的复杂性（或者'对经验之复杂性的意识'——这是一个关键性的区别）以及对这种复杂性的担忧日渐增长，事实便被'概括化'得愈加薄弱……它同时导致了一项更为严重的后果，那就是诉讼双方突然意识到'不论法律所追求的究竟是什么，但它绝非整个故事的全部'的例子比以往多得多。"[22]因此可以说，正统的司法理论就是为了事实构成与规范两者之间进行一连串的配对，让事实去选择匹配最合适的法律规范。[23]如果正统的司法理论的逻辑不能适应复杂社会的变化，会让更多当事人质疑审判的可靠性,从而增加对司法的不信任感。这就需要至少在事实认定阶段,对现有的司法裁判过程加以改进。

(一)通过制度设计让更多的社会科学进入事实认定阶段。不是纯粹的事实碎片,而是让具有社会科学解释和证明意义上的材料进入裁判。这些材料是能够用于确定案件事实(case fact)的社会科学材料。[24]不论这些社会科学材料最后能否被认定为证据,都能够在整体上增强事实认定阶段的说服力。就人类学而言,就是要让具有人类学意义的证明材料成为证据,或聘请人类学者作为专家出庭作证。

(二)需要拓展事实认定的边界。张剑源在研究司法裁判时,就提出要发现看不见的事实。这些看不见的事实客观存在,并会对人的行为产生影响和约束,甚至会对案件结果产生关键性影响。法官需要借助科学,特别是社会科学知识或方法,才能有效发现这些"看不见的事实"[25]。

(三)延伸个案法(extended case method,又译拓展个案法)虽然是人类学者在分析事实时的做法,但也可供法律人进行思考。拓展个案拓展的是案件事实的时间和空间,考虑的不是法律上的因果关系,而是特定时空情景下事件发生的前因后果。[26]因此,对于法律人,特别是律师来说,需要亲力亲为和参与观察,是要与当事人保持立场一致,并在拓展时间和空间的背景下了解当事人的经历。[27]这样做,对于挖掘案件事实的真实程度和深刻程度具有特别意义。

(四)通过"法庭之友"意见书发挥作用。美国有"法庭之友"意见书制度,其制度背景是各方当事人向法庭提交的材料都是有限的。例如,当事人向美国联邦最高法院提交的基于事实真相的诉状,有字数限制(每方15000字)。通常情况下,各方当事人几乎都会穷尽所有给定的篇幅,陈述案件背景和法律论点。但几乎没有空间留给大法官们最想知道的信息:更宏大的背景,判决对一方当事人或另一方当事人的可能影响。这时候,就需要"Amicus Curiae",也即"法庭之友"意见书发挥作用。这类意见书的篇幅一般限制在9000字以内,内容并非重复当事人的诉状,而是提供对诉状有补充作用的有益且相关的信息。[28] 中国虽然没有"法庭之友"意见书制度,但其实有类似的专家意见书,不过发挥作用仍相当有限。

不过,也必须承认引入包括人类学在内的社会科学、扩展事实认定的边界,这些都是需要司法成本的。批评法律对事实的裁剪,体现的是法律和法律人的高傲。这种批评虽然有一定道理,但却并非完全的事实,因为如果不裁剪事实,司法过程就难以有效运作。如果能够降低或转移司法成本,也就有可能让人类学意义上的事实认定发挥作用。实际上,降低或转移司法成本的机制已经出现了。例如,大量的工作是在庭前处理,甚至程序更前置,是非法院的力量在主导纠纷的调解,此外,对抗制的审判方式也激励当事人投入更多的精力去拓展和挖掘事实。这些都让人类学进入事实认定阶段成为可能。

值得注意的是,在当事人的推动下,人类学家也越来越多地进入法庭,帮助厘清事实。不同领域的学者作为专家证人进入司法裁判过程十分普遍。有强大人类学传统的欧美国家,已经培养出一大批人类学者。这些人类学者有的是法学院的逃离者,如列维-斯特劳斯,有的则是从职业律师转向而来,例如写出《古代社会》一书的摩尔根。在当代,越来越多的法律人类学者有双重教育背景,即先在法学院攻读法律博士(J. D.),做律师后再去读人类学博士。

当司法裁判越来越多地面对跨文化冲突时,人类学者进入法庭也就十分常见了。[29] 相比之下,中国人类学人才培养规模还比较小,还未见到人类学者出庭的案例。不过,在中国香港特别行政区,法律史学者、人类学者经常会在涉及中国法律与习惯的案件,例如婚姻习惯中以专家证人身份出庭作证。[30] 欧美人类学者作为专家证人出庭的案件主要集中在原住民权利。比较有名的案件是 Mashpee Tribe v. New Seabury Corp.,该案争议的焦点是对部落的认定。人类学家从身份认同的立场承认印第安人的部落仍然存在。但历史学家则从经济社会变化的角度认为印第安人的部落不复存在,已经是城镇(Town)。[31] 这个案子从1976年至今仍诉讼不断,不同层级的法院立场也反复。有意思的是，人类学者作为专家出庭也意味着其与所研究的民族之间的关系，有时随之反转。以前人类学者雇佣当地原住民，现在则是原住民雇佣人类学者。[32]

当然，人类学者的作用不止于此。在越来越多的与性别、婚姻、生育有关的案件中，或立法听证会、政策咨询会中，也常常看到人类学者的身影。他们的立场在今天看来显得比较前卫，或者说比较"左翼"。例如，大多数人类学者都对一夫一妻制持保留态度，认为全世界不同民族的婚姻制度各有不同；他们对于人工授精、卵子捐赠、冻卵、租借子宫（代孕）等大多持开放态度。除司法和立法以外，人类学者也积极投入社会运动，甚至对抗行政执法，典型的就是如大卫·格雷伯。[33]他发起了占领华尔街运动，这在法理上就属于典型的公民不服从运动。

四、后果考量的人类学思维

如前所述，面对复杂社会的大量事实，法律人只能简化裁剪事实，还要面对更大的后果的不确定性。这意味着法律人，特别是法官在面对复杂案件时不得不进行后果考量。法官不只考虑法律后果，还要考虑社会后果。这里所谓的后果，其实也是事实。后果就是事实认定的一部分。在这个意义上，通常将司法裁判过程划分为事实认定和法律适用阶段，只是为了方便我们分析案件，是抽象出来的，并非与真实情况完全符合。

在法解释学的思维体系中，也是将后果考量尽可能纳入法学方法论之中。法律解释方法中的目的解释、社会学解释与后果考量密切相关。例如，王利明认为社会学解释就是在法律文本出现复数解释的情况下，将社会效果等因素的考量引入法律解释中，据此作为解释文本在当前社会生活中应具有的含义，从而阐释法律文本的意义。[34]此外，法解释学专门提及的利益衡量，说到底其实也只是后果考量的另一种表述。

　　法律人,特别是法官在进行后果考量时,究竟考量的是什么后果?孙海波对此进行了类型化分类。他认为后果主义推理存在以非法律性理由取代法律理由、未来后果何以能够预测、评价规则和标准缺位等困境。[35]但正如本章所言,后果就是事实的一部分,因此并不存在取代法律理由的问题,或者说后果考量本来就不是法律推理和法律逻辑的问题。实际上,波斯纳提出法官面对审判的外在和内在复杂性,更需要考虑系统后果。所谓的系统后果就包括了某教义或某决定产生的影响,例如法律的可预测性、案件总量、法院的管控度、政府其他部门的工作量、个人和公众的合理期待,等等。[36]

　　大致来说,系统后果可以简化分为司法后果和社会后果。甚至,系统是一个整体概念,很贴近人类学意义上的整体论视角。这种整体论视角,是法律人将自己纳入社会情境之中,层层推进的范围想象(image of sphere),而不是地球想象(image of earth)。法律人,特别是法官在裁判过程中,不可避免的,一定是自然而然地将自己纳入后果考量之中。例如,作为法官在进行刑事审判时,他肯定会考虑到如果重判,哪怕是对当事人正常的定罪量刑,也要考虑会不会受到打击报复。例如,于欢案中初审法官所扮演的角色。而且,现实中法官被当事人杀害的事例经常发生。法官也要考虑到所在熟人社会中的压力。[37]人类学视角的后果考量,主要还是社会后果的系统考量。例如,从医学人类学的角度观察,当司法越来越多介入医疗纠纷处理,会让患者在面对西方科学医学失语之后,再次面对现代法律机制的二度失语。[38]因此,希望法律或司法裁判解决医患冲突如火中取栗,因而需要寻求司法裁判之外的调解等其他方式。在这个意义上,人类学是有价值立场的,是站在人民的立场。这要比只做法律的实证研究有意义得多。同样关于医疗纠纷的实证研究也不少。

　　与社会后果的系统考量密切相关,法官在裁判案件时也需要情理[39],或风俗习惯的考量。有关情理的考量,已经写入最高人民法院的司法文件中。《最高人民法院关于加强和规范裁判文书释法说理的指导意见》中提出,"裁判文书释法说理的目的是通过阐明裁判结论的形成过程和正当性理由,提高裁判的可接受性,实现法律效果和社会效果的有机统一",同时,裁判文书释法说理,"要讲明情理,体现法理情相协调,符合社会主流价值观"。这表明讲明情理已经是所有案件审判说理的基本要求,这让人类学进入案件说理有了更大的可能性。情理一词其实包含人情和天理两个方面,因此情理法的考量是三方兼顾。胡云腾认为在办案中要做到情理法兼顾,不但要高度重视中国传统司法运用天理、国法、人情的历史经验,还应准确把握天理、国法、人情在全面依法治国新形势下的科学内涵及相互之间的辩证关系,同时在审判实践中,要立足案件事实、法律规定、"三个效果"做到法理情兼顾。[40]

有关风俗习惯的考量,主要考虑在地的文化风俗、特定民族的风俗习惯。法官在裁判案件时必须进行风俗习惯的考量,否则不仅没有解决好纠纷,还会影响法律和司法公信力。费孝通曾举的例子非常有代表性。他说:

"有个人因妻子偷了汉子打伤了奸夫。在乡间这是理直气壮的,但是和奸没有罪,何况又没有证据,殴伤却有罪。那位县长(兼司法官)问我,他怎么判好呢?他更明白,如果是善良的乡下人,自己知道做了坏事绝不会到衙门里来的,这些凭借一点法律知识的败类,却会在乡间为非作恶,法律还要对其进行保护。我也承认这是很可能发生的事实。现行的司法制度在乡间发生了很特殊的副作用,它破坏了原有的礼治秩序,但并不能有效地建立起法治秩序。"[41]

人类学视角下的后果考量,并非必然是不确定性的,模糊不清的。这需要进行强化社会科学论证,特别是对前因后果或是因果关系进行细致的考察。特别是对事实、对后果的描述完全可以采取民族志意义上的写作,学会讲故事。当然由谁来写,当事人、律师、法官还是第三人,这需要专门讨论。但总的来说,能够把故事讲好就是在给出理由,就是在说理。[42]在这个意义上,讲故事也能够增强案件的整体说服力。如此,似乎也能够理解美国联邦最高法院的大部分法官意见书为什么那么长了。例如,在"奥伯格费尔诉霍奇斯案"的判决书主文中,就从古到今讲婚姻的变化,并且旁征博引,如引用《礼记》中的一句话:"礼,其政之本也。"[43]

五、法律人如何理解文化冲突

总的来说,在全球化的背景下,跨文化冲突带来的法律纠纷越来越多。而如何解决法律纠纷取决于对文化冲突的态度。特别是体现主导文化的国家法律,对异文化习俗的态度,既不是东风压倒西风,也不是相反。首先是观察,然后是理解,理解不等于认同。例如,印度种姓制度,一个人受到种姓剥夺的惩罚,但司法难以救济。因为"如果人们预先知道对一个种姓被剥夺之人的惩罚是极其严厉的,那么不论个人的偏好如何,经济上的激励足以保证种姓制度将被维持在一个均衡的状态,对种姓制度的预期就变成了一个会自行实现的预言"[44]。

在理解过程中慢慢地沟通、互动,甚至相互融合。在这过程中,虽然体现了文化相对主义,但也是文化融合。最后的状态不是最初的对立甚至敌对,而是相互磨合,或彼此认同,或彼此交融,或吸收转化成新的文化。这就是费孝通晚年提倡的文化自觉。费孝通在1989年展望人类学前景时,提出十六个字:"各美其美,美人之美,美美与共,天下大同。"希望人类学自觉地探讨文化的自我认识、相互理解、相互宽容的问题,确立世界文化多元共生的理念,促进天下大同的到来。[45]法律人面对文化冲突,就是要去理解,而不是固守原有的立场和原则。国家法文化与民间法文化、不同种族文化共存、不同性别文化共存、不同宗教文化共存。

就中国来说，跨越各大文明的法律文化冲突还不尖锐。文化冲突主要体现在现代法律普适观念和在地社区伦理观念之间的冲突。[46]或者也可以理解为法律人与普通民众在法律认同上的观念冲突。而让法律人进行人类学思考，就可以理解，在很多时候，民众不遵守法律，不是因为他们的理解能力和知识局限，而是观念上的差别。就像法律人喜欢裁剪事实、追求普遍正义，而民众更关心全部事实，关注社区伦理和个案正义。因此，评判法治国家是否建成，不能只用客观标准来衡量，还要看民众的主观认知，对法律的认同程度。法治的建成主要不是通过宣传普遍、要求强制遵守、不服从就打击压迫，而是要靠理解与说服，靠民众的内心服从。这也就是富勒所说的，法律是使人们服从规则之治的事业。[47]

《中共中央关于全面推进依法治国若干重大问题的决定》中提出"努力让人民群众在每一个司法案件中感受到公平正义"。法律人不仅要提供公平的判决，更要提供让群众感觉到有公平感的判决。这其实也是让法律人思考怎样拉近与群众的距离，例如，学会将法律话语与民众熟悉的日常话语相互转换，站在人民的立场上去思考并进行裁判。人类学是解释文化冲突，关注法律多元性的，因此，人类学思维的引入，有助于法律人成为葛兰西所说的"有机知识分子"[48]，让法院成为名副其实的人民的法院。

注释

[1]法律思维，又称为法律人思维，相关争论可参见苏力：《法律人思维?》，载《北大法律评论》第 14 卷第 2 辑，北京大学出版社 2013 年版；孙笑侠：《法律人思维的二元论：兼与苏力商榷》，载《中外法学》2013 年第 6 期。

[2] Brown v. Board of Education, 347 U. S. 483, 74S. Ct. 686, 98 L. Ed. 873 (1954).

[3]有关法律人类学研究的百年演进，参见 Sally F. Moore, *Law and Anthropology: A Reader*, Blackwell Publishing, 2004。

[4]参见王启梁：《法律背后的文化差异与法律冲突：评〈刮痧〉》，载徐昕主

编:《影像中的司法》,清华大学出版社 2006 年版。

〔5〕参见〔法〕克劳德·列维-斯特劳斯:《社会问题:割礼和人工生殖》,载氏著《我们都是食人族》,廖惠瑛译,上海人民出版社 2016 年版,第 57—72 页。

〔6〕参见雷波县彝族志编纂委员会编:《雷波县彝族志》,中国文史出版社 2015 年版,第 189—191 页。

〔7〕参见格桑次仁:《"命价"习惯的个案分析》,载《法律适用》2020 年第 8 期。

〔8〕参见朱晓阳:《纠纷个案背后的社会科学观念》,载苏力主编:《法律和社会科学》第一卷,法律出版社 2006 年版。

〔9〕参见〔美〕迈克尔·瑞斯曼:《看不见的法律》,高忠义、杨婉苓译,法律出版社 2007 年版。

〔10〕参见〔法〕马塞尔·莫斯:《人类学与社会学五讲》,林宗锦译,广西师范大学出版社 2008 年版,"第五讲社会形态学:试论爱斯基摩社会的四季变化",第 167—186 页。

〔11〕参见强世功:《权力的组织网络与法律的治理化》,载《北大法律评论》第 3 卷第 2 辑,北京大学出版社 2000 年版,第 1—61 页。

〔12〕参见孙少石:《这里没有普通话:藏区的双语司法实践》,载苏力主编:《法律和社会科学》第 13 卷第 2 辑,法律出版社 2014 年版,第 69—88 页。

〔13〕相关研究可参见格桑次仁:《法官应不应该使用敬语:藏族语言习惯与司法研究》,载苏力主编:《法律和社会科学》第 18 卷第 1 辑,法律出版社 2020 年版,第 159—186 页。

〔14〕参见刘星:《走向什么司法模型?——"宋鱼水经验"的理论分析》,载苏力主编:《法律和社会科学》第二卷,法律出版社 2007 年版,第 50—102 页。

〔15〕刘桦葳:《宋鱼水:胜败皆服》,载《北京日报》2019 年 8 月 7 日,第 05 版。

〔16〕参见〔美〕萨利·安格尔·梅丽:《诉讼的话语:生活在美国社会底层人的法律意识》,郭星华、王晓蓓、王平译,北京大学出版社 2007 年版。

〔17〕参见刘绍华:《我的凉山兄弟:毒品、艾滋与流动青年》,中央编译出版社 2015 年版,第 74—75 页。

〔18〕参见王泽鉴:《民法思维:请求权基础理论体系》,北京大学出版社 2009 年版。

〔19〕参见〔英〕莫里斯·布洛克:《人类学与认知挑战》,周雨霏译,商务印书馆 2018 年版。

〔20〕关于法内后果与法外后果的争议，参见戴津伟：《司法裁判后果取向解释的方法论应用》，载《法学》2020 年第 7 期。

〔21〕参见侯猛：《司法中的社会科学判断》，载《中国法学》2015 年第 6 期。

〔22〕〔美〕克里福德·格尔茨：《地方知识：阐释人类学论文集》，杨德睿译，商务印书馆 2014 年版，第 200 页，第八章"地方知识：比较视角下的事实与法律"。

〔23〕See M. Barkun, *Law Without Sanctions: Order in Primitive Societies and the World Community*, Yale University Press, 1968, p.143.

〔24〕参见〔美〕约翰·莫纳什、〔美〕劳伦斯·沃克《法律中的社会科学（第六版）》，何美欢等译，法律出版社 2007 年版，第 91—178 页，第三章"用于确定事实的社会科学"。

〔25〕参见张剑源：《发现看不见的事实：社会科学知识在司法实践中的运用》，载《法学家》2020 年第 4 期。

〔26〕参见朱晓阳：《"延伸个案"与一个农民社区的变迁》，载张曙光、邓正来主编：《中国社会科学评论》第 2 卷，法律出版社 2004 年版，第 27—54 页。

〔27〕这一方法详细论述，参见〔美〕麦克·布洛维：《拓展个案法》，载《公共社会学》，沈原等译，社会科学文献出版社 2007 年版，第 77—138 页。

〔28〕参见〔美〕琳达·格林豪斯：《美国最高法院通识读本》，何帆译，译林出版社 2013 年版，第 97 页。

〔29〕Lawrence Rosen, The Anthropologist as Expert Witness, *American Anthropologist*, Vol. 79, No. 3, 1977, pp. 555-578.

〔30〕参见梁治平：《法律史的视界：方法、旨趣与范式》，载《中国文化》2002 年第 c1 期。

〔31〕See Jean E. Ludtke, Mashpee: Town or Tribe? - Current Wampanoag Land Claims Suit, *American Anthropologist*, Vol. 80, No. 2, 1978, pp. 377-379.

〔32〕同前注 5，第 60 页。

〔33〕〔美〕大卫·格雷伯：《无政府主义者的人类学碎片》，许煜译，广西师范大学出版社 2014 年版。

〔34〕参见王利明：《法学方法论》，中国人民大学出版社 2012 年版，第 440 页。

〔35〕参见孙海波：《裁判对法律的背离与回归：疑难案件的裁判方法新论》，中国法制出版社 2019 年版，第 183—186 页，第六章"以裁判后果论证裁判"。

〔36〕参见〔美〕理查德·波斯纳:《波斯纳法官司法反思录》,苏力译,北京大学出版社2014年版,第7、17—21页。

〔37〕不只是法官,所有的法律人包括当事人都会考虑到社会压力。参见Larorence M. Friedman, *Impact: How Law Affects Behavior,* Harvard University Press, 2016, pp. 153—187。

〔38〕参见郭书琴:《医疗纠纷的故事:从法律人类学谈医疗纷争》,载郭书琴:《法律人类学、法律知识与法律技术》,元照出版有限公司2016年版,第123—148页。

〔39〕代表性研究,特别是讨论儒家伦理与法律的关系研究,例如,瞿同祖:《中国法律之儒家化》,载瞿同祖:《瞿同祖论中国法律》,商务印书馆2014年版;林端:《儒家伦理与法律文化:社会学观点的探索》,中国政法大学出版社2002年版。

〔40〕参见胡云腾:《执法办案如何做到法理情兼顾》,载《法律适用》2020年第17期。

〔41〕费孝通:《乡土中国》,北京时代华文书局2018年版,第78页。

〔42〕参见〔美〕查尔斯·蒂利:《为什么?(中文修订版)》,李钧鹏译,北京时代华文书局2014年版,第三章"故事",第57—90页。

〔43〕参见申晨编译:《惊世判决:美国联邦最高法院"奥伯格费尔诉霍奇斯案"判决书》,北京大学出版社2018年版。

〔44〕〔美〕乔治·A. 阿克洛夫:《经济学的新疆域:心理学、社会学与人类学的视角》,高翔译,上海财经大学出版社2014年版,第46—47页,第三章"种姓经济学、老鼠竞赛之经济理论及其他悲惨的故事"。

〔45〕参见张冠生记录整理:《费孝通晚年谈话录(1981—2000)》,生活·读书·新知三联书店2019年版,第595页。

〔46〕参见侯猛:《权利观念的中国化:从民族国家选择到社区伦理挑战》,载《法律科学》2011年第5期。

〔47〕See Lon L. Fuller, *The Morality of Law,* Revised Edition, Yale University Press, 1969.

〔48〕参见〔意〕安东尼奥·葛兰西:《狱中札记》,曹雷雨等译,中国社会科学出版社2000年版。

第十一章　司法中的经济分析

一、问题与方法

在法学界,法律的经济分析是一种重要的研究范式。在美国,法律的经济分析已经深入各大法学院,特别是一流法学院。而在中国,自20世纪90年代以来,越来越多的学者翻译法律经济学著作、进行法律经济学研究、开设法律经济学课程。[1]法学界对于法律经济学的知识普及,已有二十多年。但中国司法实务是什么情况,经济分析对司法实务,特别是对法官裁判有着怎样的影响,这是本章所关注的核心问题。

在正式分析之前,先做一些界定性说明。绝大多数案件,法官在依法作出裁判之前,会进行利弊权衡或更正式的说法为利益衡量。但这并不属于本章所讨论的法律的经济分析。本章所讨论的法律的经济分析,是学科(社会科学)意义上的正式知识,关注法官在裁判过程中如何运用法律经济学上的概念、原理进行分析。

为便于集中讨论,本章主要关注法官在裁判文书说理中如何运用经济分析,不讨论当事人在司法过程中如何运用经济分析。实际上,后者对经济分析的需求和动力更大。例如,在奇虎360与腾讯反垄断案中,双方当事人都聘请过一流经济学家出具专家意见。[2]本章的研究样本主要是民商事裁判文书,没有将较少运用经济分析的刑事和行政裁判文书纳入讨论范围。

本章在对法官说理如何运用经济分析进行归纳时,还会进一步讨论法官行为背后的激励机制,也就是对法官行为进行经济分析。这样,通过对法官行为进行经济分析,试图进一步讨论,如何通过法官行为激励来促使法官在说理中更有创造性地运用经济分析,甚至形成新的裁判规则。这也就有可能反过来促进法学院的法律的经济分析研究。

本章主要运用北大法宝司法案例数据库对裁判文书进行检索。具体来说:首先,选定法律经济学关键词进行检索。这些关键词的选取,主要参考了国外具有教科书性质的翻译作品和国内的几本教科书。[3]最终整理出73个法律经济学关键词(见附表1)。其次,将裁判文书的检索范围限定在"法院认为"部分。[4]"法院认为"部分是裁判文书中法律适用过程的说明,是集中展示法官如何进行经济分析的说理部分。最后检索时间为2023年4月2日,初步检索的总体情况如下:

第一,在73个法律经济学关键词中,只有23个在"法院认为"即法律适用部分被援引。案件总数有1368件,各关键词的案件数及案件类型如表11-1所示。

表11-1 各关键词的案件数及案件类型

编号	关键词	案件数	案件类型及案件数
1	机会成本	395	民事(388)行政(5)刑事(2)
2	风险分配	331	民事(328)行政(2)刑事(1)
3	理性选择	323	民事(311)行政(8)刑事(4)
4	代理成本	163	民事(161)刑事(2)
5	逆向选择	42	民事(42),多数为交通保险、投资理财
6	分割成本	18	民事(18),其中离婚继承(11)物权(7)
7	预防成本	15	民事(15),其中侵权(11)合同(4)
8	沉没成本	15	民事(14)行政(1)
9	识别成本	15	知产竞争(15),都为商标案件

（续表）

编号	关键词	案件数	案件类型及案件数
10	边际成本	9	民事(9),其中合同(5)侵权(3)垄断(1)
11	成本优势	7	民事(6)行政(1)
12	负外部性	7	民事(5)行政(2)
13	有限理性	6	民事(6),多数为金融理财
14	沉淀成本[5]	5	民事(5),其中劳动(3)知产(2)
15	正外部性	3	民事(3)
16	效率违约	3	民事(3)
17	福利最大化	3	民事(3)
18	边际收益	2	民事(2),其中合同(1)侵权(1)
19	外部性内部化	2	民事(2)
20	汉德公式	1	民事侵权(1)
21	帕累托最优	1	民事合同(1)
22	博弈论	1	民事合同(1)
23	非合作博弈	1	民事合同(1)

第二,在案件类型中,绝大多数是民事案件运用经济分析。行政案件和刑事案件运用经济分析的数量很少。这也是本章聚焦民商事裁判文书的客观原因。本章所研究的民商事裁判文书样本,包括知产竞争垄断案件在内,共有民商事裁判文书 1346 份。由于样本只有 1346 件,本章虽然基于统计数据但也并非大样本全景式分析[6],因此,主要通过人工阅读进行定性研究。

第三,在引用的法律经济学关键词中,引用数量超过 300 次的词是"机会成本""风险分配""理性选择";引用数量超过 100 次的词是"代理成本";引用数量超过 10 次的词是"逆向选择""分割成本""预防成本""沉没成本""识别成本"。相比之下,更具有理论性的关键词,例如"汉德公式""帕累托最优"各只有 1 次引用。"科斯定理""霍布斯定理""波斯纳定理""卡尔多-希克斯效率""纳什均衡"这些理论性强的关键词更是没有引用。

此外,检索结果中包含"经济分析""法经济学""法律经济学"3个关键词的案件有16个,其中刑事案件1个,行政案件1个,民事合同案件7个,民事侵权案件6个,劳动争议案件1个。这表明,在中国法院审判实务中,法官明确指出自己使用法律经济分析的情况较少,在一定程度上反映了法律经济分析在中国法院审判实务中运用程度较低的现状。

二、法官如何运用经济分析说理

在对1346份民商事裁判文书进行人工阅读后,我们有如下基本判断:法官对于经济分析的运用,总体上仍是在法学方法论的框架下进行。通常所讲的法学方法论,是指德国法传统的民法方法论。[7]基本框架包括法律解释方法、法律漏洞补充和法律续造。

法官运用经济分析的情形,基本上不属于法律文义解释范围内的解释情形。这也就是法律经济学者所说的经济分析主要运用于疑难案件的解释。[8]具体来说,法官运用经济分析的类型有一般条款具体化和法律漏洞的填补。

(一)一般条款具体化

我国的民法体系是总分则模式的,存在一定数量的一般条款,以支撑法律的体系性。这些一般条款,包括民法典总则中的诚实信用原则、合同法上的公平原则、侵权法上的过错责任原则,还包括表见代理之类的总则性制度。这些一般条款给予法官一定的自由裁量空间,需要法官在司法裁判中进行具体化适用。这也就为法官运用经济分析进行说理提供了可能。这里主要对诚实信用原则、公平原则、过错责任、表见代理、侵权赔偿数额、社会公共利益原则的具体化分别举例。

第一,诚实信用原则具体化。法官会运用成本最小化和收益最大化思维、边际成本等概念进行分析。

1. 运用成本最小化和收益最大化思维。在上海锐矿国际贸易有限公司(简称"上海锐矿公司")、黄石仁之信矿业有限公司(简称"黄石仁之信公司")买卖合同纠纷案中,上海锐矿公司与黄石仁之信公司所签《买卖合同》第 5 条约定"如果买方未能在指定日期内付清货款,卖方将处置货权,保证金不予退还",争议焦点是黄石仁之信公司未足额支付预付货款,上海锐矿公司是否有权直接处置货权。具体化的一般条款是原《合同法》第 60 条,即"当事人应当按照约定全面履行自己的义务。当事人应当遵循诚实信用原则,根据合同的性质、目的和交易习惯履行通知、协助、保密等义务"。一、二审法院认定:上海锐矿公司未通知黄石仁之信公司解除合同、自行处置货权即未履行供货义务属于违约。再审裁定中,法官运用成本最小化和收益最大化的经济学思维论证了上海锐矿公司处置货权的行为属于违约。原文如下:

> 黄石仁之信公司提交的其与上海锐矿公司交易明细显示,在双方之前的交易中,即使黄石仁之信公司未严格按约定进度付款,上海锐矿公司亦未解除合同、自行处置货物。黄石仁之信公司差欠预付货款占比仅约 10%,上海锐矿公司留置少量货物即可覆盖货款金额缺口,却在未通知卖方的情况下,将整批货物运往其他国家进行处置,有违商业领域追求成本最小化及经济利益最大化的运行规则,亦与当事人之前的交易常态不符。[9]

成本最小化和收益最大化是最基本的经济学思维。该案中,法官将商事活动中义务的全面履行具体化为追求交易各方的成本最小化、收益最大化,进而判定上海锐矿公司违反诚实信用原则,体现了商事裁判的经济效益价值导向。

2.运用边际成本概念。在马哲与北京胜古房地产开发有限责任公司(简称"胜古公司")商品房销售合同纠纷案中,[10]争议焦点是胜古公司是否有催告马哲纳税的合同附随义务,这一问题决定了哪一方是违约主体。需要具体化的一般条款是原《合同法》第 60 条。法官首先依据诚实信用原则和交易习惯,论证了催告纳税是胜古公司的附随义务,又运用边际成本的经济学基本概念,加强了论证。对应原文如下:

> 购房人虽系相关办证税费缴纳主体,但胜古公司作为房地产开发商亦应遵循诚实信用原则,参酌交易习惯,根据商品房销售合同的性质、目的履行通知、协助义务。此类义务从属附随于房屋出售方交付房屋、转移权属登记等主合同义务,辅助保障后者履行利益的充分实现,以确保购房人的合同目的能够获得最大程度的满足。且以降低办证边际成本、提高效率而论,长期以来开发商通知、催告购房人完善办证手续并协助产权过户系商品房交易沿袭至今的商业惯例,胜古公司作为专业开发商必然谙熟房产证办理之规范流程,而不应对自身的附随义务懈怠忽视。

边际成本是微观经济学的基本概念。在该案的情境中,开发商与购房人相比,谙熟房产证办理之规范流程,就办证而言的边际成本大大低于购房人,具有明显的比较优势。法官运用"边际成本"概念,将合同义务的诚实信用履行解释为提升经济效率、降低交易成本,较好发挥了经济分析的作用。

第二,公平原则具体化。这会体现在法官运用提升交易效率的经济思维分析合同条款是否显失公平。在张国良与北京誉满家科技发展有限公司、浙江天猫网络有限公司买卖合同纠纷案中[11],争议焦点是案中的网购合同是否依法成立并合法有效,被告北京誉满家科技发展有限公司以该合同内容显失公平主张合同可撤销的抗辩能否成立。法官在进行常理分析后,又从交易效率的角度进行了经济分析。原文如下：

> 电子交易应以维护交易的效率、交易的安全作为法的价值取向,此有利于经营者秉承谨慎、诚信的经营理念,对其发布的产品要约信息负责。如果允许经营者以显失公平等事由撤销合同,将危害交易的安全与稳定,最终损害的是不特定消费者的利益。因此,从法律的经济学分析方法来看,此类交易产生的错误成本施加于经营者,应更为有效率。

该案中,法官将显失公平解释为交易成本的错误分配,这充分体现了经济效率与公平观念是可以统一的。如孙国华教授所言,"总的看,人们倾向于把对社会的衣、食、住、行最有效益的观念和措施认为是正义的、公平的"[12]。在新型法律关系面前,进行抽象的道德价值判断难以取得共识,而以效率价值为导向的经济分析则能形成更有说服力的论证。

第三,过错责任原则具体化。法官会运用社会成本效益分析方法和逆向选择概念进行分析。

1. 运用社会成本效益分析方法。在段延等与中华联合财产保险股份有限公司北京分公司等机动车交通事故责任纠纷案中[13],争议焦点之一是各方当事人对事故发生的过错如何,这决定了赔偿责任如何分担。需要具体化的条款是原《侵权责任法》第 24 条,即"受害人和行为人对损害的发生都没有过错的,可以根据实际情况,由双方分担损失"。法官首先运用体系解释得出将被告方承担的赔偿责任范围提升至保险公司应当承担的赔偿责任限额的结论,又运用经济分析补充论证,原文如下：

> 法律的经济分析表明：最有效率的预防水平,就是能够使事故的伤害成本与预防成本之和(即侵权行为的社会成本)最小化的预防水平；在此水平之下,预防措施的边际成本与边际收益相

等,社会效益达到最大化。本案中,无论由王某一方还是由焦铁成一方承担损害后果,均难以达到指引行为人对未来可能发生的侵权损失投入合理预防成本的司法目标。鉴于在双方均无过错的情况下,交通事故仍然发生且造成人员伤亡严重后果实属小概率事件,由保险公司在保险责任限额内承担损害赔偿责任,即属发挥保险社会功能之必然要求。

在该案的法律推理过程中,法官运用了事故伤害成本与预防成本、边际成本与边际收益、社会成本与社会效益等多组法经济学基本概念,这些分析方法是法经济学的基本思维。[14]该案裁判文书中对法经济学基本原理的阐述,是经济分析运用于中国法官裁判的有力例证。

2. 运用逆向选择概念。在徐祯弘与平安银行股份有限公司北京丰台支行财产损害赔偿纠纷案中[15],争议焦点是平安银行股份有限公司北京丰台支行不适当地推介案涉理财产品对徐祯弘经济损失的发生是否存在过错。法官运用信息不对称、逆向选择等经济学概念论证了平安银行股份有限公司北京丰台支行存在过错,原文如下:

> 随着金融衍生品的专业性和复杂性不断提升,投资者在信息方面处于明显劣势地位。信息的严重不对称容易诱发逆向选择和道德风险,导致金融市场发生失灵,使投资者利益蒙受不应有的损失。为有效保障投资者权益,金融机构负有适当性义务。所谓适当性义务,是指金融机构在推介理财产品时,应主动了解客户的风险偏好、风险认知、承受能力,评估客户的财务状况,提供合适的产品由客户选择,并揭示相关风险,保证将适合的产品销售给适合的投资者。

逆向选择是源于信息经济学的一个概念,是指市场的某一方如果能够利用多于另一方的信息使自己受益而使另一方受损,倾向于与对方签订协议进行交易。逆向选择导致优质品价格被低估而退出市场交易,结果只有劣质品成交,进而导致交易的停止,即"劣币驱逐良币"[16]。在该案中,即指金融机构利用自身的信息优势,倾向于与投资者签订高风险协议的情况。法官运用"逆向选择"这一经济学概念,将金融机构的适当性义务解释为了解客户、提供合适产品并揭示相关风险,从而履行维护金融市场高效安全运行的义务,进而判定被告对徐祯弘经济损失的发生存在过错。上述论证过程是法教义学运用常理分析较难完成的。

第四,具体适用表见代理制度。法官会运用预防成本概念进行分析。在梁冰与张富英、佛山市南海圣城仓储有限公司普通破产债权确认纠纷案中[17],争议焦点是梁冰借给张富英一笔借款是否因张富英构成表见代理而归属为对佛山市南海圣城仓储有限公司(简称"圣城公司")的债权。需要具体化的是相对人"有理由"相信行为人有代理权。法官首先依据证据论证了张富英不构成表见代理,之后又运用预防成本的分析方式增强了论证,原文如下:

> 表见代理的功能实际上是一种利益和风险的平衡,故应考虑相对人和被代理人的风险控制能力。本案在代理权表象明显不足,梁冰可以采取远低于圣城公司预防成本的措施进行核实,进而避免发生争议的情况下,梁冰的不作为理应承担相应的法律后果。

表见代理案件中关于是否"有理由"相信行为人有代理权的判断被认为是审判实务中的一个难点。[18]本案中,法官运用经济分析,提升了判断的说服力和有效性。本案也可说明,预防成本这一从侵权法的经济分析中发展出来的概念,也可被运用于其他法律问题的分析中,可见经济思维对分析法律问题具有广泛性。

第五,具体化著作权侵权赔偿规定。法官会运用沉淀成本概念辅助确定侵权赔偿金额。在吕勤峰诉杭州阿里巴巴广告有限公司等著作权权属、侵权纠纷案中[19],美术作品《纷纷扬扬》著作权人吕勤峰以被告绍兴柯桥玛丽娜纺织品有限公司未经许可生产、销售侵犯原告美术作品著作权的窗帘布料,被告杭州阿里巴巴广告有限公司帮助侵权为由起诉,请求两被告共同赔偿。裁判结果是绍兴柯桥玛丽娜纺织品有限公司停止侵权并承担赔偿责任,杭州阿里巴巴广告有限公司不承担连带责任。具体化的一般条款是原《著作权法》第49条(现第54条)。在确定赔偿金额时,法官运用了沉淀成本这一经济学概念,原文如下:

> 本院认为,受市场欢迎的、被侵权的一个花型背后往往沉淀了数以百计无人问津的花型,故前者的保护也应考虑创作的沉淀成本,适才能发扬知识产权法律鼓励创新的精神。综上,本院对本案的损害赔偿数额酌情予以确定为1.7万元(含合理费用)。

该案中,法官从加强知识产权保护的角度,认为确定赔偿金额时应考虑创作的沉淀成本,较高地确定了赔偿金额。沉淀成本这一经济学概念使法官超出一般人的思维而正确认识到作品创作的真实成本,进而得出更合理的判决结果。

第六,社会公共利益原则具体化。法官运用外部性理论进行分析。在陈新辉、阎振岭委托理财合同纠纷案中[20],争议焦点是陈新辉与阎振岭签订的《期货投资委托管理协议书》所约定的保底条款是否属于无效条款。需要具体化的是原《合同法》第52条第4项中的"社会公共利益"。法官运用负外部性理论分析了该条款对社会公共利益的损害。原文如下:

> 案涉《期货投资委托管理协议书》属委托理财合同,如果允许当中约定保证委托人本金不亏损并获得固定收益的保底条款的大量存在,将产生整个证券市场风险放大的负外部性效应,淡化市场各类投资主体对证券市场的风险意识,影响正常生产、经营活动,容易滋生证券市场泡沫。

该案中,法官借助负外部性理论,将损害社会公共利益解释为危害证券市场的高效正常运转,得出了案涉条款损害社会公共利益的结论。外部性理论是公共福利经济学的重要理论,负外部性指一个主体的行为对旁观者的福利的无补偿的消极影响。[21]但值得注意的是,在我国现行《民法典》中,没有关于社会公共利益原则的明文表述,只有不得违背公序良俗原则的表述。

(二)法律漏洞的填补

法律漏洞是指法律对其规整范围中的特定案件类型缺乏适当的规则的情况。[22]填补法律漏洞的方法主要有类推适用、目的性限缩及目的性扩张。我们通过检索阅读发现,为填补法律漏洞给出理由,也是法官运用经济分析的重要类型,不过略少于对一般条款进行具体化的案例。本章选取4个具体案例进行分析,涉及两种法律漏洞填补方法。

第一,类推适用。法官会运用公共福利经济学理论、成本优势概念进行类推适用。

1. 运用公共福利经济学理论。在蔡晨杰、姚猛网络侵权责任纠纷公益诉讼案中[23],由杭州市余杭区人民检察院担任公益诉讼起诉人,杭州互联网法院审理。主要案情是被告在新冠疫情暴发期间销售伪劣口罩,侵害了众多不特定消费者合法权益,构成对消费领域社会公共利益的侵害。该案中,法官在分析是否可对被告参照适用《消费者权益保护法》第55条第1款规定的三倍惩罚性赔偿时,运用了正外部性和负外部性的经济学理论。原文如下:

> 公共卫生安全作为一种公益性最强的公共产品,直接关系到社会每一个个体的健康权益与健康公平,提供、保障公共卫生安全具有正外部性,而侵害公共卫生安全则具有负外部性,一正一负间更加剧了市场机制的失灵,确有必要通过惩罚性赔偿制度使得侵害公共卫生安全的负外部性内部化,对危害公共卫生

安全的行为人给予经济上的惩罚、威慑。

该案发生于 2020 年,当时,规定在检察公益诉讼案件中检察机关可以提出惩罚性赔偿诉讼请求的司法解释尚未发布,对被告适用惩罚性赔偿没有直接的法律依据,只能类推适用《消费者权益保护法》中的有关规定。法官运用公共福利经济学理论,论证了涉案行为对公共利益造成的危害。其中,外部性的内部化是指通过改变激励,使人们考虑到自己行为的外部效应。[24] 常理上,面对被告的相同行为时,私益诉讼可以请求惩罚性赔偿,公益诉讼也应该可以请求惩罚性赔偿。但是,要想给出有说服力的法律推理过程而完成法律漏洞填补存在难度。该案中,法官借助经济学理论给出有说服力的法律推理过程,也成了检察公益诉讼惩罚性赔偿制度的先声。

2. 运用成本优势概念。在郑州农村商业银行股份有限公司沟赵支行、李玉民金融借款合同纠纷案中[25],争议焦点是贷款人与银行在《最高额个人贷款合同》中约定的逾期贷款罚息超过"一年期贷款市场报价利率的四倍"是否有效,即当时施行的针对民间借贷的四倍利率规定是否应适用于商业银行。法官首先使用体系解释和目的解释论证了该约定无效,之后又运用经济分析补充论证,原文如下:

> 商业银行作为金融体系中重要的组成部分,相比于民间借贷的自然人,享有更大的成本优势,在借款人违反合同约定时也享有更加优厚、便捷地实现债权的保障……如若允许金融借款法律关系中约定的利息、复利、罚息及其他费用等的总额超过国家对民间借贷法律关系中关于利率的保护上限,则可能造成民间借贷的供求远远超出金融借款的供求。

从法律解释方法看,金融机构利率标准对民间借贷利率的约束可以解释为"举重以明轻",民间借贷的利率当然普遍要小于金融机构的。但是该案中法律规范之间关系较为复杂,于是法官运用了成本优势这一概念进行了补充论证。成本优势是一个管理经济学概念，描述的是市场活动参与者基于低成本所产生的相对优势。[26]法官运用成本优势的概念，分析了逾期贷款罚息不应高于民间借贷利率规定的正当性，增强了对类推适用结果的论证。

第二，目的性扩张。例如，法院运用"预防成本"概念论证将"知道"进行目的性扩张为"应当知道"。在苹果公司（APPLE INC.）与北京中文在线数字出版股份有限公司等侵害信息网络传播权纠纷案中[27]，作家温瑞安的26部作品被他人非法盗用后以名为"温瑞安武侠系列全集（简繁）"的应用程序（售价10.99美元）上传到苹果公司App Store当中销售，这些作品的网络信息传播权专有使用权由北京中文在线数字出版股份有限公司所有。该案的争议焦点之一是苹果公司是否应当承担连带的侵权法律责任。当时仅有的裁判依据是原《侵权责任法》第36条第3款，即"网络服务提供者知道网络用户利用其网络服务侵害他人民事权益，未采取必要措施的，与该网络用户承担连带责任"。该案中，法官运用预防成本的经济学概念将"知道"目的性扩张为"应当知道"，并具体化了"应当知道"内涵和"必要措施"的程度，原文如下：

> 如果涉案应用程序商店经营者只需要以较低的成本即可以预防和制止其中的应用程序侵害他人合法权益，而且涉案应用程序商店的经营者承担该预防成本对应于其从涉案程序的公开传播中获得的收益是合理的，则涉案应用程序商店经营者应当承担这样的成本以预防和制止相应侵权行为，否则应当依法承担连带责任。

预防成本的概念来自重要的法经济学原理——汉德公式。汉德公式的基本含义是，通过将预防事故的成本与事故造成的损失（反过来说也就是该成本能够产生的收益）进行比较，来确定被告是否尽到合理注意的义务。[28]该案中，法官运用预防成本的概念，将网络平台的主观过错状态从"知道"扩大到"应当知道",论证了应用程序商店经营者应当承担较高的合理注意义务、采取有效的必要措施,落实了加强知识产权保护、规范网络平台监管的司法政策。值得一提的是,在 2018 年(本案之后),中国颁布实施了《电子商务法》,其中第 38 条第 1 款规定,"电子商务平台经营者知道或者应当知道平台内经营者销售的商品或者提供的服务不符合保障人身、财产安全的要求,或者有其他侵害消费者合法权益行为,未采取必要措施的,依法与该平台内经营者承担连带责任"。这一规定将"知道"和"应当知道"同时明确为电子商务平台责任的主观状态,但学界对"应当知道"的内涵如何具体化仍有较大争议。[29] 本案中经济分析的运用,或可为讨论这一问题提供思路。这也从一个角度说明,运用经济分析得出的答案可以符合立法者的立法目的且适应社会需要。

　　无独有偶,由上海市第一中级人民法院审理的上海全土豆网络科技有限公司诉上海观视文化传播有限公司著作权权属、侵权纠纷案[30]与上述"苹果公司案"的争议焦点同为网络平台是否应当承担侵权连带责任,法官同样运用预防成本的经济学概念论证了"应当知道"也是网络平台的主观过错状态。主要案情是电视剧《凤穿牡丹》的著作权人因该电视剧被多名不同的"播客"非法上传到土豆网上,起诉上海全土豆网络科技有限公司承担著作权侵权连带责任。

　　与"苹果公司案"不同的是,该案法官进行法律推理时,首先运用了体系解释和反对解释的教义学分析方法,之后才运用经济分析补充论证。由于该案发生于 2009 年,原《侵权责任法》尚未实施,故网络平台的侵权责任没有直接的法律依据,只能通过对《著作权法》、原《民法通则》、《信息网络传播权保护条例》等进行体系解释来认定网络平台的责任。在推理过程中,法官首先通过体系解释,认定《信息网络传播权保护条例》第 22 条规定的免责条件应当解释为《著作权法》第 47 条第(一)项规定的例外,之后又通过反对解释,得出故意和过失均能导致提供信息存储空间的网络服务提供者不能免除赔偿责任的结论,再结合案情判定土豆网应当承担连带责任。而后,法官又运用"预防成本"概念进行经济分析,增强了裁判结果的说服力。教义学分析与经济分析并行,尤其是借助《信息网络传播权保护条例》第 22 条第 3 款进行体系解释,比"苹果公司案"的推理过程更充分,说明经济分析可以补充法教义学分析,从而更好地进行法律论证。

(三)进一步结论

第一,通过检索和人工阅读发现,法官说理运用经济分析的方法主要是成本收益分析和公共福利经济分析。共有 648 个案例使用了成本收益分析的经济学概念,具体有"机会成本""代理成本""分割成本""预防成本""沉没成本""识别成本""边际成本""成本优势""边际收益"等;60 个案例使用了公共福利经济分析概念,具体有"负外部性""正外部性""外部性内部化"等。

相比之下,与博弈论相关的经济学概念,如"帕累托最优""非合作博弈""纳什均衡""囚徒困境""卡尔多-希克斯效率"等在裁判文书说理中出现较少;与供给需求分析相关的经济学概念,如"影子价格""效用曲线""激励信息""生产函数"等,出现也较少。这可能是因为,与成本收益分析和公共福利经济分析相比,博弈论和供给需求分析的经济学理论化程度更高,法官对此了解更少。但如果拉长时间,和十多年前相比,法官对于法律经济学关键词的运用已经有很大进步。毕竟,国内的法律经济学教材的出现也不过是最近十多年的事情。

第二,法官说理运用经济分析,往往能够增强法教义学模糊问题的论证。在法教义学分析过程中,有两类问题属于模糊问题:一是被归为"常识""事理"的问题[31],二是现有法教义学理论争论不休的问题。就第一类问题来说,作为法理存在样态之一的事理,是教义学分析所必须遵循的。[32]但教义学分析总是将"常识""事理"一笔带过,难以进行精细论证。"常识"或"事理"是人类社会经过数万年演化的理性选择的结果,而经济学是研究人们理性选择的科学。[33]因而,运用经济分析可以给出精细、具说服力的理由。[34]就第二类问题来说,当针对同一问题的不同教义学分析观点各能自圆其说,难以区分优劣时[35],经济分析的价值判断能帮助法官作出决断,并提升裁判论证水平。这能为法官带来使当事人服判息诉、获得当事人乃至社会公众的较高评价、高质量完成工作的自我满足感等收益。

第三,法官说理运用经济分析,还可以用来分析新型法律关系。例如,有关网络购物、网络平台责任、金融机构责任、房地产开发商责任的新型法律关系。桑本谦指出,在面临新型法律关系时,法教义学是防御性的,在新要件、新概念、新教义、新措辞出现之前,无分析工具可用。[36]在这种情况下,如果单纯依靠教义分析,论证可能会陷入苦思冥想的困境,并可能出现堆砌论据、循环论证等问题。而法律经济分析却能用一以贯之的简单分析工具,对新型法律关系进行有效分析。在这个意义上,张巍认为,经济学对司法实践的贡献是"只能提供可靠的事实,而非思维方式"[37],这一观点值得商榷。

当今中国较受关注的新型法律关系主要在经济领域,这就更适合经济分析发挥作用。以前述案例分析中涉及的网络平台和金融机构为例,这些市场主体对经济社会的意义明显不同于传统的自然人、企业等市场主体,其对社会的功能呈现公共性,其对经济的影响呈现系统性。[38]当面对与这些市场主体相关的法律问题时,以传统市场主体为主要对象的民法教义学分析的论证能力将有所不足。"将价值判断固定在概念与规范之中"的法教义学分析对复杂经济问题的论证能力有限。[39]这就需要运用经济分析进行补充。此外,针对网络平台、金融机构等市场主体的法律规范,还存在概念界限宽泛、立法层级低、相关法律规定散乱的问题,给法教义学分析带来障碍,但给经济分析留出了空间。例如,《电子商务法》第38条第2款在规定电子商务平台未尽到适当性义务而对消费者造成损害的责任时,仅表述为"依法承担相应的责任",为今后法律适用与解释留下了空间。[40]

简言之,法官说理运用经济分析几乎不存在于法律解释方案明确的领域。

此外,上文分析的个案中有超过一半是在进行教义分析得出结论后,用经济分析增强论证,发挥了"锦上添花"的作用,单独使用经济分析的较少。这说明了在中国法官裁判中,经济分析主要发挥探索工具功能和补充论证作用,而法教义学居于主体地位。这一发现验证了部分论者关于法经济学以及社科法学无法取代法教义学主体地位的结论。[41]但应当注意的是,由于法官说理的经济分析至少有模糊论证和新型法律关系两类运用的情形,因此,法官运用经济分析并非如学者所言"不易采用"。[42]

三、法官运用经济分析说理的激励约束

法官能够在裁判说理中运用经济分析,既有激励机制也有约束机制。结合前述分析,这里分别展开叙述。

(一)法官运用经济分析说理的激励机制

波斯纳提出了法官行为的劳动力市场理论,认为分析法官的行为应当从分析其工作的成本和收益的激励和约束入手,其中成本包括用于工作的时间、工作带来的风险、上级和公众的批评等,收益包括工资收入、职位晋升、自我满足感等。[43]根据这一理论,中国法官在裁判中运用经济分析,是因为它在特定案件中有助当事法官降低工作成本、提高工作效率、提升工作收益。

目前来看,展示自身理论水平是法官运用经济分析的重要原因。中国法院具有法官人数多、科层化程度高的特点。在这样的体制中,如能从众多同事中脱颖而出,是法官工作的重大收益。在裁判文书中展示自身较高的理论水平,是引起上级和社会公众注意,脱颖而出的一条路径。法律经济学属于前沿的法学理论,能在裁判文书中使用法律经济分析,是证明该法官具有较高的理论水平的重要论据。

就检索结果来说，能够运用经济分析进行说理的法官并不算多，因此，这可以为法官带来更多回报，包括获得更多奖励或荣誉，例如审判业务专家，乃至职务晋升。

以刑事案件"陈诗雨盗窃案"为例。[44]该案中，被告人使用朋友手机支付宝账户绑定的银行卡为自己购买了两部手机。针对辩护律师提出的被告人构成诈骗罪的辩护观点，该案主办法官刘砺兵运用经济分析指出："关于辩护人所提定性之争议，若以刑法教义学驳之，无非围绕盗窃罪与诈骗罪的犯罪构成要件循环论证，本院试以经济分析的方式，分配相关方的责任与风险，并基于此作出定性判断。"由该案裁判文书改写的案例分析报告被刊登在最高人民法院主办的《人民司法》杂志上。[45]刘砺兵法官被评为"审判业务专家"，并被宣传报道。[46]此为运用经济分析给法官带来收益的一个例证。

(二)法官运用经济分析说理的约束

法官运用经济分析也受到诸多约束，主要体现在以下三个方面：

第一，"依法裁判"的制度约束。英美法系拥有"造法"权力的法官可以使用经济分析来创造新的法律规则，实现资源的优化配置，从而创造出新的社会收益。但中国法官显然没有"造法"的权力，"依法裁判"是中国法官在进行司法判决时必须遵守的要求。这就导致了对法官运用经济分析创造新的社会收益的限制。虽然在中国的法律体系中，法官也享有一定的自由裁量权，如进行一般条款的具体化等情况，但总体而言，法官运用经济分析的空间有限。

虽然中国法官受到"依法裁判"的约束，在裁判文书说理中较少运用经济分析，但是这不代表中国法官在面对案件时真的很少使用经济分析思维。事实上，经济分析思维更适合被运用于调解。各方进行合作，创造出合作剩余，是现代经济学视角下社会收益的产生途径。[47]法经济学的经典模型，其实是将法律规定看作给定的外部条件，在法律确定的情况下，探究是否存在经济效率更高的纠纷解决方案,如科斯在其名文《社会成本问题》中对各种纠纷解决方案的描述。[48]因此,虽然中国法官在裁判文书中较少运用经济分析,但很可能在调解案件中较多运用了经济分析方法,也就是说,其在纠纷解决过程中运用经济分析思路的空间并非如此之小。因此,不能低估了经济分析在纠纷解决总体格局中的价值。

第二,"可行性不足"的理论约束。在诸多的法学理论流派当中,有很多观点质疑经济分析得出的结论是否具有可行性。[49]一方面,对能否在技术上对成本和收益进行正确的评估和测算存在疑问;另一方面,有观点认为,法经济学研究经常采用假想的社会规划者的视角,而非法官的视角,因此其直接适用于司法裁判的可行性存在疑问。[50]从中国的制度条件和社会环境看,运用经济分析能否作出正确裁判存在更多疑问。波斯纳曾指出,中国社会的法治观念尚属薄弱,公务员化的法官群体对实际社会情况的了解也较少,这导致中国法官运用经济分析得出正确的裁判结果存在更多的困难。[51]

中国法学界和法律实务界对"效率违约"理论的质疑是反映经济分析可行性存疑的一个较好例证。"效率违约"理论是法经济学的经典理论,其含义是:如果一方当事人的违约收益将超出他方履约的预期收益,并且对预期收益的损害赔偿是有限的,这种情况下即存在对违约的当然激励。[52]但是,中国法学理论界和实务界都有人对"效率违约"理论持拒绝态度。[53]有的法官直接在裁判文书中指出,效率违约理论有悖诚实信用原则,不能得到法院采纳。[54]当然,也有学者指出,人们对效率违约理论存在误解。[55]这说明对这一理论的争论的确存在。

第三,"知识不足"的个人能力约束。在中国,很多法律实务人员缺乏经济学知识训练。[56]这导致他们即使想在审判工作中运用经济分析,也没有能力熟练地运用。相比之下,法教义学的功能之一就是为法官提供现成的裁判方案,保证法官在面对相同案件时作出相同的处理,在面临类似案件时,从已有教义进行推理,降低思考成本。[57]近些年,法教义学在中国有了较快的发展,对于大部分案件,教义学都能给出正确的裁决方案,法官在进行教义分析时,所花费的成本较低。[58] 当然,能力不足的情况并非中国独有,即使在法律经济分析较发达的美国,"对大部分即便是非常聪明的法律人而言,将经济学原理与具体的法律问题联系起来仍然相当困难"[59]。在特定案件中,经济分析具备效率优势,但是在大部分常规案件中,法教义学的分析成本则更低。

四、法官运用经济分析说理的未来

尽管目前法官说理运用经济分析的案件数量非常少,法官受到的制度约束可能大于激励机制,但这并不意味着法官说理运用经济分析的前景注定黯淡。这要取决于以下几个影响因素的变化。

第一,更新和更复杂的社会需求。正如学者指出,当今的社会生产和交易结构变得越来越专业化、规模化、复杂化和网络化,影响生产和交易之经济效应的因素更多;当中国社会越来越多地出现其他市场经济国家未曾发生过的或缺乏成熟法治经验的活动时(如大量平台经济形态),那些希望通过引入比较法域的教义学说来改进中国经济活动效率的做法就很难像以往一样奏效。[60] 相比之下,经济分析能弥补法教义学的不足,能够帮助法官提升作出适当裁决的效率,降低诉讼成本和社会成本,提升资源配置效率。

第二,司法改革带来的组织需求。中国的审判专门化建设包括专门法院和专门法庭对经济分析有更多的知识需求。为了应对知识经济、互联网革命和金融法治的时代要求,中国近年来先后设立了知识产权法院、金融法院等专门法院或具有专门性质的地方人民法院,以及破产法庭、环境法庭等专门法庭,审判专门化得到较高程度的发展。审判专门化能对某类特殊案件的审理产生规模效益,降低案件审理的边际成本,从而产生社会效益。如前所述,网络著作权侵权纠纷等知识产权纠纷案件,网络购物纠纷、网络平台责任等涉互联网案件,委托理财合同纠纷等金融案件,本来就是法官运用经济分析的重点领域。在这些领域的审判专门化得到提升以后,那么法官对于这些新型案件的经济分析的需求会更多。

第三,法学院的知识供给。法官如果在大学期间学习过法律经济学知识,那么其将来在工作中运用经济分析的成本就会降低。虽然目前法学院的法律经济学教育较以前有了较大发展,但远没有达到知识普及的程度,甚至也不是所有的名校法学院都能够开设法律经济学课程。因为法律经济学的培养成本较高,需要高等数学知识、较为深入的微观经济学和宏观经济学知识,甚至计量经济学和统计学的思维,这需要法学和经济学两个学科的共同投入。法律经济学教育能否扩大规模,取决于学术体制的竞争程度。从美国法律经济学发展的经验来看,竞争强度高的学术体制会促进法律经济学教育的发展,促进学术研究范式和人才培养模式的创新。这也被认为是导致法律经济学在美国和欧洲大陆发展高低程度不同的重要因素。[61]中国各大法学院如果通过学术竞争追求卓越,就会把发展法律经济学作为一项重要的学科建设任务。

第四,司法竞争市场的知识供给。中国法官运用经济分析说理在很大程度上也取决于当事人的知识供给。特别是在民商事案件裁判过程中,采取的是对抗制的诉讼模式,当事人为了胜诉,更有动力寻找对自己有利的知识增强论证。当事人通过律师或经济学专家进行经济分析,这种现象更为普遍。不论是否能作为证据使用,双方当事人将相关经济分析资料提供给法官,旨在说服法官。这就形成了司法知识竞争市场[62],也就为法官运用经济分析说理提供了重要的知识来源。

总的来说,中国法官运用经济分析说理已经初具规模,其运用领域主要是一般条款具体化和法律漏洞的填补。主要运用的分析思维是成本效益分析和公共福利经济分析。经济分析能够增强法教义学模糊问题的论证和用于分析新型法律关系。但法官运用经济分析的程度要受到制度、理论和能力的多重约束,因此,需要面对社会需求优化供给,实现理论界和实务界更好的合作。这样,经济分析才能在法教义学基础上进行迭代,形成新型的司法裁判知识体系。

附表 1　用于检索的法律经济分析基本概念

序号	概念	序号	概念	序号	概念
1	机会成本	26	边际效率	51	效率曲线
2	风险分配	27	科斯定理	52	效用曲线
3	理性选择	28	纳什均衡	53	显示偏好
4	代理成本	29	霍布斯定理	54	弹性理论
5	逆向选择	30	波斯纳定理	55	威慑模型
6	分割成本	31	卡尔多-希克斯效率	56	威慑成本
7	预防成本	32	阿罗不可能定理	57	威慑水平
8	沉没成本	33	不完全信息	58	边际威慑力
9	识别成本	34	代际分析	59	威慑理论
10	边际成本	35	影子价格	60	预期惩罚
11	成本优势	36	价格刺激	61	惩罚函数
12	负外部性	37	价格理论	62	静态博弈
13	有限理性	38	生产函数	63	多方博弈
14	沉淀成本	39	效用函数	64	无差别曲线
15	正外部性	40	预防函数	65	期望效用
16	效率违约	41	时滞现象	66	代理博弈
17	福利最大化	42	路径依赖	67	激励信息
18	边际收益	43	单峰偏好	68	负值诉讼
19	外部性内部化	44	囚徒困境	69	边际社会成本
20	汉德公式	45	规制俘获	70	边际社会收益
21	帕累托最优	46	集体行动成本	71	履行差错
22	博弈论	47	产权配置	72	惩罚性乘数
23	非合作博弈	48	成本曲线	73	边际惩罚

(续表)

序号	概念	序号	概念	序号	概念
24	边际效益	49	收益曲线		
25	边际概率	50	效益曲线		

注释

〔1〕严格来说,法律的经济分析与法律经济学的表述内涵有一定区别。但这不是本章关注重点,故不加区分使用。

〔2〕北京奇虎科技有限公司与腾讯科技(深圳)有限公司等滥用市场支配地位纠纷案,最高人民法院民事判决书(2013)民三终字第4号。

〔3〕这些著作分别是:〔美〕理查德·波斯纳:《法律的经济分析(第七版)》(中文第二版),蒋兆康译,法律出版社2012年版;〔美〕罗伯特·考特、〔美〕托马斯·尤伦:《法和经济学(第六版)》,史晋川、董雪兵等译,格致出版社、上海三联书店、上海人民出版社2012年版;史晋川主编:《法经济学》(第二版),北京大学出版社2014年版;魏建、周林彬主编:《法经济学》(第二版),中国人民大学出版社2017年版;冯玉军主编:《新编法经济学:原理·图解·案例》,法律出版社2018年版。

〔4〕在"北大法宝"司法案例数据库中,一篇裁判文书被划分为"审理经过""诉讼请求""辩方观点""争议焦点""法院查明""法院认为""裁判依据""裁判结果"等8个部分。其中,"法院查明"部分是裁判文书中的事实认定部分,基本上与法官裁判的经济分析无关,故也不在检索范围之内。

〔5〕"沉淀成本"与"沉没成本"含义相同,但为了检索和展示方便,将两个关键词分列。

〔6〕典型研究例如, Benjamin L. Liebman, Margaret E. Roberts, Rachel E. Stern, and Alice Z. Wang, Mass Digitization of Chinese Court Decisions: How to Use Text as Data in the Field of Chinese Law, *Journal of Law and Courts*, Vol. 8, No. 2, 2020, pp.177-201.

〔7〕例如,〔德〕托马斯·M. J. 默勒斯:《法学方法论》,杜志浩译,北京大学出版社2022年版;〔德〕克劳斯-威廉·卡纳里斯:《法律漏洞的确定:法官在法律外续造法之前提与界限的方法论研究(第2版)》,杨旭译,北京大学出版社2023年版。

〔8〕参见桑本谦:《"法律人思维"是怎样形成的:一个生态竞争的视角》,载苏力主编:《法律和社会科学》第 13 卷第 1 辑,法律出版社 2014 年版,第 1 页。

〔9〕湖北省高级人民法院民事裁定书(2019)鄂民申 1800 号。

〔10〕北京市第三中级人民法院民事判决书(2014)三中民终字第 13744 号。

〔11〕广东省东莞市第一人民法院民事判决书(2015)东一法东民二初字第 588 号。

〔12〕冯玉军:《法经济学范式》,清华大学出版社 2009 年版,序言第 1 页。

〔13〕北京市第三中级人民法院民事判决书(2018)京 03 民终 1728 号。

〔14〕参见〔美〕理查德·波斯纳:《法律的经济分析(第七版)》(中文第二版),蒋兆康译,法律出版社 2012 年版,第 10—13 页。

〔15〕北京市第二中级人民法院民事判决书(2018)京 02 民终 7731 号。

〔16〕林毅夫、潘士远:《信息不对称、逆向选择与经济发展》,载《世界经济》2006 年第 1 期,第 3—11 页。

〔17〕广东省佛山市南海区人民法院民事判决书(2017)粤 0605 民初 14908 号。

〔18〕参见杨代雄:《表见代理的特别构成要件》,载《法学》2013 年第 2 期,第 58—70 页;杨芳:《〈合同法〉第 49 条(表见代理规则)评注》,载《法学家》2017 年第 6 期,第 158—174 页。

〔19〕浙江省绍兴市柯桥区人民法院民事判决书(2018)浙 0603 民初 832 号。

〔20〕广东省佛山市中级人民法院民事判决书(2017)粤 06 民终 724 号。

〔21〕参见〔美〕曼昆:《经济学原理:微观经济学分册(第 7 版)》,梁小民、梁砾译,北京大学出版社 2015 年版,第 211 页。

〔22〕参见〔德〕卡尔·拉伦茨:《法学方法论》,陈爱娥译,商务印书馆 2003 年版,第 249 页。

〔23〕杭州互联网法院民事判决书(2020)浙 0192 民初 1147 号。

〔24〕同前注 21,第 214 页。

〔25〕河南省郑州市中级人民法院民事判决书(2020)豫 01 民终 15876 号。

〔26〕参见王赋:《技术创新与成本优势》,载《中国经济问题》2001 年第 5 期,第 8 页。

〔27〕北京市高级人民法院民事判决书(2015)高民(知)终字第 3536 号。

〔28〕参见冯玉军主编:《新编法经济学:原理·图解·案例》,法律出版社

2018年版,第295页。

〔29〕参见尹志强、马俊骥:《网络平台经营者"应当知道"要件之重新检视》,载《华东政法大学学报》2020年第6期,第62页。

〔30〕上海市第一中级人民法院民事判决书(2009)沪一中民五(知)终字第20号。

〔31〕如前述案例中涉及的过错认定、诚信履行、适当性义务、公共利益等。

〔32〕如黄茂荣认为,"在事理上,必须取向于法律所规范之客体的性质,以一方面求其合于正法之要求,另一方面不与生活脱节"。参见黄茂荣:《法学方法与现代民法(第五版)》,法律出版社2007年版,第478页。

〔33〕同前注21,第3页。

〔34〕在对经济分析较为排斥的德国法学界,也有学者认为,即使从德国视角看来经济学认识不过是对常识的另一种表述,但其为解决法律问题仍可以发挥三个作用:简化、明朗化、深化。Klöhn, Minderheitenschutz im Personengesellschaftsrecht. *Rechtsökonomische Grundlagen und Perspektiven*, AcP 2016, 283. 转引自卜元石:《德国法学与当代中国》,北京大学出版社2021年版,第88页。

〔35〕参见车浩:《法教义学与社会科学:以刑法学为例的展开》,载《中国法律评论》2021年第5期,第130页。

〔36〕同前注8。

〔37〕张巍:《法经济学与中国司法实践:法律人思维的一个脚注》,载苏力主编:《法律和社会科学》第14卷第1辑,法律出版社2015年版,第276页。

〔38〕参见刘权:《网络平台的公共性及其实现:以电商平台的法律规制为视角》,载《法学研究》2020年第2期,第42—56页;曹兴权、凌文君:《金融机构适当性义务的司法适用》,载《湖北社会科学》2019年第8期,第159—169页。

〔39〕参见詹巍:《论商事裁判的法律经济学分析进路》,载《东方法学》2016年第4期,第80页。

〔40〕参见姚海放:《网络平台经营者民事责任配置研究:以连带责任法理为基础》,载《中国人民大学学报》2019年第6期,第88页。

〔41〕同前注35,第118页。

〔42〕同前注37,第249页。

〔43〕参见〔美〕李·爱泼斯坦、〔美〕威廉·M. 兰德斯、〔美〕理查德·A. 波斯纳:《法官如何行为:理性选择的理论和经验研究》,苏韬译,法律出版社2017

年版,第27—28页、第44—46页。

〔44〕北京市朝阳区人民法院刑事判决书(2018)京0105刑初300号。

〔45〕参见刘砺兵:《盗用他人信息注册支付宝并消费的行为定性》,载《人民司法(案例)》2019年第11期,第27—30页。

〔46〕"北京审判业务专家｜刘砺兵:'砺兵'十五载,刃乃若秋霜",载微信网页 https://mp.weixin.qq.com/s/jEEByVIqoW8eLtqbpOU4JA,访问时间:2022年3月29日。

〔47〕参见〔美〕罗伯特·考特、〔美〕托马斯·尤伦:《法和经济学(第六版)》,史晋川、董雪兵等译,格致出版社、上海三联书店、上海人民出版社2012年版,第67—69页。

〔48〕参见〔美〕罗纳德·哈里·科斯:《企业、市场与法律》,盛洪、陈郁译,格致出版社、上海三联书店、上海人民出版社2009年版,第96—152页。

〔49〕参见〔美〕布赖恩·比克斯:《法理学:理论与语境》,邱昭继译,法律出版社2008年版,第253—255页。

〔50〕See Conor Clarke, Alex Kozinski, Does law and economics help decide cases?, *European Journal of Law and Economics*, Vol. 48, No. 1, 2019, p. 97.

〔51〕参见〔美〕理查德·A.波斯纳:《法律经济学与法律实用主义》,陈铭宇译,载《北大法律评论》第14卷第1辑,北京大学出版社2013年版,第6—7页。

〔52〕同前注14,第169页。

〔53〕参见孙良国、赵梓晴:《效率违约理论的价值冲突》,载《东北师大学报(哲学社会科学版)》2019年第5期,第80—82页。

〔54〕参见北京仁德停车管理有限公司与北京苏宁云商销售有限公司租赁合同纠纷一审民事判决书(北京市通州区人民法院(2016)京0112民初3040号)。

〔55〕参见熊丙万:《中国民法学的效率意识》,载《中国法学》2018年第5期,第92页。

〔56〕参见吴锦宇:《浅析法律经济学在大陆法系的研究障碍》,载《制度经济学研究》2007年第3期,第44—55页。

〔57〕参见白斌:《论法教义学:源流、特征及其功能》,载《环球法律评论》2010年第3期,第15页。

〔58〕参见卜元石:《德国法学与当代中国》,北京大学出版社2021年版,第

19—21页。

〔59〕同前注14,第3页。

〔60〕同前注55,第87—88页。

〔61〕See Nuno Garoupa, Thomas S. Ulen, The Market for Legal Innovation: Law and Economics in Europe and the United States, *Alabama Law Review*, Vol. 59, No. 5, 2008, pp.1556-1557.

〔62〕侯猛:《最高法院司法知识体制再生产:以最高法院规制经济的司法过程为例》,载《北大法律评论》第6卷第1辑,法律出版社2005年版。

第十二章　司法中的科学运用

社科法学与法教义学之争,也是"科学"之争。[1]在法教义学学者看来,"科学"就是指法律是一门规范科学。[2]这源于凯尔森纯粹法理论的传统。凯尔森将法律科学限于对法律规范及其构成要件之间关系的认知与描述。这样,作为规范科学的法律科学与所有其他旨在对事实过程进行因果关系认知的科学区分开来。规范科学强调法体系的完整性和法秩序的安定性,破坏法体系和法秩序,就是违反形式法治。社科法学学者则强调社会科学对于法律和法学研究的重要意义。这一学术争论也转向了司法裁判领域。[3]在司法实践中所运用的科学,不仅有规范科学和社会科学,还有通常意义上的科学、技术、工程、数学,即所谓的 STEM (Science, Technology, Engineering and Mathematics)。[4]法学界对上述三类科学即规范科学、社会科学、STEM(在司法中最常见的运用是鉴定技术)都有不同程度的讨论。

晚近以来,新兴科学技术,尤其是信息技术对中国司法实践产生了更大规模、更带有整体性的影响。由于法学学者总体上缺少新兴科学技术知识背景,目前也只在技术细节层面进行描述性讨论,还难以对这一现象进行理论反思。如果法学学者一直停留在原有的"科学"之争,不与法官共同面对各种科学知识的挑战,就不可能形成有解释力的中国法学知识体系。故此,本章将从传统科学在司法中的运用入手,逐步展示法官、学者对"科学"的不同态度及原因。这是一种(科学)知识社会学意义上的考察进路。知识社会学主要关心"知识与社会或文化中其他存在因素的关系"[5]。科学知识社会学是对科学进行社会科学的解释,是从非科学的视角讨论科学的社会功能和缺陷。[6]

本章从非科学视角讨论科学与司法的关系或许也会遭受类似批评。由于有观点认为科学只能被科学地定义,因此,科学知识社会学的讨论,特别是将科学进行非理性分析,作为叙事、社会建构或知识相对主义的分析就会被批评,被认为是对科学用语的滥用。[7]但是,科学的运转依靠的是一整套生态系统[8],需要经费、人力、竞争、发表,以及政府投入和公司驱动。因此,我们在理解科学与司法的关系和科学在司法中的运用时,就不能客观中立地观察,而必须将其放在社会整体情境中考察。

一、传统科学在司法中的运用

传统科学并非专门用语,主要是为了与新兴技术作区分。鉴定技术、社会科学、文化科学这些知识在司法中的运用已有很长的历史,故称为传统科学。鉴定技术的早期司法运用,主要是测谎仪,后来是脱氧核糖核酸(DNA)测试。现在在学术上也形成了法庭科学,还包括讨论概率论(数学)在证据认定中的作用,等等。[9]

目前,仍有越来越多的司法文件涉及对各种类型鉴定技术的认定。例如,2019年6月5日实施的《最高人民法院关于审理生态环境损害赔偿案件的若干规定(试行)》中规定:"当事人在诉前委托具备环境司法鉴定资质的鉴定机构出具的鉴定意见,以及委托国务院环境资源保护监督管理相关主管部门推荐的机构出具的检验报告、检测报告、评估报告、监测数据等,经当事人质证并符合证据标准的,可以作为认定案件事实的根据。"而在越来越多的案件,特别是在侵权案件中,法官仍需要借助相关鉴定报告、技术规范,通过质证程序确认后才能作出判决。例如,在袁科威诉广州嘉富房地产发展有限公司噪声污染责任纠纷案中,法院的裁判要旨是:"在住宅电梯的设计、建筑、安装、验收均达标的情况下,不能推定电梯所产生的噪声的限制也是达标的。电梯应接受《民用建筑隔声设计规范(GB50118-

2010）》的调整和约束。"[10]在山东登海先锋种业有限公司诉山西大丰种业有限公司、陕西农丰种业有限责任公司侵害植物新品种权纠纷案中,法院对田间种植植物新品种(DUS)测试报告和脱氧核糖核酸(DNA)鉴定报告进行比较,认可了前者的效力。[11]在知识产权案件诉讼中,法院还设立了技术调查官。2019年5月1日,《最高人民法院关于技术调查官参与知识产权案件诉讼活动的若干规定》实施,技术调查官对案件所涉技术问题履行职责,其中规定:"技术调查官提出的技术调查意见可以作为合议庭认定技术事实的参考。"

与鉴定技术的"硬"知识相比,社会科学知识的客观性存在更大争议。这使社会科学进入司法中有了更多限制。不过在美国,社会科学在司法中的运用十分广泛。[12]特别是1954年美国联邦最高法院援引社会科学结论直接促成布朗诉托皮卡教育委员会案的全体大法官一致同意,这引发了司法界的社会科学引证高潮。[13]通常意义的社会科学对司法的影响,从学科知识上划分,包括经济学、社会学、人类学、文学、心理学(认知科学)等在司法中的运用;从方法上划分,包括定性方法(如调查访谈)和定量方法(如问卷统计)在司法中的运用。

与鉴定技术、社会科学相比,文化的客观性更不好把握,科学性也存疑。但在西方社会,研究文化的人类学知识在司法中的运用相当广泛。在中国,法官在审理涉及民族、宗教案件时,对风俗习惯的运用也非常普遍。对风俗习惯的发现、整理,实际上也是一项科学工作。2020年5月1日施行的《最高人民法院关于修改〈关于民事诉讼证据的若干规定〉的决定》中规定:"审判人员可以对有专门知识的人进行询问。"在司法实践中,有专门知识的人主要还是专业技术人员。但其实也应当包括熟知当地风俗习惯的"老人儿"。我们曾在法院调研中发现,基层法院把文化融入审判、调解全流程的现象相当普遍。[14]

包括鉴定技术、社会科学和文化科学在内的传统科学,在司法中的运用主要表现在事实处理、后果考量和裁判说理三个方面,下文依次加以说明。

(一)用于发现不同事实的科学知识

法官之所以被称为法官,就是因为他能够运用法律科学的思维来推理和解释案件。但法官在运用法律科学思维之前,首先要处理事实问题。"法官受事实的影响,却在使用寻找事实的现代方法方面存在困难。"[15]法官运用包括鉴定技术、社会科学和文化科学在内的科学知识,主要来确定裁判事实、立法事实和提供背景事实。[16]用于确定裁判个案事实的科学知识,主要是围绕具体案情所进行的相关技术鉴定、问卷统计、专家证言。例如,在乔丹案[迈克尔·杰弗里·乔丹、国家知识产权局商标行政管理(商标)再审行政判决书(2018)最高法行再32号]中,再审当事人乔丹和乔丹体育公司各自提交了问卷调查报告,前者提交的调查报告的结论显示:在近两年(调查时)购买过乔丹体育品牌产品的受访者中,分别有93.5%和78.1%的受访者认为再审申请人与"乔丹体育"有关。对此,法院认为调查结论的真实性、证明力相对较高,予以采信。

中国不是判例法国家,不存在能够成为立法事实的科学知识。但中国已经有了形成裁判规则的指导性案例或典型案例,因此,科学知识也能确定规则形成意义的事实。此外,科学实证材料还可以帮助制定司法文件,从而具有规则形成的作用。用来提供案件背景的科学知识,也是比较常见的。例如,对保释、假释罪犯的危险性进行社会科学评估,对潜在违法者进行社会科学评价。在有些案件中,文化背景也是背景性事实,能够帮助法官审慎作出判决。可以说,法官在不同的文化背景下会作出不同的判决。例如,人类学家莫斯的研究表明,因纽特人的司法制度有两套,随着夏季和冬季的交替而变化。[17]简言之,科学知识用于发现不同事实,而这些事实最终要被法官采信,就必须经过法律程序,包括证据认定、质证等,这才算完成了科学知识的合法化过程。

(二) 用于后果考量或利益衡量的科学知识

法官进行后果考量、利益衡量,属于其自由心证范围,是在行使自由裁量权。例如,2012 年 2 月 28 日,最高人民法院印发的《关于在审判执行工作中切实规范自由裁量权行使保障法律统一适用的指导意见》指出:"正确运用利益衡量方法。行使自由裁量权,要综合考量案件所涉各种利益关系,对相互冲突的权利或利益进行权衡与取舍,正确处理好公共利益与个人利益、人身利益与财产利益、生存利益与商业利益的关系,保护合法利益,抑制非法利益,努力实现利益最大化、损害最小化。"法官进行后果考量不仅要考虑法律后果,也要考虑社会后果。如果后果考量的是个案的社会后果,即个案对相关当事人的社会影响,这种情形的后果考量就是利益衡量。

法官还有一种后果考量是考量系统性后果,即案件对整个行业市场、一批利益群体及立法修改的影响。最典型的例子是 1999 年 1 月 16 日,广东省高级人民法院公开审理广东国际信托投资公司破产案。该案是我国首例通过司法程序宣告破产还债的非银行金融机构破产案,在当时被称为"债券清偿率最高的案例"。在长达 4 年的案件处理期间,最高人民法院专门就此案发布了 7 个司法解释性文件,不仅为案件的顺利审结和金融风险化解提供了司法保障,也为后续制定《中华人民共和国企业破产法》提供了实践依据。[18]对于系统性后果的考量,也不应直接认定为法外考量。江必新在谈到对裁判效果进行科学考量时,提出要重视价值衡平、重视利益衡量、统筹法律效果和社会效果、统筹客观公正和裁判的可接受性、统筹案结事了目标和社会引领功能。[19]而且,还可以运用科学来支撑后果判断。有时需要法官亲自进行调查,甚至庭外现场调查,此外还需要相关专家发挥作用,即聘请鉴定专家和社会科学专家提供专业意见。这些专业意见本身不必然是对后果的正确预测,因为还需要质证,但其大大降低了法官后果考量的恣意程度。

(三)用于裁判说理的科学知识

2018年6月1日,最高人民法院印发的《关于加强和规范裁判文书释法说理的指导意见》指出:"裁判文书释法说理,要阐明事理,说明裁判所认定的案件事实及其根据和理由,展示案件事实认定的客观性、公正性和准确性;要释明法理,说明裁判所依据的法律规范以及适用法律规范的理由;要讲明情理,体现法理情相协调,符合社会主流价值观;要讲究文理,语言规范,表达准确,逻辑清晰,合理运用说理技巧,增强说理效果。"就事理、法理、情理和文理这四个方面而言,科学知识在事理、情理和文理中的运用空间尤其大。

波斯纳曾批评美国司法:"千万别被社会科学和其他技术资料在司法意见书中的引证率之高给骗了。从这些引证中推不出法官们事实上使用科学来确定或影响他们的判决。"[20]中国运用科学知识进行裁判说理是不是也是如此,即仅仅是修辞?这里就得注意区分法官的思考过程和表达过程。裁判文书中的释法说理,是法官的表达过程,不是法官的思考过程。法官在思考过程中,会不断受到来自当事人,包括其提供的社会科学材料、技术资料、专家证人的影响。但裁判文书是写出来的,是法官的表达过程。因此,事理、法理、情理、文理中运用科学与否,也是表达的问题,是要说服阅读裁判文书的人,而不是说服他自己。就表达而言,裁判文书中的事理部分会更多借助社会科学和技术的分析材料;法理部分对此借助较少,还是侧重法律规范的援引和论证理由;情理部分会更多运用文学典籍或历史典故;文理部分才真正是与修辞有关,而与科学知识的关系较弱。当然,退一步来说,修辞的功能本来就是为了说理。因此,即使科学知识只具有修辞功能,但仍发挥了作用。

此外,还应注意在裁判说理中,科学知识与其他知识之间的相关性。例如,当法律权威不够时,科学知识的引入能够增强裁判说理。这在国际法的裁判中表现得十分明显,其中科学知识的运用相当普遍。[21]这可能与国际法的权威较弱相关。类似地,国内也不提倡运用宪法理论进行裁判说理。由于宪法难以进行司法适用,国内的宪法教义学只能转向立法和人大的合宪性审查实务,并且通过与部门法学的学科对话进行知识生产。[22]因此,科学知识的引入具有一定的替代作用,也能够增强裁判的说服力。当然,像科学知识这样的"系统性的经验证据可以成为司法知识的来源。但这样的证据要发挥作用,而不是在司法意见书中仅仅作为修辞性装饰品,法官必须在不同类型的证据之间仔细区别"[23]。这是因为在决策过程中,科学的引入与政治关系密切[24],而且科学家也往往受到商业化的影响[25],因此,无论多么科学的知识都必须经过法官的法律标准检验。

二、新兴技术对司法的巨大影响

前述归纳的传统科学在中国司法中运用的几种情形,就运用广泛程度来说,运用鉴定技术的裁判文书数量是海量的;法官受到文化观念即法律意识[26],如宗教信仰、性别、种族、民族认知、政治意识形态影响而作出的裁判文书数量,也是难以统计,但应当相当普遍。相比之下,直接运用社会科学的裁判文书数量比较少。但法院和法官有时可以运用社会科学进行裁判和制定政策,这与法官借助其他专业人士提供的鉴定技术进行裁判不同。

时代的巨大变化,特别是全球化和信息时代的到来,让法院和法官面临新的巨大挑战。早在20多年前,费孝通就指出:"这种以信息技术为中心的社会形态,正在给我们的生产、生活和文化带来前所未有的冲击……运用信息技术的还是人,而人是生活在不同的文化或价值观念中。这样的生活必然给人的创造带来深刻的影响。"[27]这种影响具有科学技术与社会文化交互的复杂性。波斯纳列举了外在于法院体系的复杂性来源,包括生物化学、经济学、电子监控、能源、环境证据、金融工程、外国习俗和环境、遗传学(包括基因组)、司法心理学、医疗证据和流行病学、国家安全、神经科学、社会学、统计学(包括多元回归分析)、监控技术等;受外在复杂性影响的法律领域有反托拉斯、计算机犯罪、破产、版权、环境保护、食品药品规制、社会保障、电信规制、侵权、城市区划等。[28]这些复杂性来源和法律领域,也同样适用于中国法院和法官。法官所面临的复杂性科学难题的难度实际上大大增加了。

目前,新兴技术,包括信息和通信技术、生物技术、神经技术、纳米技术、机器人技术等,也涉及法律的监管问题。[29]不过,中国司法实践中最重大的变化主要是信息技术的引入、通过智慧法院等的一系列建设,大数据、人工智能、区块链等信息技术正在深刻改变着法院的运作。

(一)司法中的社会科学运用再审视

伴随着信息技术的发展变化,社会科学在司法中的运用也在不断变化。例如,统计作为社会科学方法的运用,以及大数据分析作为社会科学方法的运用。就司法政策制定来说,法院越来越重视社会科学的调查研究,特别是重视其中的数据统计分析。例如,在新冠疫情期间,宁波海事法院曾组成课题组发放问卷,了解疫情对航运经济的影响和法律风险,从而提出应对建议。[30]实际上,这种为政策制定修改提供建议的调研报告是很多的。[31]最高人民法院也已经提出要"充分运用大数据分析方法,及时分析研究司法解释实施情况,对司法解释的实效进行评估"[32]。

就司法个案裁判而言,裁判中涉及问卷调查统计的案件数量应该是海量的。但这些调查统计基本上是当事人提供的,法官只是发挥法律审查的作用。真正涉及法院自己运用社会科学知识进行司法裁判的数量是很少的。这是因为大部分案件都是常规案件。法官在处理常规案件时,基本上不需要引入社会科学。所谓常规案件,是过去反复出现的、现有法律规则和裁判规则可以处理好的案件。对于疑难案件,法官有引入社会科学的可能。之所以说可能,是因为法官按照法律解释理论,仍有操作的空间,这包括所谓法律漏洞填补、法外续造等,未必一定要借助社会科学判断。当然,在填补法律漏洞和法外续造的过程中,也就有更多将社会科学引入的可能。但同时也会带来所谓的合法性争议或自由裁量权过大的争议。例如,本书第十一章中,我和高凯铭通过裁判文书考察法官对经济分析的运用,发现法官运用经济分析主要是成本效益分析和公共福利经济分析,而且常常与教义分析并用,主要用来具体化不确定概念和一般条款,以及论证法律漏洞的填补。但由于多是疑难案件,因此,总体数量较少,而且理论化程度较低。

就法院层级而言,上诉审法院,特别是法律审法院更有可能引入社会科学。因为这会改变法官对事实认定,包括社会后果的判断,进而改变法律适用的标准,在一定程度上也是创制新的裁判规则。对于事实审法院而言,法官没有特别的必要,除非刻意展示自己的学识,无论如何,对于法官来说,社会科学的引入说到底是成本问题。法官引入社会科学的成本很高,包括搜索知识的成本、购买知识的成本等。因此,就绝对数量而言,法官运用社会科学的案件也不会太多。简言之,法官对于鉴定技术的运用基本是依托专业技术人员,智力成本并不高;法官运用社会科学分析案件主要依靠自己的智识水平,智力成本较高,难以普遍运用。但是,信息技术对法官行为的影响巨大。信息技术实际上重构了法官的司法环境。

(二) 司法中的信息技术运用

信息技术包括信息平台、大数据和区块链等,信息技术的引入不仅影响法院的管理,也开始冲击司法裁判。①建立信息平台。2018年修订的《人民法院组织法》第 58 条中直接规定了法院应当"运用现代信息技术,促进司法公开,提高工作效率"。目前,人民法院已在全国范围内全面建成审判流程、庭审活动、裁判文书、执行信息四大公开平台。[33]②运用大数据技术。2020 年 9 月 14 日,最高人民法院通过的《关于完善统一法律适用标准工作机制的意见》规定:"最高人民法院加快建设以司法大数据管理和服务平台为基础的智慧数据中台,完善类案智能化推送和审判支持系统,加强类案同判规则数据库和优秀案例分析数据库建设,为审判人员办案提供裁判规则和参考案例,为院庭长监督管理提供同类案件大数据报告,为审判委员会讨论决定案件提供决策参考。"③运用区块链技术。实际上,利用区块链技术犯罪要早于司法的运用。区块链犯罪技术要求高,因此较少能追诉进入司法程序。[34] 2022 年 5 月 23 日,最高人民法院印发的《关于加强区块链司法应用的意见》中要求"形成较为完备的区块链司法领域应用标准体系""区块链在多元解纷、诉讼服务、审判执行和司法管理工作中得到全面应用""充分运用区块链数据防篡改技术",并要求法官进行应用培训。

相比美国法院对信息技术引入的保守态度,中国法院则非常积极,包括在司法裁判中也积极引入信息技术。例如,承认电子证据和区块链证据的效力,以及运用大数据进行类案检索,通过已有的类案裁判结果,辅助法官作出合乎情理的裁判。但是,信息技术对法院和法官的影响是全方位的。与其他科学只是在某个方面产生影响不同,信息技术对法官的影响是全过程的。法官只要开始工作就得进入平台系统操作,从诉前调解到立案、审判和执行等各个环节。同时,对法官行为的监督也自始至终依赖于在审判管理等平台上操作。简言之,对法官来说,信息技术(平台)不是操作工具,而是法官的工作空间和生活空间。

信息技术(平台)对法院和法官的影响是巨大、潜在和深远的。就目前来看,已经遇到了亟待解释和解决的新问题。一是法院的信息平台是由商业企业研发的。平台怎么设计、如何运作和评估,企业要征求客户即法院的意见,即根据法院需求订制。在这个意义上,技术并不能从根本上改变法院的科层制运作。二是法院系统内的不同信息平台还没有打通。这些信息平台由不同的企业研发,由于技术壁垒等原因,还没有实现法院信息一体化。此外,法院的信息平台与其他部门的信息平台也没有做到互通。三是信息技术强化了四级法院管理。过去最高人民法院只能管理高级人民法院,但现在的信息技术让最高人民法院管理全国各级法院的成本大大降低,从而改变了四级法院管理体制。四是法官在智能辅助办案系统上操作,需要重新审视原有的法律推理方式和法律解释方法,构成对既有法学知识体系的潜在挑战。

三、法学学者的"科学"认知偏差

显然,中国的法学学者还没有真正意识到信息技术给司法实践和法律(司法)理论带来的巨大挑战。尽管作为热点,已有海量研究从法律的角度讨论算法、大数据、区块链、人工智能、元宇宙等议题。[35]但一方面,不少法律科技研究的问题在实践中还没有产生,或者仍在初级阶段,例如无人驾驶、机器人和人工智能在现实中并没有成为普遍问题,目前还只是一种担忧或前景展望[36];另一方面,现有的研究还缺乏理论反思,没有在经验层面思考信息技术对中国法律和司法的整体性影响。中国法学界对司法的理论反思,基本还停留在法教义学与社科法学的对话上。国内的法教义学与社科法学的争论,其实是裁判理论之争。而在理论源头上,可以追溯到美国的法律形式主义与法律现实主义的争论。

(一)法教义学学者对"科学"的态度

什么是"科学",仍是法教义学学者念兹在兹的根本问题。特别是最近10年以来,案例研习教学,更准确地说是鉴定式教学方兴未艾,在民法、刑法、诉讼法中都很有影响力。[37]不论是运用民法的请求权基础思维,还是运用刑法的犯罪构成理论思维来分析案例,目的都是捍卫法教义学的知识体系。在法教义学的眼中,法官在司法实践中所形成的知识,实际上很难成为,也很难被称为科学。法教义学学者可能是在假定自己就是法官的情形下思考如何裁判,因此,虽然自己并不是法律人,却主张像法律人那样思考。这就是默顿所说的局内人的思考方式。当然,法教义学更真实的想法,就是要将自己所熟悉改良的一整套法学知识体系全部传授给法官。但法官是否真的会以法学学者为师？这反而更像是"教鱼游泳"[38]。就以比例原则在中国的传播为例。比例原则源于德国法教义学的专门用语,有三阶或四阶结构。虽然刘权等学者试图对比例原则的德国理论加以中国化改良[39],但中国法官在司法实践中基本上不采用三阶或四阶的结构分析,而是赋予比例原则新的内涵。[40]

法教义学是形式主义的裁判思路,更多适用于演绎逻辑、三段论,坚持形式法治和法律效果;而社科法学更多强调后果主义的裁判思路,主要是归纳逻辑、类比推理,会强调社会后果,特别是系统性后果。这就显得不那么符合"形式"法治,更何况社会科学未必能够准确预测社会后果。因此,法教义学,特别是法学方法论的学者对于后果考量、结果导向之类的表述就非常警惕,甚至潜意识里将社科法学与后果考量、结果导向画等号。也因此,他们会强调将后果考量纳入并服从于法教义学的框架。[41]当然,法教义学学者对于社会科学总体上持欢迎态度,但基本主张是社会科学要纳入法教义学体系。即使是力挺社科法学的苏永钦,也主张法学为体、社科为用。[42]

这种形式主义法治观,使法教义学学者无论是在问题意识上,还是在结论上,都更容易将法律、法教义学视为不会随着区块链、大数据等信息技术出现而变化的事物。他们主要关心的是这些科学技术对法学的"挑战",以及如何将这些新鲜事物纳入原有的形式主义法治框架中。因此,法教义学学者并不关心新兴科学技术对司法裁判和法律(司法)理论的影响。不过,"影响"一词表明,法律、法学都必然因为新兴信息技术的出现发生质的变化,而不仅仅是规制领域和研究领域的扩张。

(二)社科法学学者对"科学"的态度

与法教义学学者"关心"法官裁判不同,社科法学学者更关心自己如何运用社会科学进行法律研究。因此,法官运用社会科学进行司法裁判的数量少,并不等于社科法学学者运用社会科学进行法律研究的数量少。实际上,这两者并没有必然联系。

传统上,社科法学研究可以分为外部视角和内部视角。外部视角是从法律与社会的关系出发,关注司法裁判的外部因素,即哪些因素影响了司法裁判过程,如政治的、经济的或文化的因素并进行因果关系解释。外部视角的主张,在国内以贺欣为代表[43],国外则以法与社会运动知名教授为代表。[44]内部视角就是研究社会科学在司法裁判中的运用。对于既有法官经历,又有教授身份的波斯纳来说,他的研究是两种视角并存的。特别是他将经济学全面运用到法学研究的各个领域,按照法律原则而不是经济学原则来组织[45],其实就是重构了原有的法学知识体系。这使法律经济学席卷美国精英法学院,但并没有全面影响美国上诉法院。这正好说明了社科法学学者主张对法律问题进行社会科学分析,并不能直接推定要求法官也进行社会科学分析。

如果用社会科学来解释不能直接推定的原因,那就是对学者和对法官的约束条件不一样。因此,就像我批评主张比例原则的学者那样,这一批评同样适用于主张以成本效益分析替代比例原则的学者。[46]因为成本效益分析对于法官来说同样难以推行。当然,社科法学学者追求的从来都不是解决问题的能力,而是解释问题的能力。以苏力为例,他关注司法个案,但关注的主要是司法个案的制度意义和理论意义,而不是司法个案该如何解决。例如,他从海瑞的论述中抽象出有关司法的两个定理,即公平定理和差别定理,力求展示其隐含的、基于主观边际效用的、强有力的经济学逻辑。[47]这也许是默顿所说的局外人的思考方式。

在社科法学内部,也存在不同分歧和相互批评。例如,我就批评苏力更关注思想实验,而不关注田野调查,更关注制度的正当性,坚持语境论,但缺少对制度本身和研究者自身的反思。我认为社科法学学者应当坚持整体论。[48]张巍也批评桑本谦混淆了学者立场和法官立场。他认为基于中国司法体制的现状,不宜在司法实践中推进法经济学的视角。中国当下的司法实践者主要应当采用教义法学的思维方式。[49]实际上,社科法学学者过多强调追求社会科学对法律的解释力,放弃了对真实性的追求,即这种解释在多大程度上为真。在这个意义上,可能还不如法教义学学者,对法律问题给出直接的解决方案。同样在这个意义上,注重量化的法律实证研究对于客观性的追求也是值得肯定的。简言之,社科法学在方法上能够遵循科学要求,或田野调查或量化实证,但在追求客观真实程度上并未形成一致立场。尽管有学者已经注意到大数据对法学的影响,以及大数据对裁判的预测[50],但信息技术(大数据和 AI)会不会取代法律量化研究,信息技术对法院内部管理的影响、对法官审判的影响、对法院科层制的影响、对上下级法院关系的影响,以及信息技术与裁判技术的关系等,诸如此类带有系统性、全局性的影响研究其实尚未展开。

(三)迈向对法律科技的理论研究

新兴科学技术会替代或迭代法学学者的教义分析和社科分析,也会取代或迭代法官的教义分析和社科分析。以法学学者为例,虽然当代的法学学者对科学技术不敏感,但年轻一代的学者会有这方面的知识储备,因此,法学学者的科学技术分析很可能超越原有的教义分析和社科分析。

这里简要回顾一下国外学者对法律与科学技术关系的理论研究。国外已经形成了相当规模的科学技术与社会(Science, Technology, Society, STS)的法律研究群体。STS 还是科学技术学(Science & Technology Studies)的简称。两种 STS 传统有很多知识重叠,但也有区别。科学技术学侧重反思现代性、科学知识的影响因素、科学哲学的讨论,科学技术与社会关注科学的社会功能及社会制度与科学家之间的关系。[51]科学技术与社会又可以分为关注法律的 STS 学者、关注 STS 的刑事司法学者、关注 STS 的部门法学者、关注 STS 的社会—法律学者。STS 相关的法律议题涉及以下三方面[52]：其一，法律如何向科学学习，法律机构如何回应科学知识，科学哲学如何帮助法官理解科学的目的，司法裁判中的科学、指纹和视频图像证据，以及法医学在诉讼中的作用，等等；苏珊·哈克以科学专家证言为例，就认为审判目标与科学目标并不一致，因此，科学与法律之间存在紧张关系。[53]其二，法律在技术创新中的作用，技术治理中涉及的法律程序，科学实验、新兴科技领域的法律规制，等等。其三，法律和科技如何塑造当代社会，法律和科学的结合如何影响社会公正和再分配，等等。[54]

简言之，法学学者对"科学"的认识，需要坚守法律规范科学意义上的理解，但却不能固守规范科学的涵义。"科学"的含义不仅包括社会科学和文化，还包括科学技术或技术科学，特别是新兴的信息技术。我们需要从扩大意义上来理解科学，才能真正面对科学对司法的挑战。

四、共同应对科学挑战

挑战在哪里呢？首先如前所述，法院和法官面对的是全球化和信息时代带来的复杂性挑战。在这种情形下，由于司法系统本身没有能力生产对司法判决至关重要的可靠的事实知识，法官就越发需要借助更科学的科学和更技术的技术来形成关于事实的知识。其次，法官与学者、学者与学者之间的隔膜严重。尤其是法官与学者之间不能相互理解和学习，直接影响着中国法学知识体系的形成。因此，法官和学者有必要共同应对科学的挑战。

(一)重新审视科学及其在司法中的运用

对待包括信息技术在内的新兴科学技术的态度，一方面，我们要坚持科学主义和技术进步论的观念。科学主义坚持事实与价值两分,技术进步论认为技术不断进步推动社会不断进步。[55]另一方面,也要保持对科学技术适度的警惕和批判。我们需要认识到,科学技术本身受到学科取向和社会因素的影响,并非绝对的客观中立。

就社会因素而言,费孝通指出,在信息社会科技快速发展的时代,需要进行人文重建,在此过程中,要有文化选择的自决权。我们可以接受外国的方法,甚至经验,但所走的路要由自己决定。文化自觉、文化适应的主体和动力都在自己。[56]因此,科学运用要与文化自觉联系在一起。就学科取向来说,也不应搞知识暴力(violences intellectual)[57],即认为科学一定高于法学。同理,在法学内部也不应搞相互压制,后辈不应恶意挑战前辈,法学学者也不应看不起法官的知识。简言之,在司法中,不存在科学的话语霸权,也不存在法学学者的话语霸权或某一个法学流派的话语霸权。不论是学者还是法官,不论是法律人还是科学人,不论是法教义学学者还是社科法学学者,各方对待不同的科学知识都应保持相互克制和开放的合作态度。

(二)建立司法的行动者关系网络

合作意味着可以推动建立司法的行动者关系网络。法国人类学家拉图尔提出运用行动者网络理论考察某一社会现象的研究者,应该从微观开始展现真实的现实过程。不论哪个行动者的行动都不是确定性的(客观正确的),需要在关系中展开。[58]一方面,需要强化法律职业行动者,包括律师、检察官和法官之间的互动关系。律师由于基于当事人利益受到委托,最有动力学习科学。这在快播案中表现得最明显,律师非常熟悉信息下载技术,但检察官却不了解。[59]因此,可以通过律师的知识传导,进而影响法官裁判。例如有律师还认为,通过诉讼可视化技术可以有效影响法官。[60]另一方面,也要弥合学者与法官之间的距离。在美国,教义法学家与法律职业界、法院系统出现政治鸿沟。大部分非教义法学家,尤其是法经济学家,也不生产令法律实务人或法官产生潜在兴趣的文献。[61]其中主要原因之一是政治立场不同,而这种情况基本不会发生在中国,因此也有可能成为中国的后发优势。简言之,法官与学者的区分,法教义学学者与社科法学学者的区分是知识分工的产物,他们彼此的互动(包括竞争)只有共同构成职业生态系统[62],才能形成良性的知识生产机制。

就知识分工来说,法官一般不会研究他们自己。但因为法院系统也有全国性的学术讨论会,因此,也有法官做自己的研究。[63]研究法官行为的任务,可能主要由社科法学学者来承担。法官在司法裁判时受到哪些因素的制约、法官的认知心理过程、不同类型的法官行为,以及裁判过程(包括案件管理流程、不同层级和审级法院的裁判过程、裁判的系统性影响)等议题,都属于法的社会科学研究。这种对裁判的多角度研究,川岛武宜很早就主张过。他将裁判研究分为四类:裁判上的先例研究,裁判中的法律论研究的评论,裁判的政治、经济、社会的含义及背景、影响等研究,裁判的心理判断过程研究。[64]

运用社会科学研究的是具体的法官行为,而不是抽象的法官行为。这主要靠统计和量化分析。例如,爱泼斯坦、波斯纳和兰德斯就研究了意识形态对法官表决行为的影响。其所使用的实证材料包括司法意见书的篇幅长度、被引用的情况、不同意见的发表及大法官在言词辩论环节的发问等。[65]此外,还有格兰特研究当事人强弱是否会影响法官公正裁判。[66]对于中国法官来说,最不能指望的是从法学学者那里获得社会科学和新兴技术。但社科法学学者还可以研究科学对社会和司法的影响,这属于科学知识社会学的研究范围。[67]这样的科学社会学研究会影响到法官,能帮助法官形成具体的而不是抽象的知识传统。

(三)形成中国自主的法学知识体系

法学学者与法官、法教义学学者与社科法学学者,各方合作的目标是形成统一的法学知识。美国知名古生物学家、科学史学家古尔德曾讨论如何弥合科学与人文学科之间的冲突。他说"正确的道路强调尊重内在于不同学科的宝贵的不同洞见,拒绝两者价值等级不同或一方应归入另一方的语言(和实践)融通(consilience),按照该词发明者的定义,融通是从形形色色聚合在一起的独立主张中产生的,而非在一个强加的错误联合的旗帜下通过归入产生"[68]。理想状态就是"合众为一"(epluribus unum)。

类似地,中国还没有形成统一的、自主的法学知识体系。现有的法学知识体系总体上还是外来的,进行法律适用的知识术语也没有真正实现本土化。要形成能够解决案件纠纷、解释法律问题的中国的法学通说,不仅仅需要学者的知识努力,更需要学者与法官的共同努力,即法教义学学者、社科法学学者、法官的共同努力。李琛曾就知识产权法的知识体系提出过三方合作的主张。她说中国知识产权法学界特别依赖比较法,不少学者只关注欧美的案例而忽视了中国法官的裁判经验;实务界则只关注欧美的理论,忽视了中国学者的理论贡献。于是,本应通过学术界与实务界对话而建立的法教义被外国法律信条直接代替了。她同时还指出,中国知识产权法学者总体上更亲近美国法,较之法教义学对社科法学更容易接受。但对于社科法学而言,无论是经济分析还是其他的考量方法,最终得出的方案都要借助法学的语言合乎逻辑地表达出来,保持法教义体系的圆融自洽。[69]

同样,为了形成中国的法学通说和法学知识体系,法学学者与法官、法教义学学者与社科法学学者需要深度合作。首先是学者之间的合作,即使是不同偏好的学者,也可以寻求裁判理论的对话。例如,李学尧、刘庄通过实验方法对裁判说理技术的研究,并非否定裁判说理自身的价值,而是指出司法决策需要直面其试图掩盖的价值判断实质,这样才能使法律说理更透明、更公正。[70]其次,更重要的是学者与法官之间的合作,一起合作对法官行为进行研究。这包括以下几点:其一,共同研究司法认知和司法前见。[71]《最高人民法院关于加强和规范裁判文书释法说理的指导意见》就提道:裁判文书中对证据的认定,必要时使用推定和司法认知等方法进行审查判断。而对司法认知和司法前见的研究,越来越需要认知科学的介入。

其二，共同研究司法裁判大数据。经验地研究司法系统越来越需要运用统计学和计算机科学。由于中国的司法大数据建设已经位居世界前列，甚至形成了产业，因此，法学界也有足够的人力和财力，甚至出现了一拥而上的局面。各大名校法学院纷纷成立了人工智能法律实验室、人工智能法律学院、司法大数据研究院、智慧司法研究院等机构。这还需要持续深入地进行下去。

其三，共同研究审判管理。法官更熟悉审判流程，更了解审判节点的控制，因此，司法需要的不仅是法教义学知识，也不仅是统计学知识，更需要管理学知识。法官科学知识的来源还得益于学习和培训。因此，法学学者在课程设计和继续教育上也要投入更多与科学有关的知识传授和训练。例如，开设法律+互联网、法律+金融、法律+心理学、法律+工商管理等专业系列课程；针对与科学相关的案件，开设自然科学、信息技术相关课程；此外，还可以开设与实务高度相关的，诸如电子证据培训课程。

总之，我们需要通过合作形成有解释力的中国自主的法学知识体系。这样的法学知识体系能够反映中国法官的实践经验，展示中国学者的理论能力，同时也是经过多次迭代形成的，即中国的法学知识体系，不仅是逻辑推演的结果，也经过了社会科学、文化解释和信息技术的无数次检验，因而能够在司法裁判中被反复运用。

注释

〔1〕与"科学"相关的一个概念是"科学技术"。一般认为，科学是指科学理论和学说，而技术只是对科学理论的运用。但有学者认为，科学与技术不存在本质上的区分，参见〔加〕瑟乔·西斯蒙多：《科学技术学导论》，许为民等译，上海科技教育出版社 2007 年版，第 97—102 页。因此，本章使用的"科学"一词包括了通常意义的科学和技术。由于"科技"一词在日常语境中，主要指的是自然科学和技术，无法涵盖规范科学、社会科学。为方便讨论，故使用"科学"一词。

〔2〕参见〔奥〕汉斯·凯尔森：《纯粹法学说（第二版）》，雷磊译，法律出版社 2021 年版，第 98 页。

〔3〕例如,侯猛:《司法中的社会科学判断》,载《中国法学》2015年第6期,第42—59页;张剑源:《发现看不见的事实:社会科学知识在司法实践中的运用》,载《法学家》2020年第4期,第54—67页;孙海波:《司法裁判社会科学化的方法论反省》,载《法制与社会发展》2021年第2期,第54—71页。

〔4〕参见〔英〕约翰·K.吉尔伯特、〔澳〕苏珊·斯多克迈尔编:《科学和参与科学技术:议题与困境》,王黎明等译,科学出版社2019年版,第V—X页。

〔5〕〔美〕R.K.默顿:《科学社会学:理论与经验研究(上册)》,鲁旭东、林聚任译,商务印书馆2003年版,第7页。

〔6〕参见〔英〕迈克尔·马尔凯:《科学社会学理论与方法》,林聚任等译,商务印书馆2006年版,第5、45页。

〔7〕参见〔美〕艾伦·索卡尔、〔比〕让·布里克蒙:《时髦的空话:后现代知识分子对科学的滥用》,蔡佩君译,浙江大学出版社2021年版,第4—15页。

〔8〕参见〔英〕杰里米·鲍伯戈:《科学的隐忧:科学是如何工作与共享的》,汪婕舒译,中信出版社2021年版,第3—4页。

〔9〕参见〔美〕特伦斯·安德森、〔美〕戴维·舒姆、〔英〕威廉·特文宁:《证据分析(第二版)》,张保生等译,中国人民大学出版社2012年版,第327—345页。

〔10〕最高人民法院中国应用法学研究所编:《人民法院案例选》2016年第2辑,人民法院出版社2016年版,第118页。

〔11〕参见最高人民法院中国应用法学研究所编:《人民法院案例选》2016年第2辑,人民法院出版社2016年版,第177页。

〔12〕See John Monahan, Laurens Walker, *Social Science in Law: Cases and Materials*, 10th edition, Foundation Press, 2021.

〔13〕See Rosemary J. Erickson, Rita J. Simon, *The Use of Social Science Data in Supreme Court Decisions*, University of Illinois Press, 1998.

〔14〕参见郎维学、李雪飞:《特色法庭协奏曲:云南大理法院法庭建设工作纪实》,载《人民司法》2022年第21期,第70—73页。

〔15〕〔美〕理查德·波斯纳:《各行其是:法学与司法》,苏力、邱遥堃译,中国政法大学出版社2017年版,第221页。

〔16〕同前注12。

〔17〕参见〔法〕马塞尔·莫斯:《人类学与社会学五讲》,林宗锦译,广西师范大学出版社2008年版,第167—186页。

〔18〕参见中央全面依法治国委员会办公室:《中国共产党百年法治大事记(1921年7月—2021年7月)》,人民出版社、法律出版社2022年版,第185页。

〔19〕参见江必新:《关于裁判思维的三个维度》,载《中国审判》2019年第3期,第6—11页。

〔20〕同前注15,第222页。

〔21〕参见何田田:《徘徊在法律与科学之间:国际法院的专家指定》,载《当代法学》2018年第1期,第132—142页。

〔22〕参见张翔:《立法中的宪法教义学:兼论与社科法学的沟通》,载《中国法律评论》2021年第4期,第96—107页。

〔23〕同前注15,第223页。

〔24〕参见〔德〕尤斯图斯·伦次、〔德〕彼得·魏因加特编:《政策制定中的科学咨询:国际比较》,王海芸等译,上海交通大学出版社2015年版,第9页。

〔25〕参见〔美〕马克·B.布朗:《民主政治中的科学:专业知识、制度与代表》,李正风等译,上海交通大学出版社2015年版,第13—15页。

〔26〕相关讨论参见 Susan S. Silbey, After Legal Consciousness, *Annual Review of Law and Social Science*, Vol. 1, 2005。

〔27〕费孝通:《进入21世纪时的回顾与前瞻》,载费孝通:《孔林片:思论文化自觉》,生活·读书·新知三联书店2021年版,第131页。

〔28〕参见〔美〕理查德·波斯纳:《波斯纳法官司法反思录》,苏力译,北京大学出版社2014年版,第17—21页。

〔29〕更多关于技术与法律监管的讨论,参见〔英〕罗杰·布朗斯沃德、〔英〕埃洛伊斯·斯科特福德、〔英〕凯伦·杨主编:《牛津法律、规制和技术手册》,周辉等译,中国社会科学出版社2021年版,第4页。

〔30〕参见宁波海事法院课题组:《全球新冠肺炎疫情对航运经济的影响与法律应对》,载《海事司法论坛》2020年第2期,第1—8页。

〔31〕再如,浙江省高级人民法院联合课题组:《关于企业数据权益知识产权保护的调研报告》,载《人民司法》2022年第13期,第4—12页。

〔32〕杨万明主编:《〈中华人民共和国人民法院组织法〉条文理解与适用》,人民法院出版社2019年版,第138页。

〔33〕有关法院信息化建设的历史,参见芦露:《中国的法院信息化:数据、技术与管理》,载苏力主编:《法律和社会科学》第15卷第2辑,法律出版社2016年版,第22—50页。

〔34〕参见〔美〕威廉·马格努森:《区块链与大众之治》,高奇琦等译,上海人民出版社2021年版,第147—182页。

〔35〕代表性研究参见郑戈:《算法的法律与法律的算法》,载《中国法律评论》2018年第2期,第66—85页;洪冬英:《司法如何面向"互联网+"与人工智能等技术革新》,载《法学》2018年第11期,第169—180页;舒洪水:《司法大数据文本挖掘与量刑预测模型的研究》,载《法学》2020年第7期,第113—129页;程金华:《元宇宙治理的法治原则》,载《东方法学》2022年第2期,第20—30页。《东方法学》《华东政法大学学报》更是成为法律科技领域的热门杂志,其引证数量大幅度增加。

〔36〕参见〔美〕约翰·C. 黑文斯:《失控的未来》,仝琳译,中信出版社2017年版。

〔37〕2021年,台湾元照公司出版的作为法律教学杂志的《燕大法学教室》,其第1期和第2期就以"法学鉴定式案例分析方法的展开"为主题刊登了六篇文章。

〔38〕冯象:《送法下乡与教鱼游泳》,载《读书》2002年第2期,第3—10页。

〔39〕参见刘权:《比例原则》,清华大学出版社2022年版。

〔40〕参见王子予:《追求共识:比例原则的裁判实践与知识互动》,载《法制与社会发展》2022年第3期,第126—143页。

〔41〕参见唐娜、王彬:《结果导向的裁判思维:基于法官审判经验的实证研究》,载《法律适用》2020年第4期,第87—107页。

〔42〕参见苏永钦:《法学为体,社科为用:大陆法系国家需要的社科法学》,载《中国法律评论》2021年第4期,第83—95页。

〔43〕参见贺欣:《街头的研究者:法律与社会科学笔记》,北京大学出版社2021年版,第3页。

〔44〕See Calvin Morrill, Lauren B. Edelman, Yan Fang, and Rosann Greenspan, Conversations in Law and Society: Oral Histories of the Emergence and Transformation of the Movement, *Annual Review of Law and Social Science*, Vol. 16, 2020.

〔45〕参见〔美〕理查德·波斯纳:《法律的经济分析(第七版)》(中文第二版),蒋兆康译,法律出版社2012年版,第7页。

〔46〕参见戴昕、张永健:《比例原则还是成本收益分析:法学方法的批判性重构》,载《中外法学》2018年第6期,第1519—1545页。

〔47〕参见苏力:《"海瑞定理"的经济学解读》,载《中国社会科学》2006年第

6期,第116—132页。

〔48〕参见侯猛:《法律的经验研究范式:以规范研究为参照》,载《学术月刊》2021年第3期,第99—105页。

〔49〕参见张巍:《法经济学与中国司法实践:法律人思维的一个脚注》,载苏力主编:《法律和社会科学》第14卷第1辑,法律出版社2015年版,第249—276页。

〔50〕参见白建军:《法律大数据时代裁判预测的可能与限度》,载《探索与争鸣》2017年第10期,第95—100页。

〔51〕相关讨论参见武晨箫、高璐:《STS的传统、特质与未来:"对话STS"(TalkingSTS)系列访谈述评》,载王天夫主编:《清华社会学评论》第14辑,社会科学文献出版社2020年版,第1—20页。

〔52〕See Simon A. Cole and Alyse Bertenthal, Science, Technology, Society and Law, *Annual Review of Law and Social Science*, Vol. 13, 2017.

〔53〕See Susan Haack, Inreconcilable Differences? The Troubled Marriage of Science and Law, *Law & Contemporary Problems*, Vol. 72 No. 1, 2009. 中文译本参见〔英〕苏珊·哈克:《证据原理:司法证明科学》,刘静坤、王进喜译,法律出版社2022年版,第115—149页。

〔54〕See Emilie Cloatre and Martyn Pickersgill, Sociology of Law and Science, Edited by Jiří Přibáň, *Research Handbook on the Sociology of Law*, Edward Elgar Publishing Limited, 2020, pp. 81-92.

〔55〕参见〔美〕丹尼尔·李·克莱曼:《科学技术在社会中:从生物技术到互联网》,张敦敏译,商务印书馆2009年版,第6—10页。

〔56〕同前注27,第133页。

〔57〕相关讨论参见〔法〕樊尚·阿祖莱、〔法〕帕特里克·布舍龙主编:《话语如刀:西方知识暴力的历史》,王吉会、李淑蕾译,中央编译出版社2020年版,第3—30页。

〔58〕See Bruno Latour, *Reassembling the Social: An Introduction to Actor-Network Theory*, Oxford University Press, 2005.

〔59〕参见桑本谦:《网络色情、技术中立与国家竞争力:快播案背后的政治经济学》,载《法学》2017年第1期,第79—94页。

〔60〕参见赵青航:《亲历法庭:民商事案件诉讼思维与代理策略》,法律出版社2020年版,第25—49页。

〔61〕参见〔美〕理查德·A. 波斯纳：《法理学问题》，苏力译，中国政法大学出版社 2002 年版，第 75—77 页。

〔62〕参见〔美〕安德鲁·阿伯特：《职业系统：论专业技能的劳动分工》，李荣山译，商务印书馆 2016 年版。

〔63〕参见王凤涛：《法官对社会科学的研究偏好：从法院学术讨论会获奖论文切入》，载苏力主编：《法律和社会科学》第 13 卷第 1 辑，法律出版社 2014 年版，第 217—233 页。

〔64〕参见川島武宜「判例と判決例——民事裁判に焦点をおいて」兼子一编『「裁判法の諸問題」兼子一還曆博士論文集下卷』（有斐閣，1970 年）。

〔65〕参见〔美〕李·爱泼斯坦、〔美〕威廉·M. 兰德斯、〔美〕理查德·A. 波斯纳：《法官如何行为：理性选择的理论和经验研究》，黄韬译，法律出版社 2017 年版。此外，有关美国司法实证研究的述评，可参见张翔宇：《对话中的司法实证研究：以美国司法政治学的早期发展为例》，载侯猛、程金华主编：《法律和社会科学》第 19 卷第 1 辑，法律出版社 2021 年版，第 57—108 页。

〔66〕See Marc Galanter, Why the "Haves" Come Out Ahead: Speculations on the Limits of Legal Change Essay, *Lat & Society Review*, Vol. 9, No. 2, 1974.

〔67〕有关科学与社会的相互作用问题，参见〔英〕J. D. 凡尔纳：《科学的社会功能（精华版）》，王骏编译，北京大学出版社 2021 年版。

〔68〕〔美〕斯蒂芬·杰·古尔德：《刺猬、狐狸与博士的印痕：弥合科学与人文学科间的裂隙》，杨莎译，商务印书馆 2020 年版，第 27 页。

〔69〕参见宋鱼水、冯刚、张玲玲：《文艺作品侵权判定的司法标准：琼瑶诉于正案的审理思路》，北京大学出版社 2018 年版，第 13—18 页。

〔70〕参见李学尧、刘庄：《矫饰的技术：司法说理与判决中的偏见》，载《中国法律评论》2022 年第 2 期，第 91—106 页。

〔71〕参见王申：《法官的理性认知与司法前见》，载《法律科学》2012 年第 6 期，第 27—35 页；白建军：《司法潜见对定罪过程的影响》，载《中国社会科学》2013 年第 1 期，第 167—185 页。

第四编
法学的社会科学反思

Law and Social Science
Research Tradition and Knowledge System

第十三章　法学理论学科的知识变迁

当代中国法学的知识传统,肇始和发展于民国时期。中华人民共和国成立后,旧法统被废除,法学教育和法学研究开始全面学习苏联,建立起一套苏维埃式的政法法学体制。历经数次政治运动,法学教育受到重大冲击,直至改革开放,中国法学的知识传统开始重建。在法学知识传统重建过程中,主要有三类法学专业人群发挥了中坚作用。其中,包括民国时代以来仍健在的法学专家、中华人民共和国成立时培养的法学专家,以及改革开放以来培养的法学专家。

本章以法学专业中的"法学理论"学科为例,探讨中华人民共和国成立以来,法学专家在学科建立和发展过程中的作用,提出教学和研究中的问题,并在前人建设的基础上提出改革的可能建议。

按照目前的学科专业目录,法学理论(legal theory)属于法学的二级学科,在所有法学二级学科中排列第一位。但是,越来越多的人感觉到,不论是在法学理论的教学还是研究方面,都存在着与现有法学教育以及社会发展相脱节的问题。例如,20世纪90年代初,张文显教授就曾谈道:"就普遍情况而言,我国法理学研究正处于某种'卡壳'状态,即'上不去、下不来'的状态。'上不去'是说法理学的一般理论和方法陈浅和单一,升华不上去;'下不来'是说法理学与日益丰富的法律实践和部门法学明显脱节,深入不下去。"[1]此外,在1999年,《法学研究》和《法商研究》编辑部曾主办"法理学向何处去"的专题研讨会,分议题进行讨论:法理学现状分析,法理学的基本使命和作用(包括法理学与部门法学的关系、基础性研究与应用型研究的关系),法理学的承继、引进与创新,当前和今后法理学应该重点研究的问题,以及法理学学术研究的规范问题。[2]

尽管晚近的学者对法学理论的批评已经很多[3],但多年过去,法学理论专业中存在的问题仍没有太大的改观。法学理论知识仍显得陈旧,以致对社会发展中提出的问题缺乏足够的解释力。有的是因为学科背后的权力因素,有的则是没有"对症下药"。

一、法学者在概念使用上的混乱

第一,"法理学"(Jurisprudence)名称不断泛化使用。这主要因为教学意义上的"法理学"和研究意义上的"法理学"并不是一回事。教学(教科书)意义上的"法理学"的知识传统,是从苏联继承演化而来。在名称上,它也历经了"国家和法的理论""法学基础理论""法理学"的转变。尽管在具体内容上不断增加新的知识,但在教科书编排体系上,基本上没有摆脱"国家和法的理论",特别是"法学基础理论"的编排体系。研究意义上的"法理学",现在的主流基本上受到西方的影响,包括德国和英美的。而马克思式的"法理学"研究逐渐式微。不仅如此,通过法理学课程改革之后,又出现了新的用语混乱:20世纪90年代以后,多数法学院将法理学课程一分为二,分别在法学本科低年级和高年级开设"法理学(一)"和"法理学(二)"。但"法理学(一)"的绝大部分内容属于法学常识,很难算是"理论",因此,不宜称为"法理学",而应称为"法学常识"或"法学导论"。

第二,"法理学"与"法学理论"没有严格界分。研究意义上的"法理学"主要分析法学、概念法学或教义法学。"法学理论"则涵盖更多的内容,如法理学、法律社会学、法律经济学。如果说,在法律社会学、法律经济学这些新兴学科还不发达的时候,"法学理论"和"法理学"还可以混用的话,那么如今已经不能再继续混用了。这就必须严格界分,将"法学理论"视为理论法学学科群,法理学仅仅是其中的一个子学科。这也意味着,没有哪一个法学理论学科,不论是法理学,还是法律社会学、法律经济学,能够代表整个法学理论;甚至就没有一个统一的法学理论。那些试图用某一个法学理论来一统整个法学理论,并建立法学自主性的主张,可能是徒劳的。

第三,"法学"与"法学理论"经常混为一谈。在英文中,Jurisprudence 既有"法理学"的意思,也有"法学"的意思。但在中国,一般而言,法学是包括法学理论和部门法学的,部门法学最直接的联系是法律实践。不过,部分法学理论的研究者,仍将法学与法理学的意思等同,进而要求将法学理论用来指导法律实践。他们认为他们所研讨的法学理论往往能够涵盖法律实践。因此,"中国法学理论向何处去"的命题就被抬升为"中国法学向何处去"的命题;法学理论的方法论就变成了整个法学的方法论。研究者人为赋予法学理论太多的神圣意义,反而弱化了法律实践对法学理论本来的积极评价。这样一种法学"方法论瘟疫"的研究者,热衷于玩"语词游戏",而现象的另一面就是忽视了法律实践和社会事实。

第四,"法律理论"术语使用的可能性。基于法学理论目前涵盖的内容,将法学理论改称为法律理论可能更为精确。其实,法学理论和法律理论英文的对应词都是 legal theory。法学理论基本上是一个过渡性词汇,是从法学基础理论转化而来的,其所指称的是对法律现象的理论研究,而不是对法学知识的理论研究(这似应称为法学的知识社会学研究),因此,称之为法律理论更为合适。

二、教科书中的知识更替

从 20 世纪 70 年代末至今,法学理论(法理学)教科书中有些知识不见了,或者完全从这个学科中分化出去,可称其为"改头换面"。我手头上有三本教科书,分别是《国家和法的理论讲义》(中央政法干部学校国家和法的理论教研室编著,法律出版社 1957 年版)、《法学基础理论》(陈守一、张宏生主编,北京大学出版社 1981 年版)、《法理学》(第二版,沈宗灵主编,北京大学出版社 2003 年版)。在"文化大革命"期间,"国家与法的理论"被废除,改为"形势斗争与政策"课程。这三本教科书差不多也代表了 20 世纪 70 年代以前、80 年代、90 年代以后的法理学教科书知识体系。

为大家所熟知的重大的知识变化是,国家理论从法学理论中分离出来。有关马克思列宁主义的国家起源和国家本质理论被剥离出来。"国家和法的理论"也相应改称为"法学基础理论"。通常认为,这是学科分化的结果。因为在 20 世纪 50 年代初院系专业调整以后,政治学被废除,取而代之的是苏联模式的"国家和法的理论"。晚近俄罗斯法理学教材仍然称之为《法与国家的一般理论》,融合了国家理论和法学理论。[4] 20 世纪 80 年代以后,西方式的学科体系被重新采纳,政治学恢复,与法学相并列。国家理论相应地就归于政治学研究的范畴。但即使在政治学研究中,马克思列宁主义的国家理论也仅有学术史的意义。

在这 20 年中,除国家理论的知识不在法理学教科书出现之外,还有一些具体的法律知识也消失了。比如,法律类推曾是一个重要的法理学知识点,但随着 1997 年《刑法》废除了类推制度,这一知识点也从法理学教科书中消失。取而代之的是法律推理的知识内容。此外,法的渊源中的"法令"、法律与共产主义道德的关系等内容也消失了。

不论是"国家和法的理论""法学基础理论",还是"法理学",有些知识内容却总是保留下来。比如,法的产生(法的起源)、法的本质、法与经济、法律发展(原始社会法、封建制法、资本主义法)、法与政治、法与道德(社会主义法与共产主义道德)等。

有些知识内容是在陈守一、张宏生主编的《法学基础理论》中开始被纳入的。比如,"法的作用"这个提法得到明确界定;"法律与其他社会现象的关系",包括法律与经济、法律与政治、法律与国家、法律与宗教等,也被纳入教科书中。这些在日后成为法理学教科书中的重要组成部分。到如今,"法律与其他社会现象的关系"还囊括了法律与民主、法律与人权、法律与科学技术、法律与文化等议题。法律制定、法律关系、法律实施、法律体系等内容也被纳入。

有些知识内容并没有在《法学基础理论》中反映出来,是在后来一些《法学基础理论》教科书,以及沈宗灵主编的《法理学》中被吸收的。比如,法律价值论(法律与正义、法律与自由、法律与平等、法律与利益等)、法律移植、法律现代化、法治、法律责任、法律监督等内容都是在这 20 年中被法学界讨论,并被吸收到教科书中。

在这 20 年中,还有一些指称法律知识的概念,在提法上也发生了变化。比如,在早期《法学基础理论》教科书中出现职权概念,与权利、义务概念对等。而在后来的《法理学》中,权力概念替代了职权概念,与权利、义务概念相对等。

随着新知识被纳入法理学教科书中,原有的一些知识内容被压缩,显得不如原来那样突出和重要了。比如,早期《法学基础理论》将"法的本质"作为独立的一章来讨论,如今"法的本质"基本上是放在"法的概念"的一章中;奴隶制法律、封建制法律也曾是独立的一章,如今在不少教科书中只是在某些节中被提及,甚至不是独立的一节。有关冠以"社会主义"的法理学内容曾比较多,如今少了不少,或融入一般性的法理学内容之中。曾经十分重要的法的社会性、阶级性、继承性的内容,如今也被安排在教材中并不显著的位置,且篇幅大大减少。

三、课程的存废问题

就教科书的知识编排体例而言,现在的"法理学"仍是以《法学基础理论》的基本框架为基础。而《法学基础理论》又源于《国家和法的理论讲义》的编排体例。现在的"法理学"教科书的编排体例一般包括:法的一般原理、法与其他社会现象的关系、法律价值、法律机制(立法、执法、司法、守法、法律解释)这几个部分。从上述编排体例中可以看出,既有法学常识,又有法律理论,实际上是两方面的混合体,"上不去,又下不来"。20世纪90年代后期,曾引发过在教学课程设计上将"法理学"一分为二的讨论,并在实践中被加以推行。但这并没有真正改观"法理学"的混乱局面,没有将"法理学"拉回到其应有的学术位置。

也许可以考虑,废除法学院开设的"法理学(一)"课程。这不仅仅是因为"法理学(一)"的内容是法学常识,与法律理论的关系不大,名不副实。更重要的是因为,"法理学(一)"中的很多基础性内容,与"民法总论""刑法总论"和"宪法学"的很多内容重复,甚至落后于这些课程的内容,或者与这些课程的内容相冲突,引起不必要的知识混乱。具体表现在以下两个方面:

(1)内容重复。有关权利、义务的内容在"民法总论""宪法"都有专章讲授,并作为重点。前者以权利体系、权利主体、权利客体、权利变动为主要内容;后者以公民的基本权利和义务为主题。法律解释的内容与民法解释、宪法解释也多有雷同。法律责任的内容也是将民事责任、刑事责任、行政责任、宪法责任简单叠加。由于"法理学"的这些内容,都是从具体法律专业课教科书中"移植"而来,因此,不可能与法律专业课教科书发展同步。

(2)内容冲突。最明显的一个法律概念就是法律行为。在刘星撰写的《法理学导论》中,提出"法律行为是社会行为,和法律规定有着密切联系。客观行为、法律后果、主观认知和意思表示,是法律行为的构成要素"[5]。作者将法律行为加以一般化,延伸至整个法学领域。而在民法理论中,法律行为是源于德国民法理论的概念,是私法的范畴,自成一逻辑体系[6],是否可以延伸解释整个法学领域值得怀疑。另外,在法理学中,权利与义务作为一对法学基本范畴也值得怀疑。尽管现在增加了权力内容,但权利(权力)与义务应仍在教科书中被认为是分析法学问题的最基本思路,被普适到整个法学领域。但实际上,在宪法中,最基本的分析范畴并不是权利(权力)与义务,而是国家权力与公民基本权利。所有的宪法问题都是围绕这一组关系来展开的。[7]

除内容重复或者冲突之外,更为重要的是,对法学院的教学而言,在训练法学院学生法律思维时,首先应当从具体问题的学习入手,从具体到抽象才符合学生认知和学习的基本要求。因此,有必要在法学院的低年级,先开设"民法总论""刑法总论"和"宪法"等基础课程。将原有的"法理学(一)"与"法学概论"课程整合,在非法学院系作为公共课开设。

在法学院高年级,仍旧开设"法理学"必修或选修课程,讲授法律概念、法律价值、法律论证(法律推理)等内容。就整个"法学理论"教学来讲,有条件的法学院应当开设"法律哲学"[8]、"法律社会学""法律与政治科学""法律人类学""法律与文学""法律经济学"等跨学科的课程。

更进一步,培养研究生的法学学科专业目录也有修改必要。目前法学作为一级学科,被分为法学理论、法律史、宪法与行政法学、刑法学、民商法学、诉讼法学、经济法学、环境和资源保护法学、国际法学、军事法学等10个二级学科。但随着跨学科研究的影响不断扩大,将法律社会学、法律经济学等分支学科归到二级学科法学理论下,不利于这些分支学科的发展。实际上,法理学界现有的法学分科值得作为修改法学学科专业目录参考。法学分为部门法学(国内法学)、国际法学、法律史学、比较法学和外国法学、立法学、法律解释学、法律社会学、理论法学和法学的边缘学科。[9]这样,法学研究的视野更为开阔。

值得关注的是,国务院学位委员会已经允许博士学位授权在一级学科内自主设置学科、专业的改革试点。[10]无论就学术自主权,还是学科发展而言,一些法学院可以根据自己的研究实力自主设置学科、专业。比如,将法学理论专业内部进一步划分并独立,将法理学(法律哲学)、法律经济学、法律社会学(包括整合法律与社会心理学、法律与社会生物学等成为广义的法律的社会科学研究)、法律人类学、法律与政治、法律与文学,与民商法学、刑法学、宪法学、行政法学、经济法学专业并列。

四、法学研究中的知识竞争

苏力曾在《也许正在发生》中,归纳中国法学研究存在的三个流派:政法法学、诠释法学、社科法学。这既涵盖了法学理论,也涉及部门法学的研究状况。就法学理论学者而言,苏力的这些判断有些需要修正,有些是准确的。在此基础上,可以做进一步的分析。

首先是关于政法法学(政法学派)趋势的判断。苏力认为,"随着中国社会的发展变化,政法话语派在狭义上的法学研究中的显赫地位会逐步被替代,事实上已经基本被取代""隐退并不意味着政法学派没有价值,而只是说,它已经基本完成了其历史使命"[11]。但是,政法法学仍然很有市场,只不过改头换面了而已。尽管以阶级斗争为纲的政法法学退出了历史舞台,但随着国家治理方式的转变,产生了新的意识形态的要求,新的意识形态的法学理论的需求被提出来。只要法律仍是国家进行政治—社会治理的工具,就会有政治意识形态的法学理论。法学理论就要提供依法治国理论、党的依法执政理论、司法改革理论等。因此,政法法学在未来的一个时期内仍然构成中国法学理论的重要组成部分。当然,这样一种政法法学并没有太多的学术意义,真正政治科学意义上的法律研究还没有真正展开。政治科学意义上的法律研究,包括法律机构(立法、司法)的公共政策分析、法律决策者的行为分析和心理分析等等。

与肯定部门法学界关于诠释法学的研究不同,苏力批评了法理学界关于诠释法学的研究现状。"他们强调法律的形式主义,强调法律自身的严密逻辑和独立自主,他们倾向于赞美,乃至夸大法律,特别是立法在社会中的作用,强调法律职业的——而不是法律知识的——共同体,有时甚至夸大了法律人的知识——其实更多的是技能。"[12]这些学者关注传统的法学方法论,强调法律的规范分析,但又很少从具体法律问题入手进行规范分析,仍以抽象概念为分析单元。更危险的是,他们以为法学方法论能够用来指导整个法律实践,人为赋予了法学方法论过多的神圣意义。但法理学界在研究法学方法论时,很少,甚至几乎没有展开过与部门法学的对话。法学方法论实际上是法学理论的方法论研究,它应该去魅化并回到它应有的学术位置。哪怕是"少数人的相互欣赏",也比声称在做一项"伟大的事业"来得真实。法理学界的诠释法学研究,应该更加形而上,向法哲学的研究方向努力。而形而下的诠释法学研究,应该由最直接联系法律实践的部门法学去做。

诺内特和塞尔兹尼克在谈到法学理论的研究时,指出"我们不应该空谈法律与强制、法律与国家、法律与规则或法律与道德之间必要的联系,而应该考虑这些联系在什么程度上和在什么条件下发生。在这方面,一些法理学概念不仅在分析的意义上成为问题,而且在经验的意义上也成为问题"[13]。这已经指出了法律的社会科学研究的必要性和针对性。尽管我大体上同意苏力对社科法学的判断,社科法学可能在未来中国法学中起主导作用。但是,社科法学研究的繁荣,并不是法学院的社科法学研究的繁荣。法学院主要以市场为取向,进行法律职业教育,培养法律职业群体,而社科法学由于成本高、收益低,在法学院较难成为研究主流。因此,带动社科法学繁荣其实需要其他院系的发力,如经济学、社会学、人类学、政治学、心理学、管理学等。从目前形势来看,这些院系的学者也运用各自知识的比较优势来研究法律问题。在这个意义上,社科法学会成为中国法学研究的一个主导力量。

从前述分析可以看到,已经不存在统一的法学理论知识,也不存在用一种法学理论就能一统法学江山的可能。如果有人或明或暗地坚持,那其实是本质主义的想法,也是一个神话。就学术研究而言,没有哪一个理论能够解释具体现象的每一方面。相反,作为研究者,"他们只能选择现象的特定方面、结构和过程,在某些基本观点的指导下,有条理地加以研究,而与问题不相关的其他方面应该略去不管"[14]。因此,在整个法学理论研究中,研究内容的分化是有意义的。这种分化主要体现在研究方法上,包括马克思的阶级分析方法、规范分析、哲学分析、社会学分析、经济学分析等,进而形成了不同的研究领域,如马克思法理学、法律哲学、法律社会学、法律经济学、立法学。学科分化也预示着知识竞争的展开。这种知识竞争以学术市场为取向,就是看哪一种理论对社会生活更具有解释力和影响力。

但知识从来都不是纯粹的,知识—权力向来是"孪生兄弟"。在学术市场之外,还有学术政治和意识形态的权力支配。"现今的学术知识生产,已深深地和各种社会权力、利益体制相互交缠。这不单只是说大规模的知识生产只为功利的社会国家目标或个别社会阶层的利益而服务,而且还是说学术体制的内部组织,关于知识发展和开拓的规划,都受制于关于学科门类的偏见,及这些偏见所体现的权力和利益关系。"[15]从法学理论学科来看,目前主流的法理学,就与当下的意识形态和学术政治相关。

法学理论服务于政治意识形态,因此,也会对政治生活产生一定的影响力。政法法学是服务于国家需要的,最初是"刀把子"理论,之后演化为法治理论,并被中央采纳。"依法治国,建设社会主义法治国家"由此被写入《宪法》。另外,有些司法改革的主张,如推行法袍、法槌等,也被有关部门采纳。值得一提的是,20世纪80年代有关法的阶级性和社会性的讨论,尽管在今天看来似乎并不那么值得一提,但当时却对整个社会,特别是对知识界起到了思想解放的作用。当时的法学理论是"显学",反映出社会对法学理论的需求。但随着社会结构变化和社会变迁,越来越多的具体问题需要法学去解决。因此,部门法,特别是民商法学、经济法学、刑法学、诉讼法学兴盛起来。这也反映出社会对不同法学知识的需求变化,反映出"社会进程对思想'视野'的本质渗透"[16]。

从学术政治角度而言,由于制度惯性,法学理论格局很难改变。教科书法理学、概念主义的法理学仍占据主流,已经形成了若干个法理学学术权威。而"学术权威,相当于学术界的垄断力量,是自由开展科学研究的最大敌人"[17]。由于法理学界真正的知识竞争还未完全展开,知识更新缓慢,法学理论知识也就很难对其他学科产生较强的影响力。这里的影响力主要包括两个方面:一是法学理论对部门法的影响力;二是法学理论对法学之外的学科如社会学、人类学的影响力。

就法学理论界现状而言,法学理论很难对部门法学产生影响力。法学理论与部门法学的对话也没有真正展开。比如,法学理论界研究法学方法论,但有多少与民法学界、刑法学界展开过该问题的对话?部门法学界也有部分学者试图将部门法问题理论化。但需注意的是,民法、刑法自成一套完整的理论体系,可能与法学理论无关。即使是有些部门法的法理研究,如民法哲学、刑法哲学、宪法哲学等,也与法学理论研究关系不大。当然,人为赋予法学理论对部门法学的指导意义,是长期以来的一个认识误区。这种人为是包括法理学界在内的整个法学界集体虚构出来的。法学理论在于求知,在于解释问题,部门法学侧重应用,解决实际问题。两者之间明显存在学术上的劳动分工,并非相互贯通的关系。

法学理论对法学之外的学科的影响力,也似微乎其微。现在出现的,多是其他学科对法学的影响力,如经济学帝国主义、社会学帝国主义。但法学与其他学科的对话已经展开,跨学科研究法律问题开始形成气候。当然,一部分法学理论者并不关注知识的影响力,而关注法学的自主性,试图通过论证法学自主性来确立其独特的学术身份。这反映出法学理论知识发展得还不够,分化得还不够。它可能是一个学科在发展初期出现的问题,或者是学科不自信的表现。罗伯特·K.默顿曾谈到社会学的发展问题,这与法学理论的发展类似。他说,"社会学及其分支学科已经历了不同的发展阶段。在每一阶段都只关注特定类型的问题,从而忽略了另外的一些问题。例如,在现代社会学的早期,社会学家们为试图确立一种独特的学术身份,他们把研究重心主要放在了学科的自主性方面,而明显地忽略了这一学科的方法、观念和资料。如涂尔干当时培养了一帮坚定地拒绝对心理学的明确应用的门徒。但随着这一立场逐渐变得较弱时,强调心理学与社会学概念关联得相反的观念就发展起来了"[18]。

五、法学者如何建设学科

在上述背景下,由于不存在一个统一的"法学理论",存在"法学理论"的知识分化(知识分工),为厘清不同研究取向的"法学理论"的知识体系框架,避免各种知识纠缠在一起,建立不同研究取向的"法学理论"学科制度就成为必要。前文已经提到,有条件的法学院系可以设立法理学、法律经济学、法律社会学(法律的社会科学研究)等专业,与民商法学、宪法学、刑法学等并列。这样,建立相对独立发展的学科制度,形成"开放的法学学科"。

北京大学法学理论的学科制度建设,曾经具有多元发展的基础,有可能成为一个典范。(1)"文化大革命"后,法理学专业在陈守一、张宏生教授的主持下恢复重建。(2)沈宗灵教授在此基础上,对法理学学科发展的进一步完善,对比较法学和现代西方法理学学科的建立贡献巨大。[19]沈先生擅长的法理学是以语义分析为特色,这一套语义分析的法理学思路由张骐教授所继承。清华大学法学院王晨光教授也出自沈宗灵门下,同样擅长语义分析。(3)周旺生教授从20世纪80年代后期,就从事立法学的研究。他既成立了立法学研究中心,也主持出版了《立法研究》这一连续出版物,门下培养了一批从事立法理论和实践的年轻学人。(4)巩献田教授以从事马克思法理学为研究特色。我在硕士阶段曾学习过一年的马克思主义法律思想史,阅读经典原著,受益匪浅。将马克思主义的法律理论作为一个研究方向,可以兼容并包,既有学术自由的意义,也有学术研究的意义。(5)罗玉中教授以及赵震江教授以科技法学为研究特色,研究科学技术活动中的法律问题,推动了科技法学与知识产权相融合的趋势,其培养的学生不少是以知识产权作为研究方向。不过,真正用科学技术(自然科学)的方法如数学、生物学、心理学的方法来研究法律问题的活动,还没有充分展开,有很多待拓展的空间。(6)朱苏力教授提倡用社会科学的方法来分析法律问题,尤其擅长法律社会学、法律与文学、法律经济学。总的来说,北大法学理论学科具备了多元发展的知识基础。

尽管有上述学术自主权和多元发展的知识基础,但要建立一个不同研究取向"法学理论"的学科制度存在不少困难。除学术政治、学科偏见之外,还有其他制度因素。我以法律人类学为例展开分析。

中国的人类学目前是小学科,规模不大。就现有中文研究来看,法律人类学研究刚刚起步,知识积累有限。国外有很多现成的法律人类学研究成果,但还没有被更多地引介到国内。与此相关,法律人类学师资也屈指可数。在西南地区,云南大学、西南政法大学有一些研究人员,但他们以少数民族法律人类学为中心,并非法律人类学研究的最主要部分。北京大学社会学人类学研究所算是一个研究集散地,但其中法学专业出身的研究者比较少。"学科互涉研究通常需要合作研究模式"[20],由北京大学社会学人类学研究所与北京大学法学院联合双方的师资力量,设立法律人类学专业作为试点,展开项目和人才培养的合作是可能的。如果设立法律人类学专业暂时有难度,也可以与法律社会学专业联合,设立广义的"法律和社会科学"专业,共同制定人才培养计划。

就人才培养来讲,法学理论学科的知识分化还不够,仍以概念法理学、大词法理学为主,现有的法理学博士点"控制了培训将来的学术执业者以及接纳他们入行的机制"[21]。因此,培养出来的学生很可能专业化(specialization)程度仍不高,过于一般化(generalization):似乎对所有问题都可以发表看法,但又分析不深刻,缺少反思、经验和想象力。这就导致法学理论知识更新缓慢。非常无奈,但可能唯一的办法也只有时间,由有竞争力的人取而代之。

设置不同研究取向的法学理论专业本身并不是目的,真正的目的是通过法学理论的分化,来促进中国法学的本土化建设,使中国的法学理论对中国问题更有解释力和说服力。这种本土化建设的前提条件是熟悉西方的科学哲学、社会理论的脉络。唯有如此,才能摆脱社会科学研究的低层次重复。对于有志于以科学研究作为终身志业的研究生来说,"如果不了解西方科学哲学的发展,无法掌握住西方人在从事科学研究时那种精神特质(ethos),他大概就很难成为一个有创造力的科学家"[22]。因此,不论是哪个研究取向的法学理论,都应将学生的社会科学知识论、方法论的思维训练放在首要位置。在课程设置上,法律人类学专业研究生培养的核心课程应大致包括:社会理论、社会科学方法论、人类学理论、人类学研究方法、民俗学、法律人类学、社会心理学、社会生物学、法律社会学、司法制度、民商法学、刑法学。

学科建设的另一个指标是,同人期刊的建立。《法律和社会科学》[23]的创刊,为包括法律人类学在内的跨学科法学研究学人提供了一个交流平台。学人这样的专业化研究,"通过他的同伴学者进行批评性阅读和研究,促使他维持知识成就的标准"[24]。因此,建立同人刊物除发表学人的研究成果之外,还应当推动专业性学术批评的展开。这样,才有利于建立良性的学术评价机制。

即使设立法律人类学(法律社会学)专业,也并非强调本学科的自主性,或去确定学科的界限。事实上应当清楚,没有什么智慧能够被垄断,也没有什么知识领域,是专门保留给拥有特定学位的研究者的。[25]它实际上就是一种没有固定边界的跨学科研究。从已有经验来看,"种种跨科际规训活动已经建制化成各种各样的活动,例如……研究中心……研习组;正如学科规制活动一样,它们亦依赖一般的著作发表、会议和学会等规训机制……不管是什么形式和目的,跨科际规训制度都是尝试消除专科化所引致的难题和改变知识的学科规训组织形式"[26]。所以,只要是与法律有关的问题,既不是法学专利,也不是人类学专利,而是整个社会科学,甚至是自然科学共同的任务。

补记：

本章初稿写于2006年，是全书各章中写作时间最早的，因而有些粗糙，但也还有点锐气。文章所讨论的问题，目前还普遍存在。有些好的变化自己也曾努力推动过，但有些也不是自己所能左右的。

另外，昨天上课，学生问我一个问题，反映了很多人的困惑。他问：之前看书本和听教授们说，法理学应该指导部门法研究。而您上课说，所有的部门法学都得理论化，都是法理学，那还需要存在单独的法理学吗？

这个问题问得很好。我回答：所有的部门法学都会成为（部门）法理学。但那是各个部门法的法理学，因此，还需要更具有一般性问题讨论的法理学。不过，这是知识意义上，而不是学科建制意义上的判断。放眼世界，特别是在现代西方法学教育中，法理学并不都是，甚至不是必修课，特别是低年级的基础必修课。我们之所以开设这样的课程、这样的学科，主要源于苏联的法学传统。历经70多年发展，我们已经累积形成了庞大的教学研究队伍和固定的学科制度体系。因此，虽然法理学（法理学者）很难指导部门法研究，但在学科建制上，法理学仍然存在，必修课也不可能变成选修课。当然，法理学也顺势而变，比如，首先变成法学导论作为必修课，帮助法科初学者为之后学习部门法学打基础。但这与所谓法理学指导部门法学研究的说法就完全不是一回事了。

我再重申一遍。作为知识意义上的法理学，具有指导部门法学研究的功能。这个过程主要是由部门法学者自己来完成，从部门法实践中加以理论归纳、提炼和反思，在完成理论化的工作后，反过来再进一步指导部门法的研究。当然，对所有部门法的理论再加以一般化，就是一般法理学。一般法理学也可以指导部门法的研究，但是在更高层面上，因此，一般法理学更接近于法哲学。作为学科来说，国内的法理学界，可能只有很少一部分学者做一般法理学研究。

简言之，对于这个问题的回答，需要区分作为知识的法理学与作为学科的法理学。

学生接着问的问题，也带有普遍性。那就是：学习法理学有什么用？

这个问题最早是我在对外经济贸易大学法学院任教时，学生提出来的。我当时就给出了看法，现在也仍然认同这个回答：学习法理学，当然是知识意义上的法理学，基本上不能影响你的职业选择。不像你选择学习某一个部门法，例如民商法、经济法，这些知识会直接引导你将来从事相关的法律业务。而学习法理学，或更进一步说，在大学里学习一些无用的知识，例如文史哲，虽然不能影响你的职业选择，但却很可能影响你的职业发展。

举个例子，在过去相当长的一段时期，北京的涉外律师业务主要由两个学校的校友占据绝对优势：一个是专门学校，一个是综合性大学，都是名牌大学。专门学校毕业的学生，因为在校时就已经掌握了实务知识，因此，刚工作就被雇主评价"上手快"。相比之下，综合性大学毕业的学生，上手就比较慢。但是，随着时间的推移就会发现，综合性大学毕业的学生在晋升空间和晋升数量上，反而会超过专门学校毕业的学生很多。因为虽然他们刚工作时业务不熟练，但这个问题很快就会通过时间解决。时间很难解决的，是个人的知识品位和综合素养。那往往是在大学里熏陶出来，而不是在工作中训练出来的。法理学就是属于那些无用的知识，可以提升你的知识能力，进而有可能影响到你的职业发展。虽然不是决定性因素，但也算是一个影响因素吧。

2023 年 9 月 25 日

注释

[1] 参见张文显：《法理学研究要"上得去"、"下得来"》，载《政治与法律》1994 年第 5 期。

〔2〕参见《"法理学向何处去"专题研讨会纪要(上)》,载《法学研究》2000年第1期;《"法理学向何处去"专题研讨会纪要(下)》,载《法商研究》2000年第2期。

〔3〕典型论文如,刘作翔:《法理学研究的一般特点及其功能》,载《法律科学》1996年第6期;舒国滢:《法理学学科的缘起和在当代所面临的问题》,载《法学》1998年第10期;童之伟:《论法理学的更新》,载《法学研究》1998年第6期;葛洪义:《论法理学教学与教材的改革:从"一分为二"谈起》,载《法商研究》1999年第6期;陈金钊:《法理学的研究对象与范围》,载《法学》1999年第12期;严存生:《法理学、法哲学关系辨析》,载《法律科学》2000年第5期;舒国滢:《走出概念的泥淖:"法理学"与"法哲学"之辨》,载《学术界》2001年第1期;刘星:《法理学的基本使命和作用:一个疑问和重述》,载《法学》2000年第2期;谢晖:《法理学的能与不能》,载《法学论坛》2000年第5期;葛洪义:《法理学的定义与意义》,载《法律科学》2001年第3期;周旺生:《关于法理学的几个基本问题》,载《北京市政法管理干部学院学报》2003年第2期;谢晖:《法理学:从宏大叙事到微观论证》,载《文史哲》2003年第4期;蒋立山:《法理学研究什么:从当前中国实践看法理学的使命》,载《法律科学》2003年第4期;舒国滢:《在历史丛林里穿行的中国法理学》,载《政法论坛》2005年第1期。

〔4〕例如,〔俄〕B.B.拉扎列夫主编:《法与国家的一般理论》,王哲等译,法律出版社1999年版。

〔5〕刘星:《法理学导论》,法律出版社2005年版,第186页。

〔6〕例如,台湾地区民法学者王泽鉴对法律行为的界定,"法律行为,指以意思表示为要素,因意思表示而发生一定私法效果的法律事实"。参见王泽鉴《民法概要》,中国政法大学出版社2003年版,第80页。

〔7〕例如,可参见童之伟:《法权与宪政》,山东人民出版社2001年版,第45页以下。

〔8〕目前"法律哲学"高级课程教学的一个发展趋势是学习德国的模式,一些德国法律哲学教科书纷纷被翻译到国内。例如,〔德〕考夫曼:《法律哲学》,刘幸义等译,法律出版社2004年版;〔德〕魏德士:《法理学》,丁晓春、吴越译,法律出版社2005年版;〔德〕N.霍恩:《法律科学与法哲学导论(2004年第3版)》,罗莉译,法律出版社2005年版,等等。

〔9〕参见沈宗灵主编:《法理学》(第二版),北京大学出版社2003年版,第6页;陈守一:《法学研究与法学教育论》,北京大学出版社1996年版,第90—

91页。

〔10〕《关于做好博士学位授权一级学科范围内自主设置学科、专业工作的几点意见》(学位〔2002〕47号)。

〔11〕苏力:《也许正在发生:转型中国的法学》,法律出版社2004年版,第20页。

〔12〕同上注,第17页。

〔13〕〔美〕P.诺内特、〔美〕P.塞尔兹尼克:《转变中的法律与社会:迈向回应型法(修订版)》,张志铭译,中国政法大学出版社2004年版,第10页。

〔14〕〔美〕罗伯特·K.默顿:《社会研究与社会政策》,林聚任等译,生活·读书·新知三联书店2001年版,第52页。

〔15〕〔美〕华勒斯坦等:《学科·知识·权力》,刘健芝等译,生活·读书·新知三联书店1999年版,第2页。

〔16〕〔德〕卡尔·曼海姆:《意识形态与乌托邦》,黎鸣、李书崇译,商务印书馆2000年版,第276页。

〔17〕〔美〕乔治·斯蒂格勒:《知识分子与市场》,何宝玉译,首都经济贸易大学出版社2001年版,第138页。

〔18〕同前注14,第41页。

〔19〕参见沈宗灵、罗玉中、张骐编:《法理学与比较法学论集:沈宗灵学术思想暨当代中国法理学的改革与发展》(上、下),北京大学出版社、广东高等教育出版社2000年版。

〔20〕〔美〕朱丽·汤普森·克莱恩:《跨越边界:知识 学科 学科互涉》,姜智芹译,南京大学出版社2005年版,第257页。

〔21〕同前注15,第20页。

〔22〕黄光国:《社会科学的理路》,中国人民大学出版社2006年版,绪论,第1页。

〔23〕苏力主编:《法律和社会科学》(第一卷),法律出版社2006年版。

〔24〕同前注17,第17页。

〔25〕〔美〕华勒斯坦等:《开放社会科学:重建社会科学报告书》,刘锋译,生活·读书·新知三联书店1997年版,第106页。

〔26〕同前注15,第29页。

第十四章　法学核心期刊：
谁更有知识影响力

自 2000 年起,南京大学中国社会科学研究评价中心每隔几年就会公布 CSSCI 来源期刊遴选结果。其遴选标准是,每类期刊按照总被引次数与前三年他引影响因子的加权值高低顺序排序。入选 CSSCI 来源期刊的法学期刊,即是俗称的"法学核心期刊"。本章(注:初稿写于 2009 年)以 2007 年公布的法学核心期刊为例进行讨论。排名如表 14-1 所示。

表 14-1　法学核心期刊排名

名次	刊名	名次	刊名	名次	刊名
1	法学研究	8	法制与社会发展	15	法学论坛
2	中国法学	9	法学评论	16	行政法学研究
3	中外法学	10	现代法学	17	法学杂志
4	政法论坛	11	环球法律评论	18	中国刑事法杂志
5	法商研究	12	比较法研究	19	政治与法律
6	法学	13	知识产权	20	当代法学
7	法律科学	14	法学家	21	华东政法大学学报

问题是,依据这样的遴选标准并不能全面真实地反映各个法学核心期刊的影响力,甚至还会对法学的知识生产带来不利影响。[1]作为重要的修正,期刊相互引证程度能够反映同一领域内不同期刊对知识生产的影响力,简称"知识影响力"。例如,芝加哥大学的史蒂芬·斯蒂格勒曾比较经济学和统计学领域的期刊引文的"输出"和"输入"情况:如果甲期刊中的文章被乙期刊引用的次数,是乙期刊中

的文章被甲期刊引用次数的4倍,那么,可以认为甲期刊是信息的生产者,而乙期刊则是信息的消费者。[2]本章尝试将这种方法运用于对法学期刊的分析,通过计算法学核心期刊相互的引证次数,来发现期刊(在知识生产中)的相互影响力。当然,讨论法学期刊的影响力,还可以从期刊对现实政治经济的影响力入手。例如,期刊所发表的文章如何影响决策、立法或司法。但是这一影响似乎难以量化,或许只能采取问卷调查的方式进行。不过,在美国,最高法院判决引证期刊文章的现象越来越多,这可以用来衡量期刊、期刊文章、作者对最高法院判决的影响力。[3]

本章主要数据来源于中国引文数据库,除非特别说明,数据时间跨度从1979年至2009年,数据采集时间截至2009年5月30日。本章第一部分和第二部分以引证次数为依据进行横向比较,讨论法学核心期刊的相互影响力,从而发现哪种期刊在哪些情况下,更具有(而不仅仅是最具有)知识上的影响力;第三部分以个案切入进行纵向比较,讨论引证次数在1979年至2009年这30年间的变化趋势及其对知识生产的影响;第四部分讨论期刊如何改进引证评价标准来推动知识生产;最后是小结,补充分析CSSCI以引证作为评价标准对知识生产的不利影响。

一、期刊之间相互影响力的宏观评价

首先,可以对21种法学核心期刊引证其他期刊次数进行统计排名。表14-2、表14-3所示的分别是法学核心期刊引证次数前5名的期刊名称、法学核心期刊进入其他20种法学核心期刊引证次数前5和前10名的次数。[4]

表 14-2 法学核心期刊引证次数前 5 名的期刊名称(含自引)

序号	期刊名称	第1名(次数)	第2名(次数)	第3名(次数)	第4名(次数)	第5名(次数)
1	法学研究	法学研究(436)	中国法学(230)	政法论坛(136)	法律科学(124)	法学(118)
2	中国法学	中国法学(283)	法学研究(245)	法学(230)	法商研究(193)	法律科学(169)
3	中外法学	法学研究(74)	中外法学(49)	中国法学(42)	法律科学(37)	法学(27)
4	政法论坛	政法论坛(181)	中国法学(148)	法学研究(138)	法学(97)	现代法学(78)
5	法商研究	法学研究(164)	中国法学(151)	法商研究(143)	法学(138)	法律科学(79)
6	法学	法学(223)	法学研究(182)	中国法学(132)	法商研究(76)	法律科学(69)
7	法律科学	法学研究(197)	法律科学(150)	中国法学(149)	法学(121)	现代法学(88)
8	法制与社会发展	法学研究(131)	中国法学(128)	法制与社会发展(101)	比较法研究(68)	法律科学(64)
9	法学评论	法学研究(185)	中国法学(138)	法学评论(143)	法学(117)	法律科学(85)
10	现代法学	法学研究(222)	中国法学(179)	现代法学(137)	法学(127)	政法论坛(105)
11	环球法律评论	法学研究(34)	比较法研究(31)	中国法学(29)	外国法译评(22)	政法论坛(21)
12	比较法研究	比较法研究(87)	中国法学(63)	法学研究(51)	法学(41)	外国法译评(34)
13	知识产权	知识产权(118)	电子知识产权(43)	法学研究(27)	科技与法律(26)	中国法学(25)
14	法学家	中国法学(493)	法学(425)	法学研究(339)	法商研究(328)	法学评论(300)
15	法学论坛	法学研究(172)	中国法学(148)	法学(115)	现代法学(73)	法商研究(63)

(续表)

序号	期刊名称	第1名（次数）	第2名（次数）	第3名（次数）	第4名（次数）	第5名（次数）
16	行政法学研究	行政法学研究(157)	中国法学(80)	法学研究(46)	法学(44)	政法论坛(28) / 法商研究(28)
17	法学杂志	中国法学(89)	法学研究(84)	法学(65)	法学杂志(63)	法律科学(48)
18	中国刑事法杂志	法学研究(128)	中国刑事法杂志(104)	人民检察(89)	法学(85)	中国法学(82)
19	政治与法律	中国法学(132)	法学研究(119)	法学(109)	法学评论(64) / 政法论坛(64)	
20	当代法学	中国法学(223)	法学研究(207)	法学(157)	法学评论(130)	现代法学(111)
21	华东政法大学学报	法学(86)	法学研究(74)	中国法学(53)	政法论坛(47)	现代法学(43)

表14-3 法学核心期刊进入其他20种法学核心期刊引证次数前5和前10名的次数

期刊名称	进入前5名次数	进入前10名次数
法学研究	20	20
中国法学	20	20
中外法学	0	5
政法论坛	6	20
法商研究	5	15
法学	17	20

(续表)

期刊名称	进入前 5 名次数	进入前 10 名次数
法律科学	8	18
法制与社会发展	0	5
法学评论	3	18
现代法学	5	18
环球法律评论	1	3
比较法研究	2	10
知识产权	0	0
法学家	0	0
法学论坛	0	1
行政法学研究	0	0
法学杂志	0	1
中国刑事法杂志	0	1
政治与法律	0	1
当代法学	0	0
华东政法大学学报	0	0

从上表的内容可看出的一般趋势是：进入其他 20 种法学核心期刊引证次数的前 5 名甚至前 10 名的期刊，大多数仍然是这 21 种法学核心期刊。这说明，法学核心期刊之间的知识互惠相当紧密，并且在一定程度上也反映出法学研究的自主性（抑或自我封闭性？）。[5] 另一个值得注意的趋势是：排名靠前的法学核心期刊，多数进入了排名靠后的法学核心期刊引证次数前 5 名或前 10 名。但反过来，排名靠后的法学核心期刊，却没有或较少进入排名靠前的法学核心期刊引证次数前 5 名或前 10 名。这说明，排名靠前的法学核心期刊相对来说，属于知识生产者，排名靠后的法学核心期刊则属于知识消费者，前者对后者有更大的知识上的影响力。

以引证次数数量和排名为依据，进一步观察，还可以得出如下推论。

第一，对其他20种法学核心期刊(简称"他刊")具有第一影响力的期刊是《法学研究》。它进入他刊引证次数的前3名。其中，《法学研究》位列下列9种期刊引证次数排名的第1名，并且超过这些期刊自引次数：《中外法学》《法商研究》《法律科学》《法制与社会发展》《法学评论》《现代法学》《环球法律评论》《法学论坛》《中国刑事法杂志》。这说明，《法学研究》对上述9种期刊影响最大，超过了这些期刊自己对自己的影响力。

第二，对他刊具有第二影响力的期刊是《中国法学》。它进入所有他刊引证次数的前5名。其中，《中国法学》位列下述4种期刊引证次数排名的第1名，并且超过期刊自引次数：《法学家》《法学杂志》《政治与法律》《当代法学》。这说明，《中国法学》对上述4种期刊影响最大，超过了这些期刊自己对自己的影响力。《中国法学》位列下述5种期刊引证次数排名的第2名，并且也超过这些期刊自引次数：《法商研究》《法制与社会发展》《法学评论》《现代法学》《法学论坛》。这说明，《中国法学》对上述5种期刊的影响仅次于《法学研究》，并且也超过了这些期刊自己对自己的影响力。

第三，对他刊具有第三影响力的期刊是《法学》。它进入17种他刊引证次数的前5名，所有他刊引证次数的前10名。其中，《法学家》《法学论坛》《法学杂志》《政治与法律》《当代法学》《华东政法大学学报》6种期刊对《法学》的引证次数超过这些期刊自引次数。这说明，《法学》对上述6种期刊的影响力已经超过了期刊自己对自己的影响力。特别是，《法学》还是《华东政法大学学报》引证次数第1名的期刊，这说明，同属华东政法大学主办的这两种期刊的知识互惠程度相当密切。相比之下，同属中国政法大学主办的《政法论坛》和《比较法研究》，前者仅位列后者引证次数第10名，这说明，两者的知识互惠程度不高，甚至可能这两种期刊在实际运作中也较少联系。

第四，如果就进入他刊引证次数前5名的数量来看，对他刊具有第四影响力的期刊是《法律科学》，共涉及8种他刊。《政法论坛》

《法商研究》《现代法学》《法学评论》,分别进入 6、5、5、3 种他刊引证次数的前 5 名。其中,《法商研究》与《现代法学》都进入 5 种他刊引证次数前 5 名,但《法商研究》要比《现代法学》排名靠前。这是因为仔细区分后,《法商研究》所进入的 5 种他刊引证次数前 5 名分别为第 4、4、4、5、5 名。而《现代法学》所进入的 5 种他刊引证次数前 5 名分别为第 4、5、5、5、5 名。下文对类似情况进行排名都做相同处理。

简言之,就对他刊的影响力而言,这几种刊物与背景相似(主办方均为老牌法学院)的《法学》相比差距很大。

如果就进入他刊引证次数前 10 名的数量来看,《法学研究》《中国法学》《法学》《政法论坛》进入 20 种他刊引证次数前 10 名;《法律科学》《现代法学》《法学评论》进入 18 种他刊引证次数前 10 名;《法商研究》进入 15 种他刊引证次数前 10 名。值得注意的是,排名第 12 的《比较法研究》,它进入了 10 种他刊引证次数的前 10 名。就此而言,它比排名第 3 的《中外法学》(进入 5 种他刊引证次数前 10 名)、排名第 8 的《法制与社会发展》(进入 5 种他刊引证次数前 10 名)、排名第 11 的《环球法律评论》(进入 3 种他刊引证次数前 10 名),影响力要大得多。

第五,排名第 3 的《中外法学》,却没有进入任何 1 种他刊引证次数的前 5 名。也就是说,单就从引证次数来看,《中外法学》对 20 种他刊在知识上的影响力较低。这与它在排名第 3 的位置反差很大。排名第 8 的《法制与社会发展》也是如此,没有进入任何 1 种他刊引证次数的前 5 名。除此之外,排名第 13 至第 21 的期刊,即《知识产权》《法学家》《法学论坛》《行政法学研究》《法学杂志》《中国刑事法杂志》《政治与法律》《当代法学》《华东政法大学学报》,也没有进入任何 1 种他刊引证次数的前 5 名。这与它们在 CSSCI 中排名靠后的情形基本符合。

第六,期刊引证次数位列第 1 名的自引的期刊共有 7 种,即《法学研究》《中国法学》《政法论坛》《法学》《比较法研究》《知识产权》《行政法学研究》。期刊自引次数的多少,能够反映出期刊对自己发表文章的知识承继程度。[6]排名第1、2、4、6的《法学研究》《中国法学》《政法论坛》《法学》，具有此种特点。而排名靠后的《比较法研究》(第12名)、《知识产权》(第13名)、《行政法学研究》(第16名)也是如此，但又有一定的特殊性。因为这3种期刊相较前4种期刊，其专业更为细分，分别侧重于比较法(外国法)、知识产权、行政法学。由于综合性法学期刊发文数量有限，不可能全面顾及所有专业领域，这自然会减少综合性法学期刊被专业性法学期刊引证的数量。从而，也增加了专业性法学期刊自我引证或引证其他专业性法学期刊的可能。《中国刑事法杂志》自引次数位列第2名，并且引证《人民检察》次数位列第3名;《知识产权》引证《电子知识产权》次数位列第2名，引证《科技与法律》次数位列第4名，也验证了上述推断。

第七，期刊自引次数没有进入引证次数前5名的期刊共有5种，即《法学家》《法学论坛》《政治与法律》《当代法学》《华东政法大学学报》，它们的期刊自引次数分别为各自期刊引证次数排名的第37、9、9、15、8名。期刊自引次数排名靠后，在一定程度上能反映出期刊相对扮演着知识消费者的角色，期刊对自己发表文章的知识承继度较差。

其中最奇怪的期刊是《法学家》。《法学家》是由法学学科评估(博士点和硕士点)排名第一的中国人民大学法学院[7]承办，但排名仅为第14，期刊自引次数仅为引证次数排名的第37名。原因何在？如果比对《法学家》引证他刊次数的绝对数量(如表14-4所示)，就不难推测其排名靠后的原因。

表14-4 《法学家》引证期刊次数排名

序号	刊名	次数	序号	刊名	次数
1	中国法学	493	21	外国法译评	61
2	法学	425	22	法律适用	58
3	法学研究	339	23	中国社会科学	52
4	法商研究	328	24	中国刑事法杂志	47
5	法学评论	300	25	河南省政法管理干部学院学报	44

(续表)

序号	刊名	次数	序号	刊名	次数
6	政法论坛	293	26	中国劳动	42
7	现代法学	275	27	华东政法学院学报	40
8	法律科学	246	28	中国人民大学学报	35
9	法学杂志	189	29	电子知识产权	32
10	政治与法律	125	30	公安大学学报（自然科学版）	30
11	法制与社会发展	116	31	公安大学学报	29
12	河北法学	111	32	浙江社会科学	29
13	当代法学	109	33	政法论丛	29
14	山东法学	105	34	西安政治学院学报	25
15	行政法学研究	100	35	国际贸易问题	24
16	中外法学	92	36	甘肃政法学院学报	24
17	比较法研究	79	37	法学家	23
18	知识产权	71	38	吉林大学社会科学学报	23
19	人民检察	68	39	中华商标	23
20	刑事技术	63	40	国家检察官学院学报	23

通过表14-4可以看到,《法学家》被引证次数偏少的一个原因是,《法学家》引证其他法学核心期刊的次数,要远远多于其他法学核心期刊引证《法学家》的次数,也远远多于《法学家》自引次数。另一个可能原因是,其内稿率比其他法学核心期刊要高。而内稿率高的一个直接原因是,《法学家》被中国人民大学认定为B类期刊,而同属B类期刊的只有《法学研究》和《中国法学》,其他法学核心期刊,或者属C类期刊,或者连C类期刊都不是。由于发表于不同级别的期刊所获得的收益不同,因此,本院教师更愿意在《法学家》发表,甚至将质量较低的文章在《法学家》发表。除非特殊情况,一般而言,质量较低的文章被引证的可能性较小。

甚至,《法学家》引证非法学核心期刊(包括其他门类核心期刊)也远远多于《法学家》自引次数。主要原因在于,多年来《法学家》都有发表学科综述的做法。学科综述往往援引的是他刊的文章,本刊文章反而引证较少。之所以存在这种现象的一种解释是,综述往往引证本院教师在非法学核心期刊(尽管可能是综合核心期刊)上发表的文章。这对本院教师有利,但却不利于《法学家》。依据表14-4提供的数据进一步核对,这一解释能够得到部分验证。这客观上造成他刊引证次数增加,相对减少了《法学家》的引证次数以及降低了引证率(影响因子)。由于 CSSCI 是以总被引次数与2004—2006三年他引影响因子作为遴选标准,这就直接导致《法学家》的排名靠后。因此,为提升《法学家》的影响力,最直接的办法就是取消学科综述。2008年底《法学家》进行了改组,由具有长期办刊经验的张志铭教授担任执行主编。2009年的《法学家》已经取消了学科综述,这与本章的主张不谋而合。

二、期刊之间相互影响力的微观分析

"期刊影响系数"能够更细致地反映期刊之间的相互影响程度。所谓期刊影响系数,是指本刊引证他刊次数与他刊引证本刊次数之比。[8]如果影响系数为1,那么可以认为本刊和他刊的相互影响程度相等。如果影响系数小于1,则表明本刊对他刊的影响比他刊对本刊的影响要大。如果影响系数大于1,则表明本刊对他刊的影响比他刊对本刊的影响要小。为简化讨论和集中展现推论,本章只对 CSSCI 前10名法学核心期刊的影响系数进行统计分析:

表 14-5 CSSCI 前 10 名本刊与他刊的影响系数

他刊期刊名称 本刊	法学研究	中国法学	中外法学	政法论坛	法商研究	法学	法律科学	法制与社会发展	法学评论	现代法学
法学研究	—	1.07	1.06	1.01	1.45	1.52	1.59	3.07	1.93	2.47
中国法学	0.94	—	1.05	1.09	0.78	0.57	0.88	2.00	0.97	1.19
中外法学	0.96	0.95	—	2.61	2.43	1.48	0.78	7.80	2.07	4.35
政法论坛	0.99	0.92	0.38	—	1.21	0.65	1.34	0.95	1.08	1.35
法商研究	0.69	1.28	0.41	0.83	—	0.55	0.85	1.14	1.03	1.16
法学	0.65	1.74	0.68	1.54	1.82	—	1.75	1.16	1.83	2.05
法律科学	0.63	1.13	1.26	0.75	1.18	0.57	—	1.33	1.16	1.16
法制与社会发展	0.33	0.50	0.13	1.05	0.88	0.87	0.75	—	0.77	0.95
法学评论	0.52	1.03	0.48	0.93	0.97	0.55	0.86	1.30	—	1.30
现代法学	0.41	0.84	0.23	0.74	0.87	0.53	0.86	1.06	0.77	—

从表 14-5 可以看出,最有影响力的期刊仍然是《法学研究》,没有 1 种期刊对它的影响系数超过 1。换句话说,其他 9 种期刊对《法学研究》形成了程度不同的知识依附。除此之外,有 7 种期刊对《法学》形成了程度不同的知识依附,其他依次为《中外法学》(6 种)、《法律科学》(6 种)、《政法论坛》(4 种)、《中国法学》(4 种)、《法商研究》(4 种)、《法学评论》(3 种)、《现代法学》(1 种)、《法制和社会发展》(1 种)。具体而言,还可以得出如下推论:

第一,《法学研究》与《中国法学》各自的影响系数比为 0.94∶1.07。这说明,《法学研究》对《中国法学》的影响,要比《中国法学》对《法学研究》的影响更大(但差距不是很明显),尽管《中国法学》引证自己排名第一。如前所述,其他 9 种期刊对《法学研究》的影响,都不如《法学研究》对它们的影响。

其中,对《法学研究》影响最小,或者说对《法学研究》知识依附程度最高的期刊是《法制与社会发展》(3.07);对《法学研究》影响最大，或者说对《法学研究》知识依附程度最低的期刊是《政法论坛》（1.01）。除《政法论坛》之外，《中外法学》（1.06）、《中国法学》（1.07）对《法学研究》的知识依附程度也很低。这说明，《政法论坛》《中外法学》《中国法学》这3种期刊相对独立，《法学研究》不对其构成知识依附意义上的支配地位。而《法商研究》（1.45）、《法学》（1.52）、《法律科学》（1.59）这3种期刊对《法学研究》的知识依附程度较高。再次，知识依附程度更高的是《法学评论》（1.93）和《现代法学》（2.47）。

第二，虽然《法学研究》对《中国法学》的影响比其对《法学研究》影响大，但就知识依附程度而言，对《中国法学》影响最大的期刊不是《法学研究》，而是《法学》（1.74），其次是《法商研究》（1.28）、《法律科学》（1.13），影响最小的仍然是《法制与社会发展》（0.50）。

第三，《中外法学》虽然没有进入各期刊引证的前5名，但从影响系数来看，对《中外法学》影响最大的期刊是《法律科学》（1.26）。换句话说，在期刊的相互知识依附程度上，《法律科学》与《中外法学》相比更占优势，但优势并不明显。和《法律科学》相似的《法学研究》（1.06）、《中国法学》（1.05）也是如此。相比之下，《法学》（0.68）、《法学评论》（0.48）、《法商研究》（0.41）、《政法论坛》（0.38）、《现代法学》（0.23），对《中外法学》的知识依附程度要更高，最高的仍然是《法制与社会发展》（0.13）。

第四，对《政法论坛》影响最大的期刊是《中外法学》（2.61）。对《法商研究》影响最大的期刊也是《中外法学》（2.43）。对《法学》影响最大的期刊是《法学研究》（1.52）。对《法律科学》影响最大的期刊是《法学研究》（1.59）。对《法制与社会发展》影响最大的期刊是《中外法学》（7.80）。对《法学评论》影响最大的期刊是《中外法学》（2.07）。对《现代法学》影响最大的期刊也是《中外法学》（4.35）。由此可见，虽然就引证次数而言，《中外法学》没有进入他刊引证前5名，但从影响系数来看，CSSCI前10名中有5种期刊受《中外法学》影响最大，而《法学研究》也不过2种。这似乎可以说明，《中外法学》是一个相对独立的期刊，同时它又对他刊有很大影响。

第五,在 CSSCI 前 10 种期刊中,同质性最高的期刊是《法商研究》和《法律科学》,分别由中南财经政法大学和西北政法大学主办。它们对其他期刊的影响力,除对《中外法学》之外(分别为 0.41、1.26),对其他期刊的影响都很接近:《法学研究》(分别为 0.69、0.63)、《中国法学》(分别为 1.28、1.13)、《政法论坛》(分别为 0.83、0.75)、《法学》(分别为 0.55、0.57)、《法制与社会发展》(分别为 1.14、1.33)、《法学评论》(分别为 1.03、1.16)、《现代法学》(分别为 1.16、1.16)。同时,《法律科学》对《法商研究》的影响,要比《法商研究》对《法律科学》要大些(1.18:0.85)。

第六,从对他刊影响力最小的期刊来看,《法制和社会发展》对《法学研究》(0.33)、《中国法学》(0.50)、《中外法学》(0.13)、《法律科学》(0.75)、《法学评论》(0.77)、《现代法学》(0.95)6 种期刊的影响是最小的。其次是《现代法学》对《政法论坛》(0.74)、《法学》(0.53)、《法学评论》(0.77)3 种期刊的影响是最小的。《中国法学》对《法商研究》(0.57)的影响是最小的。《政法论坛》对《法制与社会发展》(0.95)的影响是最小的。

第七,一些有待验证的假设:例如,《政法论坛》与《法制与社会发展》各自的影响系数分别是 1.05、0.95。这两个数字比较接近,体现两种期刊有一定的知识同质性,例如整体上都偏好发表理论法学文章。此外,由于《中外法学》过去在相当长一段时间也是偏好发表理论法学文章,但在知识上扮演着输出者的角色,因而更可能成为对《政法论坛》影响最大的期刊。但是影响系数的相对比,与期刊之间的知识同质程度并非直接相关,可能还需要进行个案具体考察。甚至从细分期刊所发表的学科领域而言,影响系数可能不足以反映实际情况。例如,《中国法学》和《法商研究》比较多地发表经济法的文章,而《法学研究》则较少发表经济法的文章,这从现有的影响系数上很难看出来。

综合上述期刊之间相互影响力的微观分析和宏观评价,对比 CSSCI 法学期刊名单,可以整理为表 14-6。需要说明的是,依进入期刊他引前 5 名次数的排名中,《现代法学》与《法商研究》均为 5 次,但考虑到《现代法学》进入期刊他引前 10 名次数为 18 次,因此,将《现代法学》放在《法商研究》前面;《中外法学》与《法制与社会发展》排名并列第 9。可参见表 14-3。

表 14-6 CSSCI 前 10 名法学期刊的三种排名

名次	依 CSSCI 遴选标准	依进入期刊他引前 5 名次数	依期刊影响系数
1	法学研究	法学研究	法学研究
2	中国法学	中国法学	法学
3	中外法学	法学	中外法学
4	政法论坛	法律科学	法律科学
5	法商研究	政法论坛	政法论坛
6	法学	现代法学	中国法学
7	法律科学	法商研究	法商研究
8	法制与社会发展	法学评论	法学评论
9	法学评论	中外法学	现代法学
10	现代法学	法制与社会发展	法制与社会发展

由于难以对影响系数和他引名次进行权重统计,因此,很难综合这三份排名形成一份客观精确的期刊最终排名。但对比三份名单,还是能看出一些问题:例如,《法制与社会发展》在后两份名单中都排名第 10,这与 CSSCI 排名第 8 名有些落差。之所以排第 8 名,只能合理推断其影响因子比《法学评论》《现代法学》更大。另一个排名存疑的是《法学》,它在后两份名单中分别排在第 3 名和第 2 名,但在 CSSCI 排名仅为第 6 名。由于《法学》是单月刊,发文数量较多,其受 CSSCI 遴选主要依据影响因子的标准冲击较大。因而,也未能真正反映出其在知识上的影响力。

三、期刊的个案考察:以《法学研究》为例

引证次数(被引频次)的单纯横向比较,所能得到的发现或推论还相当有限,还需要拉长时间的纬度进行纵向分析。本章选择《法学研究》(1979—2009)进行个案分析。之所以选择《法学研究》,是因为就已有分析来看,不论如何评价,《法学研究》总是排名第1。所以,《法学研究》存在的问题,很可能其他期刊同样存在,甚至更为严重。需要说明的是,图14-1是通过中国引文数据库自动生成。该图的数据不仅仅包括期刊文章引证次数,还包括各种学位论文的引证次数。

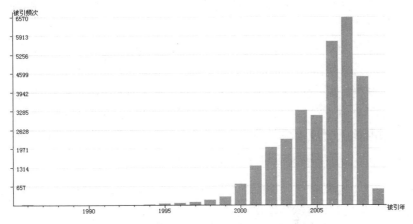

图14-1 《法学研究》被引频次(1979—2009年)

如图14-1所示,《法学研究》文章被引频次(被引证次数)的高峰是在20世纪90年代后期才出现。通过与其他法学核心期刊被引频次进行比对,情况也是如此。因此,可以肯定的是,法学引证以及学术规范的确立,是20世纪90年代后期之后才正式开始,在此之前引证极少。即使有,也往往是引证革命领袖的著作,而主要不是期刊文章。这种现象的出现,应该说与20世纪90年代后期的学术规范化讨论的影响密不可分。

但这只是期刊引证得好的方面。如果从期刊文章被引证次数占所有被引证次数的比例来看,那么期刊对文章引证的重视还远远不够。以2007年《法学研究》为例,共发表文章(不含笔谈)69篇,总注释次数为3161次,期刊文章被引证次数为191次。如果排除自引次数29次,实际只有162次。这样,单篇文章引证注释的平均次数为

45.81次,而单篇文章引证期刊文章平均次数只有2.77次。两相比较,尽管没有区分注和释,但期刊文章被引证次数在整体上还是偏低的。进一步来看,排除引证外文文献的情况,期刊所发表的文章在引证时更偏好引证著作,而不是文章。但问题是,一般而言,文章发表周期快,时效性强,而著作往往是总结性的。著作与文章相比,知识相对滞后。如果将法学期刊与理工科期刊所发表的文章进行比较,可以发现后者更多引证的是文章而不是著作。法学知识更新的速度要慢得多。

还值得注意的是,期刊所发表的文章的生命周期(短暂半衰期)。2007年《法学研究》引证文章191次中,引证10年前即1997年(不含1997年)以前的文章只有14次,具体文章如表14-7所示,其中引证法学文章12次。因此,这也提醒,对于作者而言,应该创作真正经得起时间考验的文章。而对于期刊而言,这也是提升自己影响力的关键所在,应当减少应景性文章的发表。

表14-7 2007年《法学研究》引证1997年以前文章

序号	原文	引文
1	张千帆:《宪法变通与地方试验》	郝铁川:《论良性违宪》,载《法学研究》1996年第4期;童之伟:《"良性违宪"不宜肯定——对郝铁川同志有关主张的不同看法》,载《法学研究》1996年第6期
2	杨登峰:《民事、行政司法解释的溯及力》	游伟、鲁义珍:《刑法司法解释效力探讨》,载《法学研究》1994年第6期
3	刘笃才、杨一凡:《秦简廷行事考辨》	王侃:《宋例辨析》,载《法学研究》1996年第2期
4	黄松有:《和谐主义诉讼模式:理论基础与制度构建——我国民事诉讼模式转型的基本思路》	张卫平:《我国民事诉讼辩论原则重述》,载《法学研究》1996年第6期
5	吴汉东:《文化多样性的主权、人权与私权分析》	徐显明:《人权主体之争引出的几个理论问题》,载《中国法学》1992年第5期

（续表）

序号	原文	引文
6	夏正林：《从基本权利到宪法权利》	徐显明：《"基本权利"析》，载《中国法学》1991年第6期
7	章武生、杨严炎：《我国群体诉讼的立法与司法实践》	庄淑珍、董天夫：《我国代表人诉讼制度与美国集团诉讼制度的比较研究》，载《法商研究》1996年第2期；江伟、肖建国：《关于代表人诉讼的几个问题》，载《法学家》1994年第3期
8	孙宪忠、汪志刚、袁震：《侵权行为法立法学术报告会议述评》	米健：《再论现代侵权行为法的归责原则——兼答张佩霖先生》，载《政法论坛》1991年第2期
9	马跃进：《合作社的法律属性》	卢晓媚、康德琯：《股份合作企业及其立法问题初探》，载《政法论坛》1994年第3期
10	许发民、康诚：《犯罪对象概念的反思与重构》	李洁：《论犯罪对象》，载《法律科学》1996年第5期
11	张生：《清末民事习惯调查与〈大清民律草案〉的编纂》	刘广安：《传统习惯对清末民事立法的影响》，载《比较法研究》1996年第1期。
12	吴国喆：《善意认定的属性及反推技术》	汪泽：《民法上的善意、恶意及其运用》，载《河北法学》1996年第1期。
13	彭学龙：《商标法基本范畴的符号学分析》	夏甄陶：《关于认识的语言符号中介》，载《哲学研究》1994年第6期。
14	汪世荣：《陕甘宁边区高等法院对民事习惯的调查、甄别与适用》	任中和：《陕甘宁边区行政区划演变概述》，载《历史档案》1988年第3期

四、期刊如何影响知识生产

上述调查结果，似乎还进一步说明了，法学论文的质量标准难以在经验上加以判断，因此其所依附的期刊本身就成为重要的质量信号。那些影响力较大的期刊更可能吸引注意力，因此条件相同的两篇论文,不同的传播载体将导致不同的命运。这就是当代知识影响的经济逻辑。这在理论上解释了文献学中"齐普夫法则"所揭示的经验规律。这将导致一些问题。其中之一是期刊的分层将加速。正如本章显示,《法学研究》等排名靠前的期刊已经在被引证方面与同类期刊拉开距离,可以预见,这个差距将进一步扩大。中国法学将更为凸显形式上的"精英期刊",这些期刊在产业结构上高度集中法学论文引证,这也即是本章所暗含的"期刊的期刊"。

但这可能并不代表学术质量,或长期知识影响,例如前述法学论文的短暂半衰期。那么,这种分层和集中并不一定促进知识,反而可能形成障碍,例如这将不利于新思想与新知识的生产。因此学术寻租和学术政治在这个竞争过程中可能不是减弱,而是加强。[9]如果能够意识到这一点,法学期刊,特别是法学核心期刊和法学集刊,或许应该采取更多的措施引导法学知识生产。

第一,提倡撰写专题述评(review)。述评为学术研究所必需,一篇合格的学术论文,在文章中首先应对已有文献进行梳理,这是文章的有机组成部分,然后才谈及本章对已有研究的推进。但从目前来看,大多数论文还没有做到这一点。一种解释是,不少期刊对字数有限制,而质量较低且财政较为困难的期刊更可能对字数有限制。另外,作为基本训练,期刊应该提倡撰写深度的专题述评,而不是单篇的浅层次的学科综述。在这方面,《中国社会科学》《中外法学》有过较好尝试。这样才能够推进知识增长。

第二,确立不同类型文章的写作方式。除上述述评(review)的形式以外,法学文章还包括论文(article)、评论(comment)和书评(book review),等等。不同类型文章的写作要求各不相同,但作者、编辑往往并不清楚什么是论文,更不清楚论文和评论的区别。期刊在发表述评时往往变成会议综述,发表的书评也往往是赞美胜过批评。《北大法律评论》曾在第1卷第1辑的"编后小记"中,试图区分"论文"和"评论":"我们希望'论文'的贡献在于理论的点滴积累,它要求我们将所研究的问题建立在此前已有的学术成果或学术脉络上,通过概念或范式的演进逐步形成学术研究的传统。与'论文'不同,我们希望'评论'的贡献在于思想上的突破与创新,它的灵感可能直接来源于生活现实,它的论证也许不够严密,概念使用也许不够规范,但它的深刻、它的洞见、它的文采足以展现思想的魅力。"[10]但显然,这一区分原则还未能为学界所接受。期刊、集刊应联合学界好好检讨各类文章的写作方式。

第三,展开更多的学术批评。一方面,很多文章发表之后,缺少细致认真的回应;另一方面,刊登出来的一些书评,又多以恭维赞美为主。因此,真正的学术批评并没有开展起来。刊物肩负着组织学术批评的责任,在具体操作过程中应当注意如下事项。首先,在中国进行学术批评更可能会造成人际关系紧张,因此,期刊在组织学术批评的时候,可以事先相互通报,最大可能地减少当事人之间的误会。或者做好长期规划,组织学术批评先从法学界最牛的人开始,甚至不定期做批评学术人物的专栏。如冯象所言,"北大的传统,赛、德二先生是幌子,开会发言或上街喊喊而已。真正对得起先贤和这座百年'王八庙'的,是批判精神,包括对形形色色的赛某人、德某人的辩论、批判"[11]。学术研究只有建立在学术批评的基础上,才能够真正加以推进。其次,除组织对人物进行学术批评的形式之外,还可以就专门问题进行学术批评。特别是一篇文章涉及的问题属于社会现实的重要问题,也可以进行组织。这其实就涉及第四个建议。

第四,组织研讨新的学术问题。有眼光的编辑在发现一篇好文章或发现一个值得讨论的问题的时候,可以组织相关领域的学人展开研讨。主题研讨的形式,可以围绕这一篇文章来组织几篇评论,也可以通过组稿将问题相近的文章编排在一起。特别是前一种形式,目前还相当缺乏。而后一种形式,目前有不少刊物在做,但往往主题并不集中,会导致形式大于实质。《北大法律评论》在组织主题研讨方面有着比较优势。特别是早期组织的"中国的审判委员会制度"(第1卷第2辑)、"中国乡村社会的法律"(第2卷第1辑),主题相对集中,有专门的评议。但以后所组织的主题研讨,各篇文章虽然主题相近，但彼此之间的逻辑关联并不紧密。因此，应该恢复早期主题研讨模式的传统。更进一步，可以将组织策划"主题研讨"与组织召开小型专题讨论会同步进行。刊物编委会提前筹备讨论会，并由专人负责，能够解决有"论文"但"评论"不充分的问题，从而将刊物真正建设为学术同人的交流平台。

第五，鼓励判例研究。以《北大法律评论》为例，11年来共发表"案例研究"8篇，其中2001年（第4卷第1辑）之前就发表了7篇。最近几年已经不再刊登。出现这样的问题，其直接原因可能是优质稿源的匮乏。更深层面的原因可能是判例研究的写作方法比较特殊，很多人往往将判例研究写成一个纯粹的案例分析，就事论事，缺少深度和思想提炼。真正的判例研究写作，可能还是要在一定程度上遵循论文的要求，通过对个案的深描，反思现实或理论上具有一般意义的问题。在中国，法院判决的影响力越来越大，同时，较之立法研究偏重于制度设计，判例研究重视实际经验，更能够推动法学知识生产。因此，期刊鼓励判例研究有相当必要。如有可能，可以先集中讨论最高人民法院的判决。

期刊还应通过推动树立良好的学风来引导知识生产，特别是应规范作者署名顺序。期刊可以对乱署名现象进行纠治。纠治的重点就是：主要由学生独立完成的论文，却把导师的姓名放在了上面，特别是将导师的名字放在学生姓名的前面。一旦在学术追求中掺杂个人利益、贪婪或者虚伪，就会严重威胁人们对学术价值的信任。"在学术成就的评定中，最重要的因素就是独创性和优先权，因此作者署名非常重要。如果对于荣誉的分配做不到公平准确，那么结果是非常有害的，因为它会使人无法明确到底谁应该对研究负有什么样的责任。"[12]刊物能够做的工作，就是对合作文章提出要求，要求说明研究的分工和各自的贡献，并且提倡按照贡献大小排名。长期合作者可以轮流排名。另外，还要特别审查没有贡献却署名，甚至将实际贡献的人的名字去掉的情形。法学界有个别教授就是如此行事。例如，本人口授一个大纲，然后让学生组织材料去写，最后单独署名发表。对于这样一种"学术剥削",期刊应该在制止学术不端行为方面做出表率。

还有,期刊应在扶植新人方面做更多的工作,而不是重在发表名气大的人的文章。名气越大的人,他的学术能力可能便开始下滑。这些人往往参与众多仪式和会议活动,还要在各种场合亮相发言,这包含着大量时间与精力的奉献与牺牲,这种奉献与牺牲就是这一特定象征性资本积累——学术名气——所绝对必需的条件。[13]应该鼓励新人打破专业界限,进行跨学科的知识整合研究。因为现有学术竞争规则要求知识训练,要求服从固定的学术标准,注重资深者的贡献,尤其要尊重各专业领域的界限。这种强调使年轻学者很容易感到,从事狭窄问题的研究,要比从事大范围问题的研究更稳妥。专业化的一个根源,不是源于知识的内在发展规律,而是来自现代大学中特殊的组织结构。[14]通过上述措施,期刊能够加快知识更新的速度。

小结

总的来看,CSSCI排名并没有真正反映出法学期刊的知识影响力,更重要的是,CSSCI以引证次数和引证率(影响因子)为主要遴选标准,会对法学知识生产产生一些不利影响。例如,第一,激励期刊不发表无助于提高本刊引证次数或引证率的文章。就形式而言,属于书评和判例研究的文章最少可能被引证。第二,以CSSCI作为评价法学文章质量的标准并不准确,比较而言,单篇文章的引证次数更能够用来准确评价文章质量。第三,就现有的法学期刊来看,CSSCI并不利于专业性法学期刊的发展。以北大法学院为例,其已经效仿美国主流法学院创办了多种专业性法学期刊。例如,《北大国际法和比较法评论》《金融法苑》《刑事法评论》《网络法律评论》《北大知识产权评论》《法律书评》《行政法论丛》《财税法论丛》。对于这些专业性法学期刊,可能更需要建立不同于CSSCI的评价标准。[15]因此,法学期刊界与法学知识界,应审慎考虑改善法学核心期刊的现有评价标准,充分发挥引证的积极功能,减少引证的负面影响,促进法学期刊在更新法学知识、建立法学知识传统中发挥更大的作用。

注释

〔1〕参见侯猛:《数据如此分组能否真实反映法学现状:评〈中国人文社会科学学术影响力报告〉"法学部分"》,载《法学》2008年第3期。

〔2〕当然,生产者或输出者并不意味着一定是高质量者。See S. M. Stigler, Citation Patterns in the Journals of Statistics and Probability, *Statistical Science*, Vol. 9, No. 1, 1994, pp. 94–108; G. S. Stigler, S. M. Stigler, and C. Friedland, The Journals of Economics, *Journal of Political Economy*, Vol. 103, No. 2, 1995, pp. 331–359.

〔3〕例如,相关新闻,How the Supreme Court Misread My Research: Empirics and the Death Penalty, By Justin Wolfers, http://freakonomics.blogs.nytimes.com/2008/06/30/how-the-supreme-court-misread-my-research-empirics-and-the-death-penalty last access: 6, 30, 2008.

〔4〕个别刊物引证次数偏少,例如《环球法律评论》(原《外国法译评》)、《中外法学》(原《国外法学》),其原因可能与其改名较晚有关。有些则是与其引证规范没有完整建立有直接联系,例如《法学杂志》。

〔5〕关于法学的自我封闭性的更多分析,参见成凡:《从竞争看引证:对当代中国法学论文引证外部学科知识的调查分析》,载《中国社会科学》2005年第2期;成凡:《当代法学的知识影响:一个基于学科间参考的经验调查》,工作论文,未刊。

〔6〕《法学研究》《知识产权》《行政法学研究》自引数分别为436次、118次、157次,远远超出引证第2名的次数(230次、43次、80次)。这说明,它们最重视自己的文章。

〔7〕在教育部学位与研究生教育发展中心公布的2009学科评估高校排名结果中,中国人民大学法学排名第一。参见该中心网站 http://www.cdgdc.edu.cn。

〔8〕当然,就期刊发表的单篇文章而言,引证哪种期刊上的哪篇文章基本上是作者的个人主观选择。但如果这样的样本足够多,就会在客观上形成他刊对本刊在知识上的影响力。同时,一种期刊的风格、偏好一旦形成,比如,偏好发表理论法学的文章,那么就会给潜在作者的写作带来影响力。比如撰写理论法

学文章时,尽管作者可能将文章发表在他刊,而不一定是该刊,但却可能会引证该刊的文章。这实际上就使得该刊对他刊在知识上产生影响力。

〔9〕这两段文字主要来自成凡的评论,并在他的建议下加入此处,从而使得文章上下文的思路更为连贯。

〔10〕《北大法律评论》第1卷第1辑,法律出版社1998年版,第311页。

〔11〕冯象:《致〈北大法律评论〉编辑部》,载冯象:《政法笔记》,江苏人民出版社2004年版。

〔12〕〔美〕唐纳德·肯尼迪:《学术责任》,阎凤桥等译,新华出版社2002年版,第258—259页。

〔13〕参见〔法〕P. 波丢:《人:学术者》,王作虹译,贵州人民出版社2006年版,第130页。波丢即布迪厄,后者是国内通行译法。

〔14〕参见〔美〕刘易斯·科塞:《理念人:一项社会学的考察》,郭方等译,中央编译出版社2004年版,第310—311页。

〔15〕参见苏永钦等:《从美、日、德的法学期刊看我国法学期刊的问题与出路》,载《政大法学评论》2004年第79期。

第十五章 法学实力格局：
以学者引证为样本

一、问题与方法

中国法学的研究现状如何？这常常成为法学人清谈的主要议题。但要以此为题，书写形成文字公开发表，则不仅需要勇气，还得耗费一番考据的功力。一般来说，评价法学研究状况主要围绕"事"，即具体议题展开。例如，徐爱国教授2016年在《中国法律评论》发表《论中国法理学的"死亡"》一文，文中就抨击了法理学的研究现状："法学院的政治课""法理学的主观性和独特个性""法教义学与社科法学的对垒"。[1]另外，评价法学研究状况也可以主要围绕"人"即学者来展开。例如，苏力教授2003年在《中国法学》发表《从法学著述引证看中国法学——中国法学研究现状考察之二》一文，统计了1998—2000年知名学者的著述引证，进而讨论了当时中国法学的研究状况、存在问题和变化趋势。[2]

本章也是写"人"，但关注的是2017年中国法学界的那些青年学者。将近20年过去，法学界发生了很大变化。虽然知名的大牌学者更加知名，但世代交替已经开始了，而且会变得越来越快。那么，青年学者如何看自己这一代的学术水平、学术地位？他们在多大程度上对上一代学者有所承继？又在多大程度上构成对上一代学者的挑战？这些都是比较有趣的问题。虽然这些问题较难精确描述，但可以从某些侧面加以客观评价。

用数据客观评价学术群体的典型作品,是布迪厄的《人:学术者》。[3]这部著作展示了法国学术界的知识格局、权力场域和惯习传统。本章写作也试图致敬布迪厄,用数据来评价中国法学研究群体,透视法学研究的知识格局和权力关系。不过,本章使用的数据种类比较单一,不免较为片面,这是在写作之前需要特别强调的。

从引证评价法学者影响力的典型作品,是波斯纳的《卡多佐:声誉研究》。[4]在这本著作中,波斯纳用引证数证明了卡多佐在法学和法律界中享有很高的声誉。有关引证的研究,中国法学界已有不少,涉及对学者(著述)[5]、学科外引[6]、部门法学[7]、法律实证研究[8]、法学期刊[9]和法律引证[10]。本章也是延续已有的引证研究传统。

本章之所以用引证来评价学者的学术水平,也是试图修正现有的评价体系。目前法学界主要看发文数量,特别是在 CSSCI 的 25 大类 500 多种期刊上的发文数量,同时看重 CSSCI 法学类 23 种期刊,包括三大刊(《中国社会科学》《法学研究》《中国法学》)的发文数量。中国法学会研究部(中国法学创新网)更是将重要法学期刊限缩至 16 种,命名为"中国法学核心科研评价来源期刊"(CLSCI),包括:《中国社会科学》《中国法学》《法学研究》《中外法学》《法学家》《法商研究》《法学》《法律科学》《法学评论》《政法论坛》《法制与社会发展》《现代法学》《比较法研究》《环球法律评论》《清华法学》《政治与法律》。

原因是这些期刊的影响因子较高,影响力大,但期刊影响因子高,并不代表该期刊上的所有文章质量都很高。从文献统计学上来说,核心期刊中至少有 20% 的文章质量不高,甚至不少文章的被引次数为 0。因此,为了准确评价学者的学术水平,既要看其在法学核心期刊上的发文数量,也要看其文章的引证情况。文章被引证是被学术同行认可的标志,能够反映出其真正的学术影响力。

当然,引证这一指标也存在不少问题,受到不少批评。例如,如果研究主题越小,那么被引次数偏低的概率就越大;如果该学科人数规模越大,那么被引次数就可能越多。虽然存在互惠引证的现象,但更严重的是随意引证的问题。严谨引证的做法是在看了全部文献以后,引证最好的文献。实际上目前 CSSCI 期刊甚至是三大刊的不少论文,在文章一开始就没有文献综述,甚至没有引证意识。法学引证还有专门的问题。例如,法学研究是要对法律人有帮助,让他们引用,还是为了学者之间彼此欣赏、相互引证?[11]本章希望通过再次研究引证,让上述问题引起更多的讨论。

在方法上,运用 CSSCI 数据库来统计学者的被引次数,而不是采取技术上更高级的 H 评价指数。[12]主要原因是法学远远不如自然科学的引证规模大,知识更替速度也慢。CSSCI 数据库法学论文的总量则更少。再加上本章主要关注的是法学青年学者,较之法学资深学者,其引证数量更少。因此,使用 H 评价指数不能有效反映实际情况。虽然中国知网(CNKI 数据库)的法学引证数总量更大,但本章仍然坚持使用 CSSCI 数据库。主要原因就在于,CNKI 几乎收入了所有类型的刊物,质量参差不齐,被引次数虚高,不能真正反映学术水准。"全国十大杰出中青年法学家"的评选就采用了中国知网的数据。其推荐表中有栏目要求填写:"代表性著作和论文请注明中国知网统计的被引用数。"

CSSCI 仅收录核心期刊,所谓核心期刊,大体上是本专业影响因子名列前 20% 的期刊。也就是说,核心期刊的数量,只有全部期刊的 20%。本章所统计的 CSSCI 的被引次数,也就是学者的文章被影响因子前 20% 刊物上的文章所引用的数量。可以看出,CSSCI 数据库的学术可信度要更高。因此,读者在判断学者的学术影响力时,应注意鉴别区分被引次数是来自 CNKI 还是 CSSCI。

促使我做青年学者引证次数的一个直接原因,是自 2016 年以来持续至今引起广泛关注的"第八届十大杰出青年法学家"的评选活动。由于 120 位候选人的详细资料均在中国法学会的网站上公示即《第八届"全国十大杰出青年法学家"推荐候选人公示公告》。这大大降低了信息搜索成本,让研究得以开始并深入进行。依据《第八届"全国十大杰出青年法学家"评选活动公告》,"全国十大杰出青年法学家"的评选年龄限定在45岁以下。由于第八届评选工作是在2016年启动,因此,45岁的起算时间为1971年。另外,教育部"长江学者奖励计划"青年学者(简称为"青年长江学者")的评选也将年龄限定在45岁以下。[13]因此,为统计和讨论方便,本文研究的青年学者也将年龄限定限定在45岁以下。

被引次数的统计,主要排除了自引次数、学者翻译作品和重名的被引次数。同时CSSCI数据库也只统计独立署名或第一作者作品的被引次数。这样能比较准确反映学者的学术影响力。CSSCI数据库的统计起止年份为1998年至2017年。考虑到2017年还未结束,而且收入期刊文章的时间相对滞后,可能半年左右或更长一点时间,因此,被引的实际时间跨度要更短些。本章进行数据统计时间第一次是2017年4月初,第二次是2017年8月初,并逐一对数据进行更新和核实,2017年8月7日完成所有数据统计。

二、从引证看"十大杰出青年法学家"

按照《第八届"全国十大杰出青年法学家"评选活动公告》和《第八届"全国十大杰出青年法学家"评选结果公告》的说明,评选首先是由指定的推荐单位推荐候选人。推荐单位为:中国法学会主管的全国性法学社团(含3个作为团体会员加入中国法学会、接受中国法学会业务指导的全国性法学社团)、直属研究会;省、自治区、直辖市、新疆生产建设兵团法学会;具有一级法学博士学位授予权的法学院校和科研单位;中央政法委、最高人民法院、最高人民检察院、全国人大常委会法工委、公安部、司法部、国务院法制办和中华全国律师协会。

2017年2月17日,经第八届"全国十大杰出青年法学家"评选委员会评选,2017年3月1日,第八届"全国十大杰出青年法学家"终评委员会(中国法学会会长会议)审议投票,最后选出十大杰出青年法学家9位,十大杰出青年法学家提名奖获得者20位。由此来看,推荐加投票程序,不仅考虑客观指标,如发文篇数,更有其他因素,如学科或学校平衡,兼顾司法实务部门。这种综合因素的考虑在"中国法学优秀成果奖""钱端升法学研究成果奖""董必武青年法学成果奖"的评选中也很常见。

中国法学会公布的十大杰出青年法学家的顺序依次是:汪海燕、谢鸿飞、林维、张翔、何志鹏、梁上上、蒋悟真、董坤、何其生,但并没有说明是按照投票得票多少排序。但一并公布的提名者获得者名单,却是明确说明了"按照姓氏笔画排序",因此,按照投票结果排序的可能性很大。这样,表15-1的被引次数排名与实际投票结果会有反差并不奇怪,可以给予理解。

为增加表15-1的客观可信度,除统计被引次数以外,我还统计了9位当选人在CSSCI刊物上发表文章的数量、在CSSCI法学类刊物上发表文章的数量、在三大刊上发表文章的数量,以及单篇文章被引次数。其中,CSSCI的数据来源,是依据南京大学中国社会科学研究评价中心当年公布的标准。单篇文章被引次数的算法,简化来说,就是总被引次数除以CSSCI发文篇数。但需要特别说明的是,本章的统计并不严谨。因为现在的总被引次数中,不仅包括CSSCI文章被引次数,也包括专著、教科书或报纸文章的被引次数。这是为了减少工作量而进行的简化计算,实际的单篇被引数应该更低。

表15-1 依被引次数排名的第八届全国十大杰出青年法学家[14]

名次	姓名	被引数	学校	学科	CSSCI数(篇)	法学CSSCI数(篇)	三大刊数(篇)	单篇被引数(次)
1	张翔	516	中国人民大学	宪法学	28	19	7	18.40
2	何志鹏	210	吉林大学	国际法学	71	44	1	2.96
3	谢鸿飞	208	中国社科院	民商法学	15	11	4	13.90

（续表）

名次	姓名	被引数	学校	学科	CSSCI数（篇）	法学CSSCI数（篇）	三大刊数（篇）	单篇被引数（次）
4	梁上上	202	清华大学	民商法学	23	17	6	11.90
5	汪海燕	120	中国政法大学	刑诉法学	32	23	5	3.80
6	蒋悟真	117	江西财经大学	经济法学	48	19	3	2.40
7	林维	106	中国社科院大学	刑法学	18	10	1	5.90
8	何其生	67	武汉大学	国际法学	14	9	3	7.40
9	董坤	20	最高人民检察院	刑诉法学	19	8	2	1.10

被引次数最多的是宪法学学者张翔，共计516次，他同时也是在三大刊上发文篇数最多的学者，共计7篇。如果计算单篇被引次数，他也是最高的，有18.40次。国际法学学者何志鹏在CSSCI刊物、CSSCI法学类刊物上的发文篇数都是最多的，发文数分别为71篇和44篇，其被引次数排在第2位，共计210次。不过，这也意味着其单篇文章的被引次数比较低，只有2.96次。被引次数最少的是刑事诉讼法学者董坤，首先是因为其年龄最小，他是当选人中唯一的80后（出生于1982年）。但如前所述，终评委员会所可能考虑的更重要的因素是，其来自实务部门——最高人民检察院的检察理论研究所。在历史上，不是每届，但有多位来自实务部门的人士当选。即便如此，其与前几届实务部门当选人同期相比，还是有相当距离的。例如，顾培东（四川省体制改革委员会）、吕忠梅（湖北省高级人民法院）、蔡定剑（全国人大常委会）、江必新（最高人民法院）、景汉朝（河北省高级人民法院）、孔祥俊（最高人民法院）、虞政平（最高人民法院）（注：括号内标注的是当时的任职单位）。不过，乐见其将来有更大的进步空间。如果将表15-1中的9位当选人的被引次数与所有候选人的被引次数进行比较，还会有如下发现，如表15-2所示：

表15-2 被引次数排名前10位的第八届
全国十大杰出青年法学家候选人

名次	姓名	被引数	学校	学科	是否十大	是否提名
1	陈柏峰	670	中南财经政法大学	法理学	否	是
2	王迁	628	华东政法大学	知识产权法学	否	是
3	张翔	516	中国人民大学	宪法学	是	—
4	程啸	483	清华大学	民商法学	否	否
5	劳东燕	411	清华大学	刑法学	否	否
6	万毅	386	四川大学	刑事诉讼法学	否	否
7	蒋大兴	352	北京大学	经济法学	否	是
8	薛军	320	北京大学	民商法学	否	否
9	章志远	310	华东政法大学	行政法学	否	是
10	黄文艺	292	中央政法委员会	法理学	否	是

表15-2是根据中国法学会网站上公布的数据对所有120位候选人的被引次数进行了初步统计,囿于篇幅限制,这里只公布被引次数排在前10位的候选人的基本情况。被引次数排在前10位的候选人中,仅有1位入选十大杰出青年法学家(张翔)。不过,有5位获得十大杰出青年法学家提名奖(陈柏峰、王迁、蒋大兴、章志远、黄文艺),有4位未获得奖项。而没有在表15-2显示的被引次数排在前20位的候选人中,有4位入选十大杰出青年法学家(另3位是梁上上、何志鹏、谢鸿飞),同时有8位获得十大杰出青年法学家提名奖(另3位是何海波、冯玉军、廖永安),有8位未获得奖项。被引次数排在前30位的候选人中,有6位入选十大杰出青年法学家(另2位是汪海燕、蒋悟真),同时仍是只有8位获得十大杰出青年法学家提名奖,有16位未获得奖项。换句话说,有4位十大杰出青年法学家、12位十大杰出青年法学家提名奖获得者的被引次数排名是在30名以外。[15]但如前所述,十大杰出青年法学家的评选的标准本来就比较多元,发文数量、学科学校等因素

考虑得更多一些,因此,这里的引证分析只是提供了另一个视角。

三、从引证看法学各学科的实力分布

十大杰出青年法学家的数据显然还不能反映整个法学界45岁以下青年学者的学术状况。为此,本章又按照法学各个学科划分,对45岁以下的青年学者的被引次数进行了统计。

首先需要说明的是,法学的各个学科由于学科属性、人数规模等因素,对学者的被引次数的多少影响很大。学科划分的主要依据,是国务院学位委员会2005年修订的《授予博士、硕士学位和培养研究生的学科、专业目录》,法学二级学科包括:法学理论、法律史、宪法学与行政法学、行政法学、刑法学、民商法学(含:劳动法学、社会保障法学)、诉讼法学、经济法学、环境与资源保护法学、国际法学(含:国际公法、国际私法、国际经济法)。本章根据实际情况做了调整:例如,虽然宪法学与行政法学是一个学科,但从学科规模上来看,宪法学和行政法学是各自独立的;诉讼法学也相应分为刑事诉讼法学和民事诉讼法学;知识产权法学发展迅速,也相应从民商法学中分立出来统计;社会法学尚未形成规模,归入经济法学。最终本章所统计的各学科分别是:法学理论(即法理学)、法律史、宪法学、行政法学、刑法学、民商法学、知识产权法学、刑事诉讼法学、民事诉讼法学、经济法学(含社会法学)、环境法学、国际法学。

本章的统计工作是在2017年进行的,因此,45岁以下青年学者出生年份的统计,是从1972年算起。这样,70后中1970年和1971年出生的,就不在本章统计之内。这两年出生的学者,除本章前文提到过的十大杰出青年法学家和十大杰出青年法学家提名奖获得者以外,至少还有赵晓力(清华大学)、桑本谦(中国海洋大学)、王志强(复旦大学)、沈岿(北京大学)、葛云松(北京大学)、梅夏英(对外经济贸易大学)、李雨峰(西南政法大学)、应飞虎(深圳大学),等等,他

们在其各自学科内的被引次数也相当高。

候选人名单和出生年份的确定,主要依据中国法学创新网上公布的最近几年"各学科 CLSCI 论文数据分析"、中国法学创新网"新秀 100"介绍、各大法学院主页上的师资介绍,以及《第八届"全国十大杰出青年法学家"推荐候选人公示公告》,实际统计的人数有数百人。为了提高信息准确度,作者也向一些学科的学者进行了询问或核实。大致可以说,本章所公布的名单能够涵盖整个法学界 45 岁以下的青年学者,被遗漏的相对很少。

这些青年学者分组在哪些学科,主要是根据其在工作单位归属哪个学科。因为有不少人的文章横跨两个以上学科,例如,法理学和宪法学、宪法学和行政法学、环境法学和社会法学,或者是两个学科界限较难区分,例如,商法学和经济法学,因此,只能大致按照其现在所从教的学科来分组。

(一) 法学各学科的人数分布

由于统计规模数百人,原本计划的是公布前 10 位的各学科引证排名。不过初步统计之后发现一些学科的研究成果被引次数中,前 10 位中靠后的学者的引证数太少,公布的意义不大。最后决定按照研究成果被引次数超过 100 次来公布各学科的名单。在分析时,仍会涉及对研究成果被引次数仅在 100 次以下的青年学者,对相关学科的整体评价。此外,虽然所有的青年学者可以确定在 45 岁以下,但有相当一部分学者的出生年份并不能确定,因此,就没有公布出生年份。具体如下:

表 15-3　法理学青年学者的研究成果被引次数

名次	姓名	被引次数	学校
1	陈柏峰	670	中南财经政法大学
2	侯猛	216	北京大学
3	陈林林	189	浙江工商大学

(续表)

名次	姓名	被引次数	学校
4	凌斌	167	北京大学
5	封丽霞	124	中共中央党校
6	陈景辉	117	中国政法大学
7	谢海定	114	中国社会科学院
8	刘思达	113	多伦多大学

表15-4 宪法学青年学者的研究成果被引次数

名次	姓名	被引次数	学校
1	张翔	516	中国人民大学
2	郑戈	191	上海交通大学
3	翟小波	113	澳门大学
4	王锴	100	北京航空航天大学

表15-5 行政法学青年学者的研究成果被引次数

名次	姓名	被引次数	学校
1	章志远	310	华东政法大学
2	宋华琳	194	南开大学
3	戚建刚	180	中南财经政法大学
4	高秦伟	162	中央财经大学
5	王贵松	157	中国人民大学
6	金自宁	102	北京大学(国际法学院)
6	胡敏洁	102	浙江大学

表15-6 刑法学青年学者的研究成果被引次数

名次	姓名	被引次数	学校
1	于志刚	530	中国政法大学

(续表)

名次	姓名	被引次数	学校
2	劳东燕	411	清华大学
3	苏彩霞	171	中南财经政法大学
4	车浩	170	北京大学
5	杜宇	152	复旦大学
6	李立众	150	中国人民大学
7	付立庆	142	中国人民大学
8	姚建龙	125	上海政法学院
9	时延安	111	中国人民大学
10	姜涛	107	南京师范大学

表15-7 民商法学青年学者的研究成果被引次数

名次	姓名	被引次数	学校
1	王轶	574	中国人民大学
2	程啸	483	清华大学
3	薛军	320	北京大学
4	朱庆育	238	浙江大学
5	朱广新	221	中国社会科学院
6	谢鸿飞	208	中国社会科学院
7	常鹏翱	184	北京大学
8	许德风	178	北京大学
8	彭诚信	178	上海交通大学
10	王洪亮	157	清华大学
11	易军	151	中国政法大学
12	金可可	135	华东政法大学
13	周友军	129	北京航空航天大学
14	王竹	109	四川大学
15	张平华	101	烟台大学

表 15-8　知识产权法学青年学者的研究成果被引次数

名次	姓名	被引次数	学校
1	王迁	628	华东政法大学
2	李琛	295	中国人民大学
3	崔国斌	181	清华大学
4	梁志文	153	南京师范大学
5	熊琦	112	华中科技大学

表 15-9　刑事诉讼法学青年学者的研究成果被引次数

名次	姓名	被引次数	学校
1	万毅	386	四川大学
2	陈永生	250	北京大学
3	易延友	201	清华大学
4	吴宏耀	125	中国政法大学
5	汪海燕	120	中国政法大学

表 15-10　民事诉讼法学青年学者的研究成果被引次数

名次	姓名	被引次数	学校
1	廖永安	147	湘潭大学
2	吴泽勇	108	华东师范大学

表 15-11　经济法学(含社会法学)青年学者的研究成果被引次数

名次	姓名	被引次数	学校
1	罗培新	278	上海市人民政府
2	彭冰	212	北京大学
3	邓峰	183	北京大学
4	邢会强	146	中央财经大学
5	谢增毅	142	中国社会科学院

(续表)

名次	姓名	被引次数	学校
6	吴元元	128	西南财经大学
7	郭雳	118	北京大学
8	蒋悟真	117	浙江大学
9	杨东	104	中国人民大学

表15-12　环境法学青年学者的研究成果被引次数

名次	姓名	被引次数	学校
1	竺效	129	中国人民大学
2	秦天宝	114	武汉大学

表15-13　国际法学青年学者的研究成果被引次数

名次	姓名	被引次数	学校
1	郭树理	236	苏州大学
2	何志鹏	210	吉林大学
3	宋晓	125	南京大学

在整个法学二级学科中,研究成果被引次数超过100次的45岁以下的青年学者共有71位。其中,人数最多的学科是民商法学,有15位,其次是刑法学,有10位,经济法学(含社会法学)有9位,法理学有8位,行政法学有7位,知识产权法学和刑事诉讼法学各有5位,宪法学有4位,国际法学有3位,民事诉讼法学和环境法学各有2位。另有法律史1位(未制表)——俞江(华中科技大学),被引次数208次。

(二) 各法学院所的人数分布

如果按照各高校和科研机构进行区分,如表15-14所示:

表 15-14　各法学院所的青年学者分布(2 人以上)

学校	人数	学科分布及人数
北京大学	10	民商法学(3)、经济法学(含社会法学)(3)、法理学(2)、刑法学(1)、刑诉法学(1)
中国人民大学	9	刑法学(3)、宪法学(1)、行政法学(1)、民商法学(1)、知识产权法学(1)、经济法学(含社会法学)(1)、环境法学(1)
清华大学	5	民商法学(2)、刑法学(1)、知识产权法学(1)、刑事诉讼法学(1)
中国政法大学	5	刑事诉讼法学(2)、法理学(1)、刑法学(1)、民商法学(1)
中国社会科学院	4	民商法学(2)、法理学(1)、经济法学(含社会法学)(1)
中南财经政法	3	法理学(1)、行政法学(1)、刑法学(1)
华东政法大学	3	行政法学(1)、民商法学(1)、知识产权法学(1)
浙江大学	3	行政法学(1)、民商法学(1)、经济法学(含社会法学)(1)
上海交通大学	2	宪法学(1)、民商法学(1)
北京航空航天大学	2	宪法学(1)、民商法学(1)
中央财经大学	2	行政法学(1)、经济法学(含社会法学)(1)
四川大学	2	民商法学(1)、刑事诉讼法学(1)
南京师范大学	2	刑法学(1)、知识产权法学(1)
华中科技大学	2	法律史(1)、知识产权法学(1)

北京大学法学院的人数有 10 位,其中在民商法学、经济法学(含社会法学)的各有 3 位,在 5 个学科有分布。中国人民大学法学院的人数有 9 位,其中在刑法学的有 3 位,在 7 个学科都有分布。就此来看,中国人民大学法学院比北京大学法学院的学科发展更均衡一些。清华大学有 5 位,其中民商法学有 2 位。中国政法大学有 5 位,其中刑事诉讼法学有 2 位。中国社会科学院法学研究所有 4 位,其中民

商法学有 2 位。中南财经政法大学、华东政法大学、浙江大学各有 3 位。上海交通大学、北京航空航天大学、中央财经大学、四川大学、南京师范大学、华中科技大学各有 2 位。除此之外,中共中央党校、浙江工商大学、多伦多大学、澳门大学、南开大学、北京大学(国际法学院)、复旦大学、上海政法学院、烟台大学、湘潭大学、华东师范大学、西南财经大学、武汉大学、苏州大学、吉林大学、华南理工大学、南京大学、上海市人民政府法制办公室各有 1 位。虽然上述数据并不能反映中国法学的整体实力格局,但至少能够反映出青年学者的实力分布趋势。

青年学者在全国各大法学院所的实力分布,也是伴随着青年学者的流动而形成的。这些学者中有不少是从外单位调入,从而增强了该法学院所的学科布局实力。这里所讲的"调入",并不包括从外校获得博士或博士后出站进入本校。近 10 年来,从外单位调入现在单位的学者至少有如下 19 位(依学科顺序),这还不包括传闻中正在流动的学者:

侯猛是从对外经济贸易大学调入北京大学,陈林林是从浙江大学调入浙江工商大学,俞江是从华东政法大学调入华中科技大学,郑戈是从香港大学调入上海交通大学,章志远是从苏州大学调入华东政法大学,胡敏洁是从南京大学调入浙江大学,李立众是从苏州大学调入中国人民大学,姚建龙是从华东政法大学调入上海政法学院,姜涛是从江苏大学调入南京师范大学,朱庆育是从中国政法大学调入浙江大学,朱广新是从中国法学会调入中国社会科学院,常鹏翱是从中国社会科学院调入北京大学,彭诚信是从吉林大学调入上海交通大学,梁志文是从华南师范大学调入南京师范大学,熊琦是从中南财经政法大学调入华中科技大学,万毅是从上海交通大学调入四川大学,吴泽勇是从河南大学调入华东师范大学,蒋悟真是从江西财经大学调入浙江大学,郭树理是从湘潭大学调入苏州大学。这从一个侧面说明,学者流动,特别是青年学者的流动,有助法学院的学科建设和学术实力的增强。其中最明显的是浙江大学,3 位青年学者(胡敏洁、朱庆育、蒋悟真)全部是从外单位调入,但已调走2位。[16]

四、进一步地分析

(一)被引的类型:论文,还是专著型教科书

初步的调查发现,有相当多学者的单篇或某几篇论文的被引次数要远远多于自己发表的其他多数论文。例如,刑法学青年学者中总被引次数第2位的劳东燕,其被引次数最多的作品是论文——《公共政策与风险社会的刑法》[17],被引次数为105次。民商法学青年学者中总被引次数最多的王轶,其被引次数最多的作品是论文——《民法价值判断问题的实体性论证规则》[18],被引次数为85次。法理学青年学者谢海定,其被引次数最多的作品也是论文——《中国民间组织的合法性困境》[19],被引次数为68次。而且,一个非常明显的趋势是,这些青年学者发表的论文中被引次数最多的,大部分发表在《中国社会科学》《法学研究》或《中国法学》,而未发表在其他法学核心期刊上。

也有不少学者被引次数最多的是专著型教科书。例如,知识产权法学青年学者中总被引次数最多的王迁,其被引次数最多的作品是其独著的教科书《知识产权教程》[20],该书已经出到第四版,被引次数为111次。民商法学青年学者中总被引次数第2位的程啸,其被引次数最多的作品也是其独著的教科书《侵权责任法》[21],被引次数为69次。民商法学青年学者中总被引次数第4位的朱庆育,其被引次数最多的作品也是其独著的教科书《民法总论》[22],被引次数为80次。值得注意的是,在青年学者中,主编教科书的现象极少,因此,几乎没有被引次数。个人专著往往也不如专著型教科书被引次数多。大致来说,总的趋势是论文的被引次数要多于教科书,也多于专著。

(二) 多学科研究的引证优势

在法学所有二级学科的青年学者中,研究成果总被引次数最多的学者是陈柏峰,有 670 次,而其他多数青年学者的研究成果总被引次数在 100~300 次。陈柏峰出生于 1980 年,也是少有的几位 80 后之一[23],进入法学界也比大部分青年学者晚几年。那么,其被引次数最多的原因何在? 简单的统计发现,他被引次数最多的 5 篇论文,分别发表在《社会学研究》(52 次)、《法学研究》(41 次)、《中国土地科学》(26 次)、《中外法学》(24 次)、《中国农村观察》(23 次)[24],而其他被引次数较多的论文,除了发表在其他法学类期刊,还发表在其他社会学、政治学的期刊。其论文的主题大多是社会重大问题或热点问题,除了可以归属法学,还属于社会学、政治学等领域。从被引证的情况来看,他的论文被法学论文引证的次数不少,但被社会学等学科论文引证的次数要多于被法学论文引证的次数。

这说明陈柏峰在法学、社会学两个一级学科都有学术影响力。严格来说,他这是多学科研究,而不是跨学科研究。跨学科研究常常关注两个学科之间的"空隙",或者问题较小或者方法特殊,经常难以得到两个学科的同时认可,甚至是一个学科的认可。例如,在法学院做的法律社会学研究,对社会学的影响就比较小,甚至有时也难以得到法学的认可。而在法学院做偏定量的法律实证研究,其被引次数就更少。除陈柏峰以外,对法学以外的学科有学术影响力的青年学者还有王迁,他的研究成果总被引次数排在第 2 位,为 628 次。他的著述除被法学类期刊引证以外,还比较多地被新闻学、传播学、图书馆学、经济学、体育学类期刊上发表的论文所引证。

(三) 法学各学科的引证差异

与陈柏峰、王迁的论文较多被法学以外的学科文章引证完全不同,民商法学,特别是传统民法学,以及刑法学,由于研究规模较大,已经形成了完整的相对封闭的知识体系,因此,民法学者和刑法学者的论文,大量被本学科论文引证的情形十分常见。[25]例如,刑法学者劳东燕被引次数最多的论文,就是被其刑法学同行所引证。值得注意的是,法学内部各学科之间互引的现象也越来越普遍。例如,民商法学者王轶、许德风,宪法学者张翔被引次数最多的论文,一半甚至更多是被法学其他学科引用。这反映出他们研究问题具有超越特定部门法的特点,说明目前法学内部之间也存在跨学科研究的现象。

法律史和国际法这两门学科,则走向了另一个极端。国际法学包括国际公法学、国际私法学和国际经济法学,研究人数规模并不小,但被引次数超过100次的只有3位。而这3位情况又比较特殊。例如,排名第一的郭树理,主要从事体育法,包括国际体育法研究,其著述较多被体育学类期刊上发表的论文所引证。排名第二的何志鹏,主要通过在CSSCI上发表大量论文,提高被引次数,是以量取胜。而排名第三的宋晓,虽然主要做国际私法研究,但同时也进行司法制度研究,这方面著述被引次数不少,从而提高了总被引次数。而研究成果被引次数在90次左右的学者,目前只找到国际经济法学的廖凡(中国社会科学院)。如此看来,国际法学实际上并没有形成中文引证规模。可能的原因包括:国际法学在国内法学核心期刊发表中文论文相对困难,发表总量少;国际法学者比较多地偏好用外文写作发表;即使用中文写作,引证文献也主要是外文,没有形成引证中文的传统。

法律史学科,包括中国法律史和外国法律史,只有一位青年学者的研究成果被引次数超过100次。可能的原因包括:第一,与国际法学情况类似,国内法学核心期刊比较少发法律史的论文。第二,法律史研究范围极为广泛,主题过于分散。第三,法律史研究受到国内史学写作的影响,更强调引用原始资料,主要靠典籍和历史档案,而不甚注重引用已有研究成果——所谓二手文献的引证。因此,也就难以形成引证群体。以中国法律史为例,李启成(北京大学)、80后的尤陈俊(中国人民大学)、邓建鹏(中央民族大学)的研究成果被引次数超过 80 次,而研究成果被引次数超过 30 次的其他学者目前也只查到 2 位。第四,法律史学者不仅较少互相引证,而且群体规模也有萎缩趋势。不仅年龄断档明显,甚至有的学者已经转行从事部门法的研究了。

从青年学者的研究成果被引次数来看,民事诉讼法学比刑事诉讼法学的整体实力要弱不少。研究成果被引次数超过 100 次的青年学者,刑事诉讼法学有 5 位,而民事诉讼法学只有 2 位。除廖永安、吴泽勇以外,段文波(西南政法大学)、陈杭平(清华大学)和霍海红(吉林大学)三位排名靠前,但他们的研究成果被引次数也没有超过 50 次。相比之下,民事诉讼法学上一代的知名学者的研究成果被引次数明显多于青年学者。或许是他们更有机会在法学核心期刊上发表论文,影响到青年学者的发表,进而影响了他们的被引次数?法学的其他学科也存在类似问题,可能民事诉讼法学的情况更为突出。但不论怎样,可以说青年一代的学术引证群体还没有形成规模。

学术引证群体难以形成规模的学科,还有经济法学。经济法学看似研究人数众多,但学科的几大板块,包括经济法总论、竞争法、财税法、金融法、劳动和社会保障法、企业公司法,彼此之间的知识联系较弱,因此互相引证比较少。即使在金融法学科内部,银行法、证券法、保险法、信托法、票据法的研究也相对独立,知识之间的相互引证也比较少。这样也就不难理解,为何经济法学的人数规模并不比民商法学小,但名单中青年学者人数和其研究成果被引次数却都要少于民商法学。这是因为民商法学已经形成了坚硬的知识体系,学科内部之间的互引更有可能,因而也就更多。

宪法学比法理学、行政法学的整体实力弱不少。法理学有 8 位青年学者的研究成果被引次数超过 100 次。研究成果被引次数在 80 次左右及以上的,至少还有焦宝乾(浙江大学)、80 后的雷磊(中国政法大学)、胡水君(中国社会科学院)、王启梁(云南大学)、魏胜强(郑州大学)、80 后的方乐(南京师范大学)6 位青年学者。行政法学有 7 位青年学者的研究成果被引次数超过 100 次。研究成果被引次数在

80次以上的,至少还有郑春燕(浙江大学)、李洪雷(中国社会科学院)2位青年学者。宪法学只有4位青年学者的研究成果被引次数超过100次。其中郑戈虽是上海交通大学宪法学科的教授,但长期研究西方法律思想史和法理学,近年来才转入香港基本法和宪法研究。而翟小波已经调入澳门大学,现在与大陆地区宪法学界鲜有联系。研究成果被引次数在80次以上的其他宪法青年学者目前还没找到,多数学者的研究成果被引证次数在50次及以下。退一步来说,如果以三大刊篇数计算,准80后(1979年)李忠夏(山东大学)独立发表3篇文章,已经少见,算是宪法学界的实力青年。类似的,另一位准80后,法理学的周尚君(西南政法大学)在三大刊上也独立发表3篇文章,虽然被引证次数只有50次,但也可以算是法理学界的实力青年。

(四)"长江后浪推前浪"?——70后与50后的比较

上述统计了45岁以下青年学者的研究成果被引次数,是同年龄段的横向比较。他们大部分是70后,少部分是80初。这看上去似乎不错。但如果纵向比较,和上一辈知名学者的研究成果被引次数相比,这之间的差距还是相当大的。有些即使假以时日,也未必赶得上。由于知名学者范围太广,为了便于精确比较,本章选取历年的青年长江学者与长江特聘教授的研究成果被引次数进行直观比较。青年长江学者的评选始于2015年,目前共有17位;长江特聘教授的评选始于2004年,年龄一般限定在55岁以下,评选年龄与青年长江学者相差10岁左右,目前共有32位。如表15-15所示,其中法学的二级学科内填写的特聘教授和青年长江学者的先后顺序,大致是按照评选时间从前往后排的。因此,在本学科排在首位的,也是最早评上的。当然,还有少数是同年评上的。还需要说明的是,学科差异会导致不同学科的被引次数悬殊。但探究具体每个学者被引次数差异背后的原因,并非本章讨论的重点。重点还是从整体上将70后与50后进行比较。

表 15-15　长江特聘教授与青年长江学者的研究成果被引次数(次)

学科	长江特聘教授			青年长江学者		
	姓名	学校	被引次数	姓名	学校	被引次数
法理学	苏力	北京大学	4332	陈柏峰	中南财经政法	670
	季卫东	上海交通大学	2359			
	孙笑侠	复旦大学	1274			
	汪习根	武汉大学	310			
	张志铭	中国人民大学	554			
	姚建宗	吉林大学	426			
法律史	徐忠明	中山大学	327			
宪法学与行政法学	韩大元	中国人民大学	1414			
	叶必丰	上海交通大学	749			
	周佑勇	东南大学	566			
	秦前红	武汉大学	329			
刑法学	陈兴良	北京大学	5671	车浩	北京大学	170
	赵秉志	北京师范大学	3389	劳东燕	清华大学	411
	张明楷	清华大学	6687			
	于志刚	中国政法大学	530			
	刘艳红	东南大学	504			
	周光权	清华大学	1106			
民商法学	王利明	中国人民大学	8223	常鹏翱	北京大学	184
	赵旭东	中国政法大学	511	蔡立东	吉林大学	186
	张新宝	中国人民大学	1879	张红	中南财经政法	91
	崔建远	清华大学	1889	周江洪	浙江大学	94
	龙卫球	北京航空航天大学	529	王迁	华东政法大学	628
	王轶	中国人民大学	574			
经济法学	杨松	辽宁大学	74	杨东	中国人民大学	104
	张守文	北京大学	879	蒋大兴	北京大学	352

(续表)

学科	长江特聘教授			青年长江学者		
	姓名	学校	被引次数	姓名	学校	被引次数
环境法学				郑少华	上海财经大学	191
				秦天宝	武汉大学	114
刑事诉讼法学	陈卫东	中国人民大学	1143	栗峥	中国政法大学	71
	陈瑞华	北京大学	2876	胡铭	浙江大学	78
	左卫民	四川大学	911			
国际法学	曾令良	武汉大学	502	何其生	武汉大学	67
	易显河	武汉大学	19	何志鹏	吉林大学	210
	肖永平	武汉大学	407	蔡从燕	厦门大学	79
	蒋新苗	湖南师范大学	55			

在表15-15中,青年长江学者的年龄分布绝大部分是70后、80初,长江特聘教授的年龄分布大部分是50后、60初,但也有几位是70后。特别是50后、60初的长江特聘教授,很多人的研究成果被引次数有数千次。例如,民法学的王利明有8223次,刑法学的张明楷、陈兴良、赵秉志分别有6687次、5671次、3389次,法理学的苏力和季卫东分别有4332次和2359次,刑事诉讼法学的65后陈瑞华有2876次。相比之下,青年长江学者的研究成果被引次数最高是670次,在300~700次的有4位,100~300次的有7位,100次以下的有6位。就整体而言,差距相当明显。

但随着时间的变化,青年长江学者有没有可能超过长江特聘教授?或者说,青年学者有没有可能超过知名学者?就目前来看,研究成果被引次数的世代交替的趋势还不够明显。主要分析依据是,通过CSSCI数据库可以制作每位学者研究成果的被引年代的数据,即每年被引次数,这样就可以看到每位学者的研究成果历年被引次数的变化趋势。本章受篇幅和工作量所限,没有为每位学者列出历年被引次数趋势图。但大致简单检索就可以发现,这些50后、60初的长江特聘教授,多数仍维持高被引次数,研究成果被引次数没有明显下降的趋势。这种状况估计还会持续至少10年。这也意味着,青年长江学者的研究成果被引次数即使持续增长,但10年内追上那些高被引次数的长江特聘教授的可能性也不大。

本章同时也发现,个别长江特聘教授,包括青年长江学者的研究成果被引次数,在最近几年已经有明显下降的趋势。这说明他的学术影响力在下降,也可能与其已经具备足够知名度或评上教授或获得很多奖项后,不再专注做学术研究有关。

(五)"江山代有才人出"!——70后与80后的比较

包括青年长江学者在内的这一代青年学者,大部分都是70后,少部分是80初。70后与50后相比,整体学术训练要更好。但70后与80后,特别是85后相比,虽有优势,但劣势也比较明显。例如,统计发现,部分70后的青年学者以第一作者身份发表合作论文的情形并不少见。这些合作论文,由他们真正执笔的可能性存疑。也有个别青年学者过于看重在法学核心期刊,甚至三大刊上发表论文,其中一些论文主题并不特别冷僻,但几年过去,被引次数仍为0次。侧面说明论文质量也许并没有那么好。

目前,80后,特别是85后已经全面进入法学界。即使是85后,今年也已经30岁出头了。他们在学术上大多还是崭露头角,需要先在CSSCI上发表一批高质量的论文,而论文要被比较多地引证需要相当长的时间,存在滞后效应。法学不像自然科学,如果论文在二三年内不被引证就会过时,而是时间越长,引用才会越多,才会形成引证波峰。例如,宪法学青年学者中,研究成果总被引次数最多的张翔,其被引次数最多的作品是论文《基本权利的双重性质》[26],被引次数为69次。他今年41岁,而发表该论文时只有29岁。

80后的学术训练整体上要好过70后,其实力不可小觑。例如,法理学的戴昕(中国海洋大学),法律史的于明(华东政法大学),刑法学的陈璇(中国人民大学),民商法学的黄忠(西南政法大学)、朱虎(中国人民大学),经济法学的缪因知(中央财经大学)、冯辉(对外经济贸易大学),刑事诉讼法学的林喜芬(上海交通大学),研究互联网法的胡凌(上海财经大学)。而民商法学的贺剑(北京大学)和法律史的赖骏楠(上海交通大学),则可以视为85后学术水准的代表。大致可以预见,虽然目前法学界的主力军是70后,但再过10到15年左右的时间,80后,包括85后的研究成果被引次数将会赶超70后。至少会持平,个别学科还会超越。这正所谓"江山代有才人出,各领风骚十数年"。

最后还要重申,研究成果被引次数最多,并不代表该学者的实力最强。特别是分属不同学科,该学科的知识属性、人数规模以及研究问题的大小,对被引次数都有很大影响。这也就不难理解学界为何对引证存有诸多批评[27],但不论怎样,每年全国从事法学研究活动人员成千上万[28],自己撰写的法学论文能够被500多种CSSCI期刊上的论文引用,次数再少,也是对学者写作的一种认可。本章也是在认可的前提下进行写作,以学术的眼光加以讨论,肯定比较片面,也有不少疏漏,真心欢迎指正,更欢迎善意的学术批评。

或许更重要的,本章做法学引证分析,也是希望以此推动学术规范化和评价科学化的讨论。例如,学术写作应从梳理已有文献开始,引证应以必要为限;中国法学界的学术评价不能只停留在数文章篇数,哪怕是三大刊篇数的阶段。文章篇数当然很重要,但引证和同行口碑也是必不可少。这样一种现代多元的学术评价标准,也是在形塑新型的学术"卡里斯玛"。[29]本章的写作,就是在展示法学界的新一代的学术卡里斯玛。这是通过引证来呈现青年一代的研究能力、整体活力和世代更替程度,以此勾勒出当代中国法学的实力格局。效果是否达到,已非作者所能掌控,这只有交给读者——你们来评判了!

注释

[1] 参见徐爱国:《论中国法理学的"死亡"》,载《中国法律评论》2016年第2期。

〔2〕参见苏力:《从法学著述引证看中国法学:中国法学研究现状考察之二》,载《中国法学》2003年第2期。

〔3〕参见〔法〕P.波丢:《人:学术者》,王作虹译,贵州人民出版社2006年版。波丢即布迪厄,后者是国内通行译法。

〔4〕See Richard A. Posner, *Cardozo: A Study in Reputation,* University Of Chicago Press, 1993.

〔5〕参见张巍:《"海龟"比"土鳖"跑得更快吗?——针对中国一流法学院师资学术表现的一个计量研究》,载《光华法学》第四辑,法律出版社2009年版,第13—28页。

〔6〕参见成凡:《从竞争看引证:对当代中国法学论文引证外部学科知识的调查分析》,载《中国社会科学》2005年第2期。

〔7〕参见左卫民:《从引证看中国刑事诉讼法学研究》,载《法学研究》2013年第5期。

〔8〕参见程金华:《当代中国的法律实证研究》,载《中国法学》2015年第6期。

〔9〕参见侯猛:《CSSCI法学期刊:谁更有知识影响力?》,载《北大法律评论》第10卷第2辑,北京大学出版社2009年版,第546—562页。

〔10〕参见侯猛:《判决书对民事司法解释的引证》,载苏力主编:《法律和社会科学》第三卷,法律出版社2008年版,第176—192页。

〔11〕See Brian Z. Tamanaha, *Failing Law Schools,* The University of Chicago Press, 2012, pp. 57-58.

〔12〕参见郭旨龙:《谁是中国法学高影响论文作者:中国知网最新H指数的探索研究》,载苏力主编:《法律和社会科学》第14卷第1辑,法律出版社2015年版,第219—248页。

〔13〕参见《关于做好2017年度"长江学者奖励计划"人选推荐工作的通知》(教人司〔2017〕228号)。

〔14〕本表统计的刊物发文的数量,是以标注独著和第一作者为准,没有统计第二作者的发文数量。

〔15〕其中有1位候选人提名奖获得者,目前也是某法学院院长,他的被引次数只有6次。在中国法学会研究部CLSCL的16种法学核心期刊中也只发表过2篇论文。只能说他所在的学科实在太冷!

〔16〕截至2023年9月,最新的任职变化:侯猛、陈景辉现任教于中国人民

大学,刘思达现任教于香港大学,张翔现任教于北京大学,高秦伟现任教于中山大学,金自宁现任教于北京大学(法学院),姚建龙现任职于上海市社会科学院,姜涛现任教于华东政法大学,朱庆育现任教于南京大学,罗培新现任教于华东政法大学,蒋悟真现任教于华南理工大学。

〔17〕劳东燕:《公共政策与风险社会的刑法》,载《中国社会科学》2007年第3期。

〔18〕王轶:《民法价值判断问题的实体性论证规则:以中国民法学的学术实践为背景》,载《中国社会科学》2004年第6期。

〔19〕谢海定:《中国民间组织的合法性困境》,载《法学研究》2004年第2期。

〔20〕王迁:《知识产权法教程》,中国人民大学出版社2007年版。

〔21〕程啸:《侵权责任法》,法律出版社2011年版。

〔22〕朱庆育:《民法总论》,北京大学出版社2013年版。

〔23〕其他几位80后还有:刘思达、王竹、熊琦。

〔24〕陈柏峰:《代际关系变动与老年人自杀:对湖北京山农村的实证研究》,载《社会学研究》2009年第4期;陈柏峰:《土地发展权的理论基础与制度前景》,载《法学研究》2012年第4期;陈柏峰:《农村宅基地限制交易的正当性》,载《中国土地科学》2007年第4期;陈柏峰:《无理上访与基层法治》,载《中外法学》2011年第2期;陈柏峰:《土地流转对农民阶层分化的影响:基于湖北省京山县调研的分析》,载《中国农村观察》2009年第4期。

〔25〕同前注6。

〔26〕张翔:《基本权利的双重性质》,载《法学研究》2005年第3期。

〔27〕参见仲伟民:《关于人文社会科学学术评价的几个问题:从学术评价的实质性标准谈起》,载《学术界》2014年第7期。

〔28〕估计在8000~10000人。根据教育部2012年全国综合院校人文、社会科学研究活动人员情况表的统计,全国综合院校法学学科的研究活动人员总数为22052人,政法院校总数为5322人。但这里的法学是法学大类,还包括政治学类、社会学类、马克思主义理论类、公安学类。保守估计,法学类的研究人数占到法学大类的30%~40%。数据来源参见黄进主编:《中国法学教育状况(2012)》,中国政法大学出版社2016年版,第3—5页。

〔29〕参见〔美〕威廉·克拉克:《象牙塔的变迁:学术卡里斯玛与研究性大学的起源》,徐震宇译,商务印书馆2013年版。

第十六章　精英法学院向何处去

近年来,国内法学院院系竞争激烈。特别是在各种排名和评比中,各大法学院系都力图争取更好的资源。但什么才是一个好的法学院的标准呢？教育部学位与研究生教育发展中心建立了学科评估指标体系,对各大院系法学学科进行排名。而各大法学院系则围绕评估指标来调整自己的学科建设。但也有法学院未能及时调整策略,导致名次下滑。例如,对外经济贸易大学法学院(简称"贸大法学院"),从2009年的第12位跌至2012年的第17位。[1]

排名的变化,并不会给这所知名法学院带来直接的冲击。我更感兴趣的是,这所法学院在没有进行学科评估之前是靠什么知名的,而在评估指标体系的指引下将又如何实现转型。

选择这所法学院作为研究样本,有三个原因:第一,是因为本人曾经在此服务6年(2007—2013年),对这所法学院更为熟悉。我在服务期间,已经着手规划研究该院形成的历史,并做了初步的访谈工作。第二,更重要的原因是,贸大法学院在国内法学院系中的地位。一直以来,贸大法学院可以称得上是国内的精英法学院。所谓精英法学院,最简化的标准就是所在大学是否是国家重点大学,以及高考录取分数线,精英法学院或者说就是一流法学院。法学教育应该分工,精英法学院应该成为真正的精英。而区分精英法学院与非精英法学院的标准,如何美欢所言,最理想的办法是由法学院自主。但既然已经存在着一些"重点"大学,它们理所当然地成为精英,否则就不能使它们得到的优待合理化。[2]当然,国内所谓的一流法学院能否提供名副其实的精英教育还很难讲。但至少形式上精英教育的获得与否,越来越成为成就社会精英的关键。[3]对外经济贸易大学是国家重点大学,在20世纪90年代还曾一度成为高考状元云集的高校,至今高考录取分数线一直很高,在北京,仅次于北大、清华和人大。而且,贸大法学院的毕业生也长期受到用人单位的青睐,收入和社会地位相对都比较高。第三,我之所以有兴趣研究该院的形成历史,恰恰是觉得该院与国内其他知名综合性大学法学院、专门的政法大学有所不同。长期以来,贸大法学院是以国际法学,这一个专业而知名。但由于现有的评估标准是对法学院进行全方位衡量,会涉及所有二级学科,那么,作为一所以国际法学见长的法学院,如何转型就更值得观察和思考。

一、因何知名

不同于传统的"五院四系"(即北京政法学院、西南政法学院、中南政法学院、华东政法学院、西北政法学院,中国人民大学法律系、北京大学法律系、吉林大学法律系、武汉大学法律系)有较长的历史,贸大法学院的历史只能追溯至20世纪70年代后期。但它在1984年即获得了国际法学博士授予权,而当时全国具有法学博士授予权的单位不过6所(其他5所分别是北京大学、中国社会科学院法学研究所、武汉大学、中国人民大学、中国政法大学)。在当时既没有学术梯队,也没有科研论文产出,贸大法学院凭借的就是一己之力——法学院的奠基人——沈达明的学术地位。

沈达明教授是在民国时期读的大学,掌握几门外语,曾留学德国和法国,获得巴黎大学法学博士。他曾经在位于重庆的朝阳学院法律系、安徽大学、上海震旦大学等大学教授法律课程。沈教授于1951年到中国对外贸易部工作,1953年到北京对外贸易学院继续从事教学(主要是法语教学)工作。直至"文化大革命"结束,才重拾法学专业。他因应学校的对外贸易专业特色,成立了对外贸易法律教研室,开设了国际商法课程,编写了《国际商法》教科书。

他一生投身法学教育事业,著述不断,86岁时还登台给博士生上课。[4]

但沈达明教授更多的是一个学者,而不是一个教育家。若要把一个学科、学院建立起来,还需要一个有力的合作者,那就是冯大同教授。冯大同比沈达明小20岁,毕业于中华人民共和国成立以后的北京大学法律系。冯大同毕业后来到对外经济贸易大学的前身北京外贸学院,实际上他是由沈达明带出来的。沈冯两位密切合作,共同奠定了贸大法学院的学术基业。冯大同长期担任对外经济贸易大学法学院的前身——国际经济法系主任,负责行政事务,而沈达明则是学术指导,引导专业方向。在学术上,两位先生在20世纪80年代初所主编或编著的《国际商法》教材,累计发行百万册,影响很大。在编教材过程中,两人角色互补,沈先生负责提供思路和材料,冯先生则负责材料加工、整合和润色。总的来说,沈先生长于学术,冯先生则善于教学。冯先生在系务上投入大量精力,培养了相当多的法律人才。特别在涉外法律事务行业中,有很多贸大法学院的毕业生,这为贸大法学院积累了声誉。

学术必须有传承。沈达明、冯大同两位培养的学生有一些曾留校任教,典型的如早期的高西庆,留校后赴美国杜克大学法学院读书,以后转做实务,最后在中国投资有限责任公司总经理的职位上退休。另外,也有外校毕业来校任教的,接续国际商法的传统,典型的如沈四宝教授。沈四宝毕业于北大法律系,与年长其10余岁的冯大同,都受业于芮沐教授。沈四宝后来接替冯大同担任系主任,以及后来的法学院院长。在其带领下,贸大法学院在2002年获得国际法学专业国家重点学科,后来又成立了专业学会——中国法学会国际经济法学研究会,并由其担任会长至今。

由于贸大法学院逐渐形成了国际商法的强势传统,在相当长的时期,对于所有外校毕业的来校任教的老师而言,除上好本专业的课程以外,还得上与国际商法相关的专业课。这些教师经过多年的历练,也成为相关学科的骨干。例如,王军教授来校之前是外国法制史专业,现在除仍担任这门课主讲教师之外,更多的专业领域集中在比较侵权法和合同法。黄勇教授除了主讲经济法课程,研究专长是反垄断法,并成立了竞争法研究中心,担任相关立法的咨询专家。鲍禄教授除了主讲法理学课程,研究专长是欧盟法。这种"双肩挑"的特点,比较接近于美国法学院,与国内多数法学院强调"专业槽"模式不太相同。[5]

二、传统的利弊

贸大法学院长期形成的国际商法传统,用一门课支撑了一个学科、一个专业、一个法学院。这是贸大法学院独特的历史经验,与多数精英法学院的发展有很大不同。

沈、冯两位,以及还有早期参与课程建设的赵宏勋、梁仁洁教授,当初开设"国际商法"课程的主要目的是满足国际贸易专业的课程需求。即便发展到今天,"国际商法"仍是全校规模较大的公共课,以及国际贸易和国际工商管理专业的必修课,每学期都有很大的教学工作量,需要更多师资。这也提供了让不少新进教师出于各种考虑跨专业讲授这门课的机会,强化了他们对于贸大法学院特色专业的认同。同时,从国际商法这门课,又逐渐分出很多单独的课程。例如,国际贸易法、公司法、国际货物买卖法、三资企业法、对外贸易法、比较合同法、票据法、国际商事仲裁、信托法、产品责任法,等等。有些课程在其他法学院系很少开设,因此这也成了贸大法学院的特色课程。也正是在课程建设的基础上,国际法学科和国际经济法专业逐渐建立起来。2006年,贸大法学院获得民商法学博士点,其中商事部分的研究力量,亦来自国际商法师资的分流。而后,法学院拥有了国际法学博士后流动站和法学一级学科博士授予权。按照沈四宝的设想,贸大法学院的发展要"以点带面",用国际商法学科的发展带动整个法学院的发展。[6]

但问题在于,国际商法严格说来并非一门学科。它早期发展是为了满足对外贸易专业教学需要,其内容涉及公司、合同、货物买卖、信托、仲裁等,既有外国法和比较法的讨论,又有国际法的分析。因此,国际商法知识体系具有杂糅的特点,很难归入国际法学学科。贸大法学院最终是在国际经济法的专业框架下,来容纳国际商法的。

这导致出现的一个问题就是,贸大法学院虽然具有国际法学的博士点和国家重点学科,但国际法的三个分支学科,除国际经济法勉强算作强项之外,贸大法学院的国际公法和国际私法都相当弱,发展很不平衡。另一个问题可能更为突出。国际商法知识体系的杂糅性,本身就反映出它的务实特色:不是为了学术建构,而是为了解释具体法律问题。这种务实导向不仅影响到学生,也影响到老师。老师们重视教学,重视操作,但不太重视科研。就目前学术导向的评价体系来说,贸大法学院显然是落在了后面。[7] 由于科研水平是判断法学院实力的重要标准,导致贸大法学院在国内的地位有所下降。例如,1984 年,贸大法学院拥有国际法博士点时,全国只有 6 所大学拥有法学博士点,而在 2007 年,全国拥有法学一级博士点学科的大学有 12 所,但其中没有贸大法学院。而在 2011 年新一轮"增列博士和硕士学位授予一级学科"中增设了 22 个法学一级博士点学科,贸大法学院虽然名列其中,但全国拥有法学一级博士点学科的大学已经有 34 所。

贸大法学院虽然形成了务实传统,但学术传统还没有形成,因此利弊都很明显。好处是,贸大法学院培养了大量以国际化和职业化为导向的法律人才。这也是贸大法学院能够称得上精英法学院的重要指标。国际化的基本要求是英语好,而职业化的基本要求是动手能力强。在这种目标的指引下,贸大法学院的学生的英语课时量很大,差不多是北大学生的三倍左右。贸大法学院目前能够开出的全英文课程差不多有 20 门。贸大法学院还开设了很多法律实务类的课程,例如,国际商事仲裁、法律谈判、模拟法庭,等等;还有不少以判例法为特色的课程,例如,英美合同法、英美财产法、公司融资法、比较破产法,等等。

贸大法学院培养的学生以从事法律实务为主,特别是从事涉外法律业务。贸大法学院在20世纪90年代创办了自己的律师事务所,主攻国内外商事仲裁和诉讼;同时更多的学生服务于涉外法律服务行业。在相当长的时期,北京的"外资所"(外国律师事务所驻华代表机构)一直是由北大和贸大两校毕业生所主导。这与早期贸大法学院率先培养涉外法律人才有关,也形成了传帮带效应。但既有口碑也有负面评论,总体的意见认为,贸大毕业生上手快,熟悉案件操作流程,但分析问题的能力不够。北大毕业生则是相反。但近年来,清华毕业生进"外资所"的比例有所增加。坊间认为重要的推手是何美欢教授。她在清华法学院开设普通法精要课程,培养了不少优秀的法律人。

更严重的弊端是,贸大法学院培养的学术人才较少,这多少影响到贸大法学院的学术声誉。我的初步调查显示,近30年来,贸大法学院的本科毕业生继续深造后,至今没有一位在其他知名法学院任教。同时,尽管沈达明先生在1985年开始即可带博士生,但他在很长时间内并没有招生,直至20世纪90年代中期以后才开始较多地带师资博士生。所谓师资博士生,多是为本院师资培养,除此之外,博士毕业生在知名法学院任教的几乎没有。约在2000年前后,法学博士生也开始扩招。贸大法学院招收了不少在职博士生,而全脱产的博士生很少。这些在职博士生除本校师资以外,大多是来自法律实务部门,因此,他们其中大部分在博士毕业以后,也并不会从事学术工作。直到最近两年,全脱产的博士生的比例才有较大增加。

三、挑战与转型

归纳来说,与其他精英法学院相比,贸大法学院形成了自己的传统。这主要表现在:务实的传统,强调具体法律问题的解决;比较法的传统,擅长比较分析各国法律制度;英美法的传统,注重判例法研习与讨论;国际商法的传统,关注国际商事法律领域的最新进展;国际化的传统,注重培养国际化、职业化的法律人才。

但其面临的挑战仍不可小觑,包括市场需求、教学和科研。[8]但目前贸大法学院面临的核心问题是科研水平。这不仅体现在撰写、发表论文,也体现在编书、写书方面。在论文方面,出现一个较为奇怪的现象,在法学院内部,在重要刊物上发表论文比较多的老师往往是非国际商法专业的。另一方面,编书、写书是贸大法学院长期形成的传统。沈达明、冯大同最早是靠编书出名,特别是沈达明在1980年以后,与他人合著、独著作品达23部。法学院至今无人能够超越。[9]但现在编书的质量实际上是在下降,很少人能够全部使用第一手资料,使用二手资料的人的比重越来越大。

其次,中国的比较法的教学与研究市场,总体上在衰落。改革开放初期,不仅外文资料缺乏,而且外语水平整体比较低,因此,编写比较法教材或著作会有很大市场。而如今,原版图书的获取更加容易,学生直接阅读原文的能力大为提升。无论是编译中文,还是选编英文文献,质量上较难保证,而且也很容易被贴上"二道贩子"的标签。贸大法学院如果不为了适应这一变化而加以改革,就会影响其学术声誉。

再次,贸大法学院虽然是以外国法,特别是英美法教学见长,但容易与中国法教学产生冲突。学生们常常感觉到学到外国法有余,反而学习中国法不足。但实际上,随着国家开放程度提升,越来越多的学生可以通过出国学习外国法。这样贸大法学院原有外国法教学模式也会受到挑战。如果中国法教学也难以得到加强,很有可能沦为纯粹的留美预科学校。

当前中国法学院系竞争激烈,法学教育甚至呈现泡沫化趋势。[10]贸大法学院必须保持特色,避免同质化,这样才能占有一席之地。所谓保持特色,就是要合理布局法学的二级学科。在巩固现有重点学科国际法学和民商法学的同时,优先发展经济法学、诉讼法学和法理学学科。在培育这些学科过程中,应突出特色研究方向。例如,国际法学重点发展国际经济法,特别是国际贸易法、国际投资法;民商法学突出比较民商法特色,重点发展公司法和证券法;经济法学重点发展反垄断法和金融法;诉讼法学重点发展仲裁法;法理学重点发展法律经济学和欧盟法。这样的学科布局避免了面面俱到,从而能够在诸多精英法学院中找准定位。

但这样的学科布局不仅仅是教学需要,更需要从科研角度考虑来重新组织。贸大法学院要有大的提升,必须在这些学科,而不是所有学科上强化师资科研水平。但目前这些学科的师资多数是为了满足教学需要,在科研能力上是较为欠缺的。如果要在现有状况上加以改进,就需要经常性地举办讨论会,例如,工作坊(workshop)和"席明纳"(seminar),通过打破学科界限进行学术交流,从而形成研究氛围。同时,对于现有师资,应当在研究方向上加以引导,形成研究群体,这样才能在研究点上有突破。根本性的变革,还是要针对学科布局引入有实力的学者。一个人可以撑起一个学科,通过一个学者带动整个学科的发展,本身就是贸大法学院发展的经验。更进一步,法学院还应形成学术辐射力。通过知名学者的努力,既要培养自己的学生,同时也需要联合国内的同行学者,展开深入学术交流与合作,形成无形学院。[11]

实际上,贸大法学院这几年已经有所改革,加大了海外师资和科研师资的引进数量。例如,除引进从德国、日本、意大利知名大学毕业的博士以外,还引进了三位获得美国法律科学博士(S.J.D)的教师,以及一位美籍常任教师。而依照 CLSCI 公布的全国科研单位法学论文发表数排名,贸大法学院也已经从 2010 年的第 28 位上升至 2013 年的第 17 位。但贸大法学院要有大的跨越,成为名副其实的精英法学院,还应着手以下几方面改革。

第一,发展跨学科法律研究,特别是法律经济学研究。贸大法学院注重英美法的教学和研究,而英美法传统也是跨学科法律研究传统。这与欧陆法国家重视法条分析,发展注释法学或法教义学,不太重视跨学科法律的研究有很大不同。法律经济学在法律全球化的今天,应用十分广泛。贸大的优势学科是国际贸易和工商管理,开展法律经济学研究既有天然优势,也有客观必要。当然正如何美欢所指出的:"中国现时的法学教员和学生的教育背景意味着我们不能预期在最近的将来进行具规模的跨学科的研究。但是,如果我们不能产生跨学科的研究,我们至少应该能够运用美国已生产的大量跨学科研究的成果。"[12]

开展跨学科法律研究与判例法研究并不冲突。因为,不论法官或立法者从哪一个途径得到结论,他必须以司法或立法语言表述他的结论及理由。希望他们的决定被适用或解构,他们就必须掌握这种语言。[13]因此,对于贸大法学院这样注重英美法的学院,如果能够再发展跨学科法律研究,两方面同时用力,就能够形成自己的学术传统。与国内其他精英法学院相比,特色将更为鲜明。这样的法学院既能够进行职业训练,又可以进行职业批判,能够成为真正的一流法学院。[14]

第二,加强国际法律和各国法律的动态研究和制度研究。所谓动态研究,就是研究团队能够及时了解教学和研究中最新的法律政策,迅速回应各类国际法律热点和难点问题。虽然中国的开放程度比以前更高了,但奇怪的是国际法律问题研究水平未见有大的提升。特别是出现重大国际问题时,学界往往难以及时有效地加以回应。贸大法学院有一定的基础,但有必要建立研究团队,深化研究领域,不仅要研究国际法律动态,也要研究各国法律动态。研究各国法律动态的主要目的,就是为我所用。一方面进行基础研究,另一方面进行重大对策研究,并且培养出能够有效服务国家对外交往事业的高水平学生,这就是贸大法学院成为精英法学院的标志。

所谓制度研究,主要侧重"法律与发展"(law and development)的研究。"法律与发展"研究是在经济全球化和法律全球化的背景下兴起的,主要研究法律对经济发展的影响。贸大法学院如果将国际法和外国法研究与"法律与发展"研究相结合,就能够凸显自己的比较优势。在具体操作层面上,不论是动态研究还是制度研究,都可以与实务部门,如商务部或知名律师事务所开展合作,例如收集讯息,针对特定群体创办法律动态周刊或半月刊,等等。

第三,推广中国的普通法教育。贸大法学院多年来形成了编译英美法案例的传统[15],开设了不少英美法课程,但多是传授知识,而对于方法的运用则较少。这让学生有时会有一种英文案例课变成法律翻译课的感觉。由于中国与英美法系国家的经济贸易往来越来越多,对于普通法的需求也更为强烈,因此,有必要大力推广普通法教育。但在中国的普通法教育,不应只是简单复制国外的普通法教学,而是应该针对中国的需要加以调整,目的是与英美法系国家打交道。因此,中国的普通法教育必须办出自己的特色,并与现有制定法教育相互融合。[16]目前,包括北大、清华、人大法学院在内,不少学校在师资引进、课程设置上都开始注重普通法教育。贸大法学院有此基础,今后应当开设更为细致的普通法系列课程,这样培养出来的法律人才才会更有市场,才有竞争力。

归纳来说,本章虽然研究的是个案,但对于这一个案进行细致分析以后,就不难发现,贸大法学院所面临的问题,与国内众多法学院系面临的问题既有共性,也有差异。总的来说,法学教育必须与法律职业相衔接,开拓法律职业教育的现实进路。

我不太认为法学教育规模已超出市场接纳能力。[17]更本质的问题在于法学教育的市场细分不够,没有区分精英法学院和非精英法学院办学的差异化,导致教育产出与职业需求严重背离。美国的法律学术更为活跃,更有活力,最主要原因之一就是美国有一个真正高智慧、高水平的律师队伍,有一个繁荣的法律职业的市场。因此,法学教育和学术要想走向市场,就要了解客户的需求,根据客户的需求来生产。[18]但美国的法学教育实际上也在衰落[19],虽然中国法学院所面临的问题有所不同,但也必须未雨绸缪。当务之急就是法学教育要有效区分,精英法学院和非精英法学院应当因应不同的市场需求,加以策略性地调整自己的发展战略[20],发挥自己的比较优势,避免同质化。

注释

〔1〕在2023年前后公布的第五轮学科评估中,贸大法学院的名次持续下滑,已经成为 B$^+$。

〔2〕参见何美欢等:《理想的专业法学教育》,中国政法大学出版社2011年版,第27页。

〔3〕参见梁晨、张浩、李中清等:《无声的革命:北京大学、苏州大学学生社会来源研究,1949—2002》,生活·读书·新知三联书店2013年版,第241—256页。

〔4〕参见沈四宝:《法律的真谛是实践:沈四宝教授作品集》,法律出版社2008年版,第65页。

〔5〕法学界较早提出"专业槽"概念的是陈兴良教授。他主张建立学科专业槽,走专业主义道路。因此,一个学者在没有受到专业训练的情况下,不应随意跨界教学和研究。参见陈兴良:《刑法哲学》(修订三版),中国政法大学出版社1997年版,第701页。

〔6〕同前注4,第46页。

〔7〕例如,依照 CLSCI 公布的 2010 年全国科研单位法学论文发表数排名,贸大仅排名第28位。这与其知名法学院的地位有很大落差。

〔8〕关于中国法学教育面临挑战的分析,参见苏力:《当代中国法学教育的挑战与机遇》,载《法学》2006年第2期。

〔9〕不少专著,在国内仍至为罕见。例如,沈达明编著:《国际金融法上的次级债权》,对外经济贸易大学出版社2002年版。

〔10〕参见明克胜:《中国法学教育的潮起潮落》,载苏力主编:《法律和社会科学》第13卷第1辑,法律出版社2014年版,第117—157页。

〔11〕无形学院是非组织化的学术共同体。无形学院对于统一研究领域和为领域提供凝聚力和方向是有帮助的。参见〔美〕黛安娜·克兰:《无形学院:知识在科学共同体的扩散》,刘珺珺、顾昕、王德禄译,华夏出版社1988年版,第129页。

〔12〕何美欢:《论当代中国的普通法教育》,中国政法大学出版社2005年版,第58页。

〔13〕同上注,第153页。

〔14〕参见冯象:《法学院向何处去》,载冯象:《政法笔记》,江苏人民出版社

2004年版,第239页。

〔15〕例如,沈四宝、王军编著:《国际商法教学案例(英文)选编(第二版)》,法律出版社2007年版,以及由对外经济贸易大学出版社出版的"英美法案例精选丛书英文版"。

〔16〕普通法教育与制定法教育融合的参照典范,当推牛津大学法学教育。牛津法学教育传统上以教会法和罗马法为主,直到18世纪以后才开始引入普通法教育。参见〔英〕F. H. 劳森:《圣殿:1850年至1965年的牛津法学教育》,黎敏译,法律出版社2010年版。

〔17〕参见杨力:《法学教育的职业主义路线修正》,载苏力主编:《法律和社会科学》第13卷第1辑,法律出版社2014年版,第83—116页。

〔18〕参见苏力:《法学院与律所》,载苏力:《走不出的风景:大学里的致辞,以及修辞》,北京大学出版社2011年版,第177页。

〔19〕See Brian Z. Tamanaha, *Failing Law Schools*, The University of Chicago Press, 2012.

〔20〕参见王晨光:《中国法学教育的结构失调及对策》,载《法制日报》2008年6月1日,第9版。

第十七章　法理学：局内人的知识社会学观察

通常,当提到"法理学"这个词的时候,很多人就会将其与一系列的学说和人物联系在一起。例如,自然法学、分析法学或法律实证主义、社会学法学或法律现实主义,以及奥斯丁、凯尔森、哈特、富勒、德沃金、波斯纳,甚至博登海默[1],等等[2]。如果再加上一个限定词——"当代中国"的法理学,那么能够联想到的有代表性的人物,就有沈宗灵、孙国华、张光博、张文显、朱景文、季卫东、朱苏力、徐显明、李林、梁治平、夏勇、邓正来、张志铭、舒国滢、郑永流,以及更年轻一代的法理学者,等等。正是这些学者推动了法理学知识体系的形成和研究范式的转变。

我就是要做这样一种知识社会学的观察,关注法理学知识形成的过程,而不是法理学的知识本身。因此本章不会去讨论法理学是什么或应当是什么,也不会去讨论法理学的基本范畴。实际上,当代中国法理学的历史,就是由那些法理学者共同塑造的,因此也不会有唯一正确的法理学定义和知识体系。

作为一个局内人,我也能够进行这样一种知识社会学的梳理。我在1994年读本科一年级时学习了法理学课程,而后硕士和博士均就读法理学专业,后来又从事法理学的教学和研究,迄今为止已经近30年。通过历史记忆和阅读文献的补充,就可以将时间再往前追溯,对改革开放以来40年的法理学的变化进行概述。

既然本章的讨论空间是中国,时间是晚近40年,特别是我进入法学院以来,那么对于法理学的讨论就不是抽象的知识讨论,而是从我的经历入手,分别从学习体会、教学经验和研究偏好三个方面展开,然后对当代中国法理学进行整体性反思。

一、学习的体会

包括我在内的大部分法学本科生,上的第一门专业课就是"法理学"。在20世纪90年代,政法院校中盛行的法理学教材是卢云主编的《法学基础理论》,这是司法部法学教材编辑部编审的高等政法院校规划教材之一。"法学基础理论"就是"法理学"[3],这在当时是一种比较普遍的认识,但这个名称现在连提都不提了。这是因为大家普遍认同"法理学"应与"jurisprudence"同义,是高级理论而不是给低年级学生介绍法学的基本概念和基础知识。

然而,对于低年级学生来说,即使是介绍法学的基本概念和基础知识,最大的困惑仍是难以理解那些抽象的内容。这种感觉很像是学习高中阶段的政治课,这可能也与教材的结构安排有关。仍以卢云主编的《法学基础理论》为例,该书分为三编二十章。其中第一、二、三章的标题分别是法的概念、法的历史发展、剥削阶级法,之后十七章的标题全部冠以"社会主义":社会主义法的产生,社会主义法的本质,社会主义法的功能和作用,社会主义法的价值,社会主义法律文化,社会主义法制,社会主义立法,社会主义法的渊源,社会主义法律规范,社会主义法律体系,社会主义法律关系,社会主义执法,社会主义守法,社会主义司法,社会主义法的效力,法律解释和类推、社会主义法律监督和社会主义法的实现。这种结构安排大致上是以历史唯物主义的社会发展的不同阶段为标准的。虽然有关意识形态的强调非常有必要,但在语词上处处标榜社会主义反而显得庸俗化,无助于法学基本问题的深入讨论。

但20多年过去,之后编写的很多法理学教材就像钟摆一样,又走到了另一个极端。法理学教材整体上去意识形态化,国家理论基本上被剔除在外。法理学变成没有国家的法理学,走向了"纯粹法理学"。

目前本科生的法理学课程名称已经统一称为"法理学",但按照教育部公布的学科目录,硕士和博士专业名称却是"法学理论"。不过在口头表达上,一般也约定俗成将"法学理论"称为"法理学"。法理学专业的主干课一般包括:法哲学、比较法学、法社会学(法律和社会科学)、立法学、西方法理学、马克思主义法理学,等等。各个学校又会根据自己的学科优势进行调整。例如,中国政法大学的学科特色是法学方法论、西北政法大学的学科特色是西方马克思主义法理学、西南政法大学的学科特色是经典理论、南京师范大学的学科特色是法治现代化理论、上海交通大学和中南财经政法大学的学科特色是法社会学,而清华大学独立设置了比较法学专业。

虽然各个学校的法理学发展各具特色,但学界有一个潜在共识是存在"主流法理学"。所谓主流法理学,实际上是与法理学教材的内容相匹配。也就是说,只要是研究法理学教材中的概念、逻辑、范畴和知识体系,那就是主流法理学。进入主流法理学的,就意味着能够更多参与话语支配和资源分配。按照这样的标准,尽管的我硕士和博士专业均为法理学,但并不被认同属于主流法理学之列。

童之伟教授是我硕士阶段的导师。他是公认的宪法学者,少有人知道他在20世纪90年代后期曾担任中南政法学院法理学科的带头人。在那一时期,他写了一系列文章批评当时盛行的权利义务法理学,在学界轰动一时。[4] 他认为法律上最重要的现象是权利和权力,最基本的矛盾是权利与权力的矛盾,而不是权利与义务的矛盾。他同时借用中国人误译的马克思的"法权"(德文 Recht,应译为权利或法)概念并赋予新的内涵——法权是法律上权利和权力的总和,建立起法权理论。童之伟主要将宪法学上的一对基石范畴——权利与权力——引入法理学的讨论,这对权利义务法理学构成了较大冲击力,但在法理学界的接受度并不高。不过从学术训练而言,这让我养成了对主流或盛行的法理学说持有怀疑主义的态度。

尽管硕士阶段令我养成怀疑态度,但我仍会坚持法理学的基本价值和知识体系的存在。然而,在博士阶段,我的研究方向转为法律社会学,同时还受到后现代主义、解构主义的影响,感觉对原有法理学的认知造成了较大的冲击。苏力教授作为法理学界的一个"异类"学者,影响了我的观念。苏力刷新了法学界已有的研究范式和问题意识,倡导法学的交叉学科研究,并将法学基本问题带到中国语境中加以讨论。[5]他关心的不是法律语词,而是法律语词背后的历史变化和因果关系。我虽然没有走苏力那样剑走偏锋、独树一帜的学术道路,但也没有回归做法理学的传统命题,而是做中国司法制度的经验研究。这样,也就与主流或传统的法理学研究拉开了一定距离。

大致来说,站在学生的立场上,多数学生会认为"法理学"这门课比较枯燥和抽象,不似部门法学比较有趣和容易理解。这本身就值得法理学者在讲授内容、方式和时间安排上加以反思。同时,随着部门法学专业的兴起,法理学专业已经不似20世纪80年代那样比较热门,质量较高、愿意报考并且有志学术的学生也越来越少。当然,法理学的学科建制还在,研究规模仍然很大。法理学在整个法学资源分配格局中仍占据重要分量,因此对选择法理学教学研究的学生仍有一定吸引力。

二、教学的感受

站在教师的立场上,如何讲授"法理学"这门课要另费一番思量。法理学的讲授内容和方式,受到不同学校、课时量、学期安排、授课对象等因素的制约,因而也会影响到教材的编写。例如,就授课对象来说,给本科生上"法理学"应注重基本概念和知识体系,而给研究生上"法理学"应更侧重专题讨论。但对给本科生授课来说,更大的影响来自学期安排和学校差别。

就学期安排来说,不少学校将"法理学"一分为二,分别在两个不同学期讲授。大致的内容分配是,在本科低年级阶段,主要讲授法学基本概念和基础知识,例如,法律规范、法律渊源、法律分类、法律效力、法律关系、法律程序、法律责任、立法、执法、司法、守法,等等。在本科高年级阶段,主要讲授法律推理、法律论证、法律解释、法律价值、法治、法学学说与流派,以及法律与其他现象之间的关系。这样的安排,一方面需要与宪法学、民法学和刑法学等部门法学的安排相匹配,另一方面也能够起到引导学生对法理学进行兴趣分流的作用。

就不同学校来说,法理学的讲授差别可能就更大了。我曾在对外经济贸易大学法学院和北京大学法学院任教,有切身体会。对外经济贸易大学既不是政法类高校也不是综合性大学,法学院的国家重点学科是国际经济法,并且教研优势集中在国际商法。因此,在给本科生讲授"法理学"时,一方面就会考虑讲授内容应具有一定通识性,不需要突出讲授者个人观点。这样,教材选取的是张文显主编的《法理学》,目前已经出到第五版。[6]该教材的优点是面面俱到,便于学生迅速把握知识要点。缺点是面面俱到,撰稿人有23位之多,而且来自不同单位,在一定程度上牺牲了知识结构的内在逻辑同一性。另一方面,根据对外经济贸易大学侧重涉外法律和律师实务的特点,对"法理学"的讲授内容也会有所调整和突出。如,会多花若干个课时讲授两大法系、法律发展和法律全球化、法律职业,等等。

而在北京大学法学院讲授"法理学"就大不相同。北大法学院本身就以理论见长,法理学是国家重点学科。该学科是老一辈法学家陈守一、张宏生、沈宗灵等开创起来,并由周旺生、朱苏力、张骐、强世功等继续发扬的。在教材使用上,不用张文显主编的《法理学》红皮书,甚至也不用沈宗灵主编的《法理学》红皮书。[7]北大是进行法理学知识生产的地方,每位老师都有自己的知识创造,使用自己编写的法理学讲义。因此,每位老师讲授"法理学"的内容和方式都不一样,甚至有特别大的差别。

北大的"法理学"课程并没有像一些学校那样一分为二。这门课目前是在本科一年级第二学期开设,4学分,每周2次,共有17周。我也是因此将课程体系分为六编十七讲。即第一编是理解与理论(观察角度、观察立场、知识训练);第二编是法律的规则(规则、法系、权利);第三编是法律的价值(法治、民主、自由);第四编是法律的情境(时空与人口、社会转型、政党政治);第五编是法律的适用(法律职业、法律程序、法律解释);第六编是法律的研究方法(后果导向、跨学科方法)。这样的课程体系,不同于沈宗灵主编的《法理学》的四编体例(法的一般原理,依法治国、建设社会主义法治国家,法的制定,法的实施和监督)。这也不同于张文显主编的《法理学》的六编体例(法理学导论、法理学基本概念、法的起源和发展、法的运行、法的价值、法治与法治中国)。

该课程体系的核心内容是第二编至第五编。主要是基于如下认识:法律人应当学会将蕴含价值的法律规范适用于特定的社会情境(事实)之中。这一认识包括了价值、规范、适用和情境四个关键词,从而构成课程体系四编的主体内容。第六编专门讲授法律的研究方法,主要的考虑是大部分上这门课的学生,以后也不太会选修相关跨学科法律课程,因此,可以在此做概括介绍。同时,考虑到北大偏好理论、崇尚学术的传统,课程讲授除第一编专门讨论"理解与理论"以外,还要求学生掌握四位核心人物的著述,并撰写四篇读书笔记,即哈特的《法律的概念》[8]、富勒的《洞穴奇案》[9]、密尔(穆勒)的《论自由》[10]和科斯的《社会成本问题》[11]。这四位人物分别代表法律实证主义、自然法学、自由主义和法律经济学。有学生将其编为十六字口诀:左手科斯、右手哈特,心怀密尔、头顶富勒。这正好也概括出法理学的四个基本面向。

在教学过程中,老师们常常遇到法理学与部门法课程如何衔接的问题。法理学讲授的有些内容是与其他课程重复的,有些甚至是错误的。例如,法理学关于法律行为的表述,基本上得不到民法学界的认同。此外,有些老师基于自己的知识偏好,也会忽略一些法学基本概念和基本知识的讲授。这直接导致之后有些部门法学老师还得给学生补习这些基本概念和基本知识。

在教学过程中,还会遇到法理学讲授知识与国家统一法律职业资格考试的考点内容冲突的问题。[12]很多老师的讲授内容以及法理学通用教材的内容,与法律职业考试中法理学相关内容的观点并非一致,甚至差异较大。大部分在校生都会报考法律职业考试,因此,是否有必要围绕法律职业考试来调整法理学的课程讲授呢?实际上如果按照法律职业考试的思路来讲授法理学,有时效果更好,更受学生欢迎。大致来说,法律职业考试对普通法学院的讲授构成冲击,但对知名法学院的教学影响似乎并不大。

三、研究的心得

作为二级学科的法理学,有若干个三级学科或研究方向,例如,立法学、比较法学、法律社会学,等等。这里主要讨论我的研究方向——法律社会学——的发展变化。

法律社会学主要研究法律与社会之间的关系,也被认为是传统西方法理学三大学术流派之一。不过,近年来出现了有关法学学科自主性的讨论,包括法律社会学在内的法学与其他学科的交叉研究被排除在正宗法学之外。定义之争的背后实际上是知识话语权之争。就知识分类来看,如果将法律社会学成功驱逐出法理学的领地,带来的直接后果就是知识—权力资源的重新配置。反过来看,也是一样的道理。中国法律社会学者越来越多,但法律社会学研究会迟迟难以成立。由此可见,法律社会学是否归属法理学,在中国并不是一个纯粹的理论命题,而是与资源和利益分配密切相关。

关于晚近几十年法律社会学的发展变化,已经有比较好的归纳。[13] 此处主要交代一下我自己所做的法律社会学研究和所推动的学术组织工作,也可以从一个侧面透视晚近十多年来法律社会学的发展过程。我所做的法律社会学研究主要分为两大部分:第一部分是政法和司法社会学,主要分析党的政法委员会和中国政法体制的运作过程,分析法院,特别是最高人民法院的功能和影响。第二部分是法学的知识社会学,主要对中国法学研究状况和法学教育状况进行经验研究。由于之前对政法和司法社会学的研究情况已经有所交代[14],以下主要介绍我是如何做法学的知识社会学研究的。

大致来说,已经形成的法学的知识社会学研究主要有以下四个方面。这些也就是本书的第十三、十四、十五、十六章的内容:(1)学科研究。研究以法理学学科为例,我提出了法理学的概念用于混乱、知识老化和知识更新缓慢的问题。同时回过头再看,今天的法理学的教材体系实际上在20世纪80年代的时候就已经确立。目前做的一些研究基本上是属于修修补补,并没有根本上的革新。(2)期刊研究。研究法学核心即CSSCI期刊中谁更有学术影响力,测算的标准既不是引证总数也不是影响因子,而是相互引证次数。如果A刊引用B刊次数多,那么B刊就比A刊更有影响。这样也就能够反映出法学期刊的影响力和风格定位。(3)学者研究。通过对45岁以下法学各学科学者的引证分析,指出目前只数文章篇数的学术评价存在弊端,应注意引证数和同行评价。同时,通过引证也可以发现法学不同学科的差异:民法、刑法始终是大学科,其引证往往以本专业内相互引证为主;环境法、法律史、国际法的引证,由于种种原因并不理想。(4)学院研究。法学院是法学教育的基本单元,但并不需要统一的标准的发展模式。研究以对外经济贸易大学法学院为个案,提出了评价标准同质化的问题。研究指出,对于不同法学院来说,应当差异化发展,找准自己的特色和优势,这样才能在法学院的竞争中脱颖而出。

晚近十多年来,我也参与推动了法律的社会科学研究的发展。法律的社会科学研究又称社科法学,旨在运用社会科学方法来分析法律问题。2006年,《法律和社会科学》创刊,目前一年出版1卷2辑,并在2014年成为CSSCI来源集刊。以集刊为依托,海内外相关学者在2013年成立了"社科法学连线"这样一个学术共同体。在此前后,也进行了举办一系列的法律和社会科学年会、开展社科法学研习营、研习社科法学系列读本等活动。

目前国内社科法学研究主要呈现三分格局,即法律社会学(人类学)、法律经济学、法律与认知科学。虽然这三个领域各有特性,但也有一些共性,构成社科法学研究的基本范式。一是强调经验研究。这要求做田野调查或实证分析,关注法律在社会生活中的作用。二是注重因果关系的解释。不是或主要不是对法律进行规范分析,也不是对法律进行价值判断,而是对法律的实施和制定过程进行描述,解释产生的原因和可能后果。三是强调社会情境的重要性。对具有普适意义的法律基本价值和基本概念,都应嵌入具体的政治经济和文化条件中去理解。既不能片面否定普适主义,也不能脱离中国实际。

社科法学与法教义学之间的争论,是法学界的关注热点。这以2014年5月底在中南财经政法大学举办的"社科法学与法教义学的对话"研讨会为重要标志。2016年9月,我在上海交通大学举办的中国首届法社会学年会上,曾以"社科法学VS.法教义学:一场误会"为题发言加以说明,这里再重述当时的基本看法。

简洁明了的"社科法学"名称,主要是基于与法教义学对话的需要。经过一轮讨论后,我发现社科法学与法教义学在中国能够深入对话的空间,实际上比较有限。这两个领域分别源于美国的实用主义、经验主义的传统,德国的理性主义、形而上学、体系化的传统。它们是两种不同的知识类型,分属不同的话语体系,具有一定的不可通约性。只有德国式的法社会学,才可以与法教义学进行真正对话。因为德国法社会学也深受体系化的影响,例如卢曼强调社会系统与法律系统的关系,更为注重法律的社会理论的建构。而中国的社科法学总体上是反体系化的,是注重经验,特别是具体经验的。

当然,站在社科法学的立场上来看,社科法学与法教义学的对话,不论有没有最终结论,其意义在于通过对话去了解法教义学,反思社科法学可能存在的问题。这就如费孝通所讲的"我看人看我"[15]。因此,社科法学与法教义学之间可以对话,而不需要对抗,存在知识竞争,但更需要知识交流与合作。

通过这场争论,也让我对社科法学整体上有了新认识,即社科法学存在三个基本研究层次:第一是宏观社会的层次,社科法学可以帮助进行法律的制定、改革方案的顶层设计。第二是微观互动的层次，社科法学关注特定制度的制定和运作过程。例如，布迪厄提出司法场域的概念，就可以分析法官、律师和当事人在司法裁判中的权力关系和互动过程。[16]第三是微观个体的层次，主要研究法官如何在具体案件中进行裁判。法教义学侧重讨论法官如何进行法律适用，但社科法学也可以帮助法官运用社会科学进行决策判断。特别是在社会越来越复杂的今天，法官不仅需要理性判断，也需要社会科学判断。最佳的判断是两者的结合，这也就意味着法教义学与社会科学需要合作，而且需要深度合作。

总的来说，在知识类型上，社科法学与法教义学两者没有高下之分，可以各做各的，可以相互欣赏，也可以相互批评。两者都要面对中国司法实践，针对中国的司法实践给出中国答案。就法教义学而言，当面对司法个案时，德国的法学通说在中国法院裁判中如何可能转化使用？[17]特别是实体法与程序法的法学通说能不能保持有机统一？对于社科法学而言，常常受批评的是无原则的结果导向破坏形式法治。那么，能否将结果导向再向前推进一步，将结果分析变成社会科学分析？

这样看来，不论是法教义学还是社科法学，在司法裁判中都试图坚持法律与政治的分开。这与自然法学、政法法学以价值观念、意识形态为讨论重点不同。在这个意义上，法教义学与社科法学共识要大于分歧。因此可以说，社科法学与法教义学的争论是一场误会。两者之间的争论，其实反映的是中国法学界知识的代际更新。[18]两者完全可以携手，共同为中国法学的知识增长作出贡献。

四、知识的反思

但法教义学与社科法学之间的争论，并不能理解为是法理学界内部之争。社科法学与法教义学的对话，其实主要是与部门法学者的对话。因为只有部门法学者才做具体的法教义学的研究,法理学者只是做关于法教义学方法,即法学方法论的研究。因此,社科法学的研究要有所推进,也必须要与部门法的研究相结合。

社科法学也好,法学方法论也好,都构成了改革开放以来中国法理学发展的重要组成部分。实际上,作为三级学科的比较法学、立法学、法社会学均已形成规模,成立了专门的研究会。做自然法研究的学者,也形成了初具规模的学术群体。因此可以说的是,中国法理学经历了规模不断扩大,知识不断分化的过程。

这里,我们讨论的是中国法理学的发展,而不是对法理学进行语词分析和纯粹抽象。因此,在当下的历史语境中,不存在一个独立的、排他的法理学概念和法理学的知识体系。实际上,即使是西方法理学,至少还有基本的三大流派——自然法学派、分析法学派、社会学法学派。它们都被认为是 Jurisprudence。

虽然中国法理学内部各个领域的专业化程度越来越高,对国外法学理论的介绍和运用更为娴熟,但作为学术研究的马克思主义法理学却有逐渐衰落的趋势。在 20 世纪 80 年代和 90 年代,李光灿、孙国华、张光博、吕世伦、黎国智等老一辈法理学者都以研究马克思主义法理学而著称。[19] 中国人民大学、西南政法大学、西北政法大学、南京师范大学等高校是马克思主义法理学的研究重镇。而现在专门研究马克思主义法理学的年轻学者越来越少。这与法学院越来越少的马克思主义知识传授有直接关系。未来需要通过学科建设,让更多年轻学者加入马克思主义法理学的专门研究之中。

如果说在改革开放初期,中国法学包括法理学需要从政治意识形态中独立出来才能有更大发展,那么在今天是需要在学术上重新审视和回归马克思主义的时候了。面对复杂多样的中国法治,我们需要重温马克思《共产党宣言》中的阶级分析[20],重温、理解恩格斯《家庭、私有制和国家的起源》和列宁《国家与革命》中法的起源和国家的作用[21],需要重温马克思《哥达纲领批判》中所言的"权利永远不能超出社会的经济结构以及由经济结构所制约的社会的文化发展"[22]。

同时也需要重温毛泽东的《中国社会各阶级分析》和《关于正确处理人民内部矛盾的问题》等重要文献。[23]特别是关于两类矛盾——敌我矛盾和人民内部矛盾——的划分和处理,这仍是指导今天进行国家治理和法治实践的基本原则。而当代的中国特色社会主义理论和实践,实际上也是中国法学继续发展不可绕过,也必须重视的政治现实。因此,未来有必要加强西方马克思主义、中国特色社会主义在内的马克思主义法理学的研究。

注释

〔1〕博登海默在西方法理学界的影响有限,但由于其著作早在20世纪80年代就被翻译成中文,因此在中国法学界的名气很大。参见〔美〕E. 博登海默:《法理学:法哲学及其方法》,邓正来、姬敬武译,华夏出版社1987年版。

〔2〕有关现代法理学的学说归纳总结,可以参见沈宗灵:《现代西方法理学》,北京大学出版社1992年版;於兴中:《法理学前沿》,中国民主法制出版社2014年版。

〔3〕参见卢云主编:《法学基础理论(修订本)》,中国政法大学出版社1999年版,第5页。该教材这样写道:"法理学,即法学基础理论,与西方的法哲学同义。"

〔4〕例如,童之伟:《论法理学的更新》,载《法学研究》1998年第6期,第3—20页;童之伟:《再论法理学的更新》,载《法学研究》1999年第2期,第3—21页。

〔5〕参见苏力:《法治及其本土资源》,中国政法大学出版社1996年版。

〔6〕参见张文显主编:《法理学》(第五版),高等教育出版社2018年版。

〔7〕参见沈宗灵主编:《法理学》(第三版),北京大学出版社2009年版。

〔8〕参见〔英〕哈特:《法律的概念(第三版)》,许家馨、李冠宜译,法律出版社2018年版。

〔9〕参见Lon L. Fuller, The Case of the Speluncean Explorers, *Harvard Law Review*, Vol. 62, No. 4, 1949, pp. 616-645。中文译著参见〔美〕萨伯:《洞穴奇案》,陈福勇、张世泰译,生活·读书·新知三联书店2009年版。

〔10〕参见〔英〕约翰·穆勒:《论自由》,孟凡礼译,广西师范大学出版社2011年版。

〔11〕See R. H. Coase, The Problem of Social Cost, *the Journal of Law and Economics,* Vol. 3, 1960.

〔12〕司法部制定有包括法理学考点在内的《国家统一法律职业资格考试大纲》和辅导用书。参见中华人民共和国司法部制定:《2018 年国家统一法律职业资格考试大纲》,法律出版社 2018 年版。

〔13〕例如,强世功:《中国法律社会学的困境与出路》,载《文化纵横》2013年第 5 期;刘思达:《中国法律社会学的历史与反思》,载苏力主编:《法律和社会科学》第 7 卷,法律出版社 2010 年版,第 25—37 页。

〔14〕参见侯猛:《法院经验研究的回顾与体会》,载王启梁、张剑源主编:《法律的经验研究:方法与应用》(修订本),北京大学出版社 2016 年版,第 187—204 页。

〔15〕参见费孝通:《我看人看我》,载《读书》1983 年第 3 期,第 99—103 页。

〔16〕参见〔法〕布迪厄:《法律的力量:迈向司法场域的社会学》,强世功译,载《北大法律评论》第 2 卷第 2 辑,法律出版社 2000 年版,第 496—545 页。

〔17〕有关法学通说的讨论,参见黄卉:《法学通说与法学方法:基于法条主义的立场》,中国法制出版社 2015 年版。

〔18〕参见尤陈俊:《社科法学的成长与发展》,载《南开法律评论》第 10 辑,南开大学出版社 2015 年版,第 6—12 页。

〔19〕例如,李光灿、吕世伦主编:《马克思、恩格斯法律思想史》(修订版),法律出版社 2001 年版。

〔20〕参见〔德〕马克思、〔德〕恩格斯:《共产党宣言》,人民出版社 2014 年版。

〔21〕参见〔德〕恩格斯:《家庭、私有制和国家的起源》,人民出版社 2003 年版;〔苏联〕列宁:《国家与革命》,人民出版社 2001 年版。

〔22〕参见〔德〕马克思:《哥达纲领批判》,人民出版社 2015 年版。

〔23〕参见毛泽东:《中国社会各阶级的分析》,载《毛泽东选集》(第一卷),人民出版社 1991 年版,第 3—11 页;毛泽东:《关于正确处理人民内部矛盾的问题》,载《毛泽东文集》(第七卷),人民出版社 1999 年版,第 204—245 页。

代结语 塑造法社会科学的研究传统

社科法学(法社会科学)与法教义学是当代中国法学研究的两大主要流派。[1]但从学科建设的角度来看,与法教义学相比,社科法学没有形成知识体系,也缺少总体规划,没有多少资源投入。从这个意义上来说,社科法学的发展前景并不容乐观。本人结合自己的观察和体会,来谈谈社科法学学科建设的基本想法,力求通过学术训练,塑造法社会科学的研究传统。

之所以要特别强调法社会科学的学科建设,当然是因为法社科研究能够增强对法律问题的解释力。实际上,在今天不少跨学科研究都是学术增长点,例如经济社会学、历史人类学等,作为跨学科的法社科研究,同样也有潜在的巨大学术影响力。当然,这并不是否认法教义分析法律的意义,但也并不认为法社科研究只是补充法教义分析,社科研究完全有可能在教义分析的基础上加以迭代。

为此,在法学教育中,法的社会科学训练可以从两个层面展开:一是侧重职业训练,即在法律实务中如何应用社会科学;二是侧重学术训练,即在法律研究中如何运用社会科学。第一个层面是以培养法律职业人为目标,第二个层面则是以培养法律学术人为目标。但第二个层面应以第一个层面为前提。具体来说,可以从课程设计、专业训练和学术基础三个方面展开讨论:

一、法社会科学的课程设计

中国法学的课程体系是伴随着中国特色社会主义法律体系的形

成而形成的。法教义学的知识传播,大概是从 20 世纪 90 年代开始;法教义学的研究兴起于 2000—2010 年;到了 2010 年左右,法教义学开始大规模进入教学,尤其是在民法学、刑法学乃至宪法学领域,向学生传授教义学知识体系、推广(鉴定式)案例研习,已经形成相当规模。[2]

相比之下,法社会科学虽然已有研究规模,但在教学上并没有太多推进。法社会科学不要说有知识体系、课程体系,甚至一些主要的法社科课程都没有开齐、开好。这里先不分析为什么会出现这种情况,而是先根据现在法科学生的特点,谈一下法社会科学课程设计的基本想法。

国内法科学生的知识构成,总体上有如下特点:一是知识单一。大部分学生的本科、硕士、博士专业都是法学,长期接受法学体系思维训练,导致其不是那么容易接受可能要求更高的社会科学,甚至自然科学的思维。二是需要在外院系学习社会科学。如果是在综合性大学,法科学生大体上是能够在外院系学习到基本的社会科学知识和方法;但如果是在政法类大学,法科学生学习社科的热情和能力都会受到限制。但就比例而言,在政法类大学的法科学生比重是很大的。这也意味着,很大数量的法科学生没有受到太多的社会科学教育。三是即使部分法科学生学习了社会科学的基本知识和方法,要将社会科学与法律勾连在一起,也不是那么容易。有鉴于此,有必要在法学院开设跨学科的法律课程,将法学与其他学科的知识方法加以整合。

关于法社会科学的课程体系,可以分为三个层次:

(一)**初阶课程**。初阶课程主要侧重法律实务,介绍在法律实务中,特别是司法裁判过程中社会科学的应用。在美国,这门课已经开设很长时间,相关教科书《法律中的社会科学》已经出到第十版。[3]当然,课程和教科书主要基于美国上百年司法裁判的社科应用实践。在中国目前的司法实践中,社会科学的应用虽然远不及美国,但就数量而言也不少,需要归纳总结。我自 2015 年先后在北京大学和中国人民大学开设了"法律和社会科学"课程,将法律实务中的社会科学应用作为非常重要的内容来讲授。另外,因为课程内容主要围绕司法裁判展开,会涉及事实认定、证据标准、法律解释方法等知识,这与已开设的"法学方法论"("法律推理")、"证据法"等课程内容有部分重叠,需要做好一定程度的对接。

(二)**进阶课程**。进阶课程主要侧重理论分析,介绍社会科学的不同研究进路如何解释法律问题。法社会科学至少有4~5种成熟的研究进路,因此,也可以开设4~5门独立课程。分别是:法律社会学、法律人类学、法律经济学、法律认知科学和法律与文学(法律语言学)。这些研究进路彼此之间也存在关联,例如:法律社会学与法律人类学的知识方法高度同源,法律经济学中的行为法律经济学已经是法律认知科学的组成部分,法律认知科学涉及的行为人如何运用语词来认知法律,也属于法律与文学的研究领域。

这些课程在美国法学院,特别是精英法学院是比较常见的。但在中国法学院,不同课程却有不同的命运。开设"法律社会学"课程的法学院相对较多,其次是"法律经济学"课程。有的法学院也开设"法律与文学"课程,个别法学院还开设"法律人类学"课程和"法律认知科学"课程。出现这种情形,主要是因为相关师资的多少。法律社会学的师资是最多的,法律人类学和法律认知科学的师资建设刚刚起步,而法律经济学、法律与文学的师资就相当不稳定了。目前,中国人民大学、中南财经政法大学等多所学校有较强法律社会学师资,云南大学有较强法律人类学师资,上海外国语大学、湖南师范大学、贵州民族大学等有一定的法律人类学师资,上海交通大学有较强法律认知科学师资,北京大学、中国海洋大学等有较强法律经济学师资,清华大学、中山大学、中国政法大学有一定的法律与文学师资。

实际上,在20年前的法学院中,法律经济学、法律与文学不论是教学还是研究都有兴起之势。而如今还未真正兴起,就已有没落之势:对法律与文学感兴趣的年轻一代学者越来越少;法律经济学似乎也并非如预期那样,占领越来越多的部门法研究领域。而且专门从事法律经济学教学的老师也越来越少,更多的老师是从事部门法研究,兼做法律经济学。

(三)**专题课程**。专题课程主要侧重理论的具体运用,将法社会科学不同理论或进路运用到特定专题的讨论中。相关的专题课程包括:法律与性别、法律与地理、法律与科技、司法制度、规制、法律职业等。这些课程在有些法学院已经开设。比较常见的问题是,只侧重介绍具体议题,而缺少理论或方法论的评述。

可以说,上述三个层次的课程即初阶课程、进阶课程、专题课程,共同构成了法社会科学课程体系。但基于现实存在的问题,要推动形成相对完整的法社科课程体系,还要重点做以下两项工作。

一是补齐优化现有法社会科学课程。不少法学院开设了上述三个层次的一门或几门课程,但总的来说,缺少课程的总体规划,更缺乏整合各个课程的能力。例如,有的法学院有法律经济学师资团队,但忽视其他法律交叉学科的建设;大多数法学院不重视讲授法律实践中的社会科学应用,只孤立地讲法的社会科学理论进路;法社科的本科课程与研究生课程也没有很好地分工。因此,要建立法的社会科学课程体系,还需要在内部做很多整合工作。

二是对接现有的法学课程体系。现有体系由理论法学课程和部门法学课程组成。那么,法社会科学课程体系与现有的法学课程体系是一种怎样的关系?我想法社会科学课程体系的引入,是对现有法律课程体系的补充或增益,当然这也绝不是一种替代,而是迭代。所谓迭代,就是以现有法学课程体系为基石进行知识更新。值得注意的是,法教义学早于社科法学进入法学课程体系,因此,已经对原有法学课程体系进行过一次迭代。特别体现在法学方法论和民法教义学、刑法教义学,以及宪法教义学,甚至行政法教义学。另外,还开设了相关鉴定式案例研习课程。那么,社科法学对法学课程体系的知识迭代,就是对法教义学课程体系的二次迭代。

具体来说,在理论法学部分,讲授法社会科学初阶课程,重点是讨论司法裁判实务,因此需要与法学方法论即法律推理课程很好地结合。有关法律理论的课程,除了自然法理论和分析法理论,法律与社会理论的讲授占比偏少。实际上,目前法律与社会理论的讲授,还停留在西方学界二十年前的水平。在部门法学部分,尤其需要加强新兴领域部门法学课程的社会科学讨论,包括对知识产权法学、金融法学进行经济分析,对数据法学或计算法学进行统计分析,在环境法学中贯穿环境科学,在行政法学中贯穿规制理论,等等。而对于深受德国法教义学影响的部门法学,例如民法教义学、刑法教义学或宪法教义学,也可以另行开设或强化相关课程的教学,例如,侵权法学(侵权的经济分析)、犯罪学(犯罪社会学或统计学)、宪法的社会科学(政治科学)等。

简言之,我们需要从整体论的视角来建设法社会科学的课程体系。只有建立了课程体系,才有可能建立知识体系。当然,建立体系并不是最终目标,更重要的是,要让法社会科学的课程体系在现有法学课程体系的基础上加以迭代,最终形成既有教义又有社科的自主的中国法学课程体系。

二、法社会科学的专业训练

就目前来看,国内从事法社会科学研究的学者已经稳定在一定规模。但从年轻一代学者的整体实力看,后劲不足,也缺乏学术自觉。而且,社科法学的学术人才培养机制实际上并没有建立起来。过去那种靠野路子起家的模式,今天已经很难行得通。

有的人认为,法社会科学不光是法理学背景的学者在做,更多或更有前景的是部门法学的学者在做。退一步说,法社会科学的研究确实需要部门法学者深度参与,但法社会科学的专业训练,不可能在部门法的专业训练中产生。也有的人认为,法社会科学的人才因为需要社会科学训练,因此,可以由其他社会科学院系来完成此任务。

当然,如果有机会到法学院以外的院系做博士后,也是一条训练途径。但到其他社会科学院系训练这种情形,在美国的法学院,特别是精英法学院比较常见。很多法学教授的专业背景是法学以外的学科。但这很难复制到中国,在中国法学院任教,如果只是社会科学背景但不懂法律,实际上是比较难生存的。在国内,也有本科或硕士阶段是法学,博士阶段是法学以外专业的师资。但他们的论文读者往往不是法学读者。甚至在国内的考核体系中,注重法学核心论文的发表,这对他们来说是比较困难的,需要相当长时间来适应。

更重要的一点,法社会科学的研究主要回应的是法律理论,而不是其他的社会科学理论。我们所要培养的法社会科学人才要能够反思既有的法律理论,能够进行法律理论的对话。

在这个意义上,法社会科学的专业训练,主要在法学院完成。而且,可以继续放在法学理论专业内进行学术训练。当然,目前新设立的法学二级学科越来越多,法社会科学或法律实证分析是不是一定要独立出来成为二级学科,紧迫性并不是那么强。当务之急,是要在法学理论专业内系统地设计法社会科学人才培养(专业训练)方案。结合我的经历和体会,法社会科学的博士生专业训练,包括以下六个方面:

(一)**经典研读**。研读经典就是进入学术传统的过程。但经典,并不只是社会科学经典,也包括法社会科学的经典。就目前情况来看,首先是经典研读不够。而有限的经典研读又以社科经典为主,不太注重法社科经典。以法社会学(法与社会研究)为例:基本只读韦伯、涂尔干、福柯、吉登斯、卢曼、费孝通等社会学学者的著述;对于法社会学,例如弗里德曼、霍维茨、楚贝克、麦考利、格兰特等学者的著述,基本上不读或很少读。或者只读一个学者的著述,而对其他知名学者的著述缺乏基本的了解。

实际上,中国的法社会科学的经典研读也是相当缺乏的。不少人或许会说,我也会比较多地读苏力的研究。但就学术训练来说,只读苏力的研究是不够的,还要追寻苏力所在的学术传统。例如,在学术上,苏力与科斯、波斯纳是什么关系,苏力与同辈学者例如季卫东、顾培东是什么关系,以及苏力之后的学术传承。这就需要不断补充阅读不同时期的代表性文献。或许,还有必要单独开设一门法社会科学的经典文献课。

(二)**前沿研读**。相比经典研读,前沿研读更为缺乏。之所以说更为缺乏,首先是很多人所理解的前沿,就是跟进热点问题的讨论。即使运用法律理论分析热点问题,也不能称之为前沿。因为这里的前沿是指理论前沿,即文章是否是反思、批评或推进既有的法律理论。而且,法社科前沿研究主要是英文的,因而也抬高了研读门槛。

实际上,英语世界特别是美国的法社会科学的研究,差不多领先我们10~20年。当然,不排除国内个别学者,特别是国际化程度比较高的学者的研究比国外学者的研究更厉害。这里讲的领先是就总体而言的。就我们的博士生来说,很多同学是不清楚法社科领域有哪些知名期刊的,更谈不上读过这些期刊上新近发表的论文。我们曾进行过初步整理,目前比较知名的法社科期刊有: Annual Review of Law and Social Science, Law & Society Review, Journal of Law and Courts, Law and Policy, Law & Social Inquiry, Social & Legal Studies, Journal of Empirical Legal Studies, Law and Human Behavior, Regulation and Governance, Journal of Law and Economics, Journal of Law and Society。当然,在其他顶级期刊中也会发表法社科论文,但国内博士生对于这些期刊上的论文研读还是很少的。

(三)**政策研读**。法社科研究聚焦中国问题,因此,必须跟进研读当代中国的一系列政策。这些政策一方面包括党和国家制定的中央政策,另一方面也包括实务部门,例如最高人民法院的司法政策,以及地方各部门的政策。为什么要加强政策研读呢? 因为如果只研习法条和判决,并不能充分理解法条和判决背后的影响因素。政策为我们研究具体法律问题提供知识背景或作为约束条件。另外,政策也是法社科研究的对象。特别是有关中国法治和司法改革的政策出台以后,我们需要研究其政策效果或影响。

(四)方法训练。社科分析与教义分析在方法上区分明显。法社科研究因为注重因果解释,主要运用定性和定量方法。但在法学院,由于长期的单一法科训练,很多人对定性和定量方法不了解,缺乏系统地学习。当然,我们可以要求学生自己到外院系选修或自学。但或许也有必要开设专门讲授法社科研究方法的课程,特别是讲授统计、实验或社会关系网络等理论模型。

通常我们会说问题决定方法。比如,要研究一项司法政策的效果,定量分析相对来说可验证性更高。而如果要研究这项司法政策制定的过程,则基于实地调研的定性分析就更可靠。其实反过来说,方法决定问题也是成立的。比如,教义方法只能按照法条分析裁判结果,而不能预测裁判后果,但社科尤其是定量分析是可以的,尽管后果的可预测性有争议。

除方法以外,方法论的训练也是必要的。所谓方法论的训练,是指专注于法社科的一种进路,在精通一种进路以后,再去贯通其他进路。同时,还要注重方法论反思,即强调法律理论的对话和批判,而不是就事论事,陷入经验事实的描述。这不仅是法律定性研究存在的问题,法律定量研究也是如此。例如,不少在核心期刊上发表的法律定量研究论文,虽然经过假设验证有了新发现,但缺少法律理论的对话能力。

(五)田野训练。进行法社科训练不可或缺的一个环节,就是做"田野"。只有做"田野",才更有可能获得可靠的经验材料,而经验材料是进行法社科研究的基础。相比之下,法规范研究强于语词分析和形式逻辑,对经验的要求就没那么高。

做"田野"就是我们通常所说的实地调查,就是要去研究对象所在的地点,进入现场、参与观察、面对面交谈、收集第一手资料,等等。比如,研究立法,至少要去人大机关,或者去访谈受到立法影响的群体。做"田野",可以一个人去,那就是要做比较长时期的民族志。如果是集体调研,特别是有人带着去调研效果更好。这样,每天调研结束后再集中开会讨论,形成分析问题的思路。

做"田野"并不只是法律定性研究的需要,定量研究同样需要做"田野"。当然,深度和广度的要求可以有区别。即在提出假设之前,需要先去摸底确保假设的可靠性,而通过抽样验证得出的结论,也需要在"田野"中做局部检验。

(六)**写作训练**。有的同学经过了知识积累和方法训练,有了问题感和经验感,甚至思考也比较成熟,但就是写不出来。这是因为思考的过程与写作的过程不是一回事。写作也需要专门训练。

与其他类型的论文写作一样,首先,遵循基本的学术规范。例如,从标题到注释,都有专门的格式。而在内容上,大部分法学论文是缺少真正的文献综述的。有些论文只交代了几篇代表作,但对这些文章缺乏深度讨论,更看不出甚至也没有交代自己的文章,与已有研究相比贡献在哪里。多数法学论文也缺乏理论对话的能力。好一点的文章,可能会借着热点讨论一些理论问题。但更多的文章往往是就事论事,通过分析现实问题来提出解决方案,而不关心这篇文章回应的是什么法律理论。而且,就法社科论文来说,应该回应和反思法律理论,而主要不是社会科学理论。

那么有什么训练技巧呢?首先,要多写,平时在读书时多做笔记,论文写作也要从写读书笔记包括书评开始。其次,刚开始写作时,可以找一个范本加以模仿,例如可以模仿苏力《送法下乡》[4]的写法。再次,写作要有针对性,多数情况下,写作要树立一个"靶子",也就是你文章主要批判的对象。例如,虽然我们推崇波斯纳、苏力,但批评要从波斯纳、苏力开始,而不要轻易批评法社科研究以外的学者。最后一点,要经常性举行论文工作坊。一旦完成论文初稿的写作,就需要拿出来讨论。只有经过细致讨论以后,论文才能越改越好。

三、一代人的学术使命

上述有关法社会科学的课程设计和专业训练想法,在有些人看来不过是空想。如果说放到20年前,这的确不切实际。但20年来,法社会科学已经形成了一批中坚力量,完全有可能建立法社会科学的课程体系和人才培养(专业训练)机制。

就老一辈法社会科学学者而言,除苏力以外,还有做法律文化的梁治平、做法律实证分析的白建军等人。但总的来说,在数量上不多,而且彼此联系较少。而当《法律和社会科学》[5]在2006年正式创刊以后,这一集刊逐渐成为国内跨学科法律经验(实证)研究的交流平台。特别是在2009年之后,当时由林端和梁治平两位老师牵头组织了为期两天的学术研讨会,即"法律的中国经验——法律、文化与社会"。这次研讨会直接促成新一代法社会科学的学者形成共识,开始崛起。

当时与会学者以青年学者为主,为数很少。而其中,桑本谦、贺欣、成凡、王启梁、李学尧、陈柏峰、尤陈俊、侯猛等学者都已成为今天的中坚力量。当时因为种种原因没有参加研讨会的青年学者,包括法理学者程金华、周尚君、侯学宾、戴昕、胡凌、陈颀、李晟等,部门法学者唐应茂、陈若英、缪因知等,今天也在法社会科学的各个领域中有所专长。

而如今,中国人民大学、香港大学、北京大学、上海交通大学、中南财经政法大学、吉林大学、云南大学、中国海洋大学等高校基本上都形成了法社会科学的相关研究团队。我们除了一起合作主办《法律和社会科学》,还轮流召开法律和社会科学年会、举办社科法学研习营、出版社科法学读本(文丛),以及举行各种形式的论文工作坊。大家在各自的学校还从事与社科法学相关的教学和科研工作。

有鉴于此,我们的学术基础是比较扎实的。大家可以进一步凝聚共识,投入精力进行学科建设,特别是从课程建设和教材编写入手。这样,就能够推动社科法学的课程体系的形成,就能够建立起比较完整有效的法社会科学人才培养机制。与此同时,我们应当重视对法的社会科学既有研究成果、研究传统进行梳理总结,形成研究脉络意识和研究范式自觉,在一定的共识的基础上推进研究,进行知识生产,并形成法社会科学研究内部的反思和自我更正,推动科学共同体的形成。[6]这样,我们才有可能形成面向中国经验、反思西方理论、具有学术自觉的中国法学知识体系。

注释

[1] 参见侯猛:《法律的经验研究范式:以规范研究为参照》,载《学术月刊》2021年第3期。

[2] "鉴定式"与"判决式"对应,强调此种方法不提前预设结论,通过假设所有可能的情况、逐一论证而得出最终结论的特点。参见夏昊晗:《鉴定式案例研习:德国法学教育皇冠上的明珠》,载《人民法治》2018年第18期。

[3] See John Monahan, Laurens Walker, *Social Science in Law, Cases and Materials*, 10th edition, Foundation Press, 2021.

[4] 苏力:《送法下乡:中国基层司法制度研究》,北京大学出版社2011年版。

[5] 苏力主编:《法律和社会科学》(第一卷),法律出版社2006年版。

[6] 参见[美]托马斯·库恩:《科学革命的结构(第四版)》,金吾伦、胡新和译,北京大学出版社2012年版,第15—16,147—156页。

附　录
法社会科学的记忆碎片

Law and Social Science
Research Tradition and Knowledge System

法学圈到底有多"卷"

《中国法律评论》公众号
2021年4月18日

最近一位法学博士生见到我总是吐槽,说人民大学的学生有多"卷",大家都在竞争学习。的确,有次我凌晨出明德法学楼,就发现二楼自习区还有很多学生在看书。联想到我的专业领域,法学圈是不是也很"卷"呢?

"卷"即内卷,源于人类学,但去年年底因为清华学霸的照片而成为网络热语。内卷大体上是指在资源有限的情况下过度竞争,而结果并未有质的变化。仅以我所经历的20余年来看,法学圈无疑是越来越"卷"。

虽然法学研究的规模越来越大,但投入产出比却相对下降。关键性指标就是法学期刊。20年来法学期刊的总量几乎没变。20年前,法学核心期刊数量是21种,至今也不过27种。但和20年前相比,法学院的数量和法学师资的数量却成倍增加。不仅如此,现在对法学师资的考核比20年前更为严格。要在法学核心期刊发表数篇文章,成为绩效考核,特别是职称评定的主要指标。更进一步,曾几何时,在这20余种法学核心期刊中,又形成法学三大刊和法学十五种期刊的格局。这些都使论文发表的竞争加剧。

反过来看,法学期刊自己也觉得很"卷",而不是只"卷"投稿人。在法学核心期刊总量基本不变的情况下,这些期刊特别是排名靠后的法学核心期刊会想尽各种办法保住位置:由于评价期刊的指标主要是引证率,期刊对于引证率低的论文,例如法律史和国际法的论文,倾向于少发或不发;期刊对于文章的字数要求越来越多,更倾向于发长文章;甚至个别期刊还要求作者保证引证该期刊发过的文章;倾向于发有更高引证率大佬的文章。而对于非法学核心期刊,要想进入法学核心期刊名单,就需要投入更多的精力。

那为什么20年来法学院数量翻倍,法学核心期刊的总量却几乎没变呢?要知道经济学核心期刊的数量,早就是法学核心期刊的数倍了!主因是虽然法学院和师资数量变多了,但法学期刊的总量却没有同步增长。由于法学核心期刊的数量测算是以法学期刊的总量为基数,因此,应当放开政策,让更多的法学机构能够主办自己的法学期刊。目前的确有一些新的变化,即越来越多的法学机构开始有自己主办的法学期刊,例如《中国法律评论》《交大法学》《经贸法律评论》《财经法学》,等等。但数量还是偏少,因此,短期内法学核心期刊的总量不会有大的改变。特别是要改变法学三大刊、法学十五种期刊的格局,几乎是不可能完成的任务。

因此,法学圈大概率还是会继续"卷"下去。

但主事者在其位,还是可以动些脑筋。近年来,好的变化的确也有不少。例如,去年中共中央、国务院发布的《深化新时代教育评价改革总体方案》中,提出坚决克服唯分数、唯升学、唯文凭、唯论文、唯帽子的顽瘴痼疾。而多年来,法学圈的有些机构也在探索学术评价机制多元化:科研不光是看法学核心论文,也要引入同行评议,看其他论文和专著;引入代表作制度,看重质量而不只是数量;有条件的年轻学者还可以选择国际发表,而非国内法学核心单一指标。更进一步,学术考核机制也应注重人性化:对教师也要讲人权,例如,对于孕期和哺乳期的教师应当放宽甚至暂停考核;与其提高学术考核门槛,不如提高学术准入门槛,即招录标准可以高些,但辞退标准应该宽些,不应效仿个别学校推行的"非升即走"制度。

当然,对于主事者,特别是一流法学院的院长来说,他们"卷"的压力可不小。在其任内,一流法学院不要变成了二流法学院。但这种"卷"可以说基本上是一种幻象。就过去几十年的历史来看,无论怎么变,一流法学院的名单基本上没变。这就像美国top14法学院名单,数十年几乎没变化,只有个别名次和最后一名的变化。尽管一流法学院在特定事项上或许会有得失,但在综合实力包括声誉上,一流法学院的名单没有太大变化。当然,对于排名靠后的一流法学院,以及想成为一流法学院的法学院来说,可能的确需要投入更多精力搞学科建设。但老牌的一流法学院就不要跟着"卷"啦!

对于身在法学圈内的行动者即教师来说,如何应对"卷"呢?无外乎两种方式:要么迎接"卷"的挑战,要么规避内卷风险。对于有志向、体力好的年轻教师来说,可以积极参与内卷,想办法打破天花板,进行知识创新。法学圈的大佬不就是这样养成的吗?但对于大部分的年轻教师而言,日子其实是可以过得比较从容的。谁说所有的法学院都很"卷"?实际上,只有一流法学院或想进入一流法学院行列的法学院才很"卷",甚至只有发达地区的那些法学院才很"卷"。大部分的法学院其实都没那么"卷",因为定位和目标差异,对教师的科研考核要求并没有那么高。

但进入非一流法学院任教的门槛,却是越来越高。因此,目前更可能被"卷"的就是法学博士生。这也就不难理解,一开始就提到的那位法学博士生为什么吐槽。目前越来越多的高校招收法学师资,动不动就要求多少篇法学核心期刊论文。这对于在读的博士生来说,无疑是压力倍增,不得不"卷"。可以解释的原因:一是因为法学博士生的数量和20年前比是多了数倍,还有就是想留在发达地区工作的法学博士生的数量也越来越多。甚至越来越多的法学博士生为了留在发达地区工作,被迫选择其他行业而非教育科研单位,造成资源浪费。因此,如果法学博士生总量砍半,或去其他地区任教的法学博士生数量增加一倍,可能也就没那么"卷"了。

在法学院,最不容易内卷的可能是教授。教授已经是稳定体面的职位。教授能否做些不"卷"的努力呢?这不是说让他们不要再做科研,也不是建议他们不要再在法学三大刊、法学十五种刊物上发文章。而是更要反省思考,自己还能为学科做些什么?或者说,到了一个新的阶段,是不是可以全身心地以学术为志业,是不是可以不再只想着发三大刊、十五种期刊,而是沉淀反思自己的研究,多出几本经得起考验的教材和专著?是不是可以多想着如何加强学科建设?学术毕竟是众人之事,要推动学术共同体的形成。是不是可以多想着如何培养出好学生?毕竟学术需要薪火相传,学科需要用几代人的力量来建设。当然,教授也不可能置身于内卷之外。评上了教授,还有各种"帽子"要评,还要分三六九等。不论教授是人在庙堂还是江湖,都身不由己,所以也不能严苛吧。

如此看来,各方都有自己的苦衷,各方的相互联系也就构成了我们今天的法学圈。于是乎,"卷"反而是集体无意识共谋的结果。如此来看,在法学总资源有限的情况下,法学圈的"卷"整体上还难以改变。除非有强大的外力介入,或有超级学者大破大立。而身处其中的法学教师,特别是年轻教师,只能根据具体情况来做出决策。

说到底,"卷"还是不"卷",这是每个法学人需要面对的问题。

建立"无形的学院"

第五届社科法学研习营欢迎辞
2022年8月20日

各位学员、各位老师：

你们好，欢迎大家参加第五届社科法学研习营！社科法学研习营自2013年开始创办，先后在云南大学、西南政法大学、北京大学、中国人民大学举办了四届。今年正好是第十个年头，开始举办第五届。考虑到过去十年的积累，今年研习营的申请门槛提高了。之前是以硕士生为基准，今年则是博士生。尽管如此，申请人数还是创了新高，达到417人。经过仔细研议，我们决定录取正式学员34人。考虑到这届很多申请人已有一定社科或法社科的研究基础，又审慎推选出50余位列席学员（请见谅我们因为成本等因素没有扩容）。

社科法学研习营并不与体制，如推免挂钩，也不以营利为目的，但仍然要坚持办下去。多数学员并不了解我们举办研习营的初心，这里可以做个简要说明。2013年，第一届社科法学研习营在云南呈贡举办。那里的魁阁是费孝通先生在抗战时期工作过的地方。他曾带领一批年轻学人做调查、搞研究，开创了中国社会学人类学，也是中国社会科学历程中的"魁阁时代"。我们举办研习营，正是为了弘扬"魁阁精神"，促进学术对话与认同，建立"无形的学院"。

这不是口号和理想，而是我们这一代人的亲身实践。社科法学运用社会科学对法律进行经验（实证）研究。在国内，开始形成研究规模，也不过二十年的历史。2005年，在苏力老师的倡议下，举办了第一届法律和社会科学会议，现在每年还召开年会。2006年，《法律和社会科学》创刊（本届师资的绝大部分成员是作者或编委），2014年成为CSSCI来源集刊，今天还在出版。特别是在2009年，已故林端老师倡议，并与梁治平老师牵头，朱晓阳老师等指导，召集12位年轻学人，举行两天高强度的论文讨论会。而本届师资中的贺欣、桑本谦、侯猛、王启梁、李学尧、陈柏峰、尤陈俊都是当时参会的年轻学人。此外，还有其他许多活动。这些都构成我们学术生涯中的集体记忆。

经历不可复制，但传统可以发扬。本届社科法学研习营共有32位主讲老师。我们能在很短时间聚在一起、不计报酬、共襄盛举，这是长期积累的学术友谊和学术认同的最好体现。其中有几位年轻老师还曾是第一或第二届社科法学研习营学员。"应是鸿蒙借君手"，中国法律经验（实证）研究的传统一定会延续下去。而对你们来说，这将会是一次新的、充满好奇心的学术起点。期待你们学有所成。

从费孝通到摩尔：在魁阁遇见《法律与人类学手册》

《中国法律评论》公众号
2023年2月23日

今年寒假，我和启梁、剑源老师带队在云南调研，前后花了16天，前期在昆明，后期在磨憨（西双版纳）。2月9日，钟昊编辑说会再寄10本新书给我，由于我还得过几天才回北京，就请她先行寄到昆明，正好分给同学们。2月10日，我们准备买12号的车票回昆明时，昆明站没票了，只好先买到昆明南站（呈贡）。原计划中午到了呈贡先吃饭，再进城开组会，来接我们的剑源老师上午提议，不如直接去呈贡魁阁开。而此时，新书也正好到达昆明。于是，我就请剑源在城里将新书拿上，并让其他几位未能去磨憨的同学一同前往呈贡会合。

新书就是美国著名法律人类学家摩尔教授编的《法律与人类学手册》的中译本，由我和几位同人在2017年开始翻译。呈贡魁阁则是著名人类学家（社会学家）费孝通先生在抗战时期，带领年轻学人做"田野"、研究工作的地方，由此形成了中国社会科学传统中的"魁阁学派"。我第一次来魁阁是2017年年初，与王启梁、陈柏峰一起造访。去年暑假在曲靖、大理调研期间，带学生又来了一次。这一次再来，意义非凡。

21年前，我曾在北大贝公楼聆听过费先生的一次讲话，他回忆起70年前在燕京大学的求学经历。会后，我就跑去书店买了他提到的那本新出的《师承·补课·治学》。3年后也就是2005年，我进入北大社会学系(社会学人类学研究所)博士后流动站。社会学系由费老等推动重建,该系博士后流动站也是他提议建立的。我记得在进站时,高丙中教授就说:你是从大学科(法学)过来小学科(人类学)的,将来应该将人类学知识方法传播到法学那边去。并且,介绍了朱晓阳教授作为我的博士后合作老师。

不久,朱老师向我推荐了 2005 年出版的摩尔编的 *Law and Anthropology: A Reader*,也就是《法律与人类学手册》的英文本。这本书涵盖了过去一百多年来法律人类学的经典研究,以及晚近的前沿研究,从初民社会到全球化、从纠纷解决到知识产权。研究议题如此之广、之深令人惊奇。我当时就想着可以做点什么。2006 年暑假,朱老师带着我到云南腾冲调研,这是我第一次参加人类学意义上的田野工作。两年后的 2008 年,朱老师与我合编了《法律与人类学:中国读本》,意在向摩尔教授及这本书致敬。

从社会学系出站后,我心里一直有翻译这本书的念想。直到 2016 年,遇见在商务印书馆工作的白中林。中林也在北大社会学系做过博士后,他听了我的设想后十分支持。接着,我很快就找到合适译者,启动了翻译工作。除我之外,四位译者分别是:罗彧,当时是哈佛法学院博士生、摩尔的学生,也是由他牵线与摩尔老师保持经常联系;肖炜霖,当时是我在北大指导的硕士生,我们曾一起研读此书,现在是耶鲁法学院博士生;柏宇洲,是普林斯顿大学东亚系博士生;林叶,当时是北大社会学系博士生,导师就是朱晓阳教授。他们四人与我关系密切:罗彧是我的学弟,认识 20 年;其他 3 位与我早在 2014 年就组成了读书小组,研读过人类学家玛丽·道格拉斯的《制度如何思考》英文本。可以说,他们不仅教育背景强大,是"哈耶普北"人,与我也志趣相投,热情参与这项工作,保证了该书的翻译质量。

回想 18 年前朱晓阳老师向我推荐此书、15 年前他与我合编《法律与人类学:中国读本》致敬此书、7 年前大家着手翻译此书、两年前与人大同学开始校译此书,感觉时光既漫长,又短暂。时至 2023 年 2 月 12 日,我在呈贡、在魁阁第一次拿到了摩尔编的《法律与人类学手册》的中译本新书。经由先到魁阁的云大博士生戴溪瀛(因研究梅丽,故人称"梅溪瀛")的居中协调,来自人民大学、云南大学和北京大学三校的调研团队在魁阁二楼——费老曾经带领年轻学人工作过的地方——召开了这本书的分享会。不经意各种因缘际会,冥冥之中,居然在魁阁将费孝通、摩尔两位先贤连接起来,时空交错之间,令人激动不已、感慨万千。

  实际上,这两位先贤对中国的法社会学(法的社会科学)研究都有极为重要的作用。近年来,我越来越体会到要做好法的社会科学经验研究,除做"田野"以外,就是要学好理论,跟进前沿。而中国法社科的理论传统需要来自以下两方面的整合,不可偏废:一个是以费孝通等为代表的中国社会学人类学研究传统,由苏力老师在法学界发扬光大。另一个是以摩尔等为代表的英美法律与社会研究传统。国内对前一传统了解比较多,但对后一传统了解少。《法律与人类学手册》中译本的问世,算是做了这样的一些努力。学术需要薪火相传,我也呼吁更多后学加入进来——学理论、试翻译、做"田野",相信一定能够塑造具有更强解释力的中国的法的社会科学研究传统。

云南是法律人类学
的最佳研究地

"法律人类学的田野与学说"研讨会总结
2023 年 6 月 9 日

尊敬的张晓辉老师、各位同人,大家好。

借着王伟臣、刘顺峰两位老师来昆明拜访张晓辉老师之际,李婉琳老师协调举办了这次法律人类学会议。有点意思,也有意义。

在座各位都知道,王伟臣、刘顺峰两位老师这几年投入了大量精力,牵头成立了法律人类学云端读书会,大大推动了法律人类学在中国的知识传播。他们所举办的各类活动,不仅数量多,而且特色鲜明,在国内独树一帜。张晓辉老师则是国内具有代表性的法律人类学学者,他所带出来的从王启梁、李婉琳老师,到张剑源老师,再到更年轻一代青年学者、学生,已经形成了相当规模,而且有梯队的法律人类学研究群体,在国内也是独树一帜。两个"独树一帜",就这样在今天、在云南、在昆明理工大学碰到了一起。

实际上,我们这两个"独树一帜",在不经意间已经合作了一些工作。比如,今年暑期即将出版的《法律和社会科学》两辑专号,分别是王伟臣主编的"法律人类学在中国"学说专号、王启梁主编的"法律人类学在中国"田野专号。而今天发言的各位,几乎全是这两辑专号的作者。

云南是国内法律人类学的最佳研究地,似乎没有之一。例如,先贤费孝通、瞿同祖先生的代表性作品是在云南写作完成的。朱晓阳老师的"小村故事"系列写的是云南。颇具法律人类学意义的电影

《马背上的法庭》,也是讲述发生在云南的故事。当然,还有张晓辉老师的《法律人类学的理论与方法》,这本书已经成为目前法律人类学的学生必读书。

我说云南是国内法律人类学的最佳研究地,这从今天大家的报告中也能够看出来,至少是有能够看得见的未来。不论是讨论建筑与秩序、道路与空间,还是法律的"在场",也不论是讨论假释适用率,还是梅丽的法不可通约的"通约"。这都展示了法律人类学不断拓展的研究边界,不仅注重田野调查、民族志,也不因身处"边疆"而忽视对国外经典和前沿研究的跟进。

我与云南的法律人类学研究也关系密切。我是追随、延续着以费孝通为代表的一代学者开创的"魁阁传统"。云南是我第一次人类学研究的调查地,也是后来我带着学生实地调查的主要地方。今年2月,我牵头翻译的摩尔的《法律与人类学手册》新书见面会,居然最后是在魁阁举行。这些都是冥冥之中,我说不清楚的与云南、与云南的师友的缘分。这也是我今天虽然不能来现场,但也要书面发言的一个动因。

最后,谢谢昆明理工大学法学院、法律人类学云端读书会、《时代法学》编辑部的组织。让我们共同携手,继续推动法律人类学在中国的教学与研究。

这就是法律人类学!

"这就是法律人类学!"直播活动发言
2023年9月23日

各位线上的朋友们，大家下午好。

欢迎参加由法律人类学云端读书会、《法律和社会科学》共同主办的"这就是法律人类学!"直播活动。

这次活动的缘起，主要是今年《法律和社会科学》出了两辑"法律人类学在中国"专号，一本"学说"，一本"田野"，由我和王伟臣教授、王启梁教授共同主编。而这次参加线上活动的刘顺峰、童孟君、张雅东、郭婧、戴溪瀛、王静宜、李浩源，都是专号的作者。他们将与大家分享什么是法律人类学，以及如何运用法律人类学进行研究的体会。今年年初，我们还翻译出版了摩尔教授编的《法律与人类学手册》。再过不到两个月，11月初，今年的"法律和社会科学"年会将在云南召开，主题仍是"法律人类学在中国"。加上，法律人类学云端读书会今年举办了第二届法律人类学研习营、博士生论坛，以及好几个法律人类学专题会。所以，我之前就和伟臣讲，今年应该称为，也已经成为了"法律人类学中国年"。

不过，这次直播因为有"令人心动的"李浩源同学主持，加上黄文旭老师的技术支持，观看直播的几千人，可能大部分对法律人类学以及人类学所知甚少。我在这里也简要地和大家谈谈什么是人类学，特别是法科生为什么需要读一点人类学。人类学既不高深，也不宽泛(并非就是关于人类的学问的简称)。把握人类学，说到底只需要两点。人类学的其他知识原理都从以下两点展开：一是强调面对面(face to face)。研究者要和人打交道,得进行实地调查。法学比较强调读文本,不论是研读法条还是裁判文书,其实并不和人直接打交道。二是强调理解(understanding)。研究者与研究对象进行面对面交谈,不是交换意见,而是换位思考,同情地理解对方为什么如此,甚至需要"将心比心"(费孝通语)。有的同学说,这不就是社会学吗? 是的,有高度重叠的地方,但也有很大不同。例如,社会学会更强调客观中立,价值无涉。这意味着社会学比人类学更科学,科学实证意义上的科学,需要进行因果推论解释(explanation)。人类学就不那么科学,但也是社会科学,是偏向社会科学中更社会的那一端,需要进行的是前因后果的阐释(interpretation)。

学习人类学最重要的功用,就是能够帮助我们深描中国经验。如果要推荐一本书的话,我推荐《如何像人类学家一样思考》(〔英〕马修·恩格尔克著,陶安丽译,上海文艺出版社 2021 年版)。我们知道,法学这边会强调 think like a lawyer——像法律人那样思考。但更完美的法学人,也许应该是将两者结合:think like an anthropologist of law!

为什么呢? 因为学法学不只是学习"书本中的法(law in book)",也需要学习"行动中的法(law in action)"。学习法律人类学就能够深描行动中的法,也就是能够帮助我们细致观察中国实际的法律经验,理解经验背后的制度逻辑或因果关系。目前,我们在法学院学习的主要还是现代的、西方的法律理论。在运用于分析中国法律问题时,就会有水土不服的问题。对此,我们需要努力做的工作:一方面继续借助现代西方法律理论来解释中国法律经验,更重要的,是运用中国法律经验来反思现代西方法律理论,构建中国自己的法律理论和法学知识体系。所以,各位如果想更深层次地思考中国法律和中国法治,就得学点人类学、学点法律人类学。

有的同学可能很好奇,你一个法学院的教授怎么就对人类学感兴趣起来了呢? 这是偶然的,当然偶然中也带有必然。很多年前,我开始读费孝通的书时,才知道他其实首先是一位人类学家(而不是社会学家)。后来我有机会去北大社会学人类学研究所(由费老创办)做博士后。合作老师朱晓阳教授就带我去云南做"田野"、一起举办法学与人类学的对话会、一起编《法律与人类学:中国读本》,让我对法律人类学有了更深的了解。

当然还忘不掉的是,刚进所时,高丙中教授在北京大学出版社门口(当时研究所还在北大东门外的出版社四楼)对我说的:"你将来回到法学界,要好好传播人类学。"也是在他们的感召下,十几年来,我的一项重要学术工作就是进行法律人类学的知识传播。这就是我即使身体有恙,也要来参加法律人类学直播的动因。最后,在这里要再次感谢专号的各位作者,谢谢李浩源的精彩主持,谢谢伟臣和法律人类学云端读书会的策划组织。

建立学术对话的传统

"哪"字期琢磨:法与交叉学科青年工作坊总结

2023 年 6 月 11 日

各位同人,大家好。

为期一天半的琢磨工作坊即将结束,大家高质量的报告令我印象深刻。请见谅我一直保持沉默。也因为失音,让我更好琢磨用书面形式做会议总结。

这是琢磨工作坊第三期,也是第一次在线下活动。工作坊源于两位在非法学院工作的于晓虹和陈天昊老师的琢磨。他俩找到做法律定量的程金华、做法解释学的陈杭平和做法律定性的我一起发起。也是在讨论过程中,程金华建议:"'问渠哪得清如许,为有源头活水来',我们就按照这句诗来编排工作坊的期数顺序。"

这次是"哪"字期。

工作坊报告人的选拔过程比较复杂:历经活动公告、第一次投论文摘要、第二次投论文全文,最后由发起人各自独立投票选出报告人。这是规范化的、历时较长的会议流程。以至于这次从策划到 120 篇投稿再到最后选出 15 篇论文,历经数月。我的同事说,你们的 15 位"哪吒"终于诞生啦。

其实,我们的初衷,包括前两期工作坊都是采取 4+X 模式,即 4 位主报告人加多位简要报告人的模式。这次之所以实到 14 人报告,主因是第一次线下活动,大家热情高涨。其中还有前两期主报告人再次报名。为此,我们也把会议时间从一天延长到一天半。

人多虽然有弊端,但这次集体展示倒是看到了更多亮点,甚至更看清楚了问题。

正如琢磨工作坊所倡导的:为有源头活水来。这次工作坊是我所见到的国内最有活力的学术活动。一是我们推选出的主报告人从本科生(2位)、博士生、博士后到副教授都有;二是学科除了法学,不仅仅有法律定性、法律定量,还有完全来自政治学、经济学、公共管理和历史学背景的学生、学者;三是除了有9篇中文论文,还有5篇高质量的英文论文。这几种情形同时存在,是罕见的。

尽管具有多样性,但讨论还是热烈充分的,这正好把普遍存在的问题一一呈现。

大家对法律的定性研究的普遍批评是,虽然有较为丰富的经验材料,能讲故事,有问题意识,但在研究框架、社会科学方法的交代方面严重缺乏。而对于法律的定量研究的常见批评是,对法律条文、法律概念缺乏了解,对法律运作的实际情况也缺乏了解。

我赞同大家的看法。这里再多说几句自己的感受:对于法律的定性研究,访谈对象不仅有一定数量保证,该谈的必须得谈,也要注意,甚至更注意深度。对于法律的定量研究,重要的是选择有意思的问题,我指的是在现实中存在的有意思的问题。这需要预调查,而不是明显迎合西方学术,特别是对中国有刻板印象的西方学术的话题。以前我觉得这种情况不存在、有些夸张,也许是我变得保守了,但在国际大背景下,这种情况的确经常性存在。可能要把握一个度。

还有对话意识。中文论文普遍比较缺乏对话意识,即选取什么样的理论、与什么学者进行对话。相比之下,英文论文的对话意识要强得多。但英文论文也只能与英文世界的研究对话。即使是中国法律的英文研究,也不可能与用中文写作的中国学者,特别是有学术影响力的学者对话,虽然会有点缀性引用。

实际上,最近几年,我越来越体会到,要建立中国的法律的社会科学传统,不仅要关注英文世界的法与社会、法经济学、法认知科学的经典与前沿研究,也要关注中国的费孝通、瞿同祖的社会学人类学(也许还有经济学),以至苏力、季卫东、白建军等一批中国学者的研究。两者不可或缺。

  我并非妄自尊大，不看重英文研究。这几年我一直在通过组织外文阅读、组织翻译来推动国外知识在国内的传播。我也注重和同学们一起尝试在写作中与英语世界的本领域学者进行对话。但也注意到，不论是英文还是中文，没有谁要与国内的学者对话。原因不能再归咎于国内学者研究不行，至少经过二三十年的发展，国内已经有不少出色的研究。这可能要归咎于结构性原因。

  当然，以上只是我个人的看法。说得不当之处，还恳请大家见谅。不管怎样，每个人对这次工作坊都会有深刻体会，能够让我们从反思开始再出发，包括我自己，努力在定性与定量上取长补短。所以，我也要谢谢琢磨工作坊。特别谢谢本期主办方——上海交通大学中国法与社会研究院、上海交通大学凯原法学院法律实证研究中心，感谢程金华老师和各位会务的同学们。

共同面对新科技

第二届"法教义学与社科法学的对话"学术研讨会引言
2023年6月18日

各位老师、同学,上午好。

·久别重逢

9年了,很高兴我们能在崂山脚下相会。我谈不上是基调发言,就当作这次对话会的引言吧。昨晚吃饭时杨安卓老师说,是不是可以统计一下,出席过第一届对话会的师友,还来参加第二届的有多少。这具有指标意义。回到宾馆,我翻出当年的会议议程,发现出席第一届对话会人数最多的学校,除主办方中南财经政法大学以外,就是中国海洋大学。也就是今天与会的桑本谦、李晟、胡伟强、赵雷,以及当年还是学生的王博阳老师。这也许可以部分解释为什么第二届在这里举行。

除这5位外,还有12位老师参加了第一届对话会。他们实际上也是当年的主力。按照长幼顺序他们分别是:郑戈(戈叔)、黄卉姐、我、张翔、王启梁、程金华、李学尧、泮伟江、杨安卓、雷磊老师,以及当年还是学生的宋旭光、刘磊老师。

因为各种原因没能参加第一届对话会的实力派老师,《法律和社会科学》的部分编委、作者也赶来参加这届对话会,包括:车浩、李拥军、张芝梅、杨帆、陈颀、缪因知、戴昕、胡凌、张剑源等老师,还有更年轻的学者、学生如赵精武、吉冠浩等,出版界的新老朋友如北京大学出版社王晶老师、《社会科学》编辑部的罗燕老师等,以及我刚认识或还不认识的法学同行如王世涛、刘诚、毛海栋等老师。这里还可以报上一组数据：这次来的人数最多的学校是北京大学法学院（有8位）和上海交通大学凯原法学院（有7位），远远甩开其他学校。

正如桑本谦院长刚才所讲，这届对话会原本定在2021年9月召开。为此，《中国法律评论》编辑部袁方老师还牵头组织了"法教义学与社科法学的对话"专题，一组共8篇论文。作者包括陈兴良、苏永钦、张翔、车浩、许德峰、贺欣、陈柏峰老师和我，发表在《中国法律评论》2021年第4、5期。不过刊物按时出来了，但对话会因为疫情没能举办，一直延宕至今。

在这期间，对于第二届对话会还能不能开得起来、大家还愿不愿意来，我一直心有忐忑。2014年举行第一届法教义学与社科法学的对话会时，我们都没有想到后来居然在法学界引起了巨大反响。不过，随着时间的流逝，不少人又觉得似乎没有再对话的必要。而如今，大家不计成本、奔赴海大、济济一堂，说明这个议题还有讨论的意义。

实际上，两年前在筹备第二届对话会时，我们就决定不再从宏观上务虚地讨论各自立场，而是聚焦具体议题——比例原则和后果考量。为此，双方还各自找一位学者作为主报告人。后来文章大都发表了。不过，今天的对话会又将比例原则作为一个单元讨论，数位学者包括杨登杰、刘权、冯威、梅扬与戴昕老师将在线下再次交锋。当然，这届对话会更加强调合作与互动，因为不论法教义学还是社科法学，现在都面对着包括信息技术、生物技术等在内的新科技的挑战。科技生产的知识会不会取代教义或社科，这似乎并非遥不可及的问题。所以，我们这次主题就定为——共同面对新科技。

- **历史梳理**

请允许我再次说说法教义学与社科法学对话会的缘起。大家都知道，2001年，苏力老师写了一篇有影响力的论文《也许正在发生：中国当代法学发展的一个概览》。他将法学研究格局三分为政法法学、诠释法学和社科法学。但为什么我们的对话会却是二分的？最原初的动因，来自我在2013年读到《中外法学》发表的陈兴良、许德风和张翔老师的一组教义学论文，令我羡慕，甚至有些震撼。于是我就找到张翔，商量是不是可以大家一起做个对话。

顺便说一句，我与今天在座的各位师友认识时间最长的，就是张翔老师，我们在22年前就是同学，当年他宿舍就在我的正对面。2014年，第一届对话会召开时，他还在人大任教，我在北大任教。而到这次第二届对话会召开时，我来了人大，他又去了北大。这似乎注定了我和他在学术上始终难以站在同一边。

第一届对话会是在中南财经政法大学法学院、《法学研究》编辑部、《法商研究》编辑部，以及各位老师的大力支持下召开的。我们没想到会后反响巨大，当然也有不少批评的声音。但我始终认为，对话除了在同一知识传统内部，例如法教义学内部之间展开以外，不同知识偏好的学科（学派）也有对话的意义。就像在英语世界中，德沃金、斯卡利亚、波斯纳与金斯伯格的不同立场，反而促进了法学学术甚至司法实务的发展。在中国举行法教义学与社科法学的对话也是如此。因此，恐怕不能简单用造势来形容。

更何况，第一届对话会以及本届对话会之所以能举行，而且比较成功地举行，说到底是来自更早时期的知识积累。以社科法学为例，主要是苏力老师早年的很多研究，都引起了部门法学者，主要是法解释学者的争议。这包括：奸淫幼女案司法解释、药家鑫案的讨论，以及司法组织（审判委员会）、法律人思维之争。法教义学和法学方法论的研究也是如此。这些才是促成对话会召开的更重要的原因。晚近以来，对话与争论还在继续。有关后果考量与形式法治、比例原则与成本效益分析、法的规范性等研究，这些主题都有明显的教义与社科的差异。

- **相互学习，"我看人看我"**

法教义学与社科法学的对话（争论），这背后深刻反映出来的是,德国法学传统与美国法学传统在中国的知识影响力。同时,也反映出法学学术的新老交替、代际更新。因为参与这场对话的更多的是(当时)的年轻人,而不是老一辈学者。

对话的意义就在于会带来更密切的知识交流与互动,彼此通过对话来了解对方,认识自己。这就是费孝通先生所说的"我看人看我"。至少对我来说,对话促使我更积极阅读法教义学的文章,主动向法教义学学者请教问题,甚至还为本科生连续三年主讲了"法学方法论"课程。

事实上,国内法教义学的学者做的工作,整体上要好于社科法学学者。例如,车浩对于个案的系列研究、雷磊组织翻译的德国法理论的系列研究、张翔牵头组织的宪法与法学二级学科之间的对话。相比之下,社科法学的学者做的工作还是远远不够的。

当然也不全如此,也有向好的一面。例如,程金华做的法律定量研究、李学尧做法律实验研究。我这几年也开始组织翻译和实地调查。这些活动也意味着社科法学学者有了更宽的研究视野和更多的方法论自觉。对了,我们还出了一本畅销书——桑本谦的《法律简史》。

就总体上来看,法社科研究(我更喜欢这样称呼社科法学)这些年也有了较大进展。比如,社科法学不再停留在"知识杂糅"的水平,不再过于突出各自研究进路(法社会学、法经济学、法人类学等),而是聚焦共有的定性、定量、实验的方法,反思实地调查,关注因果关系的解释,注重经验的理论提炼,注重司法实务总结以及与学术研究的关系。包括对于法律科技议题,法社科研究也不准备缺席。法律科技研究不能只停留在应用层面讨论,也需要法社会科学的研究,而且正在研究。

在学术组织方面,《法律和社会科学》还一直在出版。它在 2014 年成为 CSSCI 来源集刊,今年成为 AMI 法学核心集刊。最近正在筹备的两辑就是由刘庄老师牵头策划的"法律与数据科学"专号和胡凌老师牵头策划的"法律与科技"专号。自 2014 年对话会以后,还举办了四届社科法学研习营;上个周末在上海交通大学,由程金华、于晓虹等人牵头的第三期"琢磨:法与交叉学科青年工作坊"也顺利召开。

社科法学学者也越来越有共识,认识到法律规范的学习对于做好社科法学的基础性或前提性的作用。但也注意到,学习法律规范不能等同于学习法教义学。当然了,社科法学也没有归纳出学习法律规范的一套方法技艺,还需要不断向法教义学学习。不过,不论是教义还是社科的法学者,更需要直面中国实践,与实务工作者一起经年合作,努力塑造中国法学的新学术传统。

- **塑造传统**

说到学术传统。这也是最近九年来我经常思考的问题。法社科在中国的学术传统,通常认为最直接的或当代影响最大的是来自苏力的研究。但拓宽视界,英语世界的 empirical legal studies 或 law and social science 已历经百年。从法律现实主义到法与社会运动、法律经济学,直至前沿研究都是海量的。而国内的社科法学学者和学生不论是经典阅读,还是前沿阅读都十分缺乏。

除英语世界传统以外,在中国,还应当往上追溯以社会学人类学为主的社会科学传统,特别是费孝通和瞿同祖的研究。此外,我们的学术对话(也就是学术批评),即使是中文写作,不仅要与国外学者对话,同时也要与国内学者对话。但目前的对话意识也是严重缺乏的。以上这些,都是社科法学学者和学生需要跟进和补课的。

当然,对于法学研究来说,不论是法教义学还是社科法学,我们共同面对的是中国的法律体系和法律实践。只是角度不同。例如,《民法典》出来了,法教义学学者开始对每一个法条进行评注。那么,社科法学学者可不可以对每一个法条的实际运行(社会后果)情况做评注呢?当然,社科法学不仅包括这样的对法律与社会进行社会科学研究,也包括对法律规范本身进行社会科学研究(即部分学者所主张的教义法社科)等。总之,这些都是社科法学的不同研究面向。

这些研究是需要有人接着做的。因此,不论是法教义学还是社科法学,都需要关注学术传承。而且,我知道大家都开始做这样的工作了。在本届对话会中,昨天下午特别安排了青年论文工作坊,已经初步展示了未来的可能,比如,申晨、邱遥堃、杨子潇等人的报告都令我印象深刻,但这并不是要暗示未来让他们举办第三届法教义学与社科法学的对话会。年轻一代学者有自己的想法和议程设置,因此大可不必。但不论是法教义,还是法社科,评价研究标准其实只有一个——做好研究,做好的研究。这就是我们共同努力的方向。

读书也是一群人的事

法理读书全国读者交流会致辞
2023 年 7 月 30 日

各位同学,大家好。

在各方的支持下,筹备已久的"法理读书"线下交流会,在今天终于召开了。

"法理读书"最早是由中国人民大学法学理论专业的同学自发组织的读书活动。在韩尚宜同学的带头和坚持下,疫情期间发展成为全国范围内法学专业同学的线上读书交流会。同时,通过"法理读书"公众号团结了一大批法理爱好者共同参与,推送了很多大家原创的书评、短文。特别是,共同翻译了重要法学论文和最新的法律文书,引起了广泛关注和好评。在这个意义上,这次交流会不仅是读者交流会,也是作者交流会。在这里,我要向共同努力的大家表示热烈的祝贺。

读书首先是自己的事情,但通过读书会展开交流也非常重要。由学生自发组织读书活动,是我做学生时就想做,但没有做成的事情。当然,当时在老师的带领下,也持续开展了同门读书活动。这对我的学术成长影响很大。在我当了老师以后,不论是在对外经济贸易大学任教,还是在北京大学和人民大学任教,我也效仿我的老师,坚持每周组织读书活动。我深知读书会对于同学们的意义,因此,我不只是在口头上鼓励,在行动上也加以支持。

举个例子吧。"法理读书"最早的一批"粉丝",就是从我另外在假期组织的"法社科前沿研读会"上引流过去的。引流过去的不少同学已经成为"法理读书"和法社科的铁粉。比如今天在场的王励恒同学,那时他大二,研读人权的实证研究英文述评给我留下深刻印象。我也参加了"法理读书"组织的一些活动,并受邀担任指导老师。最近,在大家的共同努力和法学院的支持下,"法理读书"还成为学校教务处首批读书会支持项目。

"法理读书"不仅是人大法理专业同学的学习园地(现在已经辐射海内外),还有两个特点:一个特点是,凝聚了志同道合的一批年轻同学。"法理读书"初步形成了热爱学术的同学关系网络(而并非仅仅是师门关系),这对大家的成长是很有意义的。学术关系网络也是我们俗称的"圈子"。有这样的圈子,会相互鼓励,相互成全,共同成长。目前我们这批所谓社科法学的中坚力量,差不多是在20年前开始认识、熟悉,不局限于学校、专业和师承,共同建构了今天的社科法学研究。

"法理读书"的另一个特点是,其中的众多同学已经成为中国法理学,特别是法社科研究的青年学生后备力量。过去10年,我和其他同人共同举办过五届社科法学研习营。但最近几届学员基本上都是博士生、博士后(今天在场的李瀚正、苏汉廷同学作为硕士生参加过)。因此,更年轻的爱好者就欠缺了深入学习的机会。这几年,"法理读书"以及由王伟臣、刘顺峰等老师牵头的法律人类学云端读书会反而为这些同学提供了学习平台(当然,云端读书会举办的活动不限于此,方式更多种多样)。这也就不奇怪,两个平台与"法律和社会科学"读者群为何高度重叠,举办活动往往也具有联动效应。今年上半年,"法理读书"牵头举办社科法学书评大赛,在这里我也向积极参与的各位表示由衷谢意。

讲到社科法学,顺便再次向大家推介一下《法律和社会科学》。《法律和社会科学》最早是由苏力老师提议创办的,现在由我担任主编。经过17年的努力,它已经成为CSSCI和AMI法学核心集刊。集刊是同人刊物,注重推新人。实际上也推出或支持过一批新人,他们已经成为法社科研究的新青年。这里讲的刊物推新人主要是发表博士生的文章(但也有个别硕士生,比如今天在场的陈思翰同学)。我也希望未来三五年,刊物上能出现在座同学的论文,让法社科的学术传统继续发扬下去。

"法理读书"经过这几年的发展,其成员超越了学校(不限于人北清)、地域(从北京到全国),也超出了特定层级(本硕博),甚至专业(今天在场的还有学金融数学的同学)。它为大家提供了平等讨论、相互学习的交流平台。期许大家继续保持读书初心,共同呵护,把"法理读书"办得越来越好。

用文字打败时间

"法律人类学在中国：法律和社会科学年会"总结

2023 年 11 月 4 日

今年的法律和社会科学年会，规模是有史以来最大的。由于我们坚持不搞分会场，所以显得格外热闹，会场外比会场内的讨论还热烈，相信年轻的同学们发现了更多的热爱。但天下没有不散的宴席，现在是到了闭幕式的环节。这不禁让我想问，然后呢？

在今天的会场上，王启梁老师致辞时提到上一次在昆明举办年会，正好是十年前。当时在昆明还同时举行了第一届社科法学研习营。尤陈俊老师在上午发言时，提到了十七年前的 2006 年的法社科会议，主题也是法律人类学（法学与人类学的对话）。他当时提交的文章就批评了王启梁。而那是他俩的第一次见面，也是我与他俩的第一次见面。十七年过去，法律人类学主题的年会再次召开。当时与会的老师今天有七位还在现场。除王启梁、尤陈俊和我以外，还有朱苏力老师、朱晓阳老师、贺欣老师、陈柏峰老师。两位朱老师是那次对话会的共同发起人，其他五位则是《法律和社会科学》现任的全部常务编委。那一年会议结束后不久，朱晓阳老师还带我去了云南保山的腾冲县中和乡新岐村（现在已改名为腾冲市中和镇新岐社区）做田野调查。我那时还是个"中二青年"，朱老师那时的年纪，就是我现在的年纪。转眼间，这么多年就过去了。

"人生到处知何似，应似飞鸿踏雪泥"。除了追忆，我们还留下过些什么？

这是每一位学人需要经常反身性思考的问题。审视一下我们自己吧。十年前,第一届社科法学研习营的讲稿编成了法社科研究初级读本出版,书名为《法律的经验研究:方法与应用》。如今,第五届研习营的讲稿也编辑完毕,作为法社科研究的高级读本——《法社会科学研究方法指南》——很快会与大家见面。十七年前,法社科年会的主题是"法学与人类学的对话"。两年后的2008年,我们就编辑出版了《法律与人类学:中国读本》。历时七年,我们翻译的摩尔编的《法律与人类学手册》在今年年初上市了。与此同时,我们编辑的《法律和社会科学》的"法律人类学在中国"两辑专号,也在今年年会召开前两个月出版。这进而促成了今年年会主题就定为"法律人类学在中国",并且会址选在中国法律人类学的研究圣地——云南。

最近两年,我们还带着中国人民大学、云南大学、北京大学和昆明理工大学等学校的同学们,在云南和其他省份进行实地调查数次,完成了三十万字的调查报告。目前正着手准备出版《法社会科学田野调查指南》。大家还记得,二十多年前,苏力老师也曾带着贺欣等年轻学人进行实地调查,出了一批重要的作品。而坚持走到现在的,只剩下贺欣。令人欣慰的是,在法社科研究中,实地调查的传统并没有丢掉。我们目前正在努力做的工作,就是让更多年轻学子沿着苏力开创的"送法下乡"的道路,将实地调查继续做下去。

我从2005年开始见证法社科研究在中国的发展。最初是作为会务人员筹办法社科会议,今天已是此刻坐在台上年纪最大的一位。这不是炫耀,而是无奈,甚至还有些感伤。"逝者如斯,不舍昼夜"。我觉得我还年轻,还有好奇心和想象力。而今天在场我的老师们虽已年过六旬,他们仍笔耕不辍。年轻一代就更不必抱怨内卷而选择"躺平"。我们都可以在有限的学术生命中去做更多的事情——多调查,多写作——通过一代又一代学人的努力,将热爱凝成文字,用文字打败时间。

年轻一代是法社科研究的未来。我们需要不断推出新人来完成知识继替和知识创新。这样说,并非摆个姿态,而是身体力行。过去十年,我们举办过五届社科法学研习营。今年,我们在举行法社科年会的同时,还要在云南大学举办司法工作坊。从 2019 年至今,司法工作坊已经举办了八期(包括司法方法工作坊和司法论文工作坊)。司法工作坊是社科法学研习营的进阶,不是老师们传授技艺,而是由新人唱主角,老师做陪衬,深入讨论他们还不够成熟的论文,从而完成有效的学术训练。这也是通过严肃的学术批评来塑造我们的研究传统。因此,只要有这样的代际传承,学术就不会僵化,就会充满活力,法社科研究就有美好的前景。

最后,感谢李婉琳院长所带领的师生会务服务团队,感谢从四面八方赶来参会的老师和同学们。愿我们很快能够再见面。

图书在版编目(CIP)数据

法社会科学：研究传统与知识体系 / 侯猛著. —北京：北京大学出版社，2024.7
ISBN 978-7-301-35073-7

Ⅰ．①法… Ⅱ．①侯… Ⅲ．①社会法学—研究 Ⅳ．①D90-052

中国国家版本馆 CIP 数据核字(2024)第 102601 号

书　　　名	法社会科学：研究传统与知识体系 FA SHEHUI KEXUE：YANJIU CHUANTONG YU ZHISHI TIXI
著作责任者	侯　猛　著
责 任 编 辑	孙　辉　方尔埼
标 准 书 号	ISBN 978-7-301-35073-7
出 版 发 行	北京大学出版社
地　　　址	北京市海淀区成府路 205 号　100871
网　　　址	http://www.pup.cn　http://www.yandayuanzhao.com
电 子 邮 箱	编辑部 yandayuanzhao@pup.cn　总编室 zpup@pup.cn
新 浪 微 博	@北京大学出版社　@北大出版社燕大元照法律图书
电　　　话	邮购部 010-62752015　发行部 010-62750672　编辑部 010-62117788
印 刷 者	涿州市星河印刷有限公司
经 销 者	新华书店
	650 毫米×980 毫米　16 开本　26.75 印张　310 千字 2024 年 7 月第 1 版　2024 年 11 月第 2 次印刷
定　　　价	89.00 元

未经许可，不得以任何方式复制或抄袭本书之部分或全部内容。
版权所有，侵权必究
举报电话：010-62752024　电子邮箱：fd@pup.cn
图书如有印装质量问题，请与出版部联系，电话：010-62756370